U0882918

皮书系列为

“十二五”“十三五”国家重点图书出版规划项目

山东社会科学院创新工程重大项目

山东蓝皮书

BLUE BOOK OF SHANDONG

山东经济形势分析与预测（2019）

THE ANALYSIS AND FORECAST OF SHANDONG'S ECONOMY (2019)

主　编／李广杰
副主编／袁爱芝　刘晓宁

社会科学文献出版社
SOCIAL SCIENCES ACADEMIC PRESS (CHINA)

图书在版编目（CIP）数据

山东经济形势分析与预测.2019 / 李广杰主编. --
北京：社会科学文献出版社，2019.7
（山东蓝皮书）
ISBN 978 - 7 - 5201 - 4789 - 7

Ⅰ.①山…　Ⅱ.①李…　Ⅲ.①区域经济 - 经济分析 - 山东 - 2019 ②区域经济 - 经济预测 - 山东 - 2019　Ⅳ.①F127.52

中国版本图书馆 CIP 数据核字（2019）第 080782 号

山东蓝皮书
山东经济形势分析与预测（2019）

主　　编 / 李广杰
副 主 编 / 袁爱芝　刘晓宁

出 版 人 / 谢寿光
责任编辑 / 韩莹莹
文稿编辑 / 王红平

出　　版 / 社会科学文献出版社 · 人文分社（010）59367215
地址：北京市北三环中路甲 29 号院华龙大厦　邮编：100029
网址：www.ssap.com.cn
发　　行 / 市场营销中心（010）59367081　59367083
印　　装 / 天津千鹤文化传播有限公司

规　　格 / 开 本：787mm × 1092mm　1/16
印 张：23.5　字 数：384 千字
版　　次 / 2019 年 7 月第 1 版　2019 年 7 月第 1 次印刷
书　　号 / ISBN 978 - 7 - 5201 - 4789 - 7
定　　价 / 138.00 元

本书如有印装质量问题，请与读者服务中心（010 - 59367028）联系

《山东经济形势分析与预测（2019）》
专家咨询委员会

（按姓氏笔画排序）

《山东经济形势分析与预测（2019）》
编　委　会

主要编撰者简介

李广杰 山东社会科学院国际经济研究所所长、研究员。主要研究领域：区域经济、对外经济、生态经济。入选“齐鲁文化人才”、山东省高端智库人才入库专家。主要社会兼职：“山东省经济形势分析与预测软科学研究基地”副主任、山东省服务贸易协会专家咨询委员会副主任委员、山东省政府研究室特邀研究员、山东省政协经济委员会首批特聘专家、中国生态经济学会常务理事、齐鲁工业大学硕士生导师。

袁爱芝 山东社会科学院科研组织处副研究员，山东省经济学会理事，入选山东省理论人才“百人工程”。主要研究领域：区域经济、生态经济。主持山东省社科规划项目3项，在《生态经济》等学术期刊发表论文10余篇，参编多部著作。

刘晓宁 经济学博士，山东社会科学院国际经济研究所副研究员，山东省工商联参政议政委员会、山东省服务贸易专家委员会特约专家，山东省贸促会专家库成员，山东青年政治学院产业教授。主要研究领域：国际经济与贸易、跨国投资。主持2项国家社科基金项目、3项山东省社科基金项目，1项成果获山东省社会科学优秀成果奖。在《国际贸易问题》《世界经济研究》等期刊发表论文20余篇，出版学术专著2部。

前　言

2018年，在世界经济缓慢复苏和贸易保护趋强、国内经济运行稳中趋缓的大背景下，山东坚持稳中求进总基调，紧扣供给侧结构性改革主线，深化新一轮改革开放，扎实推进新旧动能转换重大工程，着力保障和改善民生，经济运行总体平稳，且呈现动力提升、结构优化、质效改善的发展态势。在经济平稳运行的同时，也出现了投资回落明显、民营企业困难增多等问题。

2019年，山东经济发展面临的外部环境复杂严峻，经济运行存在较大下行压力，但也存在不少有利因素。从国际环境看，世界经济将继续保持复苏态势，但是，全球经济增长仍面临诸多不确定与不稳定因素，世界经济复苏态势趋弱，同时，全球贸易保护主义、中美贸易摩擦的影响可能进一步显现，山东经济融入国际分工与合作面临不少制约因素与考验。从国内环境看，中国发展仍处于并将长期处于重要战略机遇期，经济发展长期向好的基本面没有改变，经济增长有望继续保持在合理区间，改革开放的进一步深化将为山东经济发展带来新机遇；但是，中国发展处在爬坡过坎的关键阶段，实体经济发展仍然面临不少困难，加之外部环境复杂严峻，经济运行存在下行压力，将在一定程度上对山东经济运行造成不利影响。从省内环境看，新旧动能转换、乡村振兴、海洋强省、军民融合等重大战略的深入实施，以及重点领域改革和对外开放的深化，将为山东经济发展注入新动力、拓展新空间；但是，山东经济仍处于转型升级的关键期，存在产业结构调整任务重、进一步去产能难度加大、实体经济发展较为困难等问题，保持经济持续健康发展面临一定压力。

2019年是新中国成立70周年，也是全面建成小康社会关键之年。山东应深入贯彻落实党的十九大和十九届二中、三中全会及中央经济工作会议精神，坚持稳中求进工作总基调，牢牢把握“两个走在前列、一个全面开创”总要求，以深化供给侧结构性改革为主线，在“巩固、增强、提升、畅通”上下功夫，聚焦聚力推进新旧动能转换、乡村振兴、经略海洋、军民融合等工作重点，创新完善宏观调控，激发微观主体活力，深化改革开放，保持经济运行在合理区间，推进经济转型升级、新旧动能转换实现新的突破。一是积极扩大有效需求稳增长。优化投资结构，加大对企业技术改造、战略性新兴产业发展的财税支持力度，引导各类市场主体扩大投资，促进投资平稳增长。引导消费结构优化升级，积极培育消费新增长点，促进消费需求稳中有升。积极开拓多元化国际市场，优化对外贸易方式结构，有效应对中美贸易摩擦，确保外贸进出口平稳发展。二是深入推进重大战略实施。大力推进新旧动能转换、乡村振兴、经略海洋等战略规划的深入落实，促进发展方式转变、经济结构优化、增长动力转换。三是大力支持民营经济发展。拓宽民间资本投资领域，丰富民营企业融资手段，进一步降低民营企业要素成本和税费负担，引导民营企业优化法人治理结构，实现民营经济发展新突破。四是持续推进重点领域改革。深化“放管服”改革，深入推进国资国企改革、财税金融体制改革、农村集体产权制度改革，增强经济发展活力和动力。五是着力构建全面开放新格局。深度融入“一带一路”建设，塑造外贸发展新优势，提升引资引智水平，创新开放型经济体制机制，打造高效透明的营商环境，在更大范围、更广领域、更高水平上推进对外开放。六是积极防范化解金融风险。加强金融风险预警，完善防范化解金融风险的措施体系，稳妥处理政府隐性债务，加强社会信用体系建设，打造“金安工程”，坚决避免发生系统性风险。七是优化完善宏观调控。贯彻落实国家宏观调控政策，完善山东省宏观调控目标、方式和手段，促进经济高质量发展。

习近平总书记2018年6月视察山东时，要求山东主动融入国家开放大局，提高开放水平，扩大高质量招商引资，深度融入“一带一路”建设，打造对外开放新高地。总书记的重要指示为新时代山东开放发展指明了方向，为山东进一步以开放促改革、促创新、促发展提供了根本遵循。党的十八大以来，山东认真贯彻党中央重大决策部署，积极探索开放发展的路径模式，构建开放型经济新体制，经济社会发展取得显著成就。实践证明，对外开放是实现繁荣发展的必由之路。国际金融危机以来，世界经贸格局发生深刻演变，中国经济由高速增长阶段转向高质量发展阶段，正处在发展方式转变、经济结构优化、增长动力转换的攻关期。面对国际国内发展环境的新变化，深化对外开放、打造对外开放新高地成为山东实现经济高质量发展的客观要求和必然选择。为此，我们将2019年山东经济蓝皮书的主题确定为“打造对外开放新高地”。

打造对外开放新高地对于山东实现高质量发展意义重大。首先，打造对外开放新高地是山东适应全球经贸格局变化的迫切需要。国际金融危机以来，世界经济进入深度调整期，全球产业发展竞争呈现加剧态势，贸易保护主义抬头，贸易环境严峻，贸易增速放缓，大国间经贸摩擦加剧。全球贸易体系出现重大变化，区域自由贸易安排加速推进，中国参与全球化发展面临新考验。面对全球经贸格局变化的新挑战，山东只有加快发展更高层次开放型经济，增强体制机制竞争优势，打造对外开放新高地，才能在国际竞争中赢得主动。其次，打造对外开放新高地是山东加速新旧动能转换的客观要求。党的十八大以来，山东转方式、调结构取得明显进展，但是，产业结构不合理、自主创新能力不强、经济发展质量效益不高、资源环境约束加大等结构性矛盾依然相当突出。解决山东经济发展的结构性矛盾，根本出路在于以深化供给侧结构性改革为主线加快新旧动能转换。打造对外开放新高地，扩大高质量招商引资，重塑开放型经济发展新优势，有利于山东在更大范围内优化配置资源，充分利用国际国内两个市场、两种资源推进供给侧结构性改革，促进新产业、新产品、新业态、新模式等新动能培育，加快新旧动能转换，构建现代化经济体系。最后，打造对外开放新高地是山东实现“两个走在前列、一个全面开创”目标的必然选择。山东是中国东部经济大省、文化大省和人口大省，在全国发展大局中具有重要地位。习近平总书记在参加十三届全国人大一次会议山东代表团审议时发表重要讲话，要求山东“在全面建成小康社会进程中、在社会主义现代化建设新征程中走在前列，全面开创新时代现代化强省建设新局面”。打造对外开放新高地，为国家重大开放战略试点探索、先行先试，探索形成可复制、可推广的开放发展路径模式，有利于为中国更好地参与经济全球化进程提供地方层面的典型示范，有利于山东建设中国北方地区新的区域增长极，带动黄河流域中西部地区扩大开放，有利于山东更好发挥开放对改革的牵引和倒逼作用，加快推进高质量发展，实现“两个走在前列、一个全面开创”的目标。

山东打造对外开放新高地，应深入落实习近平总书记视察山东重要讲话、重要指示批示精神，进一步强化开放意识，牢固树立开放发展理念，充分发挥山东区位、资源、产业和市场优势，实行更加积极主动的开放战略，主动融入国家开放大局，以构建开放型经济新体制、形成全面开放新格局、打造国际合作竞争新优势为主攻方向，坚持世界眼光、国际标准，以深化改革促进扩大开放，积极争取更大改革开放自主权，加快制度创新、先行先试，构建与国际贸易投资规则相适应的开放型经济体制机制，加快形成全面开放新格局，深度融入“一带一路”建设，大力培育对外贸易新业态、新模式，扩大高质量招商引资，加快经济开发区转型升级，优化省内对外开放区域布局，塑造国际合作竞争新优势。利用3～5年时间，将山东打造成开放型经济体制创新引领区、国际地方经贸合作示范区、国家战略统筹实施集聚区和“一带一路”互联互通综合枢纽，实现对外开放水平全面提升，更好促进全省经济高质量发展，并形成一批可复制、可推广的经验模式，在中国新一轮对外开放中起到示范引领、辐射带动作用。山东打造对外开放新高地，需要加强政策保障和要素支撑。一是加强创新能力开放合作。大力推进创新国际化，积极融入全球创新网络，构建高水平开放型区域创新体系，加强对全球优势科技资源的利用，加快创新资源的全球化布局。二是建设互联互通的国际大通道。发挥山东区位优势，通过构建内外联通的交通基础设施、创新中欧班列发展运营模式、进一步优化口岸通关服务等手段，构建横贯东西、南北通达、高效快捷的综合运输网络，使山东成为辐射带动中西部地区发展、深度参与全球经济合作的重要门户，成为东连日韩、西接欧非、南到东盟、北接俄罗斯的国际大通道。三是强化国际化人才队伍建设。山东国际化人才的供需矛盾比较突出，必须创新有利于培养、引进和用好国际化人才的体制机制，强化国际化人才队伍建设，为打造对外开放新高地提供有力的人才支撑。四是打造国际一流营商环境。以法治化、国际化、便利化为导向，以加快服务型政府和智慧政务建设为主抓手，巩固提升既有优势，全面补强短板弱项，建设竞争公平，政策稳定、透明、可预期，服务高效便捷，“亲商、安商、富商”的国际一流营商环境。五是深化国际人文交流与合作。坚持经贸合作和人文交流共同推进，把深化国际人文交流与合作作为打造对外开放新高地的重要抓手，通过推进文明交流互鉴，促进文化交融、民心相通，促进对外经贸合作高质量可持续发展。

张述存
2019年1月

摘　要

本书以山东社会科学院从事经济研究的专家、学者为主，邀请省内相关政府部门、高等院校的专家、学者参加，经过深入调查研究撰写而成。全书由综合分析与预测篇、产业发展与专题分析篇、区域发展与对外开放篇、典型分析篇 4 个部分共 20 篇报告组成。

本书运用定量分析与定性分析相结合、调查研究与统计分析相结合等研究方法，对 2018 年山东省经济发展态势及经济运行中存在的问题进行了深入分析，并结合国内外经济形势对 2019 年山东省经济走势进行了预测，提出了对策建议。同时，对山东省制造业、服务业、海洋经济、民营经济、乡村振兴、海绵城市建设等领域进行了专题分析，对山东省区域经济协同发展、济南都市圈、服务贸易、利用外资、跨境电商、服务业深度对外开放等问题进行了深入研究，对青岛、威海、东营、聊城、济南高新区等典型地区的产业发展、对外开放、经略海洋、新旧动能转换等问题进行了分析探讨。

2018 年，面对复杂多变的国内外宏观经济形势，山东加速推进供给侧结构性改革和新旧动能转换，深化新一轮改革开放，全省经济运行总体符合预期，经济发展质量继续提升，全年生产总值增长 6.4%，保持在合理区间。但是，山东经济运行仍面临一些突出矛盾和问题，导致经济下行压力进一步加大。

展望 2019 年，世界经济将继续温和增长，但动力有所放缓；中国经济增长有望继续保持在合理区间，但也存在较多不确定性因素。山东应以深化供给侧结构性改革为主线，以推进新旧动能转换、乡村振兴、经略海洋、军民融合和继续打好三大攻坚战为重点，统筹推进稳增长、促改革、调结构、惠民生、防风险工作，保持经济运行在合理区间。同时，实行更加积极主动的开放战略，主动融入国家开放大局，以构建开放型经济新体制、形成全面开放新格局、打造国际合作竞争新优势为主攻方向，着力打造对外开放新高地。2019

年，预计山东 GDP 增速在 6.5% 左右，全社会固定资产投资和社会消费品零售总额增速基本保持平稳，出口总额增速小幅下降，居民消费价格涨幅在 2.5% 左右。

关键词： 山东经济　形势分析　对外开放新高地

Abstract

This book is written by the experts and scholars engaged in economic research in Shandong Academy of Social Sciences, and experts from relevant government departments, universities in Shandong Province. The book consists of comprehensive analysis and forecast part, industrial development and thematic analysis part, regional development and opening to the outside world part and typical analysis part, including 20 reports.

This book used quantitative analysis, qualitative analysis and the combination of the investigation and statistical analysis to discuss economic development situation and problems of Shandong Province in 2018, combining economic situation at home and abroad, predicted economic trends in 2019 of Shandong Province, and put forward relevant suggestions. Meanwhile, we also discussed the topic of manufacturing, service, marine economy, private economy, rural revitalization, sponge city construction, regional economic coordination development, Jinan metropolitan area, service trade, utilization of foreign capital, cross-border e-commerce, service industry opening and so on, analyzed industrial development, opening up, conversion of old and new kinetic energy and other issues in Qingdao, Weihai, Dongying, Liaocheng, Jinan High-tech Zone, etc.

In 2018, in a severe and complicated domestic and international situation, Shandong accelerated the supply-side structural reform and the conversion of old and new kinetic energy, deepened a new round of reform and opening up, the overall economic growth was in line with expectations, and the quality of economic development continued to improve. The GDP increased by 6.4% for the full year, keeping it within a reasonable range. However, Shandong's economic development still faces some prominent contradictions and problems, which have led to further downward pressure on the economy.

Looking forward to 2019, the world economy will continue to grow moderately, but momentum will slow down; China's economic growth is expected to remain in a reasonable range, but there are also many uncertainties. Shandong should deepen the structural reform of the supply side, focus on the conversion of old and new kinetic energy, rural revitalization, marine economy, military-civilian integration, and continue to fight the three major battles, promote steady growth, reform, structural adjustment, benefiting people's livelihood, and risk prevention and control, and keep the economy running in a reasonable range. At the same time, implement a more proactive open strategy and actively integrate into the overall situation of national opening, focus on building a new open economic system, forming a new pattern of comprehensive opening, and building a new competitive advantage in international cooperation, to create a new highland of opening up. In 2019, Shandong's GDP growth rate is expected to be around 6.5%, the growth rate of total fixed asset investment and social consumer goods retail sales will remain basically stable, the growth rate of total export volume may decline slightly, and the consumer prices will rise about 2.5%.

Keywords: Shandong Economy; Situation Analysis; Opening-up New Highlands

目 录

Ⅰ 综合分析与预测篇

Ⅱ 产业发展与专题分析篇

Ⅲ 区域发展与对外开放篇

Ⅳ 典型分析篇

皮书数据库阅读使用指南

CONTENTS

Ⅰ Comprehensive Analysis and Prediction

Ⅱ Industry Development and Special Analysis

Ⅲ Regional Development and Opening-up

Ⅳ Typical Analysis

综合分析与预测篇

Comprehensive Analysis and Prediction

B.1 2019年山东：打造对外开放新高地

山东社会科学院“山东经济形势分析与预测”课题组*

摘　要： 2018年，山东加速推进供给侧结构性改革和新旧动能转换，深化新一轮改革开放，全省经济运行总体符合预期，经济发展质量继续提升，全年生产总值增长6.4%。但是，山东经济运行仍面临一些突出矛盾和问题，经济下行压力较大。展望2019年，世界经济有望继续温和增长，中国经济增长也将保持在合理区间。山东应坚持稳中求进工作总基调，以深化供给侧结构性改革为主线，以推进新旧动能转换、乡村振兴、经略海洋、军民融合和继续打好三大攻坚战为重点，统筹推进稳增长、促改革、调结构、惠民生、防风险工作，努力保持经济运行在合理区间。同时，实行更加积极主动的开放战略，主动融入国家开放大局，以构建开

* 课题组成员：袁红英，博士，山东社会科学院副院长，研究员；李广杰，硕士，山东社会科学院国际经济研究所所长，研究员；袁爱芝，硕士，山东社会科学院科研组织处副研究员；刘晓宁，博士，山东社会科学院国际经济研究所副研究员。报告执笔人：李广杰、刘晓宁。

放型经济新体制、形成全面开放新格局、打造国际合作竞争新优势为主攻方向，着力打造对外开放新高地。

关键词： 山东经济 新旧动能转换 对外开放新高地

2018 年，在世界经济缓慢复苏和贸易保护趋强、国内经济运行稳中趋缓的大背景下，山东坚持稳中求进总基调，紧扣供给侧结构性改革主线，深化新一轮改革开放，扎实推进新旧动能转换重大工程，着力保障和改善民生，经济运行总体平稳，且呈现动力提升、结构优化、质效改善的发展态势。展望 2019 年，世界经济仍将继续温和增长，但动力有所放缓；中国经济有望继续保持在合理区间，但存在一些不确定性因素。对山东来说，面临的国内外环境较为复杂，化解各类风险、矛盾的压力依然较大，但也存在诸多有利因素。通过深入贯彻落实中央决策部署，按照建设现代化经济体系和高质量发展要求，继续深化供给侧结构性改革，加快推进和落实新旧动能转换、乡村振兴、经略海洋、军民融合、高水平开放和继续打好三大攻坚战等重点任务，2019 年山东经济有望继续运行在合理区间，同时在经济转型升级上迈出更加坚实的步伐。

一 2018年山东经济运行的基本态势及存在问题

（一）2018年山东经济运行基本态势

2018 年，山东积极应对错综复杂的发展环境，扎实推动供给侧结构性改革和新旧动能转换，着力稳就业、稳金融、稳外贸、稳外资、稳投资、稳预期，经济运行保持平稳，经济增速、就业、物价、居民收入、财政收入等主要经济指标继续运行在合理区间。

1. 经济运行总体平稳，但增速有所放缓

2018 年，山东经济走势总体平稳，全年实现生产总值 76469.7 亿元，列广东、江苏之后位居全国第三位（见图 1）；按可比价格计算，同比增长 6.4%，增速逐季回落，比 2017 年增速低 1 个百分点，比全国增速低 0.2 个百分点，多年来首次出现增速低于全国的情况（见图2）。虽然经济增速有所下降，但符合经济进入新常态背景下的增速换挡规律，总体发展情况符合预期。

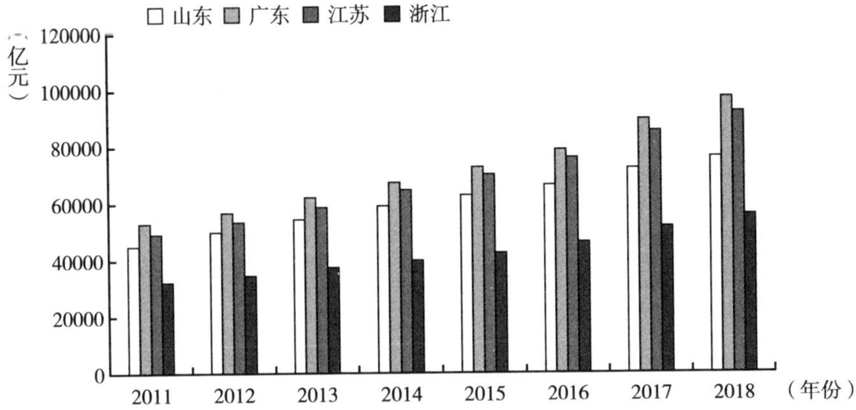

图1　2011年以来鲁粤苏浙地区生产总值比较

资料来源：《中国统计年鉴2018》、四省统计局网站。

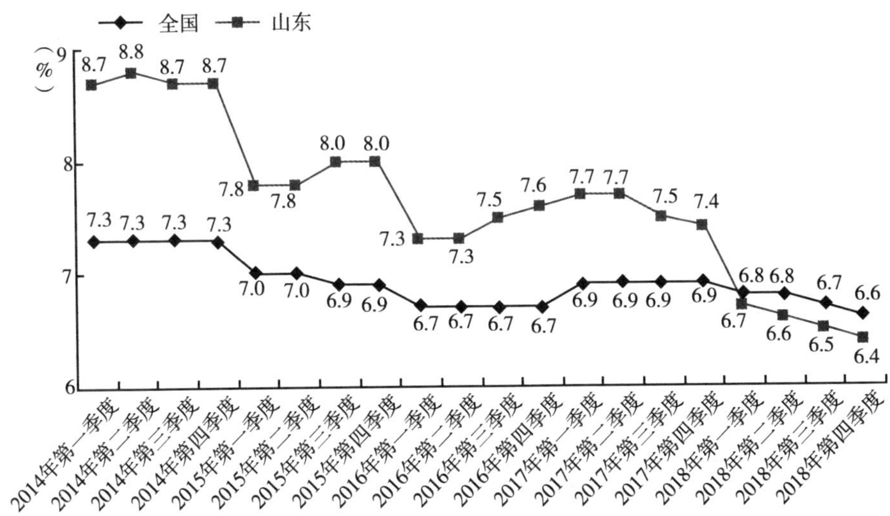

图2　2014年以来山东省与全国GDP增速情况（季度累计）

注：国家统计局从2015年第三季度起季度GDP采用分季方式核算，同时，按照分季GDP核算方法对各季度历史数据进行了修订。

资料来源：国家统计局网站、山东省统计局网站。

（1）从三次产业增长态势看，一、二、三产业保持平稳运行，但增速均有不同程度下降。2018 年，山东第一产业增加值为 4950.52 亿元，增长 2.6%；第二产业增加值为 33641.72 亿元，增长 5.1%；第三产业增加值为 37877.43 亿元，增长 8.3%。三次产业增速分别比 2017 年降低 0.9 个、1.2 个和 0.8 个百分点。农业生产基本稳定，林牧渔业平稳发展。受台风强降雨、高温天气持续时间长等影响，粮食总产量略有减少，但全年仍将维持在 900 亿斤以上水平，继续稳居全国第三位。工业经济运行质量提高，山东规模以上工业增加值同比增长 5.2%，比 2017 年降低 1.7 个百分点，但规模以上工业利润增长 10.3%，人均创造利润 7.0 万元，比 2017 年增长 14.3%。服务业对经济的贡献持续提升，有效支撑并推动全省经济平稳运行。

（2）从三大需求增长态势看，投资、消费、出口均有不同程度放缓。一是投资增速持续放缓，但大项目支撑作用显著。2018 年，山东固定资产投资额同比增长 4.1%，比 2017 年降低 3.2 个百分点（见图 3）；前三季度计划总投资亿元以上项目完成投资增长 12.6%，对全部投资增长的贡献率达到 127.1%。2018 年，房地产开发投资增速总体呈现平稳回升态势，全年增长 13.8%，比 2017 年提高 8.8 个百分点（见图 3）。二是消费增速稳中趋降，但新兴业态增势强劲。2018 年，山东社会消费品零售总额增长 8.8%，比 2017 年下降 1 个百分点（见图 4）；全年实物商品网上零售额实现 23.4% 的高速增长，比限额以上单位零售额增速高 17.6 个百分点。三是出口增速降幅明显，抢运出口集中释放。尽管 2018 年 4 月以来的人民币贬值一定程度上提高了出口商品竞争力，但受中美贸易摩擦影响，山东货物出口增速仍出现较大降幅。2018 年，山东货物出口额增长 6.1%，比 2017 年下降 4.0 个百分点（见图 5）。许多对美出口企业集中抢运出口，导致 2018 年 9 月出口激增，单月出口 1022.2 亿元，同比增长 27.1%，环比增长 10.3%。

（3）从区域增长态势看，各市发展有所分化。一是青岛总量继续稳居第一。2016 年青岛跻身中国城市“万亿俱乐部”，2018 年实现生产总值 12001.5 亿元，继续稳居山东地市经济榜首位置。二是济南经济总量反超烟台。2004 年烟台 GDP 超过济南位列第二后，2004 ~ 2011 年两市 GDP 差距总体呈现扩大态势，2011 年达到最高点，其后差距又开始逐步缩小。2018 年，济南、烟台分别实现生产总值 7856.6 亿元和 7832.6 亿元，实现对烟台的历史性反超。三是菏泽和滨州成为增速的首末两端。2018 年，菏泽 GDP 增速达到 7.9%，保持高速发展态势，增速居全省第一位；而滨州受工业经济下行拖累，增速仅为 1.5%。四是从县域来看，青岛黄岛区稳居全省第一。2018 年前三季度，青岛黄岛区实现生产总值 2622.1 亿元，是第二名济南历下区（1122.2 亿元）的两倍还多。

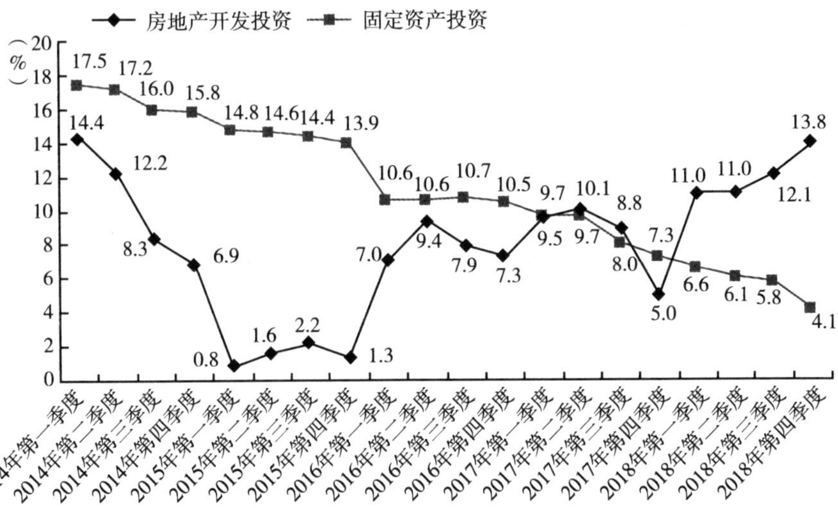

图 3　2014 年以来山东省固定资产与房地产开发投资增速情况（季度累计）

资料来源：山东省统计局网站。

2. 结构优化效益提升，高质量发展态势逐步显现

2018 年，山东在保持经济增速平稳的基础上，大力推进转方式、调结构和创新驱动发展，产业结构进一步优化，科技创新能力持续增强，绿色低碳发展成效显著，经济运行质量明显提升，向高质量发展更进一步。

（1）产业结构持续优化。自 2016 年山东三次产业结构实现由“二三一”向“三二一”的历史性转变后，2018 年进一步调整为 6.5∶44.0∶49.5，第三产业比重比 2017 年提高 1.5 个百分点（见图 6），第三产业占主导的产业结构得到巩固。一是农业生产提质增效持续推进，机械化程度不断提高。虽然 2018 年山东自然灾害多发，但由于严格执行耕地保护制度，农田水利条件明显改善，农业生产向提质增效转变。二是工业结构迈向中高端，发展动力逐步

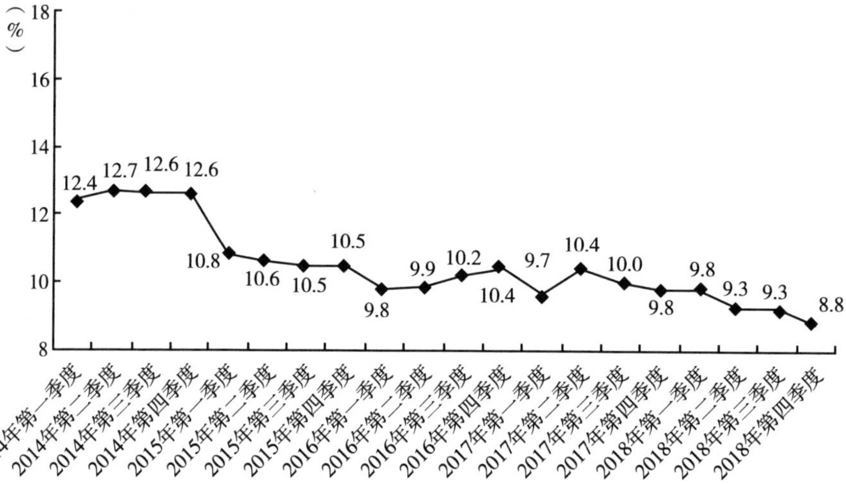

图4　2014 年以来山东省社会消费品零售总额增速情况（季度累计）

资料来源：山东省统计局网站。

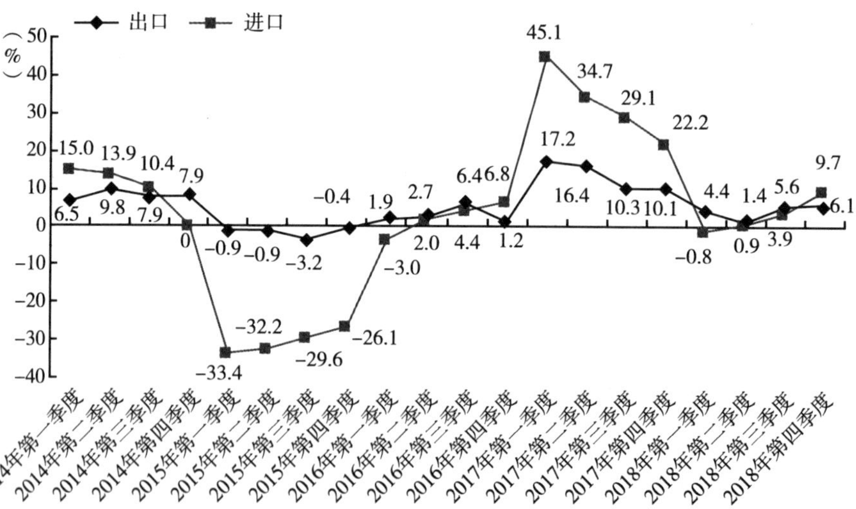

图5　2014 年以来山东省货物贸易进出口额增速情况（季度累计）

资料来源：青岛海关网站。

提升。2018 年，装备制造业实现增加值增长 7.5%，高于规模以上工业 2.3 个百分点，超过高耗能行业成为工业增长的首要拉动力；新一代信息技术、新能源新材料、高端装备和高技术行业增加值分别增长 6.7%、6.0%、5.5% 和 9.6%，依次高于规模以上工业 1.5 个、0.8 个、0.3 个和 4.4 个百分点；工业机器人、太阳能电池和服务器等新产品产量比 2017 年分别增长 71.5%、58.9% 和 76.3%。工业企业盈利能力明显提升，实现主营业务收入利润率 5.26%，比 2017 年提高 0.25 个百分点。三是服务业结构加速调整，引领作用持续显现。2018 年，互联网和相关服务业、软件和信息技术服务业营业收入分别增长 8.7% 和 14.1%，分别比规模以上服务业高 1.6 个和 7.0 个百分点；商务服务业贡献突出，营业收入增长 25.1%，比规模以上服务业高 18.0 个百分点，贡献率达到 34.0%，比 2017 年提高 14.3 个百分点。

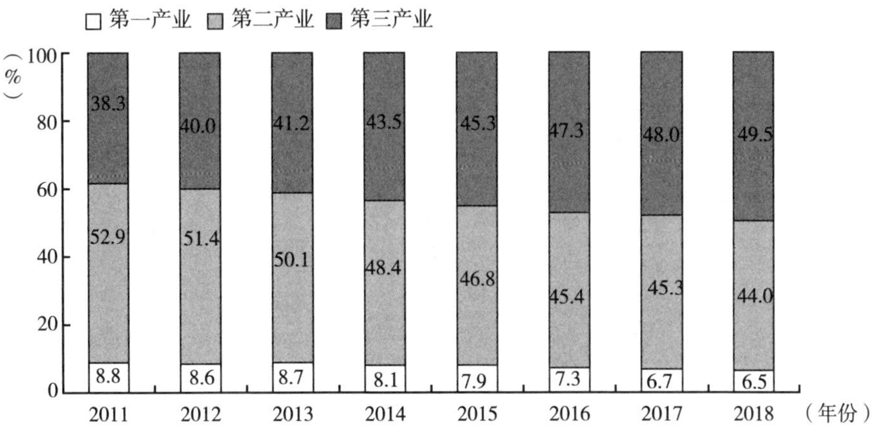

图 6　2011～2018 年山东省三次产业结构变动情况

资料来源：山东省统计局网站。

（2）需求结构更加合理。2018 年，山东投资、消费、出口分别增长 4.1%、8.8% 和 6.1%，经济增长由主要依靠投资拉动逐步向依靠三大需求协调拉动转变，消费正逐步成为经济增长的主动力。一是投资的产业及行业结构不断优化。2018 年，服务业投资增长 7.1%，三次产业投资比例为 1.7∶39.5∶58.8，第三产业投资占比近六成，比 2017 年提升 10.3 个百分点。高技术制造业投资增长 17.6%，装备制造业投资增长 7.6%，新技术、新产业、新业态、新模式投资增长 4.5%，分别高于全部投资增速 13.5 个、3.5 个和 0.4 个百分点。高耗能行业、产能过剩行业投资继续得到抑制，前三季度分别下降 9.3% 和 13.6%。

二是消费持续转型升级。2018 年，家电、家具、建筑及装潢材料类零售额分别增长 9.4%、9.2% 和 9.9%，高于限额以上零售额增速 3.4 ~4.1 个百分点。三是出口结构有所改善。2018 年，山东以一般贸易方式出口占比达到 69.0%，比 2017 年提升 4.9 个百分点，以加工贸易方式出口占比达到 28.2%，比 2017 年下降 4.5 个百分点；民营企业出口占比达到 60.5%，比 2017 年提升 3.7 个百分点，外商投资企业出口占比为 32.6%，比 2017 年下降 2 个百分点；出口市场结构更加多元（见图 7），其中对美国、欧盟、东盟、日本市场出口分别增长 8.6%、5.1%、15.9% 和 4.8%。

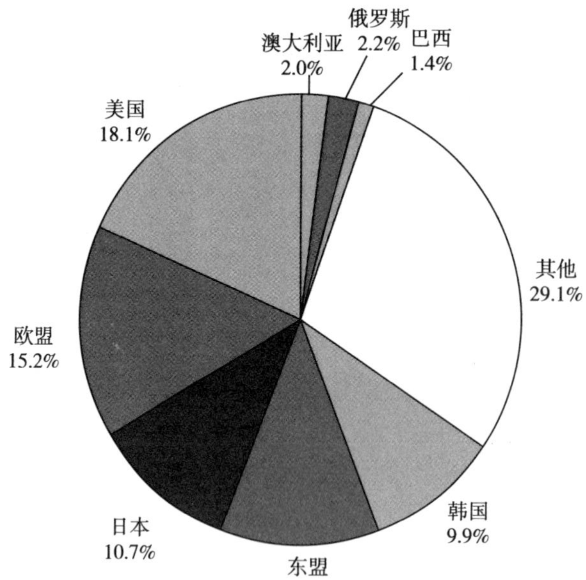

图 7　2018 年山东出口市场结构情况

资料来源：青岛海关网站。

（3）利用外资提质增效。2018 年，山东新增外商投资项目 2156 个，同比增长 45.8%；合同外资 277.1 亿美元，增长 10.6%；实际使用外资 123.9 亿美元，增长 6.5%。一是利用外资促进行业结构优化。前三季度，山东制造业实际使用外资 401.7 亿元。其中，高技术制造业实际使用外资 69.3 亿元，增长 35.1%，比全国增速高 12.6 个百分点，占制造业比重达到 17.3%。医药制造业、电子及通信设备制造业、计算机及办公设备制造业、医疗仪器设备及仪器仪表制造业实际使用外资分别增长10.3%、38.9%、54.5%、33.4%。新设立服务业领域外商投资企业1024家，合同利用外资766.8亿元，实际使用外资449.6亿元，分别增长51%、9.7%、38.5%。二是来自中国香港、韩国的投资增幅明显。前三季度，山东新设立港资企业470家，实际利用港资489.8亿元，增长16.8%，占全省的比重达到54.3%；实际利用韩资114.3亿元，增长18%，占到全省的12.7%。三是外资项目规模显著扩大。前三季度，新设及增资总投资过亿美元的大项目达到77个，合同外资82.3亿美元；日本永旺、伊藤忠，德国博世、曼集团以及韩国浦项、LG等20家世界500强企业在山东投资项目34个，合同利用外资17.9亿美元，同比增长70.5%。[①]

（4）财税结构有所改善。2018年，山东一般公共预算收入6485.4亿元，同比增长6.3%；一般公共预算支出10099.0亿元，同比增长9.1%。一是财政收入质量有所提高。得益于企业效益提升和部分资源产品价格上涨，2018年山东实现税收收入4897.9亿元，增长10.8%，比2017年提高1.7个百分点，占一般公共预算收入比重达到75.5%，比2017年提高3个百分点。非税收入1587.5亿元，下降5.5%，表明各项减费降负政策得到较好落实。二是财政支出进度较快。2018年以来，山东实施了一系列稳增长、调结构、促改革、惠民生的积极财政政策，前三季度全省财政支出进度达到82.1%，比2017年同期高1.4个百分点，高于序时进度7.1个百分点，是近年来同期最快水平。三是财政支出结构进一步改善。前三季度，山东节能环保、商务服务业、科学技术、城乡社区等支出分别增长32.8%、25.6%、17.4%、11.5%，为经济平稳运行、结构优化调整和实现绿色低碳发展提供了资金保障；医疗卫生与计划生育、住房保障等与改善民生相关的财政支出进度均快于全省平均水平。

（5）绿色发展取得成效。2018年以来，山东坚持绿色低碳发展理念，加快清洁能源生产供给，优化工业能耗结构，能源资源综合利用效率进一步提升。一是清洁能源发电量快速增长。2018年，全省新能源和可再生能源发电

① 《2018年9月全省利用外资情况分析》，山东省商务厅网站，http://sdcom.gov.cn/public/html/news/417620.html。

装机容量增长23.4%，占全省发电装机容量的20.9%，比2017年提高3.2个百分点；发电量增长60.3%。其中，风力、光伏发电分别增长28.5%、88.0%，核电实现零的突破。二是工业能耗结构明显优化。2018年，山东规模以上工业能耗下降0.4%。分门类看，采矿业能耗下降3.5%，占规模以上工业能耗比重比2017年降低0.2个百分点；制造业能耗下降0.8%，占比较2017年降低0.3个百分点。煤炭清洁利用程度进一步提高，规模以上工业煤炭消费结构中发电、供热占69.4%，比2017年提高5.2个百分点。[①] 三是环境保护取得新成效。空气质量明显好转，2018年全省PM2.5、PM10、二氧化硫、二氧化氮平均浓度同比分别降低14.0%、8.5%、33.3%和2.7%，重污染天数同比减少5天，环境空气质量综合指数同比降低9.6%。

（6）创新能力进一步增强。2018年以来，山东专利数量和质量明显提高。截至2018年末，全省国内有效发明专利拥有量达到87362件，同比增长17.1%，全省每万人有效发明专利拥有量达到8.78件，比2017年末提高1.21件。2018年全省国内发明专利申请量75817件，发明专利授权量20338件，PCT国际专利申请量1751件。作为衡量技术发展水平和创新能力的重要指标，发明专利申请量和授权量的较快增长表明山东自主创新能力持续提升，知识产权竞争力不断增强。专利代理机构数量继续保持稳步增长，2018年全省新增专利代理机构13家、分支机构10家、执业专利代理人57人；截至2018年底，全省共有专利代理机构80家、分支机构106家、执业专利代理人620人，分别较2017年增长19.4%、10.4%、10.1%。[②] 同时，山东启动了大科学计划和大科学工程，实施省级以上创新平台倍增计划，认定省级创新百强试点企业41家；新认定509家高新技术企业，总数量达到6864家。高层次创新平台支撑进一步强化，国家级企业技术中心达到181家，居全国第一位；国家级科技企业孵化器达到84家，居全国第三位。

3. 重大任务扎实推进，战略叠加效应集中释放

2018年以来，山东积极推进供给侧结构性改革、新旧动能转换、乡村振

---

① 《解读：2018年全省能源供给消费更加清洁优化》，山东省统计局网站，http://www.stats-sd.gov.cn/art/2019/1/31/art_6109_4594522.html。

② 山东省市场监督管理局：《关于2018年度全省专利情况的通报》，2019年1月。

兴、海洋强省建设等重大战略任务，各项试点示范加快落地，战略叠加效应集中释放，发展优势进一步凸显。

（1）供给侧结构性改革成效显著。一是产能利用有所好转。2018 年，山东压减粗钢产能 355 万吨、生铁产能 60 万吨、煤炭产能 495 万吨，煤炭、钢铁行业产能利用率分别超过 80% 和 70%。二是商品房库存稳步消化。2018 年 12 月末，全省房地产开发企业现房待售面积下降 19.0%，待售面积降至 2013 年以来最低水平。三是企业杠杆率稳中趋降。2018 年 9 月末规模以上工业资产负债率为 57.7%，比 2017 年同期下降 0.2 个百分点，处于 40% ~60% 的合理区间。其中，国有控股企业资产负债率为 62.7%，比 2017 年同期下降 2.4 个百分点。四是企业降本减负成效明显。全年规模以上工业每百元主营业务收入成本为 85.85 元，比 2017 年减少 0.59 元。五是基础设施短板加快补齐。山东省出台并实施了《山东省综合交通网中长期发展规划（2018—2035 年）》，优化调整铁路网布局，济青高铁、青盐铁路建成运营，鲁南高铁曲阜至菏泽段开工建设。薄弱领域投入加大，全年电信广播电视和卫星传输服务业、互联网和相关服务业、生态保护和环境治理业、公共设施管理业投资分别增长 65.0%、32.2%、27.0% 和 17.7%，分别高于全部投资增速 60.9 个、28.1 个、22.9 个和 13.6 个百分点。①

（2）新旧动能转换全面起势。一是传统产业向深加工延伸。2018 年，山东农副食品加工行业增加值增长 4.8%，而代表消费升级趋势的食用菌加工、蛋品加工等行业增加值分别增长 1.5 倍和 44.7%；钢铁行业中，冶炼业增加值仅占 18.5%，而精深加工行业占 81.5%。二是“四新”经济加快发展。全年“四新”经济投资占全部投资的比重达到 43.9%；新登记“四新”经济企业 2.5 万家，增长 30%。新技术、新产业增速较快，高技术行业、新能源新材料、新一代信息技术制造业增加值增速均高于规模以上工业；新业态、新模式稳步发展，全年实物商品网上零售额增长 23.4%，跨境电子商务出口增长 45.1%。三是重大项目建设进展良好。“十强”产业重大项目库首批 450 个优选项目开工 360 个，完成投资 1670 亿元。钢铁、石化调整迈出关键步伐，编制完成先进钢铁制造产业基地发展规划，3 个重大石化项目列入国家石化产业

① 《2018 年山东经济数据公布 GDP 增长 6.4%》，凤凰网，http://sd.ifeng.com/a/20190130/7196359_0.shtml。

规划布局方案。新旧动能转换基金第一批 8 只基金设立方案已通过审议，认缴规模 670 亿元。

（3）乡村振兴实现良好开局。2018 年，山东在全国率先编制实施了乡村振兴战略规划和 5 个工作方案，启动了“十百千”示范工程。一是现代农业加快发展。实施了农业良种工程、精准农业、盐碱地绿色开发等科技开发项目，农作物耕种收综合机械化率达到 83%，农业科技进步贡献率达到 64%。2018 年，山东农产品出口 1150.3 亿元，同比下降 0.2%，但仍居全国首位，出口规模连续第 20 年领跑全国。二是新型农业经营主体带动能力增强。全省规模以上龙头企业达到 1 万家，农民合作社、家庭农场总数分别达到 20.3 万家和 6.37 万家，农业社会化服务组织超过 20 万个。三是美丽乡村建设加快推进。全面启动农村人居环境三年整治行动和美丽村居建设省级试点，累计完成农村无害化卫生厕所改造 979.7 万户，在 5 个县、12 个乡镇开展农村供暖试点，95% 的建制镇和已建成入住的农村新型社区全部建有污水处理设施，99% 的建制村通达客车，行政村实现光纤全覆盖。

（4）海洋强省建设深入开展。2018 年，山东编制实施了海洋强省建设行动方案，深入推进“十大行动”，海洋经济高质量发展成效显现。一是海洋产业加快转型升级。2018 年上半年，山东海洋油气业产值 46.4 亿元，同比增长 20.2%；远洋渔业产值 24.8 亿元，同比增长 16.4%；水产品出口额 23.3 亿美元，同比增长 6.3%；全省沿海港口吞吐量 7.87 亿吨，同比增长 6.6%。二是海洋科技水平显著提升。实施“智慧海洋”工程，海洋牧场多功能平台填补了国内海洋渔业高端装备的空白，世界最大、中国首座全潜式大型智能网箱“深蓝 1 号”建成下水，“透明海洋”“问海计划”等重大科技创新工程进展顺利。三是现代化海洋牧场建设扎实推进。全省已建成省级以上海洋牧场 55 处，其中国家级 21 处，占全国的三分之一；形成以“增殖放流 + 人工鱼礁 + 藻场移植 + 智能网箱”为主体的海洋牧场建设模式，海洋牧场综合经济收入达到 2100 亿元，居全国首位。四是海洋生态红线区分类管控进一步落实。启动山东海洋生态红线划定方案优化工作，优化后的山东海域共 227 个红线区，总面积达到 9859 平方公里，占山东海域的 20.83%。

4. 民生状况持续改善，社会事业全面进步

2018 年以来，山东各项惠民政策进一步落实，劳动力就业和居民收入指

标表现良好，民生得到持续改善，人民获得感、幸福感显著提高。

（1）居民收入持续平稳增长。2018 年，山东居民人均可支配收入达到 29205 元，同比增长 7.5%。其中，城镇居民人均可支配收入为 39549 元，增长 7.5%；农村居民人均可支配收入为 16297 元，增长 7.8%，高于城镇居民收入实际增幅 0.3 个百分点（见图 8）。自 2010 年起连续 9 年农村居民人均可支配收入增速高于城镇居民，城乡居民收入比进一步缩小为 2.43∶1。全省居民人均工资性收入 16814 元，增长 8.3%，占人均可支配收入比重为 57.6%，拉动居民人均可支配收入增长 4.8 个百分点，对居民收入增长贡献率为 56.4%，是居民增收的主要来源；人均经营净收入 6300 元，增长 6.9%，占可支配收入比重为 21.6%；人均财产净收入 2043 元，增长 11.6%，在四项收入中增速最快；人均转移净收入 4047 元，增长 10.2%。居民人均财产、转移净收入占人均可支配收入比重比 2017 年分别提高 0.2 个和 0.3 个百分点。[①] 收入稳定增长的同时，物价水平温和上涨，全年居民消费价格总指数同比上涨 2.5%。

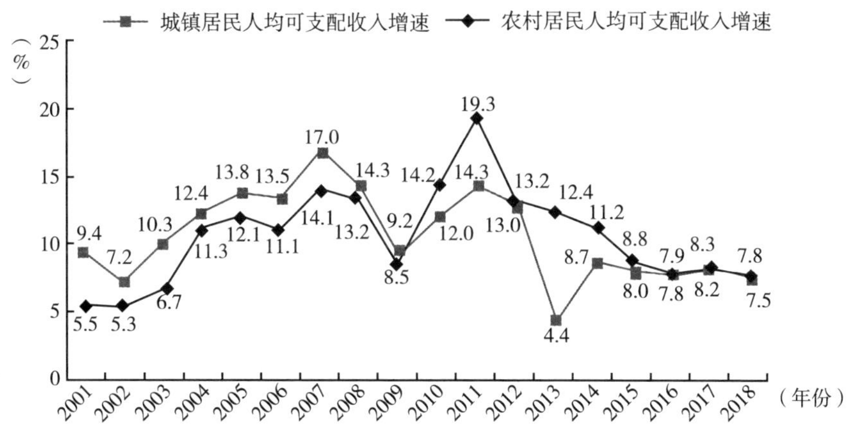

图 8　2001 年以来山东省城镇和农村居民人均可支配收入增速情况

资料来源：山东省统计局网站。

① 《解读：2018 年全省居民收入增长平稳　消费水平不断提高》，山东省统计局网站，http：//www.stats-sd.gov.cn/art/2019/1/31/art_6109_4594526.html。

（2）精准脱贫攻坚取得积极进展。2018年，山东继续聚焦“4个2”重点区域（菏泽和临沂2个市、20个脱贫任务比较重的县、200个重点扶持乡镇、2000个省扶贫工作重点村）和老弱病残特殊贫困群体，广泛动员社会力量，持续推进“千企帮千村”和第一书记扎根帮扶。全年剩余省标以下17.2万贫困人口脱贫任务全部完成，7005个建档立卡省定扶贫工作重点村中尚未退出的68个村全部退出，2000个省定扶贫工作重点村贫困人口全部脱贫。黄河滩区居民迁建工程累计落实省以上投资96.5亿元，开工建设28个新建村台和26个外迁安置社区，易地扶贫搬迁工程建档立卡贫困人口全部实现搬迁入住并顺利脱贫。山东金融机构针对重点贫困地区，推出蒙阴“果农贷”、郯城“烟农贷”、兰陵“蒜农贷”等“一县一产品”金融服务模式，助力扶贫工作由“大水漫灌”向“精准滴灌”转变，实现产业发展与脱贫攻坚的良性互动。

（3）民生保障能力显著增强。一是财政民生支出持续增加。2018年，山东各级财政用于民生领域的支出达到7950亿元，占全部支出的比重为79%。二是就业形势总体平稳。全年城镇新增就业136.8万人，完成年度计划的124.4%，增长6.7%；城镇登记失业率3.35%，比2017年下降0.05个百分点。就业创业指导服务体系不断完善，大学生创业孵化基地、创业园区等“双创”平台建设成效显现，全省高校毕业生总体就业率在85%以上，自主择业军转干部就业率80%、创业率6.5%。三是居住条件不断改善。全年城镇棚户区改造基本建成45万套，完成年度任务的189.6%；老旧小区整治改造开工43.4万户，开工率100%；农村危房改造建档立卡贫困户竣工率109.2%。四是社会保障体系更加完善。社会救助标准不断提高，城乡低保保障标准分别达到520元/月和4200元/年，分别比2017年提高23元和386元。实施全民参保计划，养老、医疗保险参保人数分别达到7253.6万人和9370.9万人。

（4）公共服务质量明显提升。教育方面，重点实施全面改善农村地区义务教育薄弱学校基本办学条件和解决城镇中小学“大班额”问题两大工程，2018年以来累计完成城镇普通中小学大班额工程工作量188亿元，开工新建、改扩建学校677所，竣工面积456万平方米，中小学起始年级基本消除了大班额。医疗方面，医养结合示范省建设取得积极进展，在济南、青岛、烟台、潍坊、济宁、威海6个市和80个县（市、区）开展“医养结合”试点，国家健康医疗大数据北方中心开工建设，基本公共卫生服务人均经费保障标准提高至

55 元。文化方面，现代公共文化服务体系基本建立，成功举办第五届尼山论坛，全省乡镇（街道）和村（社区）综合性文化服务中心基本实现全覆盖，第二届山东文化惠民消费季活动参与人数 9259 万人次，拉动消费 2.7 亿元。

5. 改革力度进一步加大，发展动力显著增强

（1）“放管服”改革成效显著。2018 年 6 月和 8 月，山东分别发布《关于深化“一次办好”改革深入推进审批服务便民化实施方案》和《关于深化放管服改革进一步优化政务环境的意见》，深入推进“一次办好”改革，组织开展优化营商环境十大专项行动，推进“放管服”改革全面转型升级、提质增效。2018 年末基本实现省、市、县三级“一次办好”事项全覆盖和“3545”改革目标，营商环境明显优化。进一步推进相对集中行政许可权改革，省级政务服务中心正式启用，市、县两级行政审批服务局全部挂牌运行，向济南、青岛、烟台三市下放省级权力事项 70 项。继续推进“多证合一”改革，整合范围扩大到“45 证合一”。改革有效激发了市场活力，2018 年前三季度，山东新登记市场主体 106.1 万户，同比增长 3.7%，其中新登记企业 36.1 万户；到前三季度末，全省实有市场主体 774.6 万户，同比增长 13.7%，实有企业 216.4 万户，市场主体和企业数量均列广东、江苏之后居全国第三位。①

（2）国企国资改革持续深化。2018 年以来，山东以深化落实国有企业改革 10 条意见为重点，通过资产证券化、引进战略投资、入股非公企业、开展员工持股试点等多种形式，稳妥推进混合所有制改革，截至 6 月底，省属各级企业混改户数占比达到 58.25%，省属首批 58 户混合所有制改革试点企业基本完成试点任务。遴选确定了首批 10 户员工持股试点企业，积极构建资本所有者和劳动者利益共同体；开展了省属企业完善经理层成员契约化管理和职业经理人制度试点，市场化退出机制和薪酬分配机制基本建立；大力压缩管理层级，2018 年以来省属企业调整权属企业产权层级 32 户，压减法人单位 97 户。资产证券化加快推进，2017 年底以来，山东信托、齐鲁高速、山东黄金三家企业实现香港上市，募集资金 93 亿港币；截至 2018 年 7 月底，省属企业控股上市公司共 31 家，发行 35 只股票，国有股东持股市值 1744.51 亿元。

① 《山东省前三季度市场主体发展有关情况》，https://baijiahao.baidu.com/s?id=1581396888094805793&wfr=spider&for=pc。

（3）要素市场化配置改革进展顺利。2018 年 5 月，山东出台《关于推进公共资源配置领域政府信息公开的实施意见》，推进公共资源配置决策、执行、管理、服务、结果全流程信息公开，推动公共资源使用效益不断提高。电力、石油、天然气体制改革进展顺利，垄断行业价格监管体系更加健全，公共资源交易法制化、规范化水平不断提升。截至 9 月底，全省共组织 42 批次跨区跨省市场化交易，达成交易电量 253 亿千瓦时。统筹推进德州禹城市农村土地制度改革试点工作，作为全国 33 个县市之一、山东省唯一承担农村土地制度改革试点的县市，禹城市农村住宅“一户一宅”政策试点顺利推进并取得阶段性成果。稳妥开展环境保护税和水资源税税制改革，落实《山东省水资源税改革试点实施办法》，预算管理机制进一步完善。

（4）财税金融改革稳步推进。2018 年，山东继续加大济南区域性产业金融中心和青岛财富产品交易中心建设力度，支持齐鲁和蓝海两个股权交易中心稳健发展，两家股权交易中心挂牌企业分别达到 3062 家和 1381 家，托管企业分别达到 3260 家和 1405 家。积极推动区域性股权市场和民间融资机构规范发展，村镇银行数量居全国首位，直接融资规模达到 4500 亿元。金融风险防控、不良贷款处置等工作有序有效推进，监测预警和应对处置机制不断健全，担保圈、企业债券、非法集资、互联网风险等问题得到缓解，区域金融市场秩序保持稳定。8 月，山东出台《山东省直接债务融资引导奖励办法》，推动直接债务融资平稳有序发展。财税体制改革加快，国有资本经营预算调入一般公共预算的比例提高到 20%，所有投资发展类项目全部纳入绩效目标管理范围。

（二）2018年山东经济运行中存在的困难和问题

2018 年山东经济运行总体符合预期，但是，经济运行中仍然存在一些突出矛盾和问题，导致经济面临下行压力。其中，有 2017 年延续至今的，有 2018 年以来更加突显的，还有一些是带有长期趋势性的。下面分别从投资、消费、出口三大需求，以及实体经济、金融风险等方面进行分析。

1. 固定资产投资增速趋缓

从 2011 年到 2017 年，山东固定资产投资增速从 21.8% 降至 7.3%，2018 年以来更是逐季度下降，前三季度增速降至 5.8%，比 2017 年同期低 2.2 个百分点（见图3），新开工项目数、计划总投资分别下降14.2%和4.9%，其中亿元以上新开工项目完成投资下降6.8%。一方面，在经济下行压力加大情况下，民营企业投资更加谨慎，持币观望情绪浓厚；另一方面，国有企业和基础设施投资增速大幅回落。受政府性债务清理及风险防范等因素影响，国家严禁地方政府通过保底承诺、回购安排、明股实债等方式进行变相融资，地方政府融资难度增加，造成贷款受限或已审批贷款无法投放，直接影响了相关领域投资增长。2018年前三季度，国有企业投资增长14.6%，基础设施投资增长5.9%，分别比2017年同期低16.4个和27.9个百分点，基础设施投资增速为2016年以来最低。另外，山东拟建投资项目落地率不高。根据2018年9月全国固定资产投资发展趋势监测报告，山东是全国7个拟建投资项目转化率低于20%的省份之一，其余省份均在20%以上，8个省份在40%以上，表明山东拟建项目转化为实际投资的能力减弱。新旧动能转换项目库的部分项目存在项目土地、环评等手续不全的问题，约束了金融机构的项目对接可行性，也导致项目落地较慢。在当前民间投资不旺的情况下，国有和政府投资增速明显放缓，对全年固定资产投资增长产生较大不利影响。

2. 消费增速呈现回落态势

2018年前三季度，山东社会消费品零售总额仅增长9.3%，比2017年同期低0.7个百分点，为2000年以来最低增速（见图4）。主要原因有以下几个方面。一是居民收入增长放缓。前三季度山东居民人均可支配收入增速同比回落0.5个百分点。二是网络零售出现高位回落迹象。受网络渗透率趋向饱和、网商竞争加剧等影响，前三季度全省实物商品网上零售额增长24.5%，比上半年回落12个百分点，增速连续4个月放缓。三是大宗商品销售额有所下降。前三季度，全省限额以上单位汽车销售额仅增长1.7%，9月当月下降3.5%。四是多种因素对消费形成挤压。居民杠杆率过高与增储意愿较强并存，高房价、高房租、高医疗和教育成本等都在一定程度上导致居民扩大消费的预期和能力下降。前三季度，山东居民消费收入比仅为59.0%，远低于全国67.9%的水平，且近年来消费收入比仍在持续下降，意味着单位收入中用于消费的比例在不断降低。五是消费外流现象突出。由于山东最终消费品、中高端产品、个性化商品供给不足，通过电子商务、境外市场等渠道产生的消费外流规模有逐渐扩大趋势。消费属于慢变量，一旦增速出现趋势性下滑，短期内很难迅速回升，对当前和今后一个时期经济增长的支撑作用也会相应减弱。

3. 出口受中美贸易摩擦影响逐步显现

2018 年 4 月以来，人民币兑美元贬值超过 10%，一定程度上缓解了中美贸易摩擦的压力。但是 10 月以来，摩擦的影响开始逐步显现，特别是对美出口企业面临较大困难，主要表现为订单减少、暂停业务、为避免加征关税损失抢运出口等。随着对美抢运出口的集中释放，10 月山东对美出口增速仅为 2.3%，比 9 月大幅回落 33.3 个百分点；对全省出口增长的贡献率仅为 5.4%，比 9 月降低 18.4 个百分点。机电产品、农产品、服装及衣着附件、汽车零配件等主要对美出口产品均大幅下滑，其中农产品出口由 9 月增长 18.0% 转为 10 月下降 10.8%。随着贸易摩擦涉及领域的扩展，其对山东的影响还将逐步向就业、市场、投资等多领域延伸。从就业看，据人社部门对 1742 家外贸企业的监测，中美贸易摩擦使 12.6% 的出口企业和 7.7% 的进口企业有减员预期。从市场看，山东部分出口企业计划将国内生产基地转移到海外，将导致为其配套的省内中小微企业面临生存压力。从投资看，部分在谈、拟谈美资项目难以落地，个别美资企业停止增资或建厂计划，导致前三季度吸收美国实际投资同比下降 31.8%。据初步测算，美方拟加征关税的 2000 亿美元商品中，涉及山东对美出口的 2203 项商品，占全省对美出口的 46.1%，占全省出口的 8.2%；涉及企业 8450 多家，占全省对美出口企业的 64.2%。另外，一些滞后影响还可能在 2019 年集中显现。

4. 实体经济发展仍面临较大困难

部分企业特别是制造业企业生产经营压力较大，实体经济发展仍然面临困境。一是融资难、融资贵问题依然严峻。虽然 2018 年国家多次下调存款准备金率，但是在防风险、去杠杆形势下，金融机构贷款规模收紧，信贷审批加严，贷款期限延长。尤其对于小微企业，由于金融风险高、贷前调查和贷后管理成本都相对较高，综合回报率较低，贷款难度不断增加。根据 2018 年 9 月课题组对全省 1173 家企业的问卷调查，56% 的企业认为从银行获得贷款比较困难且普遍反映利率较高，尤其是西部地区的企业，融资难问题更为明显。枣庄企业反映，同样规模的公司在宁波能融资 10 亿元以上，在枣庄 2 亿元都不能保证，而且融资利率至少是法定利率上浮 30%，最高达到 70%，大大增加了企业财务成本。二是招工难、用工荒问题愈加突出。根据企业问卷调查结果，有近一半的企业表示雇用员工非常困难或比较困难，且近三年来平均每年人工成本涨幅为5%～10%。在对外商投资企业的调查中，有33.4%的外资企业认为劳动力成本提高是其生产经营面临的最大挑战，在所有选项中排名首位。三是“生产热、投资冷”的状况较为突出。2018年前三季度，全省工业增加值增长5.4%，而工业投资仅增长0.2%，表明工业企业虽然生产积极性较高，但对未来预期信心不足，投资趋于谨慎。四是进一步去产能的难度加大。有的项目随着产品价格上涨，盈利能力转好，企业不肯“去”；有的项目对当地税收、就业等贡献较大，地方政府不愿“去”；还有的项目虽然合法合规，在行业内的规模技术也处于较高水平，但依然属于高耗能、高污染、低效益的项目，占用了全省十分有限的能耗空间和环境容量，很大程度上制约了全省范围内其他高端高效产业项目的布局落地。

5. 潜在金融风险不容忽视

2018年以来，山东防范化解金融风险的任务依然艰巨。一是银行业金融机构不良贷款率增长过快。9月末，山东银行业金融机构不良贷款率达到3.41%，在全国排名第五位，是全国平均水平（1.87%）的近2倍，而广东、江苏、上海等地均低于1.5%；山东不良贷款率较年初上升0.86个百分点，升幅超过33%，升幅全国最高；不良贷款余额高达2630.6亿元，比年初大幅增加817.4亿元，增幅约为45%。中小法人银行的风险更加突出，9月末山东中小法人银行的不良贷款余额达到899.6亿元，比年初增加308.4亿元，不良贷款率达到4.81%，比年初上升1.27个百分点；280家中小银行法人机构中，不良贷款率高于5%的有61家。关注类贷款、逾期贷款余额分别较年初增加425亿元和1084亿元，表明当前风险进一步劣变的压力加大。二是企业债券情况仍需关注。受前期金融风险暴露影响，银行间市场对山东企业整体评价下降，企业特别是民营企业债券发行成本提高、难度加大，个别前期发行债券出现违约。例如，11月山东金茂集团发行规模为10亿元和5亿元的两只债券出现违约。三是隐性债务问题不容忽视。地方隐性债务主要包括三大类：其一是建设性债务，如投融资平台的债务、棚改债务、政府购买服务项目债务、政府与社会资本合作项目债务、地方国企“僵尸企业”债务、金融扶贫项目等；其二是消费性债务，主要是养老金缺口；其三是地方政策性融资担保形成的债务，如过桥贷、银政担等。根据太平洋证券对全国地方政府隐性债务的测算，隐性债务总额是显性债务的2.3倍，而山东的隐性债务存量居全国前五位，潜在风险不容忽视。

二 2019年山东经济形势展望

（一）2019年国际国内经济走势判断

2018年是国际金融危机全面爆发10周年，也是世界经济格局深度变革和调整的一个重要转折点。2018年发生的若干重大事件，将有可能深刻影响未来较长时期的世界经济走势和经济全球化进程。从总体看，当前世界经济呈现动力趋缓、分化明显、下行风险上升、规则调整加快的特点，2019年面临的不确定、不稳定因素增多，预计仍将维持弱增长态势。外部环境复杂严峻，加之结构性和周期性因素叠加影响，中国经济发展仍面临一定的下行压力，同时也存在不少积极因素，2019年有望在动能转换中继续保持平稳增长。

1. 世界经济有望维持弱增长态势，但面临的不确定因素增多

2018年以来，世界经济延续温和增长，但动力有所放缓，全球主要经济体增长态势、通胀水平和货币政策分化明显，美国经济表现超出市场预期，新兴经济体资本流出加剧。国际货币基金组织（IMF）2018年10月发布的《世界经济展望》中，预测2018～2019年全球经济增长率将达到3.7%，与其测算的2017年实际增长率持平（见表1）。联合国（UN）2018年5月发布的《2018年世界经济形势与展望》（年中版）中，预计2018～2019年全球经济增长率将达到3.0%，同样与其测算的2017年实际增长率持平（见表1）。但是，世界银行发布的2019年1月期《全球经济展望》报告中，将2018年全球经济增速从此前预计的3.1%下调至3.0%。

2018年世界经济呈现以下4个特点。第一，发达经济体经济增长有所放缓。2018年，主要发达经济体中只有美国经济增速表现出上升趋势，欧元区和日本等其他经济体均出现增速回落现象。IMF预测2018年美国GDP增长率将达到2.9%，比2017年提高0.7个百分点；欧元区和日本GDP增长率将分别达到2.0%和1.1%，比2017年分别下降0.4个和0.6个百分点（见表1）；英国和加拿大的GDP增长率也将比2017年分别下降0.3个和0.9个百分点。

第二，新兴经济体增长走势进一步分化。2018 年，主要新兴经济体经济实现不同程度的复苏。亚洲新兴经济体仍然保持了世界上最高的增长率，但除印度等极少数国家外，其他亚洲新兴经济体大都有一定程度的增速回落。印度经济增长比较强劲，IMF 预测其 2018 年增长率将达到 7.3%，比 2017 年高出 0.6 个百分点（见表 1）；东盟五国的整体经济增长率出现大幅下降，IMF 预测其 2018 年增长率为 3.5%，比 2017 年下降 3.9 个百分点。受石油和铁矿石价格回升影响，俄罗斯、巴西等能源资源出口国经济保持复苏态势，IMF 预测其 2018 年增长率将分别达到 1.7% 和 1.4%（见表 1）。第三，贸易增速有所放缓，跨国直接投资持续低迷。全球贸易摩擦在 2018 年骤然加剧，IMF 预测 2018 年全球货物和服务贸易量同比增长 4.2%，比 2017 年低 1.0 个百分点（见表 1）。根据荷兰经济政策分析局的世界贸易监测数据库，2018 年上半年世界货物贸易实际增速为 3.98%；分地区来看，新兴和发展中经济体贸易增速为 4.93%，明显高于发达经济体的 3.33%。投资方面，联合国贸易和发展会议（UNCTAD）的《全球投资趋势监测报告》显示，主要受美国税改推动其跨国公司利润回流影响，2018 年上半年全球外国直接投资总额约为 4700 亿美元，同比下降 41%；其中，流入发达国家的 FDI 下降 69%，而流入发展中经济体的 FDI 下降 6%。第四，全球政府债务水平继续上升，金融市场出现动荡。2018 年，全球政府债务仍处于较高水平，IMF 预测发达经济体政府总债务占 GDP 的比例为 103.8%，政府净债务占 GDP 的比例为 74.4%，相比于 2017 年均有小幅下降；新兴经济体与中等收入经济体总债务占 GDP 的比例达到 50.7%，低收入发展中国家的政府总债务占 GDP 的比例达到 44.1%，相比 2017 年均有所上升。2018 年，国际金融市场呈现两大主要特征：一是全球股市震荡，二是美元持续升值和其他货币不同程度贬值。截至 2018 年 11 月 20 日，全球 MSCI 指数从年初以来下跌 5.71%。同时，在美联储数次加息、欧洲中央银行和日本银行仍然维持负利率的情况下，美元明显升值，2018 年 10 月末，美元指数升破 97 关口，创下 2018 年以来新高，而欧元与英镑汇价则创出本轮调整以来新低。

展望 2019 年，世界经济有望维持弱增长态势，但面临的不确定因素明显增多，下行风险加大。世界银行发布的 2019 年 1 月期《全球经济展望》报告中，下调 2019 年全球经济增长预期，将 2019 年全球经济增速从 2018 年 6 月预计的 3.0% 下调至 2.9%，发达经济体经济增速将进一步放缓，新兴和发展中经济体的增长预计将保持平稳，而依赖大宗商品出口的经济体经济增长速度预计也将放缓，并警告下行风险上升。2019 年全球经济面临的主要风险因素包括三方面。一是美国贸易保护主义的消极影响可能继续加深。美国的政策动向是影响 2018～2019 年世界经济增长的重要因素，以美国为首掀起的贸易保护主义扰乱全球供应链，打击投资者信心和恶化市场环境，其对全球贸易投资增长的负面影响将在 2019 年进一步显现。IMF 预测，2019 年全球货物和服务贸易量在 2018 年已经明显下降的基础上，将进一步降至 4.0%（见表 1）。二是美联储持续加息或推动美国货币政策步入紧缩区间。一旦美国货币政策真正步入紧缩态势，对全球流动性的影响将发生质的变化。三是新兴经济体大面积爆发金融风险的可能性上升。随着货币贬值和资本外流向越来越多发展中国家扩散，新兴经济体的金融风险正在从单体性向系统性演变，少数国家金融市场崩盘导致新兴经济体大面积发生问题的可能性不容忽视。①

表 1　2018～2019 年全球经济增长率预测

单位：%

	2017 年实际值		2018 年预测值		2019 年预测值	
	IMF	UN	IMF	UN	IMF	UN
世界	3.7	3.0	3.7	3.0	3.7	3.0
发达经济体	2.3	2.2	2.4	2.0	2.1	1.9
美国	2.2	2.2	2.9	2.1	2.5	2.1
欧元区	2.4	2.1	2.0	2.0	1.9	1.9
日本	1.7	1.7	1.1	1.2	0.9	1.0
新兴和发展中经济体	4.7	4.3	4.7	4.6	4.7	4.7
俄罗斯	1.5	1.8	1.7	1.9	1.8	1.9
巴西	1.0	0.7	1.4	2.0	2.4	2.5
印度	6.7	6.7	7.3	7.2	7.4	7.4
全球货物和服务贸易量	5.2	3.7	4.2	3.5	4.0	3.6

资料来源：IMF 2018 年 10 月发布的《世界经济展望》，联合国 2018 年 5 月发布的《2018 年世界经济形势与展望》（年中版）。

① 姚枝仲：《2018～2019 年世界经济形势分析与展望》，载张宇燕主编《世界经济黄皮书：2019 年世界经济形势分析与预测》，社会科学文献出版社，2018。

2. 中国经济增速将稳中略降，但仍会保持在合理区间

2018 年，面对严峻的国际形势和国内艰巨的改革发展任务，中国以深化供给侧结构性改革为主线，统筹推进稳增长、促改革、调结构、惠民生、防风险，国民经济运行总体平稳、稳中有进。2018 年 4 月后，中美贸易摩擦加剧、民营企业出现信用危机、基建投资大幅度下滑、股市暴跌等多项风险和矛盾问题相继出现，导致经济下行压力明显加大。中央审时度势，对宏观经济政策进行预调微调，提出了“稳就业、稳金融、稳外贸、稳外资、稳投资、稳预期”的目标，促进了经济平稳运行，2018 年前三季度 GDP 同比增长 6.7%，预计全年增长 6.6% 左右，继续保持在中高速适当的经济增长区间。展望 2019 年，全球贸易保护主义升温，主要经济体政策变动、地缘政治局势动荡等可能加大中国经济的输入性风险，同时，中国经济发展不平衡不充分的问题仍然突出，仍面临不少困难和挑战；但是，中国经济发展仍具有巨大潜力、韧性，支撑经济平稳健康可持续发展的有利条件依然较多，有望在动能转换中实现平稳发展，预计经济增速将稳中略降，但仍会保持在合理区间。

（1）从需求看，2019 年中国消费增长将总体平稳，投资增长有望缓中趋稳，出口增速可能有所回落。

消费方面，个人所得税起征点提高和六项费用扣除调整、进口关税下调有利于刺激消费增长，居民消费结构升级步伐会继续加快，养老、医疗、健康、教育、旅游等服务消费增长会继续快于零售商品的消费，网络购物、共享单车等新型消费模式继续带动新兴消费发展。但由于就业和居民收入增速有所放缓，房地产价格高位运行会继续挤出汽车、家电等产品的消费，消费需求会有所下降。投资方面，基础设施领域补短板力度加大，但受制于基建投资盈利水平不高，以及在严格管控地方政府隐性债务扩张的情况下，基建投资不会大幅度反弹；房地产开发投资可能受到销售放缓和基数较高影响，但增速将基本保持稳定；制造业产能利用率已经在 77.6% 左右，部分行业高于 80% ~82% 的合理水平，制造业投资有望出现回升势头。[①] 出口方面，2019 年全球经济和贸易有望延续增长态势，中国积极推进“一带一路”建设，推动出口市场多元

① 祝宝良：《当前我国经济形势和 2019 年展望》，载李平主编《经济蓝皮书：2019 年中国经济形势分析与预测》，社会科学文献出版社，2018。

化，有利于促进出口稳定增长，但中美经贸摩擦对相关外贸企业的影响将逐步显现。

（2）从供给看，2019 年中国农业生产有望稳定发展，工业增速可能有所回落，服务业增长可能略有放缓。

农业方面，乡村振兴战略深入实施，农业供给侧结构性改革稳步推进，农村三次产业融合发展，有利于改善农业发展环境，稳定农民生产经营预期。种植结构合理调整，玉米面积调减，大豆、棉花、糖料等作物面积增加，有利于种植业稳定发展。工业方面，随着支持实体经济发展的各项政策落地，工业发展的政策环境有望改善；传统产业通过数字化、智能化、绿色化转型，有望实现生产效率的提升；核心技术创新能力持续增强，有望培育新的产业增长点。但要素成本上涨和税费负担较重仍将制约工业经济发展，中美经贸摩擦对工业生产的影响可能继续显现，部分地区工业下行压力可能增大。服务业方面，与工业生产密切相关的物流、仓储等行业可能受到影响，房地产销售可能延续放缓态势；但消费平稳有利于带动批发和零售、住宿和餐饮等行业增长，快速发展的数字经济和共享经济将带动新兴服务行业继续较快增长。①

（二）2019年山东经济形势预测分析

2019 年，山东经济发展同样面临下行压力，但也存在不少有利因素。从外部环境看，全球贸易保护主义、中美贸易摩擦的影响可能进一步显现，但全球经济继续温和增长将在一定程度上减弱其不利影响；中国经济增长有望继续保持在合理区间，进一步深化改革、扩大开放将为山东经济发展带来新机遇。从省内环境看，新旧动能转换、乡村振兴、海洋强省、军民融合、对外开放新高地等重大战略的深入实施，以及重点领域改革的进一步深化，将为山东经济发展注入新动力、拓展新空间；但是，山东经济依然存在的产业结构调整过慢、进一步去产能难度加大、实体经济发展较为困难等问题，可能会对经济增长造成负面影响。

1. 从三大需求看，2019年山东投资、消费有望缓中趋稳，出口或将稳中有降

（1）投资增速有望缓中趋稳。2018 年，山东固定资产投资增速进一步放

① 赵琨、王宝林：《2018 年国民经济发展预测和 2019 年展望》，载李平主编《经济蓝皮书：2019 年中国经济形势分析与预测》，社会科学文献出版社，2018。

缓，而且表现出国有和民间投资双乏力的现象，基础设施投资创下2016年以来最低增速。2019年，基础设施投资作为政府推动补短板的重要抓手，有望实现稳定增长，成为山东投资增长的重要支撑，但在政府债务压力下较难出现大幅反弹；政府高度重视民营经济困难，不断加大对民营经济的支持力度，着力增强民营经济信心，再加上2019年将出台的针对企业的大规模减税政策，以及非公10条、民营经济35条、实体经济45条等政策的落实，民间投资增速或将有所回升。同时，新旧动能转换等重大战略项目库、儒商大会等重大活动签约项目的逐渐落地，也将推动山东的固定资产投资实现平稳增长。综合判断，2019年山东投资增速可能与2018年基本持平。

（2）消费需求将保持平稳增长。2018年以来，山东认真贯彻国家促进消费增长的一系列政策措施，着力培育消费新热点和新模式，改善消费环境，全省消费市场运行总体保持平稳。2018年前三季度，山东居民人均可支配收入实际增长5.9%（扣除价格因素），低于2017年收入增速，也低于同期GDP增速，这是消费增长的不利因素。但是，2019年开始实施的个税制度改革将增加居民的可支配收入，会一定程度上抵消收入增速降低的影响。影响消费增长的积极因素还有：就业形势稳定、餐饮等传统消费持续旺盛、文化消费活跃，以及汽车等大宗商品消费增速在2018年的较低基数上可能企稳。因此，预计2019年山东消费需求将保持平稳增长。

（3）外贸出口可能稳中有降。2019年山东外贸发展面临的最大挑战依然是中美贸易摩擦。前期山东对美出口企业集中抢运出口，导致后期对美出口可能出现一段时间的空档期，大幅拉低出口数据。虽然中美两国暂时达成了90天的谈判期限，但最终能否谈判成功，或者说能在多大程度上达成共识，仍有很大不确定性。一些认识到中美贸易摩擦长期性的进出口企业已经开始寻找替代方案，这将进一步导致两国间贸易量的下降。除美国以外，山东的主要贸易伙伴欧盟、日本、东盟的经济增长预期均有所下降，将使山东外贸发展的外部需求面临一定压力，但对“一带一路”沿线国家和地区的出口有望保持增势。综合判断，预计2019年山东外贸出口可能继续呈现相对低迷状态。

2. 从三次产业看，2019年山东第一、第三产业增速有望保持稳定，第二产业可能有所放缓

（1）第一产业有望保持稳定增长。2018年，山东在全国率先制定并实施

了乡村振兴战略，全力打造乡村振兴的齐鲁样本，在农业基础设施建设、农业科技创新、现代农业产业体系构建、土地规模经营、农业农村改革等方面都取得了一定成效，为2019年农业稳定发展奠定了良好基础。2019年，随着乡村振兴战略的深入落实，山东在加大农业农村投入、提升农业发展质量和效益、推进农村产业融合等方面将迈出新步伐，但是也存在一些不利因素，可能对农业发展造成负面影响。受粮食连年增产、库存充裕、国内外粮价倒挂等因素影响，粮价持续在低位运行，农民增产不增收问题突出。受传统生产方式、分散经营模式和养殖功能单一等因素影响，目前畜牧产业周期性波动依然较大。总体来看，2019年山东第一产业有望保持稳定增长态势。

（2）第二产业增速或将进一步放缓。近年来，受产能过剩、市场需求乏力等因素影响，山东第二产业增加值增速持续降低，2018年前三季度进一步降至5.3%，比2017年低1个百分点。目前，山东正在全力推进新旧动能转换，近年来高新技术产业、新兴产业发展较快，但总体规模仍然不够大，对工业经济增长的支撑作用尚不够强。企业在推进“四新”“四化”过程中制约因素较多，新动能培育仍需时间。去产能任务也进入了新的攻坚期。总体来看，2019年山东第二产业转型升级步伐将进一步加快，有望在结构调整中实现平稳增长，但增速可能有所放缓。

（3）第三产业增速或与2017年持平。近年来，山东服务业保持较快发展的良好态势，以软件信息、快递服务、金融、旅游等为主的现代服务业发展提速，第三产业比重不断提高，对经济增长的拉动作用不断增强。2018年，服务业对全省经济的贡献持续提升，已成为经济增长的第一拉动力。但是，在当前经济下行压力较大的背景下，服务业企业的预期有所下调。调查显示，2018年第三季度服务业企业对自身及国内宏观经济形势的预期虽然保持高位，但持乐观态度的企业占比有所下降。[①] 2019年，在居民服务消费持续增加、制造业与生产性服务业加速融合的大趋势下，随着《山东省服务业创新发展行动纲要（2017～2025年）》等政策措施的深入实施落实，服务业仍将继续成为经济增长的新引擎，山东服务业有望保持稳定增长。

① 《解读：前三季度山东服务业运行平稳》，山东省统计局网站，http：//www.stats~sd.gov.cn/art/2018/11/1/art_6109_1641298.html。

总体来看，2019 年山东经济发展面临的国际国内环境严峻复杂，经济转型升级阵痛凸显，经济运行稳中有变、变中有忧、下行压力加大。但是，山东经济发展也存在诸多有利因素。通过深入贯彻落实中央决策部署，坚持稳中求进工作总基调，处理好“变”与“不变”、“稳”与“进”、“危”与“机”等关系，按照高质量发展要求，聚焦聚力推进乡村振兴、经略海洋、军民融合、对外开放新高地等工作重点，着力激发微观主体活力，创新和完善宏观调控，2019 年山东一定能够继续保持经济运行在合理区间，同时在推进经济转型升级、高质量发展上实现新的重大突破。综合考虑各方面因素，并结合数量模型分析，对 2019 年山东经济发展主要指标预测如表 2 所示。

表 2　2019 年山东省主要经济指标预测

单位：%

指标	2016 年	2017 年	2018 年	2019 年预测值
GDP 增长率	7.6	7.4	6.4	6.5
第一产业增加值增长率	3.9	3.5	2.6	2.9
第二产业增加值增长率	6.5	6.3	5.1	5.2
第三产业增加值增长率	9.3	9.1	8.3	8.3
全社会固定资产投资增长率	10.5	7.3	4.1	5.1
社会消费品零售总额增长率	10.4	9.8	8.8	9.0
出口总额增长率	1.2	10.1	6.1	6.0
财政收入增长率	8.5	6.6	6.3	6.0
居民消费价格上涨率	2.1	1.5	2.5	2.5

资料来源：实际值来自山东统计信息网，预测值为作者预测。

三　2019年山东经济发展的对策建议

2019 年是新中国成立 70 周年，也是全面建成小康社会关键之年。山东应深入贯彻落实党的十九大和十九届二中、三中全会及中央经济工作会议精神，坚持稳中求进工作总基调，坚持新发展理念，按照高质量发展的要求，以深化供给侧结构性改革为主线，以推进新旧动能转换、乡村振兴、经略海洋、军民融合、高水平对外开放和继续打好三大攻坚战为重点，加快建设现代化经济体系，统筹推进稳增长、促改革、调结构、惠民生、防风险工作，保持经济运行在合理区间，着力激发微观主体活力，加快塑造高质量发展新优势，促进经济持续健康发展。

（一）积极扩大有效需求稳增长

一是保持投资平稳运行。结合山东高耗能行业布局调整，积极争取国家在山东布局大的工业项目。抓好重大项目建设，完善“实施一批、储备一批、策划一批”接续有力的项目建设格局。着力于基础设施补短板，抓住山东调整优化铁路规划布局的重大机遇，加快雄商高铁、郑济高铁、鲁南高铁菏泽至兰考段等高铁项目进度，加快推进菏泽机场、烟台机场二期工程、临淄至临沂高速公路、小清河复航工程等基础设施项目的建设。发挥财政政策的引导作用，加大对企业技术改造、战略性新兴产业发展的财税支持力度，引导各类市场主体扩大投资。二是积极培育消费新增长点。积极培育网络消费、定制消费、体验消费、智能消费、时尚消费等消费新热点，鼓励与消费者体验、个性化设计、柔性制造等相关的产业加快发展。推动数字消费，加快电子商务和实体销售融合发展，积极引进阿里“天猫小店”、京东便利店、苏宁零售云等新业态；加速升级旅游消费，实施入境旅游提升计划，降低重点景区门票价格，大力发展全域旅游，持续开展全省文化旅游惠民消费活动。三是有效应对中美贸易摩擦。加强跟踪研判，对受影响产品上下游企业实行动态监测，分类指导和精准帮扶受影响的重点地区、重点行业、重点企业。引导受贸易摩擦影响较大的轮胎、机电、钢铁和铝产品等重点出口行业，加快技术创新，提高产品附加值，向产业链两端延伸，同时拓展多元市场。认真落实省政府优化口岸营商环境部署，全力推进口岸降成本、提效率。四是努力稳定发展预期。强化舆论引导，动态发布重大政策解读、重大事项推进、重大工程进展等信息，提高政策知晓度，提振投资者信心。

（二）深入推进重大战略实施

一是强力推进新旧动能转换。做好新旧动能的衔接，着力缩短“空笼期”“空档期”。发挥好“十强”产业的带动作用，打造一批战略性新兴产业“策源地”。发挥好创新的引领作用，实施省级以上创新平台倍增计划，开展企业创新百强、高新技术企业培育工程。大力发展“四新”经济，布局建设一批重点数字园区，开展“云行齐鲁”、企业上云、智能制造带动提升等重点行动。全面落实加快七大高耗能行业高质量发展的实施方案，倒逼落后产能出清。二是全面实施乡村振兴战略。以“十百千”创建工程为抓手，以点带面健康有序推动乡村振兴。推进特色农产品优势区建设和粮食生产功能区、重要农产品生产保护区“两区”划定工作，扎实开展粮食高产创建和“渤海粮仓”科技示范工程。开展“新六产”示范县、示范主体创建，做大乡村旅游和农村电商，加快培育农村新产业、新业态。整县推进畜禽养殖粪污资源化利用，推动粮经饲三元种植结构调整。开展好农村环境整治三年行动，实施绿色能源示范村镇、可再生能源集中供热等重大工程。落实好农村土地“三权分置”制度，开展土地承包权依法自愿有偿退出和农村集体资产股权质押贷款试点。三是深入推进海洋强省建设。扎实开展海洋强省建设十大行动，加快建设世界一流的海洋港口，构建完善的现代海洋产业体系。积极推动建设青岛海洋科学与技术试点国家实验室、创建国家级现代化海洋牧场试点省等重大事项，加快共建中科院海洋大科学研究中心，抓好青岛、烟台、威海海洋生物医药产业集群示范项目建设，筹建省级现代海洋产业母基金。四是大力实施军民融合战略。争取青岛军民融合创新示范区建设方案尽快获批，加快省级军民融合深度发展示范市（区）建设，在体制机制、政策措施和发展模式方面形成一批示范经验。培育一批军民融合龙头企业，布局实施一批军民融合重点项目，设立省军民融合重点项目库，促进军地创新成果对接转化，加强交通、市政、信息等基础设施领域军民合建共用。

（三）大力支持民营经济发展

一是拓宽民间资本投资领域。进一步激发民间投资活力，尽快在民航、铁路、公路等领域推出一批有吸引力的项目，鼓励民间资本参与。进一步放开基础设施及电信、通信等行业限制，鼓励民间资本以股权方式参与项目建设运营。鼓励民营企业在市场机制下，通过资产收购、产权受让、交叉持股、合资合作等多种途径参与省属国有企业的改制重组，探索分类分层推进混合所有制改革的路径模式。二是丰富民营企业融资手段。引导民营企业通过供应链金融、金融租赁等新途径解决融资难问题。推进实施民营企业信用融资计划，探索建立重点民营企业风险补偿制度，常态化开展银企对接服务活动。推进“银税互动”贷款，税务、银监等部门建立征信互认、信息共享机制，对已有纳税记录、无不良信用记录、纳税信用较好的小微企业发放贷款。三是切实降低民营企业要素成本和税费负担。支持民营企业平等进入土地市场，构建全省土地利用信息数据库，保障民营经济创业基地、创新平台等建设用地，加强对科技含量较高、规模较大的民间投资项目的用地支持。加快用电、用气、用热价格改革，进一步降低民营企业用能成本。继续清理规范涉企收费行为，对政府性基金、行政审批前置中介服务收费、涉企行政事业性收费和政府定价的经营服务性收费等，实行省、市、县三级收费目录清单制度。四是推动民营企业优化法人治理结构。加快推进民营企业制度创新，进一步改进家族式管理，推动企业产权与企业家或家族财产分离，实现产权结构由单一向多元的转变；引导发展到一定规模的民营企业，适当分离所有权和经营权，建立和落实重大事项论证和决策机制、内部制衡和风险控制机制。继续推动“个转企、小升规、规改股、股上市”工作。

（四）持续推进重点领域改革

一是持续深化“一次办好”改革。深入实施优化营商环境十大专项行动，推进“一次办好”事项清单落地实施。开展企业投资项目审批承诺制试点，探索实施行政审批“市县同权”改革，全面推开“证照分离”改革试点。推进政务服务事项标准化，完善全省政务服务统一身份认证，拓展政务信息资源共享交换范围。二是深入推进国企国资改革。以国资改革带动国企改革，进一步完善国有资产管理体制，加强经营性国有资产集中统一监管。改革国有资本授权经营体制，发挥好国有资本投资运营公司的国资运营平台、产业投资平台、投融资平台和创新产业孵化平台作用。筛选推出一批优质国有企业引进民营资本实施混合所有制改革，对竞争性领域的国有优质企业、优质资产，不设准入门槛、不限持股比例。深化重点领域国有资源整合重组，推动技术、人才、资金等要素向主业集中。支持符合条件的省属上市公司实施股权激励。三是加快财税金融体制改革。进一步规范省与市县财政事权和支出责任划分，健全对下转移支付制度。全面落实减税清费政策，加快建设地方税体系。深化地方金融改革，支持城商行高标准引进优质战略投资者，实现增资扩股、优化股权结构。扩大直接融资规模，持续推动规模以上企业规范化公司制改制，支持企业到境内外资本市场上市。规范发展融资担保、互联网金融、股权融资、要素交易等新业态，支持金融机构扩展普惠金融业务，大力发展多层次资本市场，促进金融聚集区发展，支持和加快济南区域性产业金融中心、青岛财富管理金融综合改革试验区、烟台区域性基金管理中心建设。

（五）着力构建全面开放新格局

一是探索建设中国（山东）自贸试验区。以制度创新为核心，以与日韩高端产业合作为重点，以可复制、可推广为基本要求，争取设立中国（山东）自贸试验区。积极争取自贸试验区更大改革自主权，在更广领域和更高层次探索全面深化改革，扩大开放的新路径、新模式。二是建设国际地方经贸合作示范区。服务国家自由贸易区战略，坚持政策集成和试点先行，以投资贸易自由化和便利化为着力点，高标准建设上合组织地方经贸合作示范区、中韩自贸区地方经济合作示范区、中韩（烟台）产业园等，探索建设中日韩地方经济合作示范区，树立全国对外开放新标杆。三是深度融入“一带一路”建设。依托新亚欧大陆桥、中蒙俄等国际经济合作走廊，在“一带一路”沿线国家和地区布局一批各类境外园区。创新中欧班列发展运营模式，做强“齐鲁号”欧亚班列品牌，提升整体效能，增强洲际中转能力。四是增强外贸竞争优势和双向投资战略效应。统筹推进“特色产业集群＋国际自主品牌＋跨境电子商务＋综合服务企业＋境外营销网络”五位一体外贸发展新模式。提升“双招双引”水平，聚焦世界500强、隐形冠军等开展专业化、精细化招商。放大山东儒商大会、青年企业家创新发展国际峰会、外交部山东全球推介活动等效应，持续做好重点项目合作意向跟踪服务，将潜在意向转为实际合同。以“走出去”带动“引进来”，推动对外投资合作务实有序发展。五是加快构建开放型经济新体制。深入推进外商投资管理体制创新，进一步简化外商投资审批、备案程序，最大限度地减少和规范行政审批。创新对外投资管理体制，在对外投资领域建立“鼓励发展＋负面清单”分类管理模式，为赴海外投资的企业营造更加清晰透明的政策环境。提高贸易便利化水平，推进实施口岸收费目录清单制度，降低进出口环节合规成本，提高出口退税效率。

（六）防范化解金融风险

一是加强金融风险预警。在妥善处置现有金融风险基础上，密切关注债券兑付风险，加强债券存续期管理，对重点企业坚持重心前移，提前跟踪预警，做好防范工作。结合企业运作、市场行情等建立风险指标，根据指标变动状况来预测可能发生的风险问题。定期及不定期开展各种形式的调研摸排监测，及时掌握全省重点企业风险名单。二是完善防范化解措施体系。建立薄弱环节金融风险处置工作台账，分级分类、一企一策，制定差异化防范措施，全面提高应对处置能力。严厉打击恶意逃废金融债务行为，扎实开展互联网金融风险专项整治。综合运用市场、法律、行政等手段加快潜在风险企业及出险企业的化解处置，通过加快推动企业“瘦身健体”、引导企业理性融资投资、创新市场化债转股、加强银行业联合授信管理等方式和途径，形成风险防范化解的“组合拳”。三是稳妥处理政府隐性债务。完善和落实政府性债务管理制度，全面完成存量政府债务置换，严格管控政府性债务规模和债务率，防止政府性债务风险。建立政府信用保护机制和隐性债务隔离墙，坚决剔除不属于政府债务的隐性债务，防止隐性债务向政府转嫁。对属于政府债务的隐性债务要区别情况对待，有资产、可运转、有效益、可变现的隐性债务要规范运作，合理化解；对资产不完整、资金运转困难、低效或无效的债务要通过多种手段逐步加以解决。在遏制新增政府隐性债务的前提下，支持地方政府设立政府融资担保公司，合理保障融资平台公司正常融资需求。四是加强社会信用体系建设。在更高层次、更大范围内推动纪检监察、公安、民政、财政、税务、市场监管、金融、审计、统计等部门的信息共享，帮助金融机构尽早实现基于信用信息的大数据信贷管理，降低企业对抵押担保的依赖，增强金融机构风险防控能力。

（七）优化完善宏观调控政策

当前宏观形势是短期与长期、内部与外部共同作用的综合结果，因此调控政策也需要兼具系统性和针对性。一是更加注重综合施策。尤其是要充分考虑宏观调控主体的协同性、调控方向的一致性、调控政策的适应性，避免政策叠加引发过度反应或冲突风险。比如，在推进绿色转型过程中，充分考虑各地区的发展优势、阶段特征、产业结构和经济运行的承受能力，科学确定约束性任务的完成进度、方式和效果，注重解决各地去产能不同步带来的需求动向、产业转移、市场布局和落后产能死灰复燃等问题，对长期积累下来的问题和矛盾给予有利于化解的窗口期或缓冲期，确保各地在落实中央和省级政策过程中享有合理发展的公平性。二是打通政策落实“最后一公里”。加强政策的可操作性，相关部门制定更加细化、量化的配套细则，进一步完善政策执行方式。对个别地区和部门在去产能、去杠杆以及安监、环保等领域政策执行方面的简单化、“一刀切”做法，进行集中清理，及时对存在的问题予以纠正。

四　山东打造对外开放新高地的重大意义

习近平总书记2018年6月视察山东时，要求山东主动融入国家开放大局，提高开放水平，扩大高质量招商引资，深度融入“一带一路”建设，打造对外开放新高地。总书记的重要指示为新时代山东开放发展指明了方向，为山东进一步以开放促改革、促创新、促发展提供了根本遵循。党的十八大以来，山东认真贯彻党中央重大决策部署，积极探索开放发展的路径模式，构建开放型经济新体制，经济社会发展取得显著成就。实践证明，对外开放是实现繁荣发展的必由之路。当今世界正处于百年未有之大变局，世界经济格局发生深刻演变，中国经济由高速增长阶段转向高质量发展阶段，正处在发展方式转变、经济结构优化、增长动力转换的攻关期。面对国际国内发展环境的新变化，深化对外开放、打造对外开放新高地是山东实现经济高质量发展的客观要求和必然选择。

（一）打造对外开放新高地是山东适应全球经贸格局变化的迫切需要

国际金融危机以来，世界经济进入深度调整期。发达国家经济复苏曲折缓慢，发展中国家占全球经济份额上升，国际力量对比发生明显变化，全球治理体系和结构发生改变。发达国家加大对新技术、新产品、新产业的研发投入力度，抢占未来产业发展和国际竞争制高点，新兴经济体大力推进结构调整，积极承接国际产业转移，加快发展先进制造业，全球产业发展竞争呈现加剧态势。全球贸易保护主义抬头，贸易环境严峻，贸易增速放缓，大国间经贸摩擦加剧。全球贸易体系出现重大变化，区域自由贸易安排加速推进，2018年12月30日有11个国家参与的“全面与进步跨太平洋伙伴关系协定”（CPTPP）开始生效，日欧“经济伙伴关系协定”（EPA）于2019年2月正式生效，中国参与全球化发展面临新考验。虽然经济全球化的大趋势没有改变，但面对全球经贸格局变化的新挑战，山东只有加快发展更高层次开放型经济，增强体制机制竞争优势，打造对外开放新高地，才能在国际竞争中赢得主动。

（二）打造对外开放新高地是山东加速新旧动能转换的客观要求

党的十八大以来，山东转方式、调结构取得明显进展，但是，产业结构不合理、自主创新能力不强、经济发展质量效益不高、资源环境约束加大等结构性矛盾依然相当突出。山东产业结构层次偏低，服务业发展相对滞后，工业结构偏重、产业层次不高，从工业内部结构看，传统产业产值占到工业总产值的70%，重化工业产值又占到传统产业产值的70%。山东自主创新能力不够强，科研成果转化率偏低，高新技术产业产值占规模以上工业产值的比重与广东、江苏、浙江相比存在明显差距。山东对外贸易竞争力不强，外贸依存度低于全国平均水平，利用外资质量也有待提升。山东资源环境压力大，由于经济发展方式比较粗放、工业结构偏重、资源消耗量大、环境污染问题比较突出，山东能耗总量、主要污染物排放总量均居全国前列。解决山东经济产业结构不优、新动能成长不快、发展活力不足、质量效益不高等结构性矛盾，根本出路在于以深化供给侧结构性改革为主线加快新旧动能转换。2018 年 1 月 3 日，山东新旧动能转换综合试验区建设正式成为国家战略，成为山东发展的重大历史机遇。打造对外开放新高地，扩大高质量招商引资，重塑开放型经济发展新优势，有利于山东在更大范围内优化配置资源，充分利用国际国内两个市场、两种资源推进供给侧结构性改革，促进新产业、新产品、新业态、新模式等新动能培育，加快新旧动能转换，构建现代化经济体系。

（三）打造对外开放新高地是山东实现“两个走在前列、一个全面开创”目标的必然选择

山东是中国东部经济大省、文化大省和人口大省，北接京津冀，南接长江经济带，西连黄河流域广阔腹地，东连日韩，是“一带一路”重要交汇枢纽、中国北方重要开放门户、多重国家战略叠加区，在全国发展大局中具有重要地位。习近平总书记在参加十三届全国人大一次会议山东代表团审议时发表重要讲话，要求山东“在全面建成小康社会进程中、在社会主义现代化建设新征

程中走在前列，全面开创新时代现代化强省建设新局面”。充分发挥山东对外开放区位优势，把山东开放发展放到全国、全世界的大坐标、大格局中统筹谋划，打造对外开放新高地，有利于深化地方层面的国际合作，为国家重大开放战略试点探索、先行先试，为中国更好地参与经济全球化进程提供地方层面的典型示范；有利于建设中国北方地区新的区域增长极，探索形成可复制、可推广的开放发展路径模式，带动黄河流域中西部地区扩大开放，促进中国全面开放新格局加快形成；有利于山东更好发挥开放对改革的牵引和倒逼作用，创新体制机制，改善营商环境，加快推进高质量发展，全面建设新时代现代化强省，实现“两个走在前列、一个全面开创”的目标。

五　山东打造对外开放新高地的总体思路与战略重点

中国特色社会主义进入新时代，中国对外开放步伐进一步加快，开放引领发展的趋势更加明显，对外开放进入全新阶段。山东应准确把握国际国内发展环境变化带来的机遇与挑战，充分认识中国新一轮扩大开放的新趋势、新要求，明确打造对外开放新高地的总体思路与战略重点。

山东打造对外开放新高地，应深入落实习近平总书记视察山东重要讲话、重要指示批示精神，进一步强化开放意识，牢固树立开放发展理念，充分发挥山东区位、资源、产业和市场优势，以构建开放型经济新体制、形成全面开放新格局、打造国际合作竞争新优势为主攻方向，实行更加积极主动的开放战略，主动融入国家开放大局，坚持世界眼光、国际标准，以深化改革促进扩大开放，积极争取更大改革开放自主权，加快制度创新、先行先试，构建与国际贸易投资规则相适应的开放型经济体制机制，推动由商品和要素流动型开放向规则等制度型开放转变；坚持“引进来”和“走出去”更好结合、制造领域开放与服务领域开放更好结合、沿海城市开放与内陆城市开放更好结合、向发达国家开放与向发展中国家开放更好结合，加快形成全面开放新格局；大力培育对外贸易新业态、新模式，扩大高质量招商引资，深度融入“一带一路”建设，推动开放型经济由要素驱动型、规模速度型向创新驱动型、质量效益型转变，以技术、标准、品牌、质量、服务为核心，塑造国际合作竞争新优势。利用3～5年时间，将山东打造成开放型经济体制创新引领区、国际地方经贸合作示范区、国家战略统筹实施集聚区和“一带一路”互联互通综合枢纽，实现对外开放水平全面提升，更好促进全省经济高质量发展，并形成一批可复制、可推广的经验模式，在中国新一轮对外开放中起到示范引领、辐射带动作用。

（一）培育塑造对外贸易新优势

在国际市场竞争日趋激烈、国内生产要素成本不断上升、资源环境约束日益强化的背景下，传统的规模扩张型外贸发展模式已经不可持续。山东应切实加快外贸发展方式转变，着力优化对外贸易结构和方式，大力发展对外贸易新业态、新模式，加强国际自主品牌培育、外贸转型升级基地建设、国际营销网络建设，加快形成以技术、品牌、质量、服务为核心的外贸竞争新优势。

优化货物贸易结构和方式。一是优化出口商品结构。以实施新旧动能转换重大工程为契机，加快开放导向的产业结构调整，提升山东产业在全球价值链分工中的地位，促进山东出口商品结构优化。加强对重点行业出口的分类指导，巩固农产品、纺织、服装等传统劳动密集型产品出口优势地位，提升机电产品和高新技术产品出口规模和竞争优势。二是加快培育自主出口品牌。引导山东企业加大创新投入，突破核心技术，培育自主出口品牌。有数据显示，目前全球20%左右的优势品牌占据了80%的市场份额。山东应加强国际自主品牌培育，大力推广国际标准和国际认证，支持和引导企业对标和接轨国际一流标准，开展马德里商标、欧共体内部市场协调局、比荷卢经济联盟等境外商标注册和专利申请，开展国际通行的质量管理体系、环境管理体系和行业认证，尽快形成一批具有较高知名度和国际竞争力的出口品牌。三是创新加工贸易模式。促进山东东部沿海地区加工贸易向品牌、研发、分拨和结算中心等产业链高端延伸，推进有条件的企业将整机、零部件、原材料配套等向山东中西部内陆地区转移，在农产品加工、玩具制造等行业推广加工贸易“分包加工”管理模式。四是积极扩大货物进口。扩大先进技术设备、关键零部件和能源资源产品进口，满足省内产业发展和产业转型升级需求；加强进口政策与产业政策的协调联动，通过扩大关键技术和设备进口优化省内要素资源结构，促进山东制造业转型升级。五是创新外贸发展模式。以跨境电商、外贸综合服务企业、市场采购贸易、旅游购物为重点，加大政策支持和扶持力度，促进新兴贸易业态加快发展。六是积极优化国际市场结构。在巩固传统市场的同时，抓住来自新兴经济体和发展中国家的机遇，加快拓展货物贸易增长空间。

提升服务贸易发展质量和水平。服务全球化加速发展已成为经济全球化的重要趋势，服务贸易日渐成为世界各国提高国际分工地位的重要领域。服务贸易已成为中国对外贸易的新增长点，中国服务贸易连续多年保持了两位数增长。近年来，山东服务贸易发展加快，占对外贸易总额的比重逐步提升，但与国内先进省份相比仍存在明显差距。山东应着力在扩大服务业开放领域、提升服务贸易自由化和便利化水平、优化服务贸易发展环境、完善服务贸易促进体系等方面下功夫，促进服务贸易加快发展。一是调整优化服务贸易结构。在进一步做大做强传统优势行业的同时，加大对高附加值新兴服务贸易行业的培育力度。做大做强运输、旅游、建筑、加工服务四大传统优势产业，大力开拓国际运输服务和现代物流服务，加强交通物流国际合作，促进运输服务稳步增长；加强具有山东特色的国际精品旅游线路和产品开发，加快培育和发展国际商务、度假、游艇、邮轮等高附加值旅游服务，着力推动入境旅游业发展；发挥山东对外承包工程能力较强的优势，积极拓展国际承包工程市场，促进对外承包工程建设向高附加值领域拓展，扩大建筑服务出口；发挥山东加工制造能力强、海关特殊监管区域较多的优势，提高加工服务发展水平。在巩固山东服务贸易传统行业优势的同时，加快发展计算机和信息服务、金融保险、中介服务、文化贸易、医疗保健和养老服务等新兴服务贸易。二是推进服务贸易聚集区建设。依托现有的重点服务业城区，坚持因地制宜、突出优势、差异化发展，打造一批现代服务贸易聚集区；引导现有的重点服务业园区和国家级经济开发区、保税港区、综合保税区，加快发展生产性服务业和现代服务业，形成一批特色服务贸易聚集区。三是加强服务贸易主体培育。按照市场导向与企业自主原则，扶持发展一批服务贸易龙头企业。引导和支持运输、建筑、旅游等优势行业和通信、金融、计算机和信息技术服务、文化贸易等具有较大发展潜力的行业通过兼并、联合、重组、上市等多种方式，实现规模壮大、实力增强，打造一批具有较强国际竞争力的大型服务贸易企业或跨国公司。四是打造“山东服务”区域品牌。引导和支持服务贸易龙头企业创立服务品牌，提升服务层次和水平，提高和扩大“山东服务”的国际影响力。五是做大做强国际服务外包。发挥山东国际服务外包产业基础好的优势，进一步拓展服务外包业务领域，扩大服务外包产业规模，推动国际服务外包产业向价值链高端延伸。加强以济南、青岛为重点的国家级和省级服务外包示范城市建设，提升现有省级服务外包示范基地建设水平；实施服务外包国际市场多元化战略，在巩固亚洲、欧洲、北美三大传统市场的同时，积极开拓“一带一路”沿线的发展中国家服务外包市场。

（二）着力提升双向投资水平

把利用外资作为打造对外开放新高地的重要抓手，聚焦世界500强、隐形冠军、中小企业，努力实现外资质量提高、稳定增长；以“走出去”带动“引进来”，推动企业对外投资合作务实有序发展，拓展外部发展空间。

打造高质量外资聚集地。坚持系统施策，通过扩大外资准入、完善政策措施、提高服务水平、营造公平环境，促进山东高端制造业和现代服务业领域利用外资“量增质升”，实现外商投资的稳定持续增长。围绕新旧动能转换重点产业领域，重点吸引世界500强、“旗舰型”企业、行业“领头羊”、细分领域“隐形冠军”、高科技“独角兽”。把扩大服务业开放作为深化对外开放的战略重点，进一步放开服务业领域外资准入限制，扩大开放金融、教育、文化、医疗、旅游等服务业领域，有序放开养老、商贸流通、电子商务等服务业领域，扩大服务业利用外资规模，促进服务业加快发展。鼓励跨国公司到山东设立地区总部、采购中心、财务管理中心、结算中心等功能性机构。推动引资、引技、引智联动发展，注重引进外资搭载的先进技术、经营理念、管理经验和市场机会。

打造高水平对外投资策源地。抓住当前全球产业结构加速调整、各国大力推进基础设施更新与建设、发展中国家加快工业化和城镇化进程带来的跨境投资机遇，积极推动山东企业到境外开展投资合作、国际产能与装备制造合作，实现对外投资规模、质量和效益的新突破。一是促进优势企业在全球布局产业链条，构建跨境产业链、价值链，培育本土跨国公司。鼓励企业到发达国家进行研发投资，并购海外具有科技资源的企业，建立海外技术研发平台，最大化获取先进国家技术成果；到劳动力等生产要素价格较低的东南亚、非洲及拉美地区建设劳动密集型产业生产基地；到资源富集国家和地区建设境外重要资源基地，缓解山东能源资源瓶颈约束。特别是应以融入“一带一路”建设为契机，引导省内纺织、化工、建材等传统优势产业向境外转移优势产能，在境外设立生产加工基地，带动山东技术、标准、服务“走出去”，增强企业国际化经营能力，做大做强参与经济全球化的市场主体。二是支持省内有实力的大型企业建设境外经贸合作园区、境外产业集聚区。继续引导和支持省内大型骨干企业到境外建设经贸合作园区、产业集聚区，带动一批中小配套企业“走出去”，构建全产业链战略联盟，形成综合竞争优势，共同开拓境外市场。三是拓展对外投资合作方式。在发挥山东传统工程承包优势的同时，积极开展“工程承包 + 融资 + 运营”等合作，有条件的项目鼓励采用 BOT、PPP 等方式，开展装备制造合作；根据所在国实际特点，灵活采取投资、工程建设、技术合作、技术援助等多种方式开展国际产能合作。

（三）加快构建开放型经济新体制

以推进投资贸易便利化为核心，积极申建中国（山东）自由贸易试验区，加快构建开放型经济新体制，以深化改革促进深度开放。

一是加快外商投资管理体制创新。全面实施外商投资准入前国民待遇加负面清单管理制度，大幅减少外资准入限制性措施，按照内外资一致原则简化对外资的审批监管制度，为外资进入山东营造更好的环境、提供更好的服务。二是创新对外投资管理体制。认真落实商务部等七部门共同发布的《对外投资备案（核准）报告暂行办法》，完善对外投资管理制度，建立“管理分级分类、信息统一归口、违规联合惩戒”的对外投资管理模式。对外投资备案（核准）按照“鼓励发展 + 负面清单”进行管理，有效引导境内投资主体预期和行为，进一步便利境内投资主体开展对外投资。同时，加强境外投资风险防范体系建设，维护山东对外投资企业和个人的合法权益。三是进一步推进贸易便利化。加快国际贸易“单一窗口”建设，优化完善货物申报、舱单申报、运输工具申报、展览品申报、许可证件申领、原产地证书申领、企业资质办理、查询统计、出口退税、税费支付、加贸保税、跨境电商等基本功能，实现对外贸易业务“一点接入、一次提交、一次查验、一键跟踪、一键办理”，提高政府部门监管效能、降低贸易企业营运成本、提升对外贸易便利化程度。深化通关改革，推动全国通关一体化改革和协同共治措施落地，对于进口和出口都耗时较长的“通关准备”环节，加快串联改并联步伐，进一步压缩货物通关时间。支持和引导外贸企业申请海关 AEO 认证，使更多外贸企业成为“经认证的经营者”，利用好与中国 AEO 互认的国家（地区）海关给予的通关便利。四是积极争取设立自由贸易试验区。自由贸易试验区对于构建开放型经济新体制意义重大。应以青岛、济南、烟台等市的海关特殊监管区域、国家级经济技术开发区、国家级高新技术产业区为依托，扎实做好中国（山东）自由贸易试验区申建工作，争取尽早得到中央政府批复，在开放型经济新体制构建方面先行先试，形成可复制、可推广的路径模式，辐射带动更大地域范围的对外开放。

（四）深度融入“一带一路”建设

2013 年以来，山东与“一带一路”沿线国家经贸合作已取得明显成效。应进一步发挥山东区位、产业、资源、市场优势，加强与“一带一路”沿线国家在更宽领域、更高层次上的交流合作，深入拓展与沿线国家经贸合作空间。一是深化贸易合作。“一带一路”沿线的发展中国家，对质优价廉的传统产品有着广泛需求。山东应积极开展面向“一带一路”沿线国家的贸易促进活动，实现与沿线国家贸易合作规模的持续扩大。二是深化产业合作。支持省内工程机械、轻工纺织等行业的骨干企业，具有自主知识产权和较高水平的电子信息、通信等行业企业到“一带一路”沿线国家投资建厂，促进山东优势产能转出去、装备制造业走出去、技术标准带出去，并带动相关设备、技术和服务出口；发挥山东农业发达优势，深化与农业资源丰富的沿线国家开展农业种植、畜牧养殖、林木种植加工合作。积极吸引“一带一路”沿线国家的企业到山东省投资发展，引进“一带一路”沿线国家跨国企业的高技术含量、高附加值投资项目。三是深化国际工程承包合作。发挥山东对外承包工程的传统优势，积极参与“一带一路”沿线国家的基础设施建设项目。四是深化能源资源合作。扩大与“一带一路”沿线资源能源富集国家之间的资源能源合作，为省内和国内经济发展提供资源能源支撑。

（五）加快经济开发区转型升级

经济开发区和各类园区是对外开放的重要载体，在促进外贸发展、提高利用外资水平方面作用突出，是打造对外开放新高地的重要载体。

针对目前山东省经济开发区面临的比较优势弱化、体制机制回归、创新能力相对不足、产业集群效应不强等问题，应加快开发区体制机制创新，加快开发区转型升级步伐。推进“创新型开发区”建设，以科技创新驱动内生增长，推动开发区制造业由“制造”向“智造”和“创造”转变；加快开发区产业结构调整，由以加工制造业为主向先进制造业与现代服务业、新兴产业并举的方向转型，构建二、三产业融合发展的现代产业体系；深化开发区对外开放，加大招商引资力度，在招大引强和集群招商上下功夫，围绕大项目引进上下游配套企业，拉长产业链条，壮大产业集群，增强产业竞争力；推进开发区产城融合发展，工业化和城市化协同推进，实现开发区向现代化新城区转变；加强开发区整合，推动国家级开发区整合周边其他园区，向经济新区转变，打造一批对外开放新高地和创新“龙头”。

（六）优化省内对外开放区域布局

山东对外开放的区域差距显著，全省对外贸易额、利用外资额、对外投资额的绝大多数仍集中在东部沿海地区，中西部地区开放发展能力亟待提升。

进一步优化全省对外开放的区域布局，提升全方位开放水平，以各区域对外开放的提质增效促进全省区域经济协调发展。发挥东部沿海地区海关特殊监管区域多、对外开放基础条件好等优势，着力推进对外经贸体制机制创新、对外贸易提质增效，高质量招商引资、引智，培育形成带动全省开放发展的高地；加强中西部地区对外开放载体建设，加快园区转型，优化营商环境，提升承接国际产业转移水平，以深化开放促进中西部地区跨越式发展；推进东部沿海地区与中西部地区之间在产业发展、招商引资、海关特殊监管区域功能延伸、开发区跨区域整合等方面的合作，打造全省整体开放的空间优势。

充分发挥济南、青岛两市对全省深化对外开放的引领带动作用。支持青岛放大上合组织峰会效应，高起点建设中国—上合组织地方经贸合作示范区，支持青岛申建自由贸易港和中日韩地方经贸合作示范城市，强化“一带一路”重要战略支点作用，推进国际消费城市、国际航运中心、全球影视文化中心和国际海洋名城建设，打造面向全球的现代化国际大都市。支持济南继续做好构建开放型经济新体制综合试点试验，加快推进中德（济南）中小企业合作区建设，争取纳入国家级跨境电子商务试点城市，支持济南打造北京非首都功能疏解重要承接地、央企和跨国公司在中国北方的总部基地，建设国际区域性金融中心、国际科创中心、国际物流中心、国际会议会展中心和国际合作中心，建设具有国际影响力的世界名城。

六 山东打造对外开放新高地的对策措施

在经济全球化不断深化、世界经济格局面临深度调整和变革的新时期，进一步提升山东对外开放水平，打造对外开放新高地，推进山东经济高质量发展，既需要进一步解放思想、增强开放意识，又需要加强政策保障和要素支撑。

（一）进一步解放思想、增强开放意识

开创对外开放新格局，打造对外开放新高地，首先要深入解放思想，进一步增强开放意识。山东有资源、有人才、有产业基础、有区域优势，与广东、江苏等省相比之所以拉开了距离，关键在于思想解放不到位，开放意识不够强。过去山东经济稳居全国前列，对外开放也居于重要地位，这些年出现位置后移现象，与思想解放力度不够、开放意识不强有很大关系。因此，与其说山东目前最重要的是加快新旧动能转换，不如说是加快思想理念的转变。新时期山东打造对外开放新高地，必须进一步解放思想，牢固树立开放发展新理念。

首先，要培育敢为人先的理念。摒弃循规蹈矩、因循守旧、求稳求安的陋习和惰性，从狭隘的小农思维模式中走出来，消除唯上唯书意识，从官本位思想藩篱和数字政绩观束缚中走出来，坚持与时俱进，勇于打破常规，实施更加积极主动的开放战略，在新一轮扩大对外开放中敢想、敢闯、敢试，寻求超前突破，赢得开放发展的主动权。其次，要培育思变求新的理念。世界变化日新月异，变则通，通则久，思变才能行远。要正视思变求新在新一轮对外开放中的重要性，认真审视山东对外开放中旧的思维定式所带来的阻力，针对开放意识还不够强、国际化思维还不够宽等问题，应努力消除自我感觉良好的历史惯性，正视问题与差距，树立不进则退意识，培育思变求新理念，增强改革创新

主动性，以加快改革创新抢占开放发展先机。再次，要培育知不足而后勇的理念。落后不可怕，不敢正视甚至遮盖落后才是不可取的。应认真总结山东对外开放中的不足和教训，攻坚克难、开拓进取。最后，要培育行稳致远的理念。既要善于预测研判开放发展大势，坚持高站位、宽视野，又要坚持脚踏实地，一步一个脚印，彻底消除急功近利、急于求成思想，杜绝揠苗助长甚至竭泽而渔的做法，在用地、用物、用人、用策上稳扎稳打、循序推进，确保山东开放发展行稳致远。

（二）加强创新能力开放合作

当前，全球科技创新进入空前密集活跃期，新一轮科技革命和产业变革方兴未艾。山东打造对外开放新高地，发展更高层次的开放型经济，必须加强创新能力开放合作。应大力推进创新国际化，积极融入全球创新网络，构建高水平开放型区域创新体系，加强对全球优势科技资源的利用，加快创新资源的全球化布局。

第一，加强创新合作载体建设。国家自主创新示范区、国家级高新区、国家级经济技术开发区等重大区域发展平台是知识创新、产业创新、金融创新、制度创新、环境创新等创新资源高度集聚的主阵地，是开放型区域创新体系和高端、高质、高新现代产业体系整合共生的核心区。围绕山东半岛国家自主创新示范区、国家级高新区、国家级经济技术开发区建设，布局建设一批国际技术转移平台、国际创新园、示范型国际科技合作基地、国际专业人才实训基地等创新载体，高水平建设一批国际化联合实验室、科技创新中心，吸引国外优秀科技人才、国外高科技企业及科研机构到山东参与科技创新创业，促进山东企业与海外研发机构、企业、专家直接开展技术对接。第二，加大外资研发机构引进力度。外资研发机构是指外国投资者依法设立的、从事自然科学及其相关科技领域的研究开发和实验发展的机构，研发内容包括基础研究、应用研究、产品开发等方面。应进一步完善鼓励外资研发机构入驻山东的相关政策，打造更具竞争力的政策环境，吸引国外知名科研院所、高等院校和大型企业来山东创建高端研发机构，充分发挥其技术溢出作用，使外资研发机构成为山东面向开放创新发展、高效配置全球化创新资源、提升区域创新能力的重要力量。鼓励外资研发机构运用其自身研发资源及全球创新网络，与山东高校、科研院所、企业联合开展产业链核心技术攻关；引导跨国研发机构与省内企业和科教单位开展面向山东技术创新及产业化应用的项目合作，共同申请国家及省市各类科技发展计划项目和国家创新能力建设项目；鼓励外资研发机构具有自主知识产权的技术成果进入山东省的技术交易平台进行交易，推进科技创新成果落地转化；遴选部分外资研发机构的外籍专家或主管作为山东科技发展外籍咨询顾问，参与山东科技发展战略及相关科技计划项目咨询工作。第三，支持有能力的企业“走出去”在海外设立研发机构。引导和鼓励山东有实力的企业并购、合资、参股国际研发企业，或者依据自身技术优势和需求建立海外研发中心，加强前沿技术领域合作，以创新推动新技术、新产业、新业态蓬勃发展。鼓励山东高校、科研院所加强对外科技交流合作，实现创新资源共用共享，支持科技人员参与承担国际科技项目。第四，加强科技创新合作人才队伍建设。扎实开展科技引智工作，依托各类创新人才引进政策，吸引海外留学人员、优秀华人科学家和外国科学家到山东工作，从海外引进省内紧缺的高端人才。制定更加优惠的人才配套政策，切实解决外国人才到山东的事业发展、生活保障等现实问题。加强山东科研队伍建设，着力培养造就一批具有国际视野，既掌握国内外科技发展态势和政策又熟悉国际科技创新合作规则的科研与科研管理人员。第五，实施创新平台共享制度。秉持科技无国界理念，将大型研究所需的基础设施和装备、科学数据等研发资源面向国际开放，实行合作与共享，将平台建设服务于全球科学家，通过平台共享，实现更广泛的智力资源共享和科技成果共享。

（三）建设互联互通的国际大通道

发挥山东区位优势，通过构建内外联通的交通基础设施网络、创新中欧班列发展运营模式、进一步优化口岸通关服务等手段，构建横贯东西、南北通达、高效快捷的综合运输网络，使山东成为辐射带动中西部地区发展、深度参与全球经济合作的重要门户，成为东连日韩、西接欧非、南到东盟、北接俄罗斯的国际大通道。

构建内外联通的交通基础设施网络。主动加强与国内外重点交通枢纽城市的衔接联通，加快交通基础设施关键通道、关键节点和重点工程建设，促进交通集疏运能力扩容升级。构建高效便捷的快速铁路网络，通过“加密、提速、扩通道”，优化山东高速铁路网。打造跨境陆海联运和多式联运枢纽，完善国际多式联运互联互通，增强口岸后方通道能力，开辟一批跨境多式联运走廊。加强港口资源整合，以资本为纽带、以市场为导向，整合港口资源，带动航运协同合作及一体化运营，打造现代化港口群；深化东亚港口联盟合作，推进山东与日韩重要港口自由通航。加快布局国际航空客货运大通道，加强民用运输机场和通用机场建设，完善机场布局，深化机场资源整合，发展国际通程中转联运航线，增强国际通达、洲际中转能力。

创新中欧班列发展运营模式。加强整合协调，落实《关于推动全省欧亚班列统筹发展的实施意见》，加强信息与品牌整合，建立中欧班列信息互通平台，引导建立中欧班列各条线路互动协作机制，开展多种形式的合资合作经营，推动实现全省中欧班列统一品牌、统一班次、统一平台、统一支持、统一对外宣传营销。科学优化中欧班列线路，推进中欧班列集装箱集拼集运模式常态化运行。加强货源组织，通过在班列沿线国家搭建“海外仓”、依托综合保税区建设进口商品展销中心和配套仓库、与电商平台对接等方式，解决返程货源不足问题。鼓励功能叠加，围绕物流链全流程，强化运输、仓储、配送、检验检疫、通关、结算等环节高效对接，鼓励公路、水运、航空等运输方式与中欧班列有效衔接，打造全程化物流服务链条。助力农产品出口，加快中欧班列冷链仓库和在俄罗斯、中亚、西欧等地的海外集货、备货基地建设，集聚本省特色农产品，借助冷链班列加快山东农产品“走出去”步伐。

（四）强化国际化人才队伍建设

国际竞争关键在于人才的竞争，要在竞争中立于不败之地，必须有国际一流的人才队伍。山东国际化人才的供需矛盾比较突出，必须创新有利于培养、引进和用好国际化人才的体制机制，强化国际化人才队伍建设，为打造对外开放新高地提供有力的人才支撑。

明确国际化人才队伍建设重点。国际化人才队伍建设，既包括科技创新人才、各类经营管理人才的培养和引进，也包括党政干部队伍建设、企业家队伍建设。应着力加强党政干部的对外开放知识培训，打造具有全球化视野、通晓国际规则、推进对外开放能力强的党政干部队伍。加强企业家队伍建设，打造一支善于统筹利用国际国内两个市场、两种资源的企业家队伍，提高企业国际化发展能力。以科技创新金融、法律、会计等国际化中介人才为重点，加大培养、引进力度。

完善人才培养机制。在当前人才引进竞争激烈的形势下，加大本土人才培养是山东对外开放发展的必然选择。山东应整合高校、培训机构、企业培训等多种力量，加大人才培养力度。一是注重在外经贸实践中发现和优选可造人才，培养自己的领军人才和创客队伍，尤其是山东有实力的外经贸企业，更要注重人才的培养和使用。二是要创新培养模式，立足本土培养，在培养形式和培养内容上进行探索与创新，大力引进海外高端培训资源，支持山东高校与海外一流高校院所开展学位、师资联合培训；支持高层次人才所在企业选派技术骨干和高级管理人才赴海外开展短期研修，对国有企事业单位科研人才出国开展培训、合作等事宜，实行“分类管理”，开通“绿色通道”。三是注重所学知识与实践的对接应用，使人才所学能有所用，让人才扎根于山东，让技能服务于开放。

创新人才引进机制。实施更积极、更开放、更有效的人才引进政策，根据山东对外开放对于人才的急需紧缺状况制定专门方案，围绕制约发展的瓶颈进行重点人才引进。继续完善首席科学家岗位、访问学者、“千人计划”、泰山学者特聘专家等招才引智方式，用好大科学计划和工程对于人才集聚的吸引力，为山东集聚更多的国内外科研顶尖人才与优秀团队。优化外籍人才管理制度，更好地服务海外人才来山东工作。健全人才引进的便利化服务机制，推进外国专家证和外国人就业证“两证合一”试点，建立“一口受理”机制，为外籍人才来山东工作提供便利。加强引进人才的权利保障，重点保障国民待遇落到实处，保障知识产权不受侵害，保障创办科技型企业的优惠政策能够兑现，吸引更多人才落地山东开展学术研究与技术转移转化合作。积极推进国际人才社区建设，营造适合国际高端人才创新发展、和谐宜居的“类海外”环境。

创新人才激励机制。最大限度地发挥人才作用，需要建立科学合理的人才激励机制，激发和释放各类人才在对外开放发展中的积极性和干事创业活力。一是完善人才使用机制。进一步消除求全责备、论资排辈观念，善用人才，择长而用，并允许人才出错，给予人才成长空间和宽松的环境，培育人才对于山东的亲和感。二是完善人才评价机制。遵循人才成长规律，以人才科技研发能力、贡献、绩效、品德等为主要评价内容，建立一个包括人才科研能力与转化业绩表现的专业评价、专业与特点不同的人才分类评价、对人才科学态度和职业操守的价值评价、企业自主与社会机构多元化评价等在内的评价体系，形成正确的人才行为导向。三是探索市场化薪酬机制。适当的薪酬待遇是激励国际化人才的有效措施，应依据业绩贡献和能力素质，推进关键岗位薪酬水平与国际市场价位接轨。四是要完善利益共享机制。根据人才、专业、项目的不同，将收益权、所有权、知识产权融合考量，责权利合理关联，给予人才合理的利益回报。五是完善人才流动机制。不因人才地域所限，尊重人才意愿，破除人才流动障碍，形成渠道畅通、政策宽松、方式灵活的用人机制，让人才能在更大范围施展才能，从而也能为山东所用，用活而不是固化人才。

（五）打造国际一流营商环境

近年来，山东积极优化营商环境，整体营商成本不断降低，营商便捷度不断提升。打造对外开放新高地，对营商环境的优化提出了更高要求。应以法治化、国际化、便利化为导向，以加快服务型政府和智慧政务建设为主抓手，巩固提升既有优势，全面补强短板弱项，建设竞争公平，政策稳定、透明、可预期，服务高效便捷，“亲商、安商、富商”的国际一流营商环境，促进山东对外开放水平提升和经济高质量发展。

提升营商环境法治化水平。重点是强化营商环境中的契约意识和规则意识，以法律为准绳规范各种行为活动。一是加强营商环境立法。按照于法有据的原则完善行政法规、规章，以及规范性文件，尤其在公平交易、知识产权保护、纠纷仲裁等制度上实现与国际接轨；继续清理不合规、不合法的收费项目，尤其是给企业造成较大困扰的行政事业性收费和与行政审批相关的中介服务收费，当断即断，减轻企业成本压力；积极开展信用立法研究，推进企业诚信建设与政务诚信建设，将信用承诺纳入市场主体信用记录，建立健全跨地区、跨部门的守信联合激励和失信联合惩戒制度；等等。通过地方性法规的完善，有效维护权利，规范行为，为营商提供放心满意的法律保障。二是加强营商环境司法执法。对于侵害企业利益、干扰市场正常活动的行为要严格依法依程序进行有力打击与有效约束，保证法律的严肃性和公正性。作为担负市场监督管理的工商、税务、质检等相关部门要严以履职，联手互动，通过专项执法监察，严肃查处乱检查、乱收费、乱罚款及利用职务之便收受贿赂等违纪违法行为，有效防范和打击市场不法行为，共同维护公平、公开、公正的市场营商秩序。三是加强知识产权保护。积极推进知识产权保护体系建设，建立知识产权侵权快速审查、确权和维权机制，实行侵权惩罚性赔偿制度，依法有效保护在山东的内外资企业知识产权合法权益。完善知识产权纠纷多元解决机制，加强知识产权海外维权援助机制建设。

提升营商环境国际化水平。营商环境是面向世界的窗口，是对外交流与合作的基础，必须具有完善的国际化规范。营商环境的优化要符合国际惯例，依照国际通用标准进行。这就要求我们要有国际视野，尽可能了解国际环境，熟悉国际化语境与约定俗成的行为。一是要按照国际化标准设计和改造营商环境的硬件。不仅要不断提升生产设施水平，还要注重生活设施的建设与完善，包括目前我们比较短缺和缺少规范的国际化学校和国际化医院，为吸引国际高端产业、高端人才、大企业、新技术进入山东提供良好的配套环境。二是要提升营商环境的软实力。消除与国际惯例相冲突的因素，按照国际化要求加大市场开放力度，形成竞争、透明、高效的市场秩序；营造公平竞争的市场环境，在资质许可、标准制定、政府采购、政策适用、科技项目等方面，依法给予内外资企业同等待遇；打造诚信政府，加强项目投资、政府采购、招标投标等重点领域政务诚信建设，对依法做出的政策承诺和签订的各类合同要认真履约和兑现，注重保持政策的稳定性、连续性，给予市场主体稳定预期。

提升营商环境便利化水平。一是继续强化政府的主动服务意识。一切从企业需要出发，针对企业反映的“堵点”、“难点”和“痛点”积极行动，不断改善服务模式、服务内涵、服务程序，协调“放管服”，使审批更简、监管更强、服务更优，营造更加便利的政务环境。深化商事制度改革，深入推进“证照分离”和“多证合一”，推行外商投资企业商务备案与工商登记“单一窗口、单一表格”受理模式。二是注重发挥社会中介机构的专业性服务作用。尤其是资产评估、会计、审计、税务、法律事务，以及翻译公司等，政府可以更多地采取委托制方式，诸如在解决外商语言障碍、法律冲突、文化差异等难点问题上充分发挥社会中介机构特长，使针对企业项目的服务更为全面、更为精细、更为便捷。三是运用好互联网与大数据技术，用现代化手段打造智能营商环境。推进政务服务“一窗办理、一网通办”模式，尽快实现企业登记、注册、审批、监管等全程电子化，消除信息不对称下的烦琐与缓慢，让信息共享、网上协同更好地服务于企业，使“只跑一次”“一次办结”“一链办理”“贴心代办”“个性化办理”等效率新风成为常态，并不断发扬光大。

（六）深化国际人文交流与合作

国际人文交流与合作有利于推进文明交流互鉴，促进文化交融、民心相通，是促进经贸合作的重要途径。山东应坚持经贸合作和人文交流共同推进，把深化国际人文交流与合作作为打造对外开放新高地的重要抓手。

加强国际友城建设。近年来，山东积极服务国家总体外交和本省经济社会发展，不断优化对外交往布局，推进友城务实合作，对于促进山东对外开放发挥了积极作用。截至 2017 年 12 月底，山东友城总数达到 218 对，分布于 58 个国家，其中，亚洲 72 对、北美洲 28 对、南美洲 15 对、欧洲 73 对、大洋洲 22 对、非洲 8 对。新阶段，山东应进一步加强国际友城建设，优化友城布局，在巩固深化现有国际友城关系的基础上，以“一带一路”沿线国家的重要城市为重点，加快发展一批新的国际友城。积极用好国际友城资源，建立健全双边、多边合作机制，加强地方政府层面的务实交流合作。鼓励各类群团组织和民间组织以国际友城为依托开展对外交流活动，加强民间交流合作。

依托海外侨团组织助推山东企业“走出去”。据统计，目前以山东同乡会或商会命名的海外侨团组织有 200 多个，遍布世界各地。这些社团聚集了很多海外高端科技和管理专业人才，在增强国内机构与海外联系、协助拓展国际市场、促进中外经济科技文化交流合作，以及人才交流等方面发挥着特殊的作用。要充分认识到海外华人专业社团的重要性，加强与海外侨团组织的联系，引导支持海外华侨华人社团、商会协会与省内商会协会建立合作关系，及时反馈重点国家和地区投资政策及环境的变化，为山东企业提供可靠信息，积极组织海外侨团组织与山东企业的项目对接，为企业“走出去”提供便利和有效支持。

推进教育对外开放。支持省内高校与世界一流大学合作，开展高水平人才联合培养和科研联合攻关。制订并实施更加积极的国际人才引进计划，引进一批掌握学科前沿动态、拥有创新成果的海外高端人才。推进职业教育人才培养与国际通行职业标准的衔接，大力开展国际化应用技能型人才培养。完善公派出国留学管理机制，加大公派出国留学资助力度。打造“留学山东”品牌，加强与其他国家驻华使馆和教育机构合作，吸引更多留学生来鲁留学。加强与“一带一路”沿线国家和地区人才培养合作，支持省属高等学校和职业院校探索开展境外办学和跨境技术技能培训。

深化医养健康领域对外合作。扩大医养健康领域对外开放，加强与欧美等发达经济体的交流合作，积极引进优质医疗资源和健康管理机构，支持中外合资合作，吸引外资到山东设立合资合作医疗机构和健康管理机构，打造一批国际一流医疗服务综合体和专业健康管理服务机构。鼓励省内医疗机构与国（境）外医疗机构开展学术交流和合作，依托友好省州关系平台，推动双方交流合作不断向广度、深度发展。积极开展医养护结合的国际养老合作，支持国际养老服务企业到山东合资或独资设立养老院。按照国家部署，按照互利双赢的原则，加强与“一带一路”沿线国家和地区在医疗卫生领域的交流合作。

拓展文化旅游对外合作。山东文化优势突出，拥有“孔孟之乡”的美誉，以儒家文化为代表的齐鲁文化源远流长、影响深远，优厚的历史文化资源为山东旅游业发展提供了最深厚、最持久、最具魅力的元素。应深化山东文化旅游国际交流，弘扬中华传统文化，进一步塑造“好客山东”海外形象。一是加强国际文化交流合作。依托山东传统文化优势，讲好山东故事，进一步提高齐鲁文化国际影响力。办好尼山世界文明论坛，提升论坛制度化、国际化、高端化水平，着力打造中华文明与世界文明交流互鉴的重要平台。加强孔子学院建设，鼓励省内高等院校和中小学赴海外建设孔子学院与孔子课堂。充分发挥孔子学院和曲阜孔子学院总部体验基地的综合文化交流平台作用，打造“孔子故乡·中国山东”全球知名文化品牌，深化与联合国教科文组织等国际机构合作，推动中华优秀文化走向世界。推动对外文化贸易与产业合作，创建国家对外文化贸易基地、国家文化出口基地。二是打造国际旅游目的地。充分挖掘文化资源的旅游价值，用文化元素提升旅游产品的文化品质和内涵，推进文化旅游融合发展。坚持世界眼光、国际标准、山东优势，着力打造东方圣地、仙境海岸、平安泰山、泉城济南、齐国古都、鲁风运河、亲情沂蒙等十大文化旅游目的地品牌，增强“好客山东”国际影响力，打造国际旅游目的地。加强与境外旅游渠道商的合作，构建完善的山东旅游海外营销合作体系。

B.2

2018～2019年山东经济运行的统计分析

杨渊蘅　董晓青*

摘　要： 2018年，山东紧紧抓住高质量发展这个关键，继续坚持稳中求进工作总基调，深化推动新一轮改革开放，新旧动能转换全面起势，结构调整稳中趋优，经济运行延续总体平稳、稳中有进、稳中有好态势，呈现以稳应变、变中求进、变中提质的高质量发展新格局，但仍存在企业增收难度加大、外贸形势不容乐观、消费支撑作用减弱、要素制约仍需缓解等突出问题和困难。2019年，山东要继续坚持稳中求进工作总基调，驰而不息坚持新发展理念，全面落实高质量发展要求，以供给侧结构性改革为主线，聚焦“7项重点任务”“六稳”工作，紧密结合客观实际，牢牢把握走在前列的目标定位，不断提升工作的系统性、科学性和针对性，下大气力做好“调”的文章，向结构调整要质量、要效益、要后劲。

关键词： 经济运行　新旧动能转换　高质量发展

一　2018年山东经济运行情况

2018年以来，面对错综复杂的国际国内发展环境和转型变革的艰巨任务，全省上下以习近平新时代中国特色社会主义思想为指导，牢记总书记“两个

* 杨渊蘅，硕士，国家统计局山东调查总队调研员，高级统计师，研究方向：经济形势分析；董晓青，硕士，山东省统计局处长，高级统计师，研究方向：统计分析研究。

走在前列、一个全面开创”重大嘱托和“四个扎实”重要指示，紧紧抓住高质量发展这个关键，继续坚持稳中求进工作总基调，着力推动新一轮改革开放，不断加快推进新旧动能转换重大工程，强化稳就业、稳金融、稳外贸、稳外资、稳投资、稳预期“六稳”工作，持续扩内需、补短板、增后劲，经济运行延续总体平稳、稳中有进、稳中有好态势，呈现以稳应变、变中求进、变中提质的高质量发展新格局。经省统计局初步核算并报国家统计局核定，2018年前三季度全省生产总值达到59607.5亿元，按可比价格计算，同比增长6.5%。其中，第一产业增加值为3514.4亿元，增长2.8%；第二产业增加值为26677.3亿元，增长5.3%；第三产业增加值为29415.8亿元，增长8.3%。

（一）从调控领域看，宏观基本面保持稳定

1. 供给增长韧性持续稳定

（1）农业生产提质增效持续推进。2018年前三季度，山东各级全面推进农业供给侧结构性改革，加快培育农业农村发展新动能，持续推动农业提质增效转型升级，全省农业农村经济保持平稳态势，总体良好。

粮食生产平稳，全年丰收在望。2018年山东夏粮受种植业结构调整和小麦拔节抽穗期“倒春寒”影响，播种面积略为减少，单产稍有下降，但总产量仍然处在历史高位。夏粮播种面积6090万亩、单产406公斤、总产量约为2472万吨，分别比2017年下降0.6%、0.3%和1.0%。秋粮生产前期经历了干旱、台风等极端天气影响，玉米整体长势不如2017年同期，但在墒情、良种、病虫害防控等有利因素作用下，后期长势平稳恢复，逐步向好转化，综合各方面因素，预计2018年秋粮亦呈稳中略减趋势。总体看，虽然山东2018年自然灾害多发，但由于严格执行耕地保护制度，农田水利条件明显改善，农业生产机械化程度提高，新型农业经营主体蓬勃发展，农业生产转型升级向提质增效转变，预计全年粮食总产量较上年减少11亿斤左右，略有下降，但仍属丰收年份，并连续第九年保持在900亿斤以上。

畜牧业生产稳定，养殖效益向好。猪肉产量稳中略降，效益实现扭亏为盈。前三季度，生猪市场供应基本稳定，全省生猪出栏3778万头，同比下降1.6%；猪肉产量304万吨，下降1.5%。2018年一季度，生猪价格大幅下跌，养殖户调减产能，存栏减少；但三季度后生猪价格快速回升，养殖户扭亏为

盈，且利润空间不断扩大。牛羊肉产量稳中有升，养殖效益较好。前三季度，山东牛出栏250万头，同比增长0.6%；牛肉产量52万吨，下降1.2%。羊出栏1985万头，同比增长2.3%；羊肉产量27万吨，增长2.1%。肉牛养殖户收益相对稳定；肉羊出栏和羊肉价格同比分别增长24.6%和12.6%，养殖效益处于近几年最高水平。奶牛生产结构趋稳，收益比较稳定。前三季度，山东牛奶产量211万吨，较2017年同期略有下降，降幅为0.8%。2018年以来，全省原奶每公斤收购价格最低时为3.35元，最高时为3.54元，波动较小，养殖户每公斤原奶收益在0.3元左右，相对稳定。家禽生产略有下滑，禽蛋产量增加。前三季度，全省家禽出栏168451.8万只，同比下降1.3%；禽肉产量241.7万吨，下降1.5%；禽蛋产量311.1万吨，增长0.6%。截至9月末，全省家禽存栏77534.1万只，同比增长0.3%。前三季度，山东鸡蛋价格从高位回落，总体呈现下跌趋势，但仍高于2017年同期水平。7月后，受夏季高温产蛋率降低、运输和储存成本增加以及中秋临近鸡蛋需求加大等影响，蛋价上涨较快，养殖户效益较为可观。肉鸡方面，行业产业化程度总体较高，“龙头企业＋农户”的合作方式较为普遍，2018年以来活鸡收购价格平均在9元/公斤以上，养殖户每出栏一只鸡盈利2.5元左右，整体效益较好。

（2）工业稳中向好态势不断巩固。2018年以来，全省上下以供给侧结构性改革为主线，坚定不移推进转型升级和新旧动能转换，工业生产步伐加快，企业提质增效，工业经济稳中向好态势不断巩固。工业生产逐季回稳，前三季度规模以上工业增加值增长5.5%，比1～2月提高2.1个百分点，连续7个月稳定在5.3%左右。

工业生产持续向好。一是工业增加值增速节节攀升。前三季度，全省规模以上工业增加值增长5.5%，比上半年提高0.2个百分点，比一季度提高0.3个百分点，连续8个月保持稳中有升态势。从三季度分月情况看，7月规模以上工业增加值增长5.0%，8月增长6.0%，9月增长6.4%，回升幅度明显。二是多数企业、行业、产品增势良好。前三季度，规模以上工业企业中，产值同比增长的企业数为26263家，占比为68.6%；41个行业大类中，34个行业增加值增长，占比为82.9%。三是相关指标明显好转。前三季度，全省工业用电量增长4.7%，比上半年提高了4.1个百分点，比一季度提高了4.5个百分点。工业品出厂价格同比上涨4.2%，比上半年提高了0.1个百分点，比一季度提高了0.3个百分点。

企业质效有所提高。一是盈利水平大幅提高。受工业品价格上涨带动，企业效益保持较高水平。前三季度，规模以上工业利润增长15.5%，利润增速连续9个月保持在两位数。企业盈利能力明显提升，实现主营业务收入利润率为5.59%，同比提高了0.35个百分点。41个大类行业中有28个行业利润实现增长，增长面处于较高水平。二是去杠杆效果开始显现。多数企业杠杆率下降，重点领域去杠杆效果更为显著。前三季度，规模以上工业资产负债率为57.7%，比2017年同期下降0.2个百分点，处于40%～60%的合理区间。其中，国有控股企业资产负债率为62.7%，比2017年同期下降了2.4个百分点。三是生产效率明显提高。1～8月，规模以上工业全员劳动生产率达到30.7万元/人，比2017年同期提高了14.1%。

产品供给质量明显提升。高品质且满足消费升级需求的新兴工业产品快速增长。前三季度，全省生产营养保健食品9.6万吨，同比增长26.3%；太阳能电池产能为13.5万千瓦时，同比增长45.2%；工业机器人1120.0套，同比增长1.6倍。前三季度，规模以上工业销售产值同比增长9.3%，比上半年提高0.4个百分点。规模以上工业产销率达到98.7%，高于全国0.4个百分点。

（3）服务业保持较快增长。2018年以来，全省积极践行新发展理念，认真贯彻落实省委、省政府关于加快服务业发展的各项决策部署，推动服务业由高速增长向高质量发展转变，全省服务业保持平稳发展。

引领作用持续显现。服务业保持平稳较快发展，规模持续扩大，贡献持续提升，有效支撑并推动全省经济稳中向好。前三季度，全省服务业增加值达到29415.8亿元，增长8.3%，增速分别比GDP、第二产业高出1.8个和3.0个百分点。服务业增加值占GDP比重为49.3%，比第二产业高出4.5个百分点。服务业增长对经济增长的贡献率达到58.5%，比第二产业高出20.0个百分点。

生产经营状况平稳。服务业企业生产经营状况稳中趋缓。前三季度，全省规模以上服务业营业收入同比增长7.7%，增速比上半年回落1.8个百分点，其中，以新兴服务业为代表的其他营利性服务业营业收入增长20.0%，拉动全省规模以上服务业增长3.8个百分点。营业利润增长4.0%，增速比上半年回落1.4个百分点；每百元营业收入实现营业利润12.2元，比上半年提高0.5元。第三产业用电量增长14.4%，增速比上半年提高0.3个百分点。

发展后劲稳步增长。服务业成为固定资产投资和外商投资的新热点。前三季度，服务业投资增长10.2%，增速分别高于第一、第二产业11.1个和10.0个百分点，占固定资产投资的比重达到58.1%。外商直接投资项目数1024个，增长51.0%；实际使用外资449.6亿元，增长38.5%。外商直接投资项目数和实际使用外资占比分别达到66.2%和49.9%。

2.需求支撑作用持续稳定

（1）消费品市场呈现“一稳两强”。2018年前三季度，山东消费品市场平稳运行，实现社会消费品零售总额23962.6亿元，同比增长9.3%，增速与上半年持平。其中，限额以上单位消费品零售额增长7.3%，比全国高0.4个百分点。消费对经济增长的贡献率高达54.2%，为近年来同期最高水平。

城乡市场增势稳定。前三季度，全省城镇市场实现零售额19037.2亿元，增长9.1%，增速与上半年持平；乡村市场实现零售额4925.4亿元，增长10.2%，增速高于城镇市场1.1个百分点。

商品零售强力支撑。前三季度，全省商品零售额为21406.9亿元，增长9.1%，占比达90.0%，是市场主要支撑力量；餐饮收入额为2555.7亿元，增长11.4%，增速同比提高0.2个百分点。

新兴业态增势强劲。互联网、云计算等信息技术引领消费模式创新，进一步释放消费潜力。前三季度，实物商品网上零售额仍保持24.5%的高速增长，比全省限额以上零售额增速高17.2个百分点，拉动全省限额以上零售额增长0.9个百分点。

（2）固定资产投资稳定增长。2018年前三季度，山东固定资产投资同比增长5.8%，高于全国0.4个百分点，投资结构进一步优化。

服务业投资比重提升。前三季度，服务业投资增长10.2%，增速分别高于第一、第二产业11.4个和10.0个百分点；服务业投资占全部投资的比重为58.1%，同比提高8.9个百分点。

民间投资企稳回升。前三季度，民间投资增长3.2%，增速比上半年提高2.6个百分点；民间投资占全部投资的比重为68.9%，拉动全部投资增长2.3个百分点，继续发挥投资主力军作用。

投资高新化趋势显现。前三季度，“四新”经济投资增长6.3%，增速比一季度提高5.2个百分点；高技术制造业投资增长15.1%，增速比全部制造业高 12.3 个百分点；工业技改投资增长 5.3%，增速比上半年提高 5.6 个百分点。

大项目投资支撑作用较强。前三季度，计划总投资亿元以上项目完成投资增长 12.6%，增速高于全部投资 6.8 个百分点；对全部投资增长的贡献率达到 127.1%，拉动全部投资增长 7.3 个百分点，对全省投资稳定增长发挥了坚实作用。

（3）外贸发展有效提振。2018 年国际政治经济形势复杂多变，山东外贸平稳增长的不确定性加大，但作为全国第六大外贸省份，山东具有外贸基础稳固、产业竞争力强、发展韧性大的优势，加之，新旧动能转换各项政策措施的落地实施，一些重点项目的加速推进，对山东省外贸发展起到有效的提振作用，特别是围绕贸易畅通、设施联通，山东深度融入"一带一路"建设，扎实推进经贸合作，取得积极成效，山东外贸呈现低位回升趋势。据海关统计，前三季度全省实现进出口总值约 1.4 万亿元，同比增长了 4.8%，比上半年提高了 3.6 个百分点，占全国外贸总值的 6.3%。其中，出口达到 7695.8 亿元，增长了 5.6%；进口达到 6278.8 亿元，增长 3.9%。累计实现贸易顺差 1417 亿元，同比扩大了 13.6%。实现与"一带一路"沿线国家和地区外贸进出口 3681.8 亿元，增长 0.2%，其中出口 2072.2 亿元，增长 4.0%，占全省的 26.9%。

3. 就业与物价形势持续稳定

（1）就业形势总体稳定。2018 年，山东多措并举，大力实施就业优先战略及更加积极的就业政策，扎实推进高校毕业生等重点群体就业工作，持续加强就业扶贫、技能扶贫工作，积极支持鼓励创业工作有序开展，不断加强人力资源市场建设，努力提升公共就业服务水平，全省就业规模持续扩大，就业群体保持稳定，就业质量不断提高，就业形势总体稳定。前三季度，城镇新增就业 117.5 万人，增长 10.1%，增速比上半年提高 2.2 个百分点；城镇登记失业率 3.34%，比上半年降低 0.05 个百分点。

（2）居民消费价格涨势温和。前三季度，山东居民消费价格指数（CPI）同比上涨 2.5%，涨幅同比提升 1.1 个百分点。其中，城市上涨 2.4%，农村上涨 2.5%；消费品价格上涨 2.5%，服务项目价格上涨 2.4%。从月度同比看，前两个月受春节因素影响，价格涨幅由 1.4% 升至

3.1%；之后随着节日因素消退和天气转暖，价格涨幅回落趋稳，3～6月涨幅均处于2.2%～2.3%；三季度，在食品价格上涨的拉升下，涨势加快，7～9月分别上涨2.5%、2.9%和3.2%。从月度环比看，价格自3月由升转降，下降1.3%；此后降幅逐月收窄，至6月止跌回升，上涨0.1%；7月、8月涨幅持续扩大，分别上涨0.4%和1.1%；9月随着鲜菜价格涨势放缓，涨幅回落至0.5%。

前三季度，八大类商品和服务价格全部上涨。其中，衣着价格上涨4.0%，涨幅居首，影响CPI上涨0.3个百分点；居住价格上涨2.9%，影响CPI上涨0.6个百分点；医疗保健、教育文化和娱乐、交通和通信、食品烟酒、生活用品及服务、其他用品和服务分别上涨3.0%、2.4%、2.1%、2.0%、1.7%和0.8%。

食品价格由降转升，是推动CPI涨幅扩大的主要因素。前三季度，食品价格由2017年同期下降2.0%转为上涨1.9%，主要是生鲜食品价格波动所致。其中，鲜菜受极端天气影响，市场供应偏紧，价格上涨10.4%，影响CPI上涨约0.25个百分点。鸡蛋价格2018年以来恢复性上涨，涨幅在2月达到最高后呈回落态势，前三季度价格上涨22.8%，影响CPI上涨约0.07个百分点。猪肉价格延续了2017年一季度以来下降态势，2018年前三季度下降11.3%。此外，鲜果价格上涨4.5%，水产品价格上涨3.0%。

非食品价格涨幅稳定，是CPI保持温和上涨的主要原因。前三季度，非食品价格上涨2.6%，影响CPI上涨2.08个百分点。其中，工业消费品价格涨幅略有扩大，服务价格涨幅有所回落。工业消费品中，汽油、柴油等能源价格涨幅较大，拉动CPI上涨0.28个百分点，同比扩大0.10个百分点。服务项目中，医疗服务、教育服务、旅游价格涨幅回落，拉动CPI上涨0.28个百分点，同比缩小0.37个百分点。

（二）从动力变革看，新旧动能转换全面起势

1. 重点领域、重大任务进展顺利

（1）重点领域投入加大。聚力十强产业和重大基础建设，突出特色集群，强化协调推进，谋求发展实效。前三季度，110个精选省重点项目开工率超过90%，完成投资792亿元，实现年度计划的77.6%。第一批450个

优选新旧动能转换重大项目开工334个，开工建设率达到74%，完成投资1116亿元。

（2）乡村振兴战略和海洋强省建设全面展开。2018年初，山东省政府印发了《关于加快发展农业“新六产”的意见》，年中出台了农业“新六产”发展规划，加快实施“百县千乡万村”试点示范步伐。农村新型经营主体蓬勃发展，带动能力增强。据有关方面统计，农民合作社、家庭农场分别达到20.1万家和6.1万家。全面启动美丽村居建设省级试点，累计完成农村无害化卫生厕所改造979.7万户。加快实施海洋强省建设“十大行动”，现代化海洋牧场建设扎实推进，目前已建成省级以上海洋牧场55处，其中国家级21处，占全国的三分之一。青岛海洋科学与技术试点国家实验室加快建设，“透明海洋”“问海计划”等重大科技创新工程进展顺利。

（3）“三大攻坚战”全面推进。一是针对存在的主要风险隐患，研究制定了差异化防控措施，确保各类风险总体可控。二是精准脱贫取得重要进展，全省县级以上财政共投入专项扶贫资金62.6亿元；46个易地扶贫搬迁安置区已全部具备搬迁条件，黄河滩区27个居民外迁安置工程已开工26个。“四减四增”三年行动有序推进，开展了第二批全省环境保护督察及第一批环境保护督察“回头看”工作。三是污染防治成效显著。工业能耗低速增长。前三季度，规模以上工业能耗增长1.2%。压减煤炭消费取得显著进展。规模以上工业煤炭消费量同比下降3.6%，电代煤成效明显提高。前三季度，全省新能源和可再生能源发电量，以及省外输入电量，折合原煤3900多万吨，比2017年同期多替代煤1000多万吨。煤炭清洁利用程度进一步提高。前三季度，规模以上工业煤炭消费结构中，发电、供热煤炭占69.1%，同比提高3.4个百分点；煤炭终端消费比重为15.0%，降低了2.0个百分点。空气质量明显好转，细颗粒物浓度（PM2.5）大幅下降，重污染天数持续减少。

2. 新兴动能培育加强

据工商部门统计，截至2018年9月底，新登记市场主体116.4万户，全省市场主体874.4万户，增长12.9%。前三季度，“四新”经济投资增长6.3%，增速高于全部投资0.5个百分点。新技术、新产业扩容升级，高技术产业增加值增长了6.2%，高于规模以上工业0.7个百分点。十强产业中的新能源新材料、新一代信息技术制造业和高端装备制造业增加值分别增长了9.6%、6.0%和7.5%，分别高于规模以上工业4.1个、0.5个和2.0个百分点。现代金融、咨询培训、总部经济等现代服务业呈现加快发展势头；医养健康发展势头强劲，预计前三季度规模以上医养健康制造业利润增长12%。发明专利授权量、有效发明专利拥有量分别增长了17.7%和19.9%。工业机器人、服务器、太阳能电池等新产品产量分别增长了159.9%、73.9%和45.2%。互联网和相关服务业、软件和信息技术服务业、研究和试验发展等智慧服务营业收入分别增长了14.6%、11.5%和18.4%；实物商品网上零售额增长24.5%，跨境电子商务进出口增长63.6%。

3. 传统产业升级加快

（1）传统行业产业链加速向下游延伸。前三季度，规模以上服装行业实现增加值占纺织行业比重为40.9%，同比提高2.6个百分点；家具制造行业实现增加值占木材加工行业比重为42.2%，同比提高2.0个百分点；高端装备产业增加值增长了7.5%，比装备制造行业高0.3个百分点；玻璃纤维及增强塑料制品业增加值增长了7.4%，高于建材行业3.5个百分点。烟台万华年产100万吨乙烯项目、东营威联年产200万吨芳烃项目、中化昌邑炼化一体化等3个项目已列入国家石化产业规划布局。

（2）行业内部精细化加工趋势明显。前三季度，在规模以上钢铁行业中，压延加工等深加工行业增加值占比已达到79.1%，而冶炼业增加值仅占20.9%；有色行业中，冶炼业增加值仅占钢铁行业的48.3%，压延加工等深加工行业占比达到51.7%。

（3）产品更新换代步伐加快。高品质产品逐渐成为主流。前三季度，橡胶轮胎外胎产量中，子午线轮胎外胎占比为83.8%；彩色电视机产量中，智能电视产量占比为88.2%。

（三）从转型发展看，结构调整稳中趋优

1. “去降补”持续深化

重点领域产能继续优化。三季度煤炭、钢铁行业产能利用率分别为81%和73%，均比二季度提高1个百分点。企业降本减负成效明显。前三季度规模以上工业每百元主营业务收入中的成本为87.04元，同比减少了0.49元，

自2017年9月以来一直保持同比下降趋势。其中，医药制造业、煤炭采选业、黑色金属冶炼和压延加工业、电气机械和器材制造业降成本成效显著。2018年9月末规模以上工业资产负债率为57.7%，同比降低了0.2个百分点，已连续4个月保持同比降低趋势，位于40%~60%的合理区间。其中国有控股工业资产负债率为62.7%，同比降低2.4个百分点。商品房库存降至2013年以来的低点，9月末待售面积下降23.1%。薄弱领域投入加大，前三季度公共设施管理业、互联网和相关服务业、电信广播电视和卫星传输服务、生态保护和环境治理业投资分别增长了41.2%、40.3%、35.9%和23.7%。

2. 产业层次持续提升

当前，全省经济已进入工业化后期，互联网和相关服务、软件和信息技术、租赁和商务等新兴服务业保持快速发展，服务业主导作用增强，前三季度三次产业比例进一步优化调整为5.9∶44.8∶49.3。工业增长动力继续优化，高技术产业增加值增长了6.2%，增速比规模以上工业高0.7个百分点。高耗能行业增加值增长了5.3%，增速低于规模以上工业0.2个百分点；装备制造业增加值增长了7.2%，增速比规模以上工业高1.7个百分点，对规模以上工业增长的贡献率达到35.2%，连续21个月超过资源能源行业，领头雁地位逐步巩固，取代高耗能行业成为工业增长的首要拉动力。服务业占GDP比重高于工业10.0个百分点，对经济增长的贡献率高达58.5%，比第二产业高了20.0个百分点。服务业结构加速调整，互联网和相关服务、软件和信息技术、租赁和商务等新兴服务业保持快速发展势头，交通运输业、批发和零售业、住宿和餐饮业三大传统行业占服务业的比重同比回落了4.3个百分点；文化旅游产业发展势头强劲，实现旅游消费总额7593.7亿元，增长了13.6%。

3. 绿色发展持续推进

新能源和可再生能源发电量快速增长。前三季度，全省新能源和可再生能源发电装机容量达到2771.7万千瓦时，增长22.9%，占全省发电装机容量的21.7%；发电量达到373.0亿千瓦时，增长了51.4%，占全省发电量的9.6%，同比提高了3.0个百分点。其中风力、光伏、生物质能发电分别增长了48.5%、105.3%和29.2%。大力发展生态农业，通过推广减量化农业技术、普及沼气等清洁能源、提高农业废弃物综合利用率、实施耕地质量提升计划等一系列措施，不断增强农业绿色发展动力，成效显著。国家统计局山东调查总队专题调研显示，目前88%的村民对所在村总体生态环境表示满意。

（四）从提质增效看，发展红利同赢共享

1. 居民收入稳定增长

前三季度，全省居民人均可支配收入22331元，同比增长8.5%，较上半年提高0.1个百分点，扣除价格因素实际增长5.9%。分城乡看，城镇居民人均可支配收入29765元，增长7.6%，与上半年持平，扣除价格因素实际增长5.1%；农村居民人均可支配收入13303元，增长7.9%，较上半年提高0.2个百分点，扣除价格因素实际增长5.3%。农村居民人均可支配收入实际增速高于城镇居民0.2个百分点，城乡收入倍差由2017年底的2.43缩小到2.24。

2. 财税收入较快增长

前三季度，实现一般公共预算收入5064.5亿元，同口径增长了7.8%。其中，税收收入占比为75.7%，同比提高了3.7个百分点，比上半年提高了1.4个百分点。企业所得税增长了17.0%，继续保持两位数的高增速。

3. 企业盈利水平提升

全省大力实施新旧动能转换工程，低端无效供给持续减少，先进产能有序释放，转型升级加速推进结构调整优化，企业经营效益进一步改善。前三季度，山东规模以上工业实现利润5375.1亿元，同比增长15.5%，增速比1~8月提高0.1个百分点，连续9个月保持两位数的高增速。主营业务收入利润率为5.59%，同比提高0.35个百分点。

（五）从市场预期看，先行指标较为活跃

1. 供求关系基本稳定

前三季度，全省工业生产者出厂、购进价格同比分别上涨4.2%和4.0%，涨幅均比上半年提高了0.1个百分点。从出厂和购进价格涨幅的对比来看，企业成本压力不大，利润总体有回升趋势。

2. 流通领域运行良好

前三季度，全省水路完成货运量1.3亿吨，增长7.5%，增速与上半年持平；公路货运量增长7.4%，港口吞吐量增长7.8%，活跃程度仍然较高。铁

路货运量由减转增。随着工业经济运行稳中向好，外贸出口持续回升，铁路运输业进一步好转。前三季度，完成货物发送量1.4亿吨，增长1.7%，增速由上半年下降3.3%转为增长1.7%，提高5个百分点；货物周转量为948.4亿吨公里，由上半年下降3.7%转为增长0.8%，提高4.5个百分点。

3. 信贷规模有所扩大

9月末全省金融机构本外币贷款余额为76956.8亿元，增长了9.5%，比6月末提高了0.5个百分点。

4. 企业景气程度较高

三季度企业景气指数为125.0，企业家信心指数为123.3，同比分别上升5.9点和3.5点。制造业生产量指数和新订单指数均值始终运行于50%临界点之上，市场供需两端持续温和扩张。在生产活动加快的拉动下，三季度采购量指数处于上升态势，企业采购意愿不断增强，制造业生产经营活动保持活跃。

总起来看，2018年在经济开局不利、中美贸易摩擦持续发酵等情况下，山东省委、省政府始终坚定转型信心，保持发展定力，审时度势，主动应变，精准调控，科学把握“稳”与“进”、“远”与“近”、“力”与“劲”等关系，聚焦抓重点、补短板、强弱项，陆续开启一系列立足当前、惠及长远的发展锁钥。一是坚持理念先行，大破大立。对标先进，革除弊端，组织高规格南方三省考察，掀起新一轮思想解放热潮，制度创新破冰前行，“一次办好”风生水起，综合环境明显改善。二是坚持统筹谋划，强力推动。新旧动能转换重大工程有力、有序、有效展开，力度持续加大、举措持续实化、效果持续显现。三是坚持大处着眼，实处发力。通过双招双引大会、外交部山东全球推介活动、青年企业家创新发展国际峰会、儒商大会等，表明了新愿景，搭建了新平台，彰显了新魅力，拓展了新空间，取得了新实效。四是坚持高点站位，众志成城。成功承办上合组织青岛峰会，展现了新时代、新动能、新山东，集聚了高水平开放发展新红利，上合组织地方经贸合作示范区等放大效应，为打造对外开放新高地激发新活力、加装新引擎。所有这些，不仅破解了一批阻碍转型的突出矛盾问题，有效对冲了影响发展的不利因素，而且为展开深层次结构转型、促进经济长期平稳健康发展奠定了坚实基础。

二　当前存在的突出问题和薄弱环节

（一）企业增收难度加大

一是原材料价格快速上涨，生产领域价格涨幅从上游到下游逐级减弱态势明显，不仅挤压了中下游行业利润空间，也减弱了投资下游行业的信心。2018年8月，工业生产者购进价格与出厂价格均同比上涨4.2%，价格剪刀差为零，企业利润空间进一步收窄。出厂价格中，初级产品价格上涨11.5%，而中间产品和最终产品仅分别上涨4.4%和3.1%。二是成本压力依然较大。人工成本较高、税费负担依然较重、土地使用及租赁成本大幅上涨等，压缩了企业的利润空间，降低了民间投资意愿。

（二）外贸形势不容乐观

一是中美贸易摩擦扩大升级，根据商务部门测算，加征关税的2000亿美元商品中，涉及山东商品2203项，占全省对美出口商品的46.1%；涉及企业8450家，占全省对美出口企业的64.2%。调研了解，通过与美国需求方分担税费成本、提前完成订单等方式，部分企业可以维持与美方企业的合作关系，但税率一旦高于30%，合作关系将难以维持。中美贸易摩擦的影响释放还存在一定滞后性，且影响延展的内在逻辑、破坏程度和时间节点也存在较多的不确定性。由于影响面广、经济关联度高等，后续其已不单是中美之间的贸易摩擦，可能还会涉及中美产业链条的众多国家，甚至会影响国际经济走势。二是汇率波动与大宗商品价格波动叠加，人民币兑美元仍存在一定贬值压力，国际市场能源、矿产品、有色金属、农产品等价格波动不稳，加剧了企业进出口业务和结汇业务的风险。三是世界经济的下行压力正在显现。从国际宏观经济角度来看，美国的贸易保护主义使全球贸易秩序受到创伤，威胁了全球贸易的稳定增长。另外，2018年以来，全球经济同步复苏开始出现分化，一些新兴市场国家经济出现低迷或衰退；一些发达国家经济下行压力加大，比如，韩国三季度经济增速创下近年来新低，日本明年的经济增速预期下调，欧元区经济增速预期也进行了下调等。这些信号表明，世界经济的下行压力正在显现，明年很有可能集中体现出来。预计 2019 年山东的外贸特别是出口增速回升势头可能将有所放缓。

（三）消费支撑作用减弱

一是汽车销售的拉动作用减弱。1～8 月限额以上汽车类零售额增长 2.5%，同比回落 4.7 个百分点。从调研情况看，由于降低进口关税对终端销售价格影响甚微，对汽车销售的拉动效应并不明显，加之近两年购置税优惠政策刺激下的高基数，汽车销售增速难以大幅提升。目前，汽车零售行业的主要盈利点已转移至售后服务。二是现房销售的拉动作用减弱。2018 年初以来，部分城市二手房与新房价格倒挂，现房销售持续负增长，1～8 月下降 16.5%。预期 2019 年房地产市场不会有明显回暖，房地产投资也仍将延续下滑态势。① 与此相关的消费环节均呈现不同程度的回落，如限额以上五金电料类、家用电器和音像器材类、家具类、建筑及装潢材料类等同比分别回落 6.2 个、1.8 个、0.2 个和 3.1 个百分点。三是居民消费预期比较谨慎。据调研，66% 的城镇居民家庭认为收入是制约家庭消费的主要因素，位列第一；有 53% 的家庭预计，与 2017 年相比，2018 年全年收入持平或下降。62.5% 的农村家庭认为“收入限制”是制约家庭消费排第一位的主要因素。相对于城镇居民来说，农民收入的稳定性更弱一些。调研显示，有 36% 的农民家庭预计 2018 年收入与 2017 年持平，有 20% 的家庭预计收入下降。收入预期欠乐观，一定程度上制约了消费水平的提高。

（四）要素制约仍需缓解

一是土地配置效率不高。调研了解，仍有一些项目因土地供应不及时难以落地。主要原因是，在地方统筹优化土地过程中，涉及多部门规划调整，审批周期长，导致部分项目预期落地时间与土地供给时间错配，而在投资方往往有多个选择的背景下，难以有效应对稍纵即逝的项目机遇和愈演愈烈的区域招引竞争。二是融资难、融资贵。在严监管、去杠杆政策环境下，省内不少金融机构大量核销不良贷款，利润明显下降，放贷意愿减弱。此外，尽管央行持续释

① 宋慧芳：《地产进入柔性调控期》，《中国经济信息》2019 年 1 月 4 日。

放流动性，但信贷“三多三少”投向特点没有明显优化，仍主要流向大企业、房地产和基础设施领域，民营中小企业资金压力依然较大，特别是小微企业融资难、融资贵问题依然比较突出。国家统计局山东调查总队调研显示，上半年，在有资金需求的小微企业中，能融资到全部需要资金的企业占比仅为22.5%，零融资企业占比为34.8%。三是人才结构性矛盾突出，高端技能人才和管理人才招不来、留不住，成为制约企业精益管理和技术创新的关键。

三　2019年山东经济发展的对策建议

综上所述，当前全省经济保持平稳健康发展的基本面没有改变，支撑经济平稳发展的生产要素条件持续改善，转型发展的内生动力不断增强，平稳运行的大势逐步稳固，继续朝着高质量方向发展，长期向好的态势仍将延续。展望2019年，只要全省上下继续全面贯彻党的十九大精神和习近平总书记对山东重要指示要求，全面落实中央经济工作会议明确提出的明年经济工作总体要求、主要目标和重点任务，坚持稳中求进总基调，坚持新发展理念，落实高质量发展要求，以供给侧结构性改革为主线，聚焦“7项重点任务”“六稳”工作，紧密结合客观实际，牢牢把握走在前列的目标定位，不断提升工作的系统性、科学性和针对性，下大气力做好“调”的文章，向结构调整要质量、要效益、要后劲，山东经济就将继续保持总体平稳、稳中有进、进中向好总趋势。

（一）多方发力，切实支持实体经济高质量发展

强化支持实体经济高质量发展的若干政策的通知45条和支持民营经济高质量发展的若干意见35条等举措落地效果，跟进督查，聚焦十强产业集群，着力破解降低税费成本、融资成本、制度性交易成本、用能成本、用地成本、物流成本等实体经济发展的堵点、痛点，切实减轻企业生产经营成本负担，改善企业经营环境，提升企业发展预期，进而带动形成就业增加、生产提速、投资扩张、效益提升、收入增长的良好局面。

（二）破除壁垒，提高民间投资积极性

按照习近平总书记发展民营经济六大措施，采取有效举措，切实提高民间

投资的积极性。民间投资是山东投资的大头，应一心一意强服务，切实抓好“非公十条”落地生效，着力解决当前“卡脖子”的事，打通服务非公企业“脉络”，坚决扼制投资增速下滑和资金脱实向虚。大力清理针对民间资本准入门槛的不合理限制，解决好“不能投”的问题。紧紧扭住新旧动能转换重大工程，加快培育壮大新兴产业，促进传统产业转型升级，狠抓高质量项目落地开工，挑选一批商业潜力大、投资回报机制明确的项目，引导民营企业参与补短板建设，解决好“往哪投”的问题。积极构建“亲”“清”新型政商关系，弘扬优秀企业家精神，更好发挥企业家作用，形成尊重企业家的良好社会氛围，解决好“不愿投”的问题。

（三）整合力量，积极应对中美贸易摩擦

抓好稳外贸各项政策落实落地，在开放地域上，广交友朋，积极扩大“儒商大会2018”影响和“双招双引”战果，加快推进新一轮高水平双向开放，打造对外开放新高地，把中美贸易摩擦不利影响降至最低。在出口政策上，整合税收、财政、商务、经信、海关等部门职能，妥善做好出口信贷、出口退税等方面的政策优化，切实降低企业出口成本，帮助企业稳市场、扩份额，促进保就业、增效益。引导企业开拓“一带一路”沿线国家、南非、拉丁美洲等新兴市场，广结国际贸易合作伙伴，形成战略合作，降低对重点贸易市场过度依赖的风险。做好高层设计，尽量避免各地区、各部门利益保护主义。在进口政策上，按照《关于扩大进口促进对外贸易平衡发展的意见》（国办发〔2018〕53号）相关要求，优化税收、通关等扶持政策，加速政策落实兑现。

（四）强化增收，提升中等收入人群消费能力

在当前投资和进出口低速增长的情况下，消费在“三驾马车”中的作用凸显，成为支撑全省经济继续运行在合理区间的主力军。为此，要在着力推进改革与发展的过程中，更加重视城乡居民收入的增加，努力提高城乡居民的收入预期与水平，以更好地发挥消费对经济的拉动作用，增强经济增长内生动力。贯彻落实好中央及地方促进消费、惠民新规的落地，加大公共安全、教育、科学技术、社会保障和就业、医疗卫生、节能环保等财政支出，提升教育、医疗等社会保障水平，加快制定新修订的个人所得税法调整配套措施，充

分发挥税收调控收入分配的直接作用，增加中等收入群体实际收入，让城乡居民能消费、愿消费、敢消费。

（五）优化结构，推动新旧动能转换重大工程全面起势

充分发挥好“十强”产业的带动作用，着力推动“十强”产业发展各项政策落地见效。进一步发挥好创新引领作用，谋划好省级大科学计划和工程。加快推动科技基础条件保障能力建设和科技资源开发共享，继续实施省级以上创新平台倍增计划，积极推进研发平台数量增加、质量提升和结构优化。继续开展好企业创新百强、高新技术企业培育工程，健全完善落实重点园区“亩均税收”领跑者激励机制，不断完善引进顶尖人才“一事一议”实施办法。充分发挥好重大项目的示范引领作用，积极推进签约项目尽快落地开工，加快重大项目管理服务平台建设步伐，继续筛选和储备一批好项目、大项目。

产业发展与专题分析篇

Industry Development and Special Analysis

B.3 关于打造乡村振兴齐鲁样板的实践与思考

山东省发展改革委调研组*

摘　要： 山东省委、省政府认真落实习近平总书记对山东工作的重要批示指示精神，把实施乡村振兴战略作为新时代“三农”工作的总抓手，推动产业振兴、人才振兴、文化振兴、生态振兴和组织振兴等各方面工作实现了良好开局。为加快打造生产美产业强、生态美环境优、生活美家园好“三生三美”的乡村振兴齐鲁样板奠定了坚实基础。但研究发现全省农业发展质量效益不高，农民持续增收后劲不足，农村自我提升能力不强，城乡一体化进程不协调等问题依然存在。报告从发展农业“新六产”、美丽乡村建设、繁荣齐鲁乡村文化、创

* 调研组成员：李秋生，硕士，山东省发改委处长，研究方向：农业农村；翟振然，硕士，山东省发改委副处长，研究方向：农业农村；徐光平，硕士，山东社会科学院智库研究中心副主任，研究方向：产业经济、区域经济；张兴永，山东省发改委科长，研究方向：农业农村。

新乡村善治体系等七个方面提出了实施乡村振兴战略、打造齐鲁样板的对策建议。

关键词： 乡村振兴战略 齐鲁样板 美丽乡村建设 产业振兴

为切实做好全省乡村振兴战略规划编制工作，2018 年初，山东省发展改革委会同有关部门组成专题调研组，赴全省各有关市、县深入开展调查研究，组织召开不同层级的座谈会，详细听取各地实施乡村振兴战略的成效、问题和思路建议。全省乡村振兴战略规划印发后，结合规划协调推进工作，对规划实施过程中遇到的突出矛盾和问题，进行了重点跟踪调度。围绕如何扎实实施乡村振兴战略，打造乡村振兴齐鲁样板，调研组做了深入思考，形成本调研课题。

一 实施乡村振兴战略情况

2018 年以来，山东深入贯彻党的十九大精神，认真落实习近平总书记对山东工作的重要批示指示精神，把实施乡村振兴战略、打造齐鲁样板作为重大政治任务，强化组织领导，注重统筹协调，狠抓政策落实，以新思路、新理念积极谋划富有山东特色的乡村振兴路径。一是规划政策体系基本构建。山东省发展改革委牵头会同省直有关部门，编制完成《山东省乡村振兴战略规划(2018—2022 年)》和 5 个工作方案，在全国省级层面率先印发实施。指导市、县做好规划编制工作，济南、烟台等 11 市规划已印发出台，县级编制工作全面启动；省直部门围绕落实全省规划，结合职能配合出台一系列政策或意见，全省乡村振兴“1 + 1 + 5 + N”规划政策体系全面形成。二是支撑保障措施深化实化。省委、省政府启动新一轮涉农资金统筹整合工作，设立乡村振兴重大专项资金，2019 年将达到 400 亿元，除省级统筹安排外，按因素法全部切块分配到市、县；省自然资源厅研究制定 9 个方面、26 条用地支撑保障措施；省发展改革委、农发行建立乡村振兴重大项目库，5 年综合授信 3000 亿元，支持农业农村 8 大领域、500 个重大项目建设；省委组织部选派优秀干部到村任党支部书记，开展“千名干部下基层”活动，到 70 个县驻点工作，助力

350个重点村加快振兴；省统计局研究制定乡村振兴监测评价体系，动态监测工作推进、政策落实等情况，分级评价乡村振兴战略实施。三是各类试点示范全面启动。实施乡村振兴“十百千”工程，支持10个县、100个乡、1000个村探索创新多元模式和成功经验；实施农村人居环境三年整治和美丽村居建设“四一三”行动，首批入选美丽村居试点村庄56个；省里每年支持打造500个省级示范村；实施新时代文明实践工程，确定26个县（市、区）开展试点，推进“百镇千村”建设示范，认定第六批省级“乡村文明家园”300个。四是社会氛围更加浓厚。召开新闻发布会，全面解读乡村振兴战略规划。组织“乡村振兴入人心”政策宣讲活动，实现县域全覆盖。及时总结梳理典型经验和发展模式，形成27个镇、103个村典型，推送省委宣传部并印发各地学习借鉴。组织对乡村振兴“十百千”示范县、乡、村开展深度报道，营造了良好的舆论氛围。

总体来说，省委、省政府认真落实习近平总书记对山东工作的重要批示指示精神，把实施乡村振兴战略作为新时代“三农”工作的总抓手，推动产业振兴、人才振兴、文化振兴、生态振兴和组织振兴等各方面工作实现了良好开局，为加快打造生产美产业强、生态美环境优、生活美家园好“三生三美”的乡村振兴齐鲁样板奠定了坚实基础。

（一）以促进农业高质量发展为重点的产业振兴取得新进展

全省各地认真贯彻新发展理念，立足资源禀赋、区位条件、发展基础等方面的优势，积极探索三次产业融合发展新路子，大力推动产业链相加、价值链相乘、供应链相通“三链重构”，着力培育终端型、体验型、循环型、智慧型农业“新六产”，助推农业新旧动能转换，农业农村经济发展继续保持良好势头。预计2019年实现乡村旅游消费2900亿元，增长15%，农产品网络零售额达到230亿元，增长30%。成功创建国家级田园综合体1个、现代农业产业园4个、农村产业融合发展示范园5个，打造了一批现代高效农业隆起带。筛选17个现代农业项目，纳入全省新旧动能转换第一批优选项目名单。大力培育各类新型经营主体，全省规模以上农业龙头企业为9600余家，农民合作社、家庭农场分别发展到20.1万家和6.1万家，参与产业化经营农户在1800万户以上。预计2019年全省第一产业增加值将超过5000亿元，粮食总产连续7年稳定在900亿斤以上，农村居民人均可支配收入达到1.6万元，农产品出口连续20年领跑全国。例如，曹县大集镇依托表演服饰加工这一传统优势产业，抢抓农村电商机遇，成立淘宝产业发展领导小组，发展网店1.6万余家，带动全镇2.6万名群众通过淘宝服饰加工增收致富。

（二）以切实改善农村生产生活条件为重点的生态振兴取得新进展

启动农村人居环境整治三年行动，省委、省政府办公厅印发了实施方案，确定三年总投资1500亿元，以农村厕所、垃圾污水和村容村貌提升为主攻方向，持续改善农村人居环境，确保“一年提标扩面、两年初见成效、三年全面提升”。各市围绕落实全省实施方案，结合自身实际和工作重点，制定并出台了市级方案。组织开展“美丽宜居小镇、村庄”、省级美丽乡村示范村等创建，以点带面推进美丽乡村标准化建设，每年重点支持500个省级示范村建设。实施美丽村居建设“四一三”行动，集中打造4大风貌区、10条风貌带、300个美丽村居建设示范村。各市、县围绕这些试点行动，积极参与、创新探索，取得了显著成果，56个村入选首批美丽村居试点村庄。扎实推进农村“七改”工程，98.7%的村通达客车，农村生活垃圾处理率达99%，自来水普及率稳定在95%以上，91%的建制镇和全部新型农村社区均建有污水处理设施，累计完成改厕1001万户、改造农村危房43.25万户。例如，威海市统筹推进农村无害化厕所改造和生活污水处理设施配套，环翠区、荣成市、高区、经区、临港区通过省级全覆盖认定，印发并实施了《关于推进农村地区供暖工作的实施意见》，并以地方标准率先发布实施农村供暖技术导则，环翠区被列为省级农村供暖试点地区，形成了较强的示范效应。胶州市李哥庄镇大力推进环境、教育、卫生、公交、网络通信、数字电视、污水处理“七个一体化”，实现偏远村庄集中供气、供暖，让“村民”享受到“市民”条件待遇。

（三）以乡村基层人才队伍建设为重点的人才振兴取得新进展

适应乡村振兴战略对人才队伍建设的形势需要，加大基层人才政策创新力度，出台《关于推进乡村人才振兴的若干措施》《关于进一步引导和鼓励高校毕业生到基层工作的实施意见》《关于促进大学生到农村创业的意见》等一系列政策文件，切实解决基层专业技术人才匮乏、待遇偏低、职业发展通道不畅、人才流失严重等问题。实施基层专业技术人才知识更新工程，每年培训1000名基层专业技术人才。确定2018年省级以上专家服务基层示范活动8个，已经先后组织1100多位高层次专家赴聊城、烟台等10地的基层单位开展项目对接、技术指导、人才培训等服务活动，解决技术难题1200多项，培训基层专业技术人才6000多人次。确定济北经济开发区等10家单位为山东首批省级专家服务基地。2018年从西部经济隆起带、省级扶贫开发重点区域、重点革命老区县县域范围内选派了160名学校、医疗、农业、文化等领域中青年业务骨干，到山东范围内的高校、科研院所、医疗机构、文化单位进行为期1年的挂职研修工作。2018年全省共招募"三支一扶"工作人员1190人，切实解决基层难题，培养了基层急需紧缺人才。

（四）以实施文化建设"六大工程"为重点的文化振兴取得新进展

省委宣传部启动实施铸魂强农、文化惠民、优秀传统文化传承发展、新时代文明实践、乡村网络文化建设、乡村文化人才培育"六大工程"，积极推动乡村文化振兴。全省乡镇（街道）综合文化站建成率99.3%，村（社区）综合性文化服务中心建成率90.2%，7005个省定扶贫村综合性文化活动室建成率99.79%。推进"图书馆+书院"模式和乡村（社区）儒学建设，推出2018年山东省中华优秀传统文化传承发展工程重点项目26个。组织实施扶持200个乡村文化遗产保护展示项目，开展山东"乡村记忆"抢救性记录数字化保护工作。省委办公厅印发的《山东省新时代文明实践中心建设试点工作方案》，确定26个县（市、区）进行试点，推动成立山东省志愿服务总队，指导成立社科、文艺、民政等十支专业志愿服务队伍。目前，实践中心标识已经在全省统一规范，实践中心主题歌曲创作等工作有序推进。新命名一批社会主义核心价值观四德工程建设示范点，开展"榜上有名"先模人物评选活动，推动全省建立一批四德主题广场、主题公园、主题社区、主题街道。实施"百镇千村"建设示范工程，建设第六批省级"乡村文明家园"300个。积极推进信息进村入户，编制实施方案，明确利用3年时间，在全省7.5万个行政村实现益农信息社全覆盖。

（五）以加强基层党组织建设为重点的组织振兴取得新进展

省委、省政府召开全省抓党建促乡村振兴工作会议，围绕夯实组织基础、补齐突出短板、强化物质保障、凝聚工作合力等方面，对全省抓党建促乡村振兴、促脱贫攻坚、促集体经济发展做出安排部署。省委印发《山东省 2018—2022 年党的基层组织建设规划纲要》，把抓党建促乡村振兴作为今后 5 年内全面加强基层组织建设的目标任务之一，提出推进基层党组织带头人队伍整体优化提升、开展软弱涣散基层党组织整顿、推动工作力量下沉基层、实施基层基础保障工程等 13 项推进措施。坚持强弱项、补短板，开展软弱涣散村党组织整顿工作，不断强化政治功能，切实提升村级党组织的组织力。对 2018 年我省排查出的 3157 个软弱涣散村党组织，全部建立工作台账，实行销号管理。扎实做好村“两委”换届选举“回头看”工作，进一步健全完善党组织领导下的基层治理机制，建立健全村级各类配套组织和村务监督委员会，修订完善自治章程、村规民约，落实村民会议、村民代表会议等制度。推进发展村集体经济，筹措资金 1.5 亿元，扶持 300 个村开展发展壮大集体经济试点。例如，济南市章丘区三涧溪村，把抓党建作为推动振兴的最大法宝，坚持落实“三会一课”“主题党日”等制度，建立“五个一”为民服务体系，对党员实行“家庭捆绑式”考核，设立党旗飘飘映四邻、四邻联动党放心的工作网格，流转土地建设现代农业基地和工业园区，短时间内就实现了由乱到治、由散到聚、由穷到富的巨大转变，村集体年收入突破 260 万元，村民人均可支配收入达到 2.6 万元。为服务高质量发展、新旧动能转换、乡村振兴等重大战略任务，部署开展“千名干部下基层”工作，统筹干部资源，选派优秀干部到乡村振兴一线锻炼。从省直单位选派 1000 名干部，其中 500 名干部组成 50 个乡村振兴服务队，重点到贫困人口较多、经济发展相对靠后的县（市、区）开展服务工作。积极推进乡村治理现代化，各地各部门按照“平安山东”建设的要求，通过“平安乡镇”、“平安村庄”和“平安社区”创建活动，探索新形势下适合当地的乡村治理模式。推进“雪亮工程”建设，将人防、物防、技防深度融合的农村治安防控“山东模式”向深度普及应用，建成了一批各具特色的技防乡镇、村居。例如，安丘市景芝镇探索推行了“公开听证法”，上访人和被访人当庭举证、质询，各亮观点，把问题摆到明处，把凭据亮上桌面，信访人全程参与调查处置，邻里乡贤全程参与旁听，专业司法人员全程提供法律支持，变“背对背”调查为“面对面”质询，做到“小事不出村、大事不出镇”，全镇越级上访同比下降70%，该镇的经验做法在全省推广，初步探索出了一条自治、法治与德治相结合的乡村治理新模式。

二 存在问题和困难

总体来看，山东实施乡村振兴战略取得了良好开局，但农业发展质量效益不高，农民持续增收后劲不足，农村自我提升能力不强，城乡一体化进程不协调等问题依然不同程度存在，成为制约和影响全省推进乡村振兴战略、打造齐鲁样板的主要因素。

（一）农民主体意识薄弱

部分群众缺乏积极主动参与乡村振兴的主人翁意识，对乡村振兴“知其然不知其所以然”，认为乡村振兴是政府的事，是上级的要求，等、靠、要思想严重，对一些惠及自身的项目，政府投入就干、不投入就不管不顾，在一定程度上出现了“上热下冷”“干部干、群众看”的现象。大部分农村60岁以上的党员占到60%以上，村级班子后备力量严重缺乏，“能干的不想干、想干的不能干”，部分村级班子年龄偏大、文化程度不高、带动号召能力弱、后备力量缺乏等问题较为突出，难以有效发挥好教育群众、发动群众、带领群众的作用。同时，工商资本下乡倾向于独立经营，农民大多通过流转土地、返聘打工获取收益，较低的参与度也减弱了主动参与的意识。

（二）发展短板亟待拉长，农村空心化趋势逆转较难

从调研情况来看，农村人口非农业化引起“人走屋空”以及宅基地普遍“建新不拆旧”，新建住宅逐渐向外围扩展，导致村庄用地规模扩大、闲置废弃加剧，致使不少村“外扩内空”，土地空心化、人口空心化、产业空心化、基本公共服务空心化以及基础设施空心化现象相对严重。[①] 产业规模效应偏

① 杨忍、刘彦随、陈秧分：《中国农村空心化综合测度与分区》，《地理研究》2012年第9期。

低。全省50亩以上规模化耕种占全部耕种面积的比重仅为16.7%；产业链融合较差，三次产业融合仅占产业化经营的4.7%，二次精深加工率不到20%，抵御市场风险能力较低。基础设施欠账较多。农村基础设施后续管护长效机制不健全，“有人建、没人管”、损毁破坏现象比较多；农村道路“户户通”建设、农村改厕后续管护及农村清洁供暖等工作，都需要投入大量资金，目前大多靠县乡财政投入，且乡镇专业建设管理人员配备不足，工作推进起来比较困难。文化活动形式较为单调。大多停留在文化下乡、广场舞比赛等“小文化”范围内，只是送文化下乡而没有下乡“种文化”，存在将农民文化需求与娱乐简单画等号的现象，通过文化振兴转变农民思想观念、焕新农民精神风貌的效果不明显。

（三）要素制约依然突出，人才外流严重

农村住户从业人员平均受教育不到7年，青年农民仍然达不到九年义务教育水平，46岁以上的中老年农民有1/3左右为文盲和半文盲；绝大多数进城务工人员是农村的青壮年劳动力和素质较高的人口，他们的离开造成了部分农田弃耕抛荒，形成了“精兵强将走四方，老弱病残务农忙”的局面。建设用地短缺。受《土地管理法》“农用地农业使用”原则的制约，加之设施农用地政策难以贯彻到位，农业项目存在建设用地审批难、项目难落地的问题。如某村规划建设湿地解决改厕后沼液净化问题，但因为土地问题卡了脖子，导致项目一直搁浅。还有的地方反映，当前存在承包地碎片化、宅基地碎片化、土地政策碎片化问题，致使大量农村土地资源无法被唤醒。投入力度不足。由于各级财政比较薄弱，“钱从哪里来”的问题还没有得到有效破解；农村投资资本回报率比较低，工商资本注入农业比例较小；银行信贷资金手续烦琐、额度较小，国企、民企融资待遇不对等，也在一定程度上制约了民营农业龙头企业的发展。

（四）基层有生力量短缺

“上面千条线，底下一根针”，各项工作任务大多最终要由镇、村落实。当前，除了村级班子力量不足，乡镇也面临年轻干部流失严重的问题，在职干部队伍呈现老龄化、断档化、流失化，很多乡镇40岁以上的干部占到60%以上；尤其是随着乡镇工作任务的增加，“老干部不想干、年轻干部急着走”的

心态在乡镇干部队伍中较为普遍。另外，各级高度重视职能和工作落地，为确保工作实效，到乡镇村居调研、检查、督查成为常态，且部门下基层时间不同步，致使基层将大部分干部力量放在了备检、迎检上。“村居社区房子不多，牌子不少，一间办公室门口放20多个牌子”，有时候疲于应付，难以把精力集中在具体工作落实上。比如计划生育，基层反映放开二胎效果都不明显，但各级还在按照老习惯、老办法检查考核，给镇、村干部造成了不必要的工作负担。

三　实施乡村振兴战略、打造齐鲁样板的对策建议

实施乡村振兴战略、打造齐鲁样板是山东新时代做好“三农”工作的重要抓手，是推动实现“两个走在前列、一个全面开创”目标的必然要求。做好这项系统工程，应坚持乡村振兴战略八个基本原则，加强组织领导，突出重点领域，强化保障机制，把广阔农村打造成生产美产业强、生活美环境优、生态美家园好“三生三美”的幸福家园，为全国提供可借鉴、可复制的乡村振兴山东方案。

（一）以产业兴旺为重点，着力发展农业“新六产”

只有高质量的产业发展，才能夯实乡村振兴的经济基础。要坚持以产业兴旺为重点，加快形成农业“新六产”的框架和布局，为乡村振兴提供强有力的产业支撑。重点做好“提质”“培新”“建体系”。“提质”就是深入实施质量兴农战略。在确保粮食安全基础上，深入推进农业供给侧结构性改革，加快由增产导向转向提质导向，推动标准化、绿色化、优质化、特色化、品牌化发展，促进农业提质增效转型升级，提高山东农业国际影响力和竞争力。“培新”就是积极培育农村新产业、新业态。充分发挥乡村生态涵养、休闲观光、文化体验功能，加快运用“互联网+”“旅游+”“生态+”等新模式，推动产业链相加、价值链相乘、供应链相通“三链重构”，大力培育终端型、体验型、智慧型、循环型等新产业、新业态，提升产业增值收益，带动形成一批百亿级、千亿级农村产业融合发展集群，争取到2022年乡村旅游消费达到5300亿元，农产品网络零售额达到660亿元。“建体系”就是要加快构建现代农业产业体系、生产体系、经营体系。积极培育龙头企业、合作社、家庭农场等新

型农业经营主体，发展适度规模经营，完善多元化农业社会化服务体系，健全农村现代流通网络，促进小农户和现代农业发展的有机衔接。

（二）以生态宜居为关键，着力推进美丽乡村建设

乡村是生态涵养的主体区，生态是乡村最大的发展优势。要坚持以生态宜居为关键，坚定以习近平生态文明思想为指导，牢固树立“绿水青山就是金山银山”的发展理念，推动乡村绿色发展，提升乡村内涵品质，全力打造令人向往的美丽宜居乡村。聚焦农村群众渴望和诉求，深入实施农村人居环境综合整治“三年行动计划”，重点抓好改厕、改路、改暖、污水和垃圾治理四个关键。一是改厕。进一步加大工作力度，推广多样模式，注重节俭实用，因地制宜推进水厕、旱厕改造，解决好冬季结冰、粪液抽取等伴生问题，让全省农民都持续用上干净的厕所。二是改路。全面实施农村“四好路”和村内道路“户户通”工程，加快解决农村交通建设“最后一公里”问题，力争2020年全面完成“户户通”建设任务。三是改暖。深入实施农村温暖工程，扩大试点范围，因地制宜考虑清洁供暖方式，为农民群众提供多样化的比选方案，实施多元化的分散式清洁供暖，力争到2020年农村地区供暖覆盖率在70%以上。四是污水和垃圾治理。进一步巩固城乡环卫一体化全覆盖成果，在全省推广垃圾分类，实现农村垃圾减量化、无害化、资源化；因地制宜推广“建设运营一体、区域连片治理”的污水治理模式，逐步实现县域内村镇污水治理项目建设运营一体化，力争到2020年污水治理实现“一镇一厂”。

（三）以乡风文明为保障，着力繁荣齐鲁乡村文化

中华文明的源头是农耕文化，乡村是农耕文明的发源地。要坚持以乡风文明为保障，深入挖掘乡村文化所蕴含的思想观念、人文精神、道法规范，结合时代要求继承创新，推动齐鲁农耕文明在新时代展现出永久的魅力和风采。一是塑好乡村文明灵魂。围绕培育和践行社会主义核心价值观，以文明村镇创建活动为抓手，加强农村思想道德建设，推动由改善人居环境向提升人文素养转变，促进乡村移风易俗，培育文明乡风、良好家风、淳朴民风，力争到2020年全省文明村镇比例达到80%。二是激活乡村文明源泉。加强农耕文化挖掘保护，实施沂蒙精神研究传承、齐鲁文化文艺创作、留住“乡村记忆”等工

程，把儒家文化、农耕文化、爱国主义教育更好地融入乡村生产生活。讲好千村故事，传承乡土文化，使乡村成为有历史记忆、地域特色的文化之乡、精神家园。三是丰满乡村文明血肉。着力健全公共文化体系，以基层和农村为重点，深入开展各具特色、积极向上的群众文化活动，组织开展文化科技卫生“三下乡”，扶持民间文艺社团和业余文化队伍，推动公共文化服务供给与群众需求的有效衔接。

（四）以治理有效为基础，着力创新乡村善治体系

社会治理的基础在基层，薄弱环节在农村。要坚持以治理有效为根本，加强乡村党组织建设，健全自治为基、法治为本、德治为先的“三治结合”乡村治理体系，确保广大农民安居乐业、农村社会安定有序，打造共建、共治、共享的现代社会治理格局。一是完善村民自治。坚持农民主体地位，以提升组织力为重点，深入推进农村过硬支部建设，优化提升农村带头人队伍，把农村基层党组织建设成为坚强战斗堡垒。进一步健全村党组织领导的村民自治机制，完善村民自治章程和村规民约，发挥村民民主协商在乡村治理中的积极作用，引导村民自我管理、自我监督、自我教育、自我服务。健全村务监督委员会、村民理事会，扩大村级党务、村务、财务公开范围，保障农民的知情权、参与权、监督权。培育服务性、公益性、互助性农村基层组织，发挥好扶贫理事会、红白理事会等组织作用，推动农村社区治理和服务创新。二是建设法治乡村。深入开展农村普法教育，引导群众运用法治思维和法治方式化解矛盾纠纷、维护自身权益，扭转农民群众“信访不信法”的局面。推行一村一法律顾问，壮大农村专职调解员队伍，提高矛盾纠纷化解效能。继续深化平安乡村建设，推行网格化管理、社会化服务、信息化支撑，实施好、利用好“雪亮工程”，构建人防、物防、技防深度融合的农村治安防控格局。三是实施德治工程。深入实施爱诚孝仁“四德工程”，评选好家庭、好媳妇、好公婆，大力开展“四德工程”示范县创建活动。深化“山东好人”评选，选树“齐鲁乡村之星”，用好人好事润化人心。注重家庭建设、家教传承、家风培育，把孝文化运用到农村社会治理中。发挥老党员、老干部、老军人、老教师、老模范和新乡贤等各类群体的带动作用，激励广大农村群众崇德向善、见贤思齐。

（五）以生活富裕为根本，着力促进农民增收致富

乡村是全面小康的短板、城乡协调发展的短腿。要坚持以生活富裕为根本，不断拓宽农民增收渠道，全面提高农村生产生活质量，努力增进农民福祉，让全体农民在共同富裕中有更多获得感。一是开辟农民增收新路径。在城镇化、产业化和产权制度改革中保护农民利益，实施村级集体经济发展“三年行动计划”，确保农民收入增长快于经济增速和城镇居民收入增速、贫困人口收入增速快于一般农民，力争到2025年城乡居民收入差距缩小到2∶1以内。二是完善农村公共服务体系。优先发展农村教育，推动教育资源向农村倾斜，推进市域义务教育均衡发展；加强健康乡村建设，完善基本医疗、大病医疗、医疗救助，扩大医疗商业补充保险，力争到2020年行政村基本建有卫生室，家庭医生签约服务基本实现城乡居民全覆盖；改善农村养老服务，推进医养结合，加强农村社会保障，构建人人享有、公平持续的基本公共服务体系，保证农村孩子有好学校上、农民看得起病、老人养老无忧。三是坚决打赢脱贫攻坚战。坚持精准扶贫、精准脱贫，将扶贫和扶志、扶智结合起来，充分激发贫困人口内生脱贫动力。瞄准贫困人口精准帮扶，加大“4个2”重点区域和黄河滩区脱贫迁建步伐，在2018年基本完成脱贫攻坚任务的基础上，进一步巩固扶贫成果、提高脱贫质量。扎实开展黄河滩区脱贫迁建，加快推进五类迁建工程，确保2020年全面完成60万滩区群众的迁建安置任务。

（六）以管用机制为保障，着力推动战略落地生根

统筹谋划城市与乡村、工业与农业、市民与农民的整体发展，以优先发展实现“四化同步”，以融合发展实现城乡平等，以全面发展实现利益共享。具体要健全五项机制。一是工作推进机制。健全党委统一领导、政府负责、党委农村工作部门统筹协调的农村工作领导体制。树立“一盘棋”“一张图”理念，在工作谋划上目标同向，在重点工程项目上集聚资源，在工作推进上相互衔接。强化督查考核，经常明察暗访，定期调度考核，以钉钉子精神狠抓工作落实。二是规划引领机制。坚持“多规合一”，统筹编制城乡规划、县域乡村建设规划、特色小镇建设规划、村中建设规划、产业发展规划，真正做到以人为本、优化布局、生态文明、传承文化。制定并出台《山东省乡村建设规划

许可管理办法》，增强规划的严肃性，强化规划刚性约束。三是人才支撑机制。把到农村一线锻炼作为培养干部的重要途径，造就一支懂农业、爱农村、爱农民的农村工作队伍。实施返乡人员创业“三年行动计划”，促进人才“上山下乡”投身乡村振兴。全面推行职业农民制度，实施新型职业农民培育工程，培养一大批有文化、懂技术、会经营的新型农民。加强现代农业产业技术创新团队建设，完善成果分类评价和激励政策，使做出重大贡献的人“名利双收”。四是多元投入机制。继续加大财政对“三农”的投入力度，制定金融支持乡村振兴指导意见，促进财政政策与金融政策配套联动。落实改进耕地占补平衡管理办法，对高标准农田建设等新增耕地指标和城乡建设用地增减挂钩结余指标跨省调剂，将所得收益通过支出预算全部用于乡村振兴战略。[①] 深入推进农村信用体系建设，建立主体信用与产权抵（质）押相结合的贷款模式。五是改革创新机制。完善农村新增用地保障机制，着力盘活农村存量建设用地。衔接落实好第二轮土地承包到期后再延长 30 年的政策，落实好承包地“三权分置”制度，扩大宅基地“三权分置”试点，加快建设农村产权流转交易市场，将农民的“死资源”变成“活资本”。加快农村集体产权制度改革在全省全面铺开，分类推进农村集体资源性、经营性和非经营性资产改革，探索农村集体经济有效实现形式，让农民享有更多集体资产带来的收益。

① 《中共中央　国务院关于实施乡村振兴战略的意见》，2018 年。

B.4
推进山东装备制造数字化生态环境建设的对策建议

李力充*

摘　要： 在当今数字化时代，装备制造的高质量发展依赖于产业环境的数字化支撑能力。打造产业数字化生态成为全产业链企业在新形势下积极参与市场公平竞争的基本条件，是装备制造从技术理论创新顺利转化到工业现场实践的“最后一米”的世界通用解决方案。本文通过论述产业数字化生态建设与装备制造高质量发展的相互影响作用，简要分析了山东省装备制造数字化进程中的现状与制约因素，提出了积极推进山东装备制造数字化生态环境建设的对策建议，按照“多方参与、平台推进、市场竞争、高端引领、基础跟进、品牌建设、市场激励”的原则，确保企业的创新需求能够迅速在市场中获得有效精准支持，同时企业的创新技术产品也能够广泛获得市场认可，从而确保山东装备制造产业获得高质量发展的市场先机。

关键词： 装备制造　产业生态环境　标准化平台　数字化装备

2018年12月13日，习近平主持召开中共中央政治局会议，就2019年经济工作重点提出要“推动制造业高质量发展，推进先进制造业与现代服务业深度融合”。作为先进制造业与现代服务业的融合桥梁和加速剂，信息化与数

---

* 李力充，硕士，山东社会科学院经济研究所研究员，研究方向：工业经济。

字化成为当前制造业与服务业协调发展的紧迫任务。这不仅仅是当前装备制造国际化市场竞争的趋势偏向产业标准的数字应用越来越明显，使得当前全球装备制造工业数字化成为一场只能赢不能输的新工业革命，更是装备制造产业高质量发展国际协作的标准基础、国际化市场竞争的规则基础，构成当前数字化时代的装备制造全产业链中的所有企业参与国际化竞争的基础和能力。

装备制造业的标准化体系建设是企业积极参与国际化竞争市场的基本条件，而标准化体系的数字化则是企业实现智能制造和技术创新的基本要求，是实现智能制造从技术创新到生产现场的“最后一米”。企业装备制造的数字化能力不同于一般意义上的信息化技术推广应用，它受到极其严酷的工业生产现场环境的制约，以及几乎是不可变更的工艺流程的数字流精准可控与精确表达、近乎100%无故障的稳定性与100%的绝对安全性要求、生产现场安全保障与快速诊断定位能力，同时以最小软硬件代价积极应对市场需求瞬息万变的能力，这是需要稳定成熟的计算机信息技术应用经验以及装备制造企业与计算机软件企业的通力配合才能完成的。

建设山东装备制造高质量发展的数字化生态，不是实现一般意义上的简单“无纸化办公”的信息化，而是着眼于对当前装备制造企业生产过程的核心工艺技术的创新应用，不仅仅对生产装备的简单数字化接口提出标准化要求，更要企业具有在生产过程控制中对核心工艺实施智能化管控与差异化服务的强大能力。不同于现有的产业联盟和行业标准，装备制造业的数字化生态建设依托于计算机对工艺标准数字化接口的实例化技术，关注于企业对生产过程中关键核心技术和工艺参数的掌握与管控，强调对企业生产的专利技术和自主知识产权的自然融入，以实现装备制造的技术、经验、成果、产品的便利市场化继承与共享为目标，构造具有生产工艺指导和强制约束的标准、规范且开放的数字应用环境，实现工业现场数字化控制与技术研发创新之间的信息高效互通。当前一些大型外企如德、日、美、法汽车制造企业正在积极构建装备制造的数字化生态环境，力争解决企业在激烈的市场竞争中面临的经济效益与生产成本、研发速度与品质稳定的矛盾，从而为山东推动装备制造产业新动能高质量发展提供了良好的借鉴经验和可能的发展捷径，也将成为在新旧动能转换过程中政府与企业共同关注的工作抓手。

一　产业生态建设是装备制造在数字化时代高质量发展的技术方向

（一）数字化时代的装备制造高质量发展依赖于产业生态环境

没有不好的市场，只有不好的产品。在当前各国大力推进智能制造的环境下，市场需求的变化越来越快，人们对产品质量的要求越来越高，降低生产成本的压力越来越大，世界装备制造大国的企业不约而同地瞄准了生产过程控制的智能化作为数字化时代的技术创新突破口，提出并践行工艺技术标准化、工艺过程数字化的具体实施方案。在统一的标准化生产平台体系下，拆分并重新构建技术工艺与生产模块的衔接匹配关系，以数字化标准应用体系约束并最大程度掌握产品生产线上全过程中的关键工艺与技术参数，将应用面相对窄小的生产设备与服务的采购装配通过竞争性市场转化为更广范围和更易获得的产品及服务，新产品的设计、研发、生产等各个环节都可通过数字化标准平台从竞争性市场中获得丰富完备、安全可靠、服务周全的软件产品和硬件设备，推动产业链上的相关企业和有意进入产业链的企业集中精力逐一突破技术难点，并带动相关技术和产品质量的阶梯式提升，从逐步扩大的市场应用中反哺技术创新研发和新工艺提升进程。为保证企业能够随时获得产品创新所需的新技术支持，产业链上的企业能够及时发现市场需求并供应极具特色与创新的技术产品，标准规范与需求清晰的市场竞争环境促进了市场产品的质量提高与成本下降的双重效应，装备制造的引领企业与配套支持企业的技术需求与服务供给的市场化关系得到双向认可，从而形成装备制造高质量发展的良性产业生态环境。

山东省政府在两化融合和装备制造产业平台建设等方面也出台了一系列关联紧密的政策和规划。2018 年 10 月省政府印发了《山东省新一代信息技术产业专项规划（2018—2022 年）》，制定了“打造全省经济发展的新增长极、建设全国信息技术产业引领区和争创全球信息技术创新新高地”的三大目标任务，力争解决山东信息化创新能力不足的问题，推进山东制造企业在市场价值链中向高端位置的移动，在关键生产技术核心领域占据一席之地，并提高与国内外高端技术企业的合作水平，更加顺利有序地开拓国际市场。省政府办公厅于2018年12月也印发了《山东省装备制造业转型升级实施方案》，通过“打造一批行业技术创新平台、实施一批高水平产学研合作项目和培育一批自主创新能力强大的企业主体”来加强全省装备制造业转型升级的创新能力建设。

（二）装备制造生态环境为产业发展提供了技术协作、成果共享与市场共赢的标准化平台

当前在装备制造产业高质量发展过程中，先期做好生产管理与过程控制的标准化工作，是实现数字化智能制造的基础，也是实现创新应用的技术铺垫。2016年4月在国务院常务会议上审议通过了《装备制造业标准化和质量提升规划》，对接《中国制造2025》，“瞄准国际先进制造水平，加快关键技术标准研制，推动在机器人、先进轨道交通装备、农业机械、高性能医疗器械等重点领域标准化实现新突破，并适应创新进展和市场需求及时更新标准，力争到2020年使重点领域国际标准转化率从目前的70%以上提高到90%以上”。标准化体系真正发挥作用是通过开放的市场竞争机制吸引众多企业提供的大量市场化标准产品，包括技术、经验、教训、产品以及前瞻性的技术创新应用，标准化为企业带来最直接的变化是批量的市场需求以及对技术创新研发的准确定位，从而为企业带来生产成本的大幅降低。

近几年来，对比产业界高中低层次的企业发展与市场竞争力变化，对企业成功与否有一种简单的分类说法：一流企业做标准，二流企业做品牌，三流企业做产品。事实上，在当今国际市场上，装备制造产业技术的关键标准90%以上掌握在发达国家手中，这些企业依靠标准系统的输出、标准化部装产品及解决方案在国际化市场当中攫取高额的利润。在早期的市场标准化体系尚未健全、竞争尚不充分时，很多应用型企业包括德国大众、美国通用等大型企业也在寻求打破生产技术的采购垄断，试图通过构建自己的标准化体系来激发生产供应链上的市场竞争，从而实现降低生产运营成本的目标。

建立装备制造的标准化体系，也有助于解决当前高端制造业的基础性工业生产能力短板问题，为山东广大中小型装备制造企业释放技术创新、产品创造的活力。不同于国企大型企业体系中具有自主实现高端精密加工的生产能力，广大中小企业的装备生产质量基本上是基于省内平均的基础性工业生产加工质量，装备制造企业所获得零件部装的工艺精度远远达不到技术设计要求，导致

其生产产品过程中所浪费的时间成本、物料成本和管理成本是实际正常生产成本的2~3倍，而对高新技术研发产品，所付出的无价值成本更是在5倍以上。受限于中小企业资金规模和应对市场短平快的生产需求，其输出高新技术产品的高精密加工制造需求与获得的低水平基础性零部件生产能力极其不相匹配，这极大增加了广大中小企业创新研发的成本和降低了其积极性，其输出产品的市场竞争力和创新技术的时效性也受到严重制约和削弱。2018年10月山东省人民政府印发了《山东省高端装备制造业发展规划（2018—2025年）》，坚持以世界眼光、国际标准、山东优势引进技术、打造平台、聚集人才，建立完善的生产质量标准体系，推动高端装备制造业标准化企业以标准化“领跑”产业发展、技术创新、标准应用、优化服务等方面在更高层次上的国际化发展，努力将高端装备制造业发展成为推动全省新旧动能转换的强大动力和制造强省的重要支柱。山东新旧动能转换先行区的设立，为山东引进优秀企业和人才搭建了一个良好的空间平台，但高新技术的市场化竞争需要有高精密加工能力作为保障，同时也需要将高效益的产业链节点尽可能多地留在山东，才能形成山东高新技术成果的快速转化能力，并为山东装备制造的智能化和智慧化带来持久永续的发展保障。

（三）计算机信息技术的应用能力决定了装备制造的产品层次

推进装备制造工业的两化深度融合，将计算机先进的信息技术整合到工业技术中并应用于工业现场是装备制造高质量发展的必经之路，它不仅仅是装备制造企业的一种新的管理手段，更是对企业管理理念的一次革命，将促使信息应用技术渗透到装备制造工业的产品设计、生产制造、过程控制、业务惯例、工艺流程等产业体系各个层面之中，从而有助于装备制造企业在由大变强过程中优化产业结构、提升产业价值链。装备制造企业在信息化过程中，要求信息化实施企业彻底改变重实物生产线、轻信息生产线的认知态度，对企业全员提出重新认识、学习和适应现代化装备制造新的生产环境与发展规律的新要求，装备制造的信息化等同于企业在自动化生产线上同步部署的一条隐形的信息装配线，是与实物组装生产同等重要的企业生命线。企业信息化应用水平的高低，直接制约当前企业生产自动化转型工作，是企业寻求创新技术产品应用的突破口，也是破解企业因成本压力等造成的发展困局的重要手段，为山东装备制造业从“产品生产型”向“技术服务型”转变的智能化高质量发展提供必须、有效和可靠的技术保障。

装备制造高质量发展的前提，首先要对国际化市场高度敏感，并有能力对市场需求变化做出快速、准确、积极的合理应对，在较少的人工直接或间接干预下，在加工过程中实现管理过程和工艺过程自动化，为实现生产组织形式和生产产品及工艺的多样性和可变性的“柔性化”打好基础，不仅仅要有生产流水线的自动化控制，更要有生产装备的设备自动化调度协调与组网能力，特别是需要大幅减少人工干预生产过程的机会，尤其是生产质量控制参数以及生产工艺调配参数的人为干预，确保装备制造以标准的、可控的、唯一的方式安全迅速地完成生产任务。

外资企业在标准化工艺实施过程中，均不约而同地花大力气进行信息化和数字化改造，并将工艺技术的数字化约束外溢到所有零部件供应商，以此来分担企业因技术改造和产品升级带来的成本压力。这种数字化是以企业核心工艺技术为主的向外扩展的开放的标准化应用平台，快速聚集大量企业围绕平台提供创新产品和成果并共享创新经验与成果，灵活应对市场需求变化并迅速部署和实施精准的生产过程控制。例如德国大众实施的 ASAM-GDI 标准，确保了远在德国本土的技术研发中心与国内生产基地使用相同的数字化技术标准平台，以最快的速度、最小的代价、最全面的方案解决全球生产基地反馈的问题和技术升级，同步约束全球零部件供应商的数字化接口，确保全球生产基地的生产统一调度，顺利生产。

外资汽车企业在进入国内的初始阶段，德国杜尔（申克）、法国惠高等汽车生产装备供应商凭借其技术优势和自动化生产线中的工艺标准掌握者的身份，向高端汽车生产厂商提供品质优良、性能稳定、价格昂贵的装备及系统集成解决方案，即使如奔驰、宝马、奥迪等大型外资企业在其专控领域也不得不依附于这些供应商的标准化工艺技术，并为此支付昂贵的价格来保证其产品的高端性。日本的丰田、本田、日产等企业在国内部署生产基地时，也是首选一些进口装备，国内相关的装备产品基本上处在这种标准化的边沿上，为市场提供一些低端、补充和备用产品。近年来，国内外各大型装备制造企业在实施新的产业部署和装备招标过程中，无一例外地要求提供信息化产品的技术服务，特别是一些国内企业，在新增产能和生产过程控制中，把提供信息化平台服务作为招标、评标的头等要求，国外企业也明确要求国内配套企业提供的技术产品必须支持与企业现有信息系统的数据兼容，并必须保证数据通信的安全可靠。

山东制造业的规模庞大，大型国有企业占主导地位，在近几年两化融合过程中，外资制造企业和外国先进产品的进入为我们带来了全新的管理方式和技术手段，由此推动了山东装备制造企业对信息化的重新认识。以重型工程车辆的柴油发动机生产线为例，国Ⅲ标准的发动机在升级为国Ⅳ过程中，所配装日本 DENSO 公司的喷油嘴控制技术必须有生产线信息化的保障，由于 DENSO 公司的产品依赖于生产信息化控制技术，所以 DENSO 公司在对计划引进其产品技术的企业进行技术适应性考察流程中，第一项要求就是考察企业的信息化能力，以及生产线信息化水平，以确保 DENSO 公司产品能够顺利应用在发动机标准提升改造之中。

二　山东装备制造数字化的现状与主要问题

2018 年 10 月山东省人民政府印发的《山东省高端装备制造业发展规划（2018—2025 年）》中，省委、省政府就将高端装备制造业列为新旧动能转换“十强”产业之一，对当前山东装备制造的发展现状与困难进行了客观总结，指出“全省缺少高水平专业研究机构，共性技术和基础工艺研究短缺，没有人才承接平台，难以引进国内外高端人才团队，成为制约产业发展的重要瓶颈”。

（一）在瞄准装备制造高技术附加值的逆向工程中，科研创新成果的市场转化能力亟须大幅提升

创新成果市场转化能力既包括了创新技术的发明与应用，同时也包括了这些创新型技术在工业现场环境下的工业化应用。近几年来，山东部分装备制造企业，特别是一些中小型民营企业，在紧跟市场发展需求创新产品技术的过程中，基本上是通过逆向工程学习国外先进设计经验来实现的，特别是通过对引进的韩、日、美、德等高精尖设备的解剖分析与消化吸收，在规避现有应用技术的专利冲突过程中，或购买或创新，具备了一定的先进设备的技术设计能

力。2018年12月省统计局发布的分析报告显示，截至2018年10月末，山东有效发明专利拥有量增长18.9%，每万人口有效发明专利拥有量达到8.61件，比年初增加1.03件。高技术产业增加值增长7.1%，高于规模以上工业1.8个百分点。2018年7月省科技厅指导下发布的《山东省高新技术企业创新能力百强名单》数据显示，2017年百强企业投入研发经费达168.2亿元，同时户均有效发明专利拥有量达67.5件，是全省高新技术企业户均有效发明专利拥有量的12.1倍。

刘家义书记于2018年5月在山东海洋强省建设工作会议上的讲话中，强调"要结合加强平台建设……引入国外先进运作模式，明确目标方向，重点破解产学研对接不及时、不精准、不顺畅等难题，促进创新链和产业链的深度连接融合"。目前，山东装备制造企业在创新技术工业现场环境下的工业化应用过程中，特别需要首先解决企业从项目研发模式向产品生产模式的快速转化的能力与方法问题。例如，在汽车装备制造领域中国与世界先进国家具有较大的差距，也为山东装备制造企业提供了极大的创新发展空间，很多发动机关键零部件如凸轮轴等只能高价购买而得不到生产设备，而山东企业在突破生产设备技术难关的同时，却因缺乏科研人员的系统理论总结和工业现场的实践经验，导致很多好的项目转化不成高品质的产品，发挥不出其应有的经济效益和社会效益。

（二）装备制造企业在市场竞争缺乏产业体系方面的强力保障

分工优化，互利共赢是当前装备制造产业的市场基本现状。在经济全球化背景下，全球价值链上的合作不再是过去产业间的传统分工，简单划分为初级产品、高级工业制成品等。以协同创新、标准开放、平台协作、数字介入为代表的计算机通信技术引领的新型装备制造价值链正在形成，类似科学化、信息化、数字化的零部件供应的需求很大，市场前景可观。近几年，装备制造市场的数字化需求呈现多样性、便捷化和协作化的特点，国外一些大中型装备制造企业已经对产业链中的配套供给中小企业提出了标准化产品接口的标准准入制度，而山东广大中小装备制造企业还基本上处于"单打独斗"的境地，一些创新技术需要凭借企业自己的力量进行理论研发、技术攻关、市场协调，并与国外高端成熟的设备展开竞争，得不到相关科研院所和专业生产企业的有力支援，浪费大量的财力、物力和人力，在与国外企业竞争中处于极其不利的地位。

表1所列的33个工业行业中，区位商超过100的行业山东有15个，但重点分布在石化、纺织行业中，与装备制造关联紧密的仅有4个，特别是汽车制造业和电气机械及器材制造业的区位商测定不足65，而计算机、通信和其他电子设备制造业和其他制造业的区位商仅在40左右，这反映出山东装备制造产业发展缺乏全方位的均衡发展态势，产业间相互促进与互补的功能没有充分展现出来。而对比北京和浙江的区位商，其汽车制造业区位商均超过100，计算机、通信和其他电子设备制造业与电气机械及器材制造业、仪器仪表制造业等也分别有较好的发展态势。

表1　2017年规模以上工业企业主营业务收入和区位商：山东与全国、北京、浙江的比较

行业名称	山东		北京		浙江		全国
	比重（%）	区位商	比重（%）	区位商	比重（%）	区位商	比重（%）
黑色金属矿采选业	0.21	55.38	1.47	389.16	0.01	2.54	0.38
农副食品加工业	8.77	157	1.79	31.98	1.58	28.25	5.58
食品制造业	2.05	99.14	2.73	132.11	0.82	39.79	2.06
酒、饮料和精制茶制造业	0.98	61.34	1.24	77.73	0.73	46.01	1.59
纺织业	6.24	185.32	0.11	3.18	7.78	231.02	3.37
纺织服装、服饰业	1.95	100.3	0.6	30.56	3.59	184.15	1.95
皮革、毛皮、羽毛及其制品和制鞋业	0.6	45.64	0.04	2.91	1.73	131.49	1.31
木材加工及木竹、藤、棕、草制品业	1.83	156.93	0.11	9.17	0.7	60.08	1.17
家具制造业	0.65	78.87	0.37	45.52	1.59	193.75	0.82
造纸及纸制品业	1.76	127.55	0.34	24.27	2.37	171.12	1.38
印刷和记录媒介复制业	0.76	103.15	0.62	84.6	0.71	96.84	0.73
文教、工美、体育和娱乐用品制造业	1.84	123.94	0.68	45.8	1.98	133.38	1.49
石油、煤炭及其他燃料加工业	7.66	203.73	3	79.76	2.77	73.74	3.76
化学原料和化学制品制造业	11.24	147.24	1.76	23.1	9.78	128.06	7.64
医药制造业	3.22	127.52	4.62	182.65	2.03	80.34	2.53
橡胶和塑料制品业	4.04	141.92	0.57	20.02	4.12	144.88	2.85
非金属矿物制品业	5.09	92.22	2.46	44.64	3.24	58.66	5.52
黑色金属冶炼及压延加工业	4.12	68.37	0.58	9.59	2.9	48.21	6.02
有色金属冶炼及压延加工业	4.97	98.58	0.42	8.33	3.78	75.04	5.04

续表

行业名称	山东		北京		浙江		全国
	比重（%）	区位商	比重（%）	区位商	比重（%）	区位商	比重（%）
金属制品业	3.77	112.57	1.67	49.96	0.46	13.81	3.35
通用设备制造业	5.49	129	2.81	66.08	7.22	169.72	4.25
专用设备制造业	3.89	116.41	3.26	97.67	2.73	81.83	3.34
汽车制造业	4.94	62.57	22.19	281.2	8.17	103.5	7.89
铁路、船舶、航空航天和其他运输设备制造业	1.3	82.72	2.15	136.28	1.24	78.39	1.58
电气机械及器材制造业	4.23	63.23	3.74	55.97	10.59	158.4	6.68
计算机、通信和其他电子设备制造业	4.09	41.35	13.97	141.03	6.08	61.41	9.9
仪器仪表制造业	1	107.26	1.49	159.83	1.31	140.79	0.93
其他制造业	0.08	32.89	0.32	129.68	0.43	177.61	0.24
废弃资源综合利用业	0.083	22.84	0.02	6.74	0.45	122.56	0.36
金属制品、机械和设备修理业	0.03	33.39	0.46	462.23	0.1	98.94	0.1
电力、热力的生产和供应业	2.73	51	21.99	410.75	8.01	149.72	5.35
燃气生产和供应业	0.26	44.39	1.91	324.73	0.67	114.36	0.59
水的生产和供应业	0.12	54.56	0.51	229.42	0.32	143.32	0.22

资料来源：《中国统计年鉴2018》《山东统计年鉴2018》《北京统计年鉴2018》《浙江统计年鉴2018》。

（三）信息技术创新发展对装备制造推动的惯性作用需要高度重视

信息技术对装备制造高质量发展的推动作用不仅包括直接的数字化工业技术应用，也包括间接的企业数字化能力的提升，需要企业长期地对管理方式、生产方式进行数字化改造，以及企业全体员工对数字化的理解和熟练掌控是一个长期、反复培训过程，投入与产出呈现明显加速度爬坡的滞后效应。数字化标准体系不是一纸空文，而是使用数字化和信息化技术为载体的深度融入企业管理与生产的数字化管控行为准则，是对全产业链企业在市场环境下的具有规范、约束、管控和协调管理与生产的一体化解决方案，是在新形势下激发市场公平竞争的基本条件，依赖于信息技术在工业化实践过程中的持续探索和发展。早在2017年9月，中共中央、国务院在《关于开展质量提升行动的指导意见》中就提升装备制造竞争力提出了“提高工业机器人、高档数控机床的加工精度和精度保持能力，提升自动化生产线、数字化车间的生产过程智能化水平”的要求。近年来山东固定资产投资持续向信息服务产业进行倾斜，在互联网和相关服务业、软件和信息技术服务业领域的固定资产投资额占当年投资总额的比重分别从2012年的0.02%、0.15%提升到2017年的0.11%、0.42%（见表2），从而为装备制造业高质量发展提供了有力的信息化支撑。

表2　固定资产投资占当年投资总额比重

单位：%

	2012年	2013年	2014年	2015年	2016年	2017年
互联网和相关服务业	0.02	0.02	0.02	0.05	0.08	0.11
软件和信息技术服务业	0.15	0.15	0.27	0.44	0.4	0.42

资料来源：《山东统计年鉴》（2013～2018年）。

2018年12月山东省统计局发布的公告显示，截至2018年11月，山东装备制造业增加值同比增长6.5%，高技术产业增加值增长7.1%，新一代信息技术制造业、新能源新材料、高端装备等行业增加值分别增长6.7%、8.3%和6.8%。而2018年前三季度全省的互联网和相关服务业营业收入增长14.6%，软件和信息技术服务业增长11.5%，增速比规模以上服务业高出6.9个和3.8个百分点，高于装备制造业。

在软件和信息技术服务业领域，山东虽然在全国的排名靠前，但与全国前几名的广东、江苏等省市的差距仍然十分巨大。国家统计局公布的2018年1～11月软件业数据显示，山东软件企业个数为4290家，占全国总数的10.8%，位列江苏（18.8%）、广东之后，排名第三；软件业务收入为464.1亿元，占全国的8.3%，位列广东（17.6%）、江苏和北京之后，排名第四；软件产品收入为165.3亿元，占全国的10%，位列北京（17.9%）、江苏和广东之后，排名第四；信息技术服务收入为212.4亿元，占全国的6.8%，位列广东（18%）、北京、江苏、浙江和上海之后，排名第六。鉴于信息技术对于装备制造数字化发展的迟滞效应，如不能在短期内缩小与国内先进省份的实力差距，尽快跨入国际化市场的竞争门槛，必将给山东装备制造高质量发展带来越来越大的阻力和困难，山东也将付出更大的代价。

三　积极推进山东装备制造数字生态环境建设的建议

按照40年来计算机信息技术从单纯软件应用向工业现场转化的规律，未来3~5年信息数字化技术必将普遍应用于工业现场的各个角落。装备制造转型升级过程中的技术创新需求来源于市场，又服务于市场，数字化的生态环境建设正是符合了装备制造产业发展于市场变化与技术服务紧密结合的时代需求，数字化过程不仅仅需要所有企业的共同努力与奋斗，更需要不断创新升级的精密加工技术、装配技术革新、扶持鼓励政策等的大批装备制造应用性成果服务于竞争性市场，政府需要提前规划、早做基础性工业技术的准备与铺垫，坚持“多方参与、平台推进、市场竞争、高端引领、基础跟进、品牌建设、市场激励”的原则，积极构建信息公开、竞争充分、创新技术领先、应用服务全面的装备制造现代化数字生态环境，让企业的创新需求能够迅速在市场中获得支持，让企业的创新技术能够迅速在市场上求得应用，确保装备制造产业获得高质量发展的市场先机。

（一）解决好装备制造的基础短板问题

由于装备制造的高精密加工业的落后，山东一些装备制造的先进设计技术无法落实到设备生产装配当中，一些与进口设备功能上不相上下的创新产品、进口替代产品，在设备稳定性、可靠性、精密性等方面则具有明显的差异，在国内一些外企新建生产基地的车间设备调试现场，可以清晰地看到：进口设备调试时间短、占用人员少、操作规范、成品产出率极高，反观山东一些企业配套的设备，调试难度大、维护保养人员多，甚至需要长时间的陪产保全，付出比外企设备供应商更多的人力和时间成本，极大对冲了企业创新技术带来的经济效益。大力发展山东的高精密加工产业，这是能够承载高新技术、高科技产业的工业基础，是保证国内外高科技企业引入山东、落户山东、造福山东的有利条件，不仅要让高新技术企业来山东进行创新设计，也要保证在山东本土能够生产装配出来高新技术产品，最终实现尽可能多地把全产业链中具有高价值的环节保留到山东。

鼓励山东大型企业和国企牵头创建融合山东装备制造专利技术的标准化体系，在完善产业标准的数字化应用过程中优先对装备制造精密加工企业、创新型技术企业中的具有专利或知识产权的“高精尖”小微企业给予精准扶持，对高级技工引进以及人才培养给予政策性支持，尽快建成山东装备制造精密加工产业发展基地，服务于山东市场，辐射国内外市场，尽快获得构建装备制造数字化标准体系的实践经验。山东装备制造业应从开始就以制定稳定增长和高质量增长为目标，做好符合制造业发展规律的基础性工作，为未来引进人才、引进技术、引进企业做好准备，注重基础性现代工业体系的关键节点的规划建设，结合山东装备制造业的实际情况，打造能够承接创新、引进先进的工业标准化的软硬件环境①（例如培育本地精密加工企业的快速成长，引进外地先进企业，配合发达的现代物流，建成全国的装备制造精密加工基地）。

（二）尽快出台装备制造产业数字化标准体系建设的市场化激励政策

不同于西方发达国家经过几十年市场发展的自然淘汰与竞争选择，我们如无政府以市场之力给予中小企业的数字化改造与建设的原始动力，则不太可能靠市场竞争的自然之力构建我们自己标准的数字化环境与国外企业展开竞争，广大中小企业也不太可能在自由竞争的市场中快速成长起来，因而在去除和转化旧动能并发展壮大新动能的过程中需要更多更精准的政府支持，要做好承担更大的失败风险。做好装备制造中小企业的新动能创新发展，其标准数字化建设是山东当前装备制造在新旧动能转换过程中的一项重要抓手，政府应制定明确产业发展的规划，以建立标准化技术支持下的公平竞争市场环境为目标，通过激发市场行为引导广大中小企业产生内因之变，尽快形成开放竞争的成熟的市场创新机制，促进中小企业积极、主动、自觉地以关注工艺数字化应用为目标的管理与生产技术变革，使得广大中小企业在新动能创新发展过程中能够更好、更快、更精确地定位市场需求方向，在标准化技术体系下降低创新研发成本、提高产品的市场占有率和扩大市场应用范围，提高高新技术的知识与专利技术的市场转化能力与速度，形成技术创新优势在市场竞争中的应用互补和品

① 山东省人民政府印发了《山东省高端装备制造业发展规划（2018—2025年）》，2018年10月。

质提高。尽快构建形成山东产业发展数字化标准的产业技术发展平台，为山东装备制造产业发展打造基础并赢得市场先机。

以向装备制造产业创新发展的科技市场注入数字化标准体系建设原始动力为目标，按照事前引导、事后评价、市场认可的工作流程部署渐进式系列奖励扶持政策，用市场竞争能力和效益评价等手段对在市场竞争中获得实际效果、产生实际影响的数字化应用产品给予实质性的重奖，政策效应明显体现出对装备制造中小企业数字化改造与建设的预置支持，创新型的初创企业在市场经营活动中能够获得清晰可见和可预期的政策扶持。

（三）打造装备制造数字化标准体系的生态环境，用共享数字化标准体系激活竞争市场

对有关装备制造创新发展中，涉及优化工艺流程、延伸产业链、拓展附加价值且能够共享发展成果、激活市场竞争的数字化产品、前瞻性技术等方面的创新型中小企业，给予与市场效果评估对等的政策扶持与奖励，使山东中小创新型企业能够迅速成长并快速聚集融入山东装备制造标准数字化体系之中，并能够简便快捷地获得技术创新生态中的新技术、新方法，以及新产品、新技术的应用互补、服务互助，创造高端智能制造高质量稳定发展的技术支持与产品服务的良好生态环境。

在打造装备制造标准数字化过程中，要大力引导关键企业在工艺核心技术数字化应用方向敢下决心、早下决心，对赶超和替代国外装备制造数字化新成果，引领国内装备制造产业数字化升级改造的技术、专利等，给予有利于市场公平竞争的财政重点倾斜。制定开放式竞争标准：充分发挥大型企业的行业引领作用，建立产业标准化市场，以标准化技术和数据共享规则聚集全产业链的优势企业，在竞争中锻炼企业，也能对接国际市场，为进军国际市场做好铺垫，更加便利地吸引国际化企业，加强国际化联系。

从 2012 年开始，奔驰、宝马和大众等德系中国制造基地陆续部署并实施数字化标准方案，从技术服务平台到技术规范标准等数字化技术参数的产品嵌入接口等，对全球广大的零部件供应商启动工艺标准数字化的明确要求。尤其大众集团 2016 年在全球范围的生产基地中强力推广并率先在中国大众的各生产基地全面实施了 ASAM-GDI 标准，在激活配套零部件供应、技术升级服务、

提高国产化率等方面，取得了显著的效益，生产设备的采购成本得到大幅降低，生产工艺技术服务在过程中得到有效的控制。与此同时，国内配套服务的零部件供应企业在开放标准下积极应对大众企业数字化标准体系的产业布局扩张与升级改造，在激烈的国际化竞争中逐步提高了产品质量、增强了服务能力与灵活性，产品质量与产品利润逐步提高，展现出逐步站稳国内零部件市场的趋势，并对其产品对口的国外知名企业形成了极大的市场压力，有利于供需双方的开放竞争市场初步形成。

（四）全力扶持跨行业的装备制造信息化的专业企业团队

鼓励创新，激发市场主体活力，推进山东装备制造高质量发展，必须有一支能够提供信息技术保障、构建跨产业服务平台，以及有能力符合装备制造生产环境的标准化接口和实施数字化控制的专业信息化企业团队，提供跨行业的软件和信息技术服务：新动能核心是创新，基础手段是信息化，当前山东制造业产业特殊性诉求与软件企业的专业化服务能力还有很大的脱节。

装备制造业与“互联网 +”等数据应用服务型行业截然不同，以成熟、求稳、安全为第一红线要求，需要把计算机成熟可靠的技术应用于工业企业的特殊环境当中，同时智能、智慧含义又特别强调了信息化与工业化趋同发展，需要有既懂信息技术，又懂工业技术且熟悉装备制造实际生产过程和现场环境的跨行业软件技术企业来完成。特别是当前装备制造业的智能制造创新来源于生产需求，需求来自工业现场，而目前大多数软件技术公司都远离工业实际环境，对生产流程、工艺流程、管理流程、控制反馈、品质检测等环节的了解与掌握都十分欠缺。应积极创造企业、学校、科研单位的交流沟通与利益共享的机制，发挥专业技术人才的个人智慧与集体能力，特别是发挥广大中小企业“小快灵”和更贴近市场需求变化的特点，寻找发现技术创新点、增大技术转化效益的机会、抓住市场拓展机遇。

B.5
加快山东海洋强省建设的思路与对策

刘 康*

摘 要： “十二五”以来，山东海洋经济实现快速发展，海洋产业结构明显优化，区域布局优化与特色产业园区建设成效显著，海洋科技创新能力稳步提升，涉海对外开放取得新突破，海洋生态环境质量逐年改善，已具备建设海洋强省的基础条件。目前，山东及沿海7地市相继出台海洋强省（市）建设行动方案，明确了海洋强省（市）建设的基本思路和重点任务。为此，需要加快推动以下几方面突破，以确保海洋强省建设行动的成功。一是完善顶层设计，优化海洋开发空间格局；二是搭建创新平台，提升海洋科技创新能力；三是促进融合发展，培育海洋经济新动能；四是加强生态保护，推进海洋生态文明建设；五是强化陆海统筹，建立海洋综合管理体制。

关键词： 海洋强省 陆海统筹 高质量发展 新动能

“纵观世界经济发展的历史，一个明显的轨迹，就是由内陆走向海洋，由海洋走向世界，走向强盛。”这一重要论断，既揭示了人类社会发展的规律，又阐明了当今世界发展的趋势。① 全面发挥山东半岛的海洋资源和临海区位优势，进一步优化蓝色经济发展空间布局，加快推进新时代海洋强省建设，优化全省海洋产业结构，培育海洋经济发展新优势，构建现代海洋产业发展体系，

---

* 刘康，硕士，山东社会科学院海洋经济文化研究院研究员，研究方向：海洋生态与经济。

① 《刘家义在山东海洋强省建设工作会议上的讲话》，《大众日报》2018年6月20日。

全面提升山东开发海洋、利用海洋和保护海洋的能力，探索海洋发展新路径、拓展新空间、创造新模式，推动海洋生态文明建设，实现海洋开发的质量变革、效率变革、动力变革“三大变革”，打造山东海洋发展新优势，是山东加快海洋强省建设，构筑高质量发展新高地的应有之义。

一　海洋强省建设基础

历史发展经验表明：山东最大的优势在海洋，发展的最大潜力在海洋，未来引领发展的高地仍将是海洋，海洋经济是山东实现由大省到强省跨越的最有力抓手，也是山东半岛对外开放新高地建设的重要空间载体。多年来，山东一直将发展海洋经济作为落实国家战略、谋求特色发展的重要举措，从20世纪90年代的“海上山东”跨世纪战略工程，到21世纪初的蓝色经济区建设，直到当前的海洋强省建设，山东的海洋经济发展都走在全国的前列，对山东地方经济发展起到重要推动作用。海洋强省建设不仅是山东地方经济转型发展的突破口，也是山东全面融入“一带一路”发展愿景，打造对外开放新高地的重要战略节点，必将成为海洋强国建设的重要标杆，继续引领全国海洋经济实现跨越式发展。

（一）海洋经济快速发展，产业结构层次明显提升

近年来，全国海洋经济保持稳定较快增长，年均增速达到7.2%，高于同期全国经济平均增幅。2017年，全国海洋经济总量达到7.76万亿元，占国内生产总值的9.4%。海洋产业体系日趋完善，结构不断优化，产业发展质量有了明显提升，海洋三次产业结构由2012年的5.3∶46.8∶47.9调整到2017年的4.6∶38.8∶56.6。以现代渔业、船舶修造、海洋化工等为主体的传统海洋产业加快转型升级，以滨海旅游、海洋交通运输等为主导的海洋服务业带动引领作用持续提升，以海工装备制造、海洋生物医药、海水利用等为重点的战略性海洋新兴产业培育进程加速，海洋经济成为沿海经济转型发展的重要导向。

海洋经济实现快速平稳增长。山东作为国内海洋经济发展的领军者，海洋经济发展更是日新月异。蓝色经济区战略实施以来，全省海洋空间配置效率显著提升，海洋服务保障能力大幅提高，近海生态环境质量明显改善，海洋生态

文明制度体系加快形成。2011～2017年，全省海洋生产总值年均增长10.6%，相关海洋产业年均增长约9.6%。其中，海洋化工、海洋生物医药、滨海旅游、海洋电力等海洋产业增加值年均增长超过15%，海洋生物医药业年均增长达到18.2%，其他主要海洋产业中，除海洋油气业、海洋船舶工业及海洋盐业受到国内外资源及市场环境的影响出现下滑外，海洋交通运输业、海洋渔业及海洋工程建筑业等主要海洋产业都保持了较高增速，海洋经济已成为拉动全省经济发展的重要引擎。

海洋产业结构调整进程加快。2017年，全省实现海洋生产总值1.48万亿元，占全省生产总值的20.4%（见图1），占全国海洋生产总值的19.1%，连续多年高居全国第二位，海洋经济成为全省经济的重要组成部分。现有海洋产业中，海洋渔业、海洋生物医药业、海洋交通运输业等5个海洋产业规模居全国第一位，其他海洋产业也处在领先地位。全省海洋三次产业比例从2011年的6.7∶49.1∶44.2调整为2016年的5.8∶43.2∶51.0。2017年，以滨海旅游业、海洋交通运输业、海洋科教管理服务业等为主的海洋第三产业所占比重显著提升，在全省海洋产业中占比近70%，海洋产业结构明显优化（见图2）。

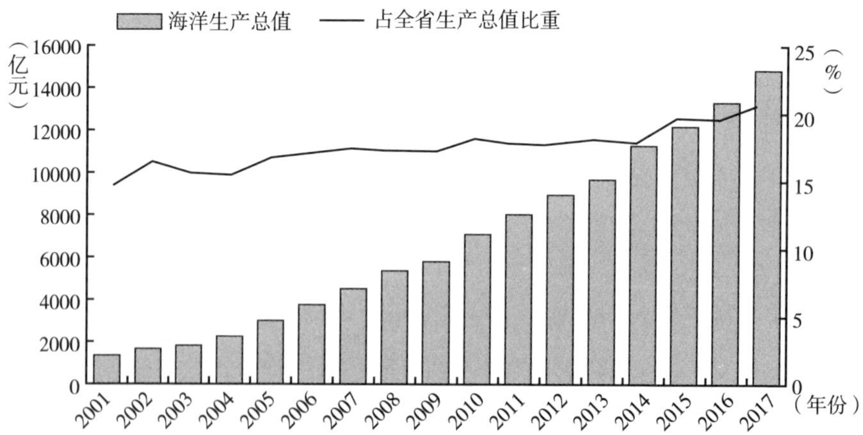

图1　山东省历年海洋生产总值及其占全省生产总值比重变化

港口运输产业稳步提升。进入2018年，随着海洋强省建设战略的实施，山东海洋经济开始进入新的发展阶段。据初步核算，2018年上半年，山东全省主要海洋产业生产总值达到3300亿元，同比增长超过8%，高于2017年同

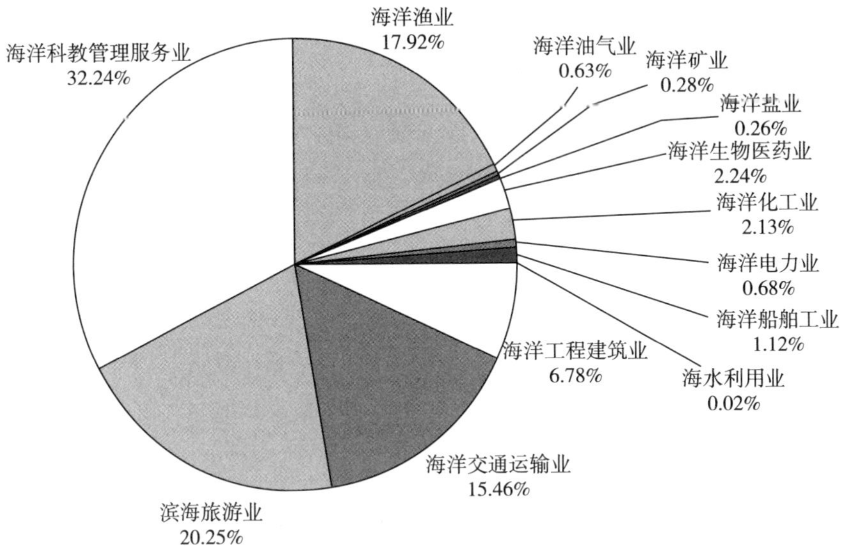

图 2　山东省 2017 年主要海洋产业增加值构成

期水平。2018 年 1 ~9 月，全省规模以上港口完成散杂货吞吐量 11. 14 亿吨，同比增长 8. 4% （见表 1），仅次于广东省居全国第二位，青岛、烟台、日照三港散杂货吞吐量均超过 3 亿吨，分别居全国第六、第九和第十位。集装箱吞吐量完成 2025. 08 万标箱，同比增长 7. 1% （见表 1），位列广东、上海、浙江之后排名全国第四位，青岛港进入全国前十位，排名第五位，全省港口引领作用凸显，临港经济成为沿海地市经济的主要驱动力。

表 1　2018 年 1 ~9 月山东规模以上港口吞吐量

类别		青岛港	烟台港	日照港	威海港	合计
集装箱	吞吐量（万标箱）	1434. 6	225. 26	296. 83	68. 39	2025. 08
	同比增长（%）	4. 5	9. 9	24. 7	-9. 1	7. 1
散杂货	吞吐量（万吨）	39772	34931	32908	3817	111428
	同比增长（%）	3. 9	18. 7	10. 6	-28. 2	8. 4

“海上粮仓”建设取得突破。全省 2018 年上半年实现水产品总产量 298. 1 万吨，完成海洋渔业总产值 424. 7 亿元。近海捕捞得到有效控制，捕捞产量稳

步减少，海水养殖稳步发展，远洋渔业取得快速发展，水产品出口贸易稳定增长。到2017年底，全省拥有远洋渔业资格企业39家，各类专业远洋渔船519艘，实现产量43.9万吨，产值53亿元。海洋牧场建设成效显著，深海海洋牧场建设开始起步，海洋渔业资源修复进程加快。截至2018年底，省级以上海洋牧场示范项目72个，其中国家级海洋牧场27处，约占全国总量的1/3，海洋牧场建设领跑全国。

海洋船舶修造业稳步发展。全省现有造修船企业37家，海洋工程装备制造企业10家，总制造生产能力近700万载重吨，形成青岛大型船舶、烟台海工装备和威海中小特色船舶三大产业基地，以海工装备制造、特种船舶修造和大型散杂货船为主体的山东海洋船舶修造产业体系基本成形，具备了参与全球船舶与海工装备产业市场竞争的能力。

（二）海洋产业布局优化，特色园区建设成效显著

全省海洋产业布局日趋优化，以青岛、烟台为核心，以威海、潍坊、日照、东营、滨州为节点的区域海洋产业集聚发展格局初步形成。地方特色产业集群快速发展，形成了青烟威的滨海旅游、青烟日的港口运输、青岛的海洋高新技术产业、烟台的海工装备制造、威海的远洋渔业与水产品加工、潍坊的盐化工及东营的海洋石油化工等产业链集聚特色鲜明的海洋产业集群。

海洋特色产业园区建设初具规模。海洋产业集群发展带动了海洋特色产业园区建设，形成了以青岛西海岸新区、烟台东部高新区、潍坊滨海新区、威海南海新区为核心的海洋特色产业园区体系，成功获批威海、日照两个国家海洋经济发展示范区。截至2017年，全省海洋产业特色园区达到80个，分布在青岛（13个）、烟台（22个）、潍坊（16个）、威海（12个）、日照（9个）、滨州（7个）和东营（1个）。全省海洋特色产业园区总面积达到2237平方公里，入驻企业超过2.2万家，其中涉海企业6688家，占企业总数的30.4%。拥有省级以上科技平台442家，省级以上公共服务平台182家，特色产业服务体系基本完备。

青岛的核心区和龙头地位稳固。蓝谷核心区海洋经济发展示范区列入国家“十三五”规划，累计引进国家重大科研平台17个，高等院校设立校区或研究院18个。海洋科学与技术试点国家试验室、国家深海基地投入运营，成功

举办中国（青岛）国际海洋科技展览会、中国·青岛海洋国际高峰论坛等活动。2018 年青岛市实现海洋生产总值 3327 亿元，同比增长 15.6%。西海岸国家海洋经济新区建设加速，全省海洋经济龙头园区地位凸显。2018 年西海岸新区海洋生产总值完成 1182 亿元，占全市的比重接近四成，同比增长 16%。前湾港国际物流基地、董家口新港城建设进程加快，军民融合示范区建设开始起步。前湾港国际物流园、海洋生物产业园、海西湾船舶与海洋工程产业基地、海洋科技研发教育基地等 6 个海洋特色产业园区实现海洋业务收入 435 亿元。

烟台海工装备园区建设领跑全省。依托重点龙头企业和优势终端产品，通过资金、政策倾斜，形成了海洋装备制造和海洋生物资源综合利用两大特色产业集群。其中，海洋装备制造依托中集来福士、巨涛重工、中柏京鲁、杰瑞油服等 24 家规模以上企业，初步形成施工设计—配套装备—模块建造—总装—服务一体化产业链条，吸引集聚了具有一定规模的配套企业 100 余家，形成了海洋工程船舶、海洋工程装备、豪华游艇、集装箱船等 9 大类产品。

威海渔业及生物产业实现集群发展。以海洋渔业为基础，以海产品加工为突破口，重点打造海洋生物产业集群，威海成为国内知名的海洋水产品加工仓储物流基地。山东好当家、荣成泰祥食品、赤山集团、靖海集团、寻山集团、石岛集团、西霞口集团和山东俚岛海洋科技等 8 家企业被评为农业产业化国家重点龙头企业。荣成经济开发区海洋食品药品经济园已初步形成冷冻调理食品、旅游休闲食品、海洋生物制药、罐头食品、商贸物流五大产业体系，园区拥有省级以上科技创新平台 47 个，集聚企业 125 家，其中涉海主导产业企业 118 家，占总数的 94.4%。荣成石岛湾省级旅游度假区冷链物流园聚集企业 149 家，其中涉海主导产业企业 98 家，拥有省级以上科技创新平台 11 个。乳山开发区海洋食品产业园形成海产品研发、育苗养殖、精深加工、生物科技、冷链物流于一体的“全链式”产业体系，园区内聚集企业 92 家，其中涉海主导产业企业 62 家，拥有省级以上科技创新平台 29 个。

莱州湾海洋化工产业集聚区实现规模化发展。目前，全省海洋化工业产能高居全国首位，在莱州湾沿岸形成国内最大的海洋化工产业集聚区。以山东信发化工、山东大地盐化集团、山东金岭集团、东营协发化工、滨化集团为主体的烧碱产业链，以山东海化、山东海天生物化工为龙头的纯碱产业链，以及以默锐化学、敖里盐化、灶户盐化、卫东化工、龙威化工等一批重点企业为核心的海水资源综合利用业集群国内市场集聚优势明显。此外，以东营港经济开发区为龙头的海洋石油精细化工产业集群也已初具规模，成为地方石化产业转型发展的重要空间载体。

（三）海洋科技基础雄厚，海洋创新能力稳步增强

海洋科技创新能力国内领先。以济南、青岛、烟台等为中心的山东半岛国家自主创新示范区建设全面推进。截至2017年，全省拥有省级以上海洋科研、教学机构55所，涉海院校28所，其中本科院校16所，高职类院校12所，涉海专业学生3万余人。现有海洋专业技术人员1万多名，占全国同类人员的40%左右。现有32家省部级海洋重点实验室、3家国家工程技术研究中心和21个涉海产业技术创新战略联盟，海洋科技创新能力领跑全国。

重大海洋创新平台建设取得进展。青岛、烟台、威海三市被确定为国家级海洋高技术产业基地，先后建成青岛海洋科学与技术试点国家实验室、山东大学青岛校区等一批科技创新载体，现有约50家国家级海洋科技创新平台，参与深海空间站、透明海洋、深海钻探等一批国家重大科技工程。引进和培育壮大武船重工、中集来福士、明月海藻、东方海洋、双瑞科技等一批创新型海洋企业，形成以企业为主体的海洋产业技术创新体系。

海洋人才队伍建设取得成效。山东省人民政府发布实施《关于做好人才支撑新旧动能转换工作的意见》，将海洋经济发展纳入泰山人才工程支持范围，积极培养引进海洋类高层次专家和团队。积极申报国家“千人计划”外专项目，组织实施“外专双百计划”，引进重点龙头企业急需的高端专业人才团队。同时开展博士后创新项目专项资金资助，对涉及水产、海洋科学、船舶与海洋工程等学科的多个项目进行资助，以培养“高精尖缺”专业人才，加速全省海洋科技创新人才队伍建设。

海洋科技人才服务体系基本完备。以中国海洋人才市场（山东）为平台，构建国家级海洋专业人才市场。以青岛为主体，东营、烟台、潍坊、威海、日照、滨州等为分市场，共同打造集聚人才、服务示范、产学研对接、成果孵化、产业带动、信息共享、辐射发展的区域性人才流动服务平台。创新人才市场运行机制，打造专业化、网络化、国际化的海洋人才综合服务体系。构建全球化的海洋人才信息网络，搭建国际先进技术交流、产学研合作、科研成果产

业化等引才引智平台，建设海洋高端人才创业综合服务体系。

全省海洋科技创新成果不断涌现。由中国海洋大学管华诗院士团队研发的国产阿尔茨海默症（老年痴呆症）新药完成临床3期试验，海洋生物医药产业迈出关键性的一步。全潜式大型网箱“深蓝1号”在青岛下水，将有力推动海水养殖空间从近岸向离岸深水的转移。“海燕－10000”水下滑翔机潜深度达8213米，刷新了世界纪录。中集集团来福士研制的“蓝鲸1号”钻井平台在南海可燃冰试采中取得重大突破。山东省“透明海洋”研究团队研制出的4000米深海Argo观测浮标，具备了对全球海洋4000米水深的持续观测能力。

（四）融入“一带一路”建设，涉海对外开放取得突破

全面深化海洋领域国际合作。2017年，全省海洋产业进出口保持较快增长，其中船舶及海工装备出口超过70亿元，海洋水产品及制品进出口总量超过450亿元。通过加快装备制造业新旧动能转换，培育了一批具有国际竞争力的海洋工程装备、涉海石油装备等制造业领域的骨干企业，并加大对东南亚、西亚、俄罗斯等新兴市场开拓力度。相继举办了中国·青岛海洋国际高峰论坛、东亚海洋合作平台青岛论坛、中国（青岛）国际船艇展览会等国际性涉海展会，组织海工装备企业参加东营石油装备展、印度尼西亚机械展等，有效地促进了全省涉海产品的出口。规划建立了威海国际海洋商品交易中心，打造大宗海洋商品交易平台，积极开展涉海电子商务服务。

涉海企业对外投资取得突破。全面加强与东盟各国等“一带一路”沿线国家在海洋产业领域的交流，引导涉海企业参与全球产能合作。截至2017年底，全省仅海洋渔业领域的备案核准境外投资企业就达到58家，以远洋捕捞、渔业养殖、水产品加工等为主，生产经营集中在乌拉圭、加纳、印度尼西亚、斐济、毛里塔尼亚等地，包括蓬莱京鲁渔业、荣成市海洋渔业、青岛鲁海丰渔业等在内的一批渔业龙头企业成功“走出去”，开展远洋捕捞、水产加工、海水养殖育苗等境外生产，有效地提升了山东特色优势海洋产业的国际竞争力。

国际海洋合作产业园区建设进程加快。中国—上合组织地方经贸合作示范区、威海中韩自贸区地方经济合作示范区、青岛中德生态园、中韩（烟台）产

业园等一批国际经贸合作产业园区建设加快推进，吸引了一批境外涉海企业落户山东。自由贸易港区建设全面推进，青岛西海岸综合保税区获批，进一步提升了以保税港区为主体，两个出口加工区为两翼的海关特殊监管区域的开放水平。

（五）海洋管理能力提高，海洋生态环境质量改善

海洋综合管理体制创新取得进展。把握国家海洋管理体制改革良机，推进建立陆海统筹的海洋综合管理体制。建立省委海洋发展委员会和省海洋局，全面优化海洋管理职能，理顺海洋规划、海域利用、海洋产业发展及海洋生态环境保护管理机制。以陆海“多规合一”改革为手段，协调海域利用和海洋环境保护矛盾，在保障港航、渔业、旅游等重点项目用海基础上，优化海洋空间开发、利用与保护格局。遵循“生态+”管理理念，初步建立了基于生态系统的地方海洋综合管理模式，探索实行“河长制”“湾长制”“滩长制”等陆海一体环境管理模式。试点推行重点生态功能区补偿机制，探索建立海域利用与保护的市场化管理与调控机制。全面推进第一次全国海洋经济调查工作，对全省涉海单位进行系统清查、产业调查、专题调查工作，建立数据库软件系统平台。完善涉海法规制度体系，推动《山东省水生生物资源养护管理条例》等立法工作，探索建立依法治海的海域管理新机制。

海域利用市场化改革初见成效。建立完善海洋资源有偿使用和海洋生态损害补偿机制，将生态环境损害成本纳入海域海岛资源使用价格形成机制，完善海域海岛价格评估技术标准体系，提高了海域海岛资源的科学化配置水平。探索实行海域使用金征收标准动态调整机制，适时调整海域使用金征收标准。推进海洋产权市场化交易，探索实施了岸线、滩涂、海岛、海域等有关海洋产权的挂牌交易。2017 年，烟台海洋产权交易中心海洋领域交易总额 1.2 亿元。建立了海洋公共服务有偿使用制度，推动了海洋调查船队、海洋生物资源样品库等市场化有偿使用，拓展了海洋环境专项预报、海上搜救服务、海洋地理信息服务、重大科研设施等面向社会的服务功能。

海洋生态保护与修复进展加快。海洋生态文明示范区建设进展顺利，获批建立青岛、烟台、威海、日照和长岛 5 个国家级海洋生态文明示范区，省级海洋生态文明示范区 10 处。现有国家级海洋自然保护区和国家级海洋特别保护区 27 处，全国生态保护与建设示范区 1 处，形成了较为完善的海洋保护区网

络。海洋牧场建设全面提速，落实海洋生态红线区分类管控制度，启动全省海洋生态红线划定方案优化工作。目前，全省海域共划定红线区 227 个，总面积达到 9859 平方公里，占全省海域总面积的 20.83%，实现了对重要海洋生态脆弱区、敏感区的全覆盖。启动山东省海岸线保护规划编制工作，健全自然岸线保有率管控制度。全面推进“南红北柳”和“蓝色海湾”等沿海生态修复和环境整治工程，启动实施 51 个海域、海岛、海岸带整治修复和生态项目，海洋生态综合整治修复不断深入。

陆海联动污染防治机制逐步建立。实行海陆环境同治，探索建立陆海统筹的海洋环境防治机制。青岛、烟台、日照、威海入选国家“蓝色海湾整治行动”城市，蓝色海湾综合整治工程加快推进，确立了“治湾先治河、治河先治污”模式，胶州湾、丁字湾、莱州湾等生态环境整治工程取得良好成效。强化近岸海域污染防治，实施胶州湾排污总量控制制度，建立渤海沿岸 4 市启动排污总量控制制度。编制完成省级养殖水域滩涂规划初稿，科学划定养殖区、限养区、禁养区。实施近岸海域养殖污染治理工程，组织清理沿海城市核心区海岸线向海 1 公里内筏式养殖设施。开展陆域直排海污染排查和整治，推动海湾、河口上游陆源污染企业拆迁关停，对超标排放工业污染源实行限期治理。实施排污许可制度，严格防控陆源污染物入海，污染物排海整治成效明显。2017 年，全省近岸海域水质以一、二类海水为主，水质优良率超过 80%。

海洋环境监测体系逐渐完善。强化海洋生态环境质量管理，实行省、市、县三级海洋环境监测分级管理制度，不断加强海洋环境实时在线监测建设。全面推进“智慧海洋”建设和“平安海区”行动，初步构建了近岸海域集浮标监测、岸基监测、海床基监测及传统监测于一体的立体海洋监测网络体系，建立海洋环境实时在线监测数据共享合作机制。截至 2017 年底，已建成 41 家海洋环境监测机构，推进实时在线监测，海洋环境监测能力明显提高。建立区域应急联动机制，基本形成省、市、县三级分工明确、协作有序、运行规范的海洋预报减灾体系。

二　海洋强省建设目标与重点任务

全面贯彻落实习近平总书记关于更加注重经略海洋的重要指示要求，打造海洋高质量发展的战略要地，加快推进实施全省新旧动能转换，建设海洋强省是山东落实海洋强国战略的使命担当，是山东实现高质量发展的战略支撑，也是实现山东“两个走在前列”的必然要求。为此，全省及沿海7地市都把海洋强省（市）建设作为省（市）地方经济创新发展的重要导向，相继编制发布海洋强省（市）建设行动方案或规划，以“三大变革”为动力，以探索新路径、拓展新空间、创造新模式为核心，明确建设思路与重点任务，力求打造海洋强国建设的齐鲁标杆。

（一）山东海洋强省建设目标

2018年初，《山东海洋强省建设行动方案》正式发布实施，明确提出要以建设世界一流的海洋港口、完善的现代海洋产业体系、绿色可持续的海洋生态环境为重点，加快建设海洋强省。到2022年，海洋强省建设取得重大突破，2028年实现海洋大省向海洋强省的战略性转变（见表2），2035年基本建成海洋强省。

表2　山东海洋强省及沿海地市海洋强市建设分期目标

类别		2017年	2022年	2028年
山东	海洋生产总值(亿元)	14800	23000	38700
	占地区生产总值比重(%)	20.4	23.0	26.0
青岛	海洋生产总值(亿元)	2909	5000	—
	占地区生产总值比重(%)	26.4	32.0	—
烟台	海洋生产总值(亿元)	2000	3300	6000
	占地区生产总值比重(%)	25.0	31.0	35.0
威海	海洋生产总值(亿元)	1307.5	1740*	5500*
	占地区生产总值比重(%)	37.6	38.6	50.0
潍坊	海洋生产总值(亿元)	1200	2000	3500
	占地区生产总值比重(%)	20.5	23.0	26.0
东营	海洋生产总值(亿元)	709	1150	2000
	占地区生产总值比重(%)	18.6	21.0	23.0
日照	海洋生产总值(亿元)	1061.5	1880	—
	占地区生产总值比重(%)	53.0	60.0	—
滨州	海洋生产总值(亿元)	308	500	—
	占地区生产总值比重(%)	11.5	15.0	—

注：*表示威海市目标年分别为2020年和2035年。

为确保海洋强省建设目标的实现，《山东海洋强省建设行动方案》提出了“海洋科技创新、海洋生态环境保护、世界一流港口建设、海洋新兴产业壮大、海洋传统产业升级、智慧海洋突破、军民深度融合、海洋文化振兴、海洋开放合作、海洋治理能力提升”十大重点行动和“深化统筹发展、市场主体发展、要素配置、财税扶持、投融资服务、科技支撑”六大领域机制创新，把涉海新旧动能转换、海洋开发体制机制创新及陆海统筹发展作为海洋强省建设的核心任务，以确保海洋强省建设的顺利实施。同时，突出了以青岛为龙头，强化“一谷两区”等国家战略平台的带动引领作用，以胶州湾、莱州湾等为重点，加快建设环胶州湾和环莱州湾两大海洋经济带，加快推进半岛崛起，以世界一流港口为依托，全面融入“一带一路”建设，高效推动全球拓展，打造山东对外开放新高地。

（二）沿海地市建设重点任务

1. 青岛市

积极对标旧金山、东京等世界知名湾区，青岛市提出了建设国际海洋名城的战略目标，确立了以国际海洋科教名城、国际海洋产业名城、国际海洋生态名城等为核心的国际海洋名城建设定位，力争在全国海洋经济高质量发展中率先走在前列，当好海洋强国、海洋强省建设的生力军。为此，启动实施了“1045”行动，即加快发展海洋交通运输、滨海旅游、海洋船舶与设备制造、海洋生物医药及海洋服务等十大海洋产业，全面提升海洋科技创新、海洋特色文化、海洋生态文明、海洋对外开放等四大领域发展水平，重点实施重点区域率先突破、海洋新动能培育、国家军民融合创新示范区建设等五大支撑保障工程，加快构建以新动能为主导的现代海洋产业体系，建设国际海洋名城，努力当好海洋强国、海洋强省建设生力军。争取到 2022 年，全市海洋生产总值占地区生产总值比重达到 32.0%，形成 6 个产值或收入超千亿元的海洋产业集群。到 2035 年，建成国际海洋名城。

2. 烟台市

烟台市以完善的现代海洋产业体系、一流的海洋港口和绿色可持续的海洋生态环境为重点，以海洋综合管理改革为保障，大力实施科技兴海战略，努力建设 21 世纪海上丝绸之路支点城市、海洋经济创新发展示范城市和海洋生态文明示范区，抢占高质量发展战略高地，在海洋强省建设中发挥主引擎作用。为此，烟台市提出了海洋经济强市、海洋科技强市、海洋生态文明强市、海洋文化强市和海洋综合管理强市五大强市建设定位，重点推进海洋高端装备制造、海洋生物医药、现代渔业、港口物流、滨海休闲旅游度假等现代海洋产业发展，加快提升全市海洋经济发展水平。以科技创新培育发展新动能，着力打造国际知名的“蓝色人才高地”和海洋科技创新中心，推进海洋科技强市建设，同步推动海洋经济增长方式的转变，加快海洋生态文明强市建设，兼顾海洋文化强市和海洋综合管理强市建设，全面构建“五位一体”的海洋强市。到2022年，全市海洋生产总值占地区生产总值比重达到31.0%，成为具有国际影响力的海洋产业技术创新中心。到2028年，全市海洋生产总值占地区生产总值的比重达到35.0%，全面建成海洋强市。

3. 威海市

威海市编制了《威海海洋强市建设总体方案》和《威海海洋强市建设三年行动计划》，以世界眼光、国际标准、威海特色为行动指南，要在海洋经济发展、海洋科技创新、陆海统筹发展、海洋生态文明建设等方面实现新突破，打造以海洋科技创新强市、海洋融合发展强市、海洋开放合作强市、海洋生态文明强市为建设定位的创新型国际海洋强市。重点实施板块引领、产业强海、科技兴海、科学用海、生态护海、开放活海、文化振兴、海陆统筹、优服保障、项目支撑十大行动计划，培育海洋及临港装备、海洋生物及健康食品、海洋新材料、海上交通运输、滨海旅游五大优势产业，突破发展两大海洋服务业，积极探索海洋经济融合发展新模式。为此，威海市对其海陆空间进行了科学布局，重点打造东部滨海新城、双岛湾科技城、南海新区、好运角旅游度假区、乳山滨海新区、里口山城市山地公园六大重点区域，推进海洋高新技术产业园、碳纤维产业园、医疗器械与生物医药产业园、电子信息与智能制造产业园和服务贸易产业园五大高端产业园区建设，加快威海湾、石岛、南海和乳山四大港区建设，突出发展孙家疃滨海油画、埠口渔港、沙窝岛渔港、虎山海参、宁津海草房、俚岛海带、那香海滨海文旅、乳山牡蛎八大海洋特色小镇，积极推进区域海洋经济合作，探索海洋经济融合发展新模式，加快形成海洋强市新动能。力争到2035年，全市海洋生产总值占地区生产总值的比重达到50.0%，建成区域性海陆衔接枢纽。到2050年，实现现代化海洋强市建设目标。

4. 潍坊市

潍坊市以新旧动能转换重大工程为统领，以构建现代海洋产业体系，完善陆海统筹发展机制，培育海洋经济发展新优势为重点，着力强化海洋科技创新引领能力，加快建设现代化海洋强市。全市瞄准海洋生态文明建设示范区、绿色海洋化工集聚区、海洋高端装备制造基地、海洋科教创新基地、海洋新兴产业基地和现代物流基地六大战略定位，全面构建"一湾引领、主体支撑、两翼协同、多点发力"的海洋经济发展新格局。为此，《潍坊海洋强市建设行动方案》提出了海洋科技创新、海洋生态环境保护、海洋传统产业提质增效、海洋新兴产业培育壮大、海洋现代服务业快速崛起等八大重点工程建设，全面推动海洋特色园区建设，完善港口物流体系，做大做强海洋产业，构建现代海洋产业体系。到 2022 年，全市海洋生产总值占地区生产总值的比重达到 23.0%。到 2028 年，全市海洋生产总值占地区生产总值的比重达到 26.0%。到 2035 年，基本建成海洋强市。

5. 东营市

东营市以深化供给侧结构性改革为主线，以海洋经济高质量发展为目标，加快构建现代海洋产业体系，全面推进海洋生态文明建设，打造山东高质量发展的增长极。围绕河海生态文明强市、海洋石化产业强市和现代特色渔业强市三大特色海洋强市建设定位，东营市确立了"一核引领、轴带展开；两湾联动、错位发展；多点支撑、全域崛起"的空间优化发展格局，重点聚焦发展现代海洋渔业、滨海化工业、海洋油气业、港口物流运输业、滨海文化旅游业、海洋装备制造业等九大海洋产业，着力实施海洋科技创新、海洋生态建设、海洋文化培育、海洋开放合作、智慧海洋建设和海上安全保障六大支撑工程，全力推进海洋特色强市建设。到 2028 年，全市海洋生产总值占地区生产总值比重达到 23.0%，建成国际知名的海洋石化产业强市。到 2035 年，基本建成海洋特色强市。①

6. 日照市

日照市以建设国家海洋经济示范区为契机，以打造"港产城海"融合发展先行区、临港涉海产业转型升级示范区为目标，坚持以海为中心的陆海统

① 王敏：《由海洋大市向海洋强市转变》，《东营日报》2018 年 12 月 19 日。

筹，坚持质量第一、效益优先，大力实施五大海洋产业发展行动和四大领域全面提升工程，加快建设美丽富饶、生态宜居、充满活力的现代化海滨城市。全市统筹海岸线、海港、海湾、海岛开发保护，不断延伸海洋综合开发纵深，拓展海洋对外合作发展空间，全面构建石臼湾海岸经济带、海州湾海岸经济带和深远海开发保护带三大海洋经济带，重点打造石臼湾中央活力区、日照国家海洋经济示范区、日照海洋科教创新发展区、山海天海洋旅游经济发展区、海州湾临港产业转型升级示范区、太阳文化旅游经济发展区六大产业集聚区，同步发展莒县、五莲两大协同发展基地。为此，日照市提出了海洋交通运输、海洋装备制造、滨海文化旅游、现代海洋渔业和海洋生物医药五大海洋产业发展行动，重点推进海洋新动能、海洋创新、海洋对外开放、海洋生态文明四大提升工程，加快推动海洋领域新旧动能转换，增强海洋经济绿色发展能力，推动全方位对外开放合作，形成以港口为龙头、产业为核心、城市为载体、海洋为支撑的“港产城海”融合发展新格局。力争到2022年，全市主要海洋产业增加值达到1100亿元，占地区生产总值的比重在35%以上。

7. 滨州市

滨州市以新旧动能转换重大工程为统领，以建设完善的现代海洋产业体系、绿色可持续的海洋生态环境为重点，加快建设海洋强市，努力打造黄河三角洲国家生态渔业基地、环渤海绿色循环油盐化工基地、环渤海海洋高端装备制造基地、山东省智慧海洋产业融合发展试验区、全国重要的海洋生态文明示范区，为全面建设更高质量、更高水平的小康滨州提供强力支撑。为此，滨州市着力构筑“一核引领、两翼协同、三基地带动、多园区支撑”的融合发展空间布局，以北海经济开发区为引领，以沾化、无棣为两翼，以黄河三角洲国家生态渔业基地、环渤海绿色循环油盐化工基地、环渤海海洋高端装备制造基地和25个涉海特色产业园区建设为支撑，重点打造现代海洋渔业、海洋油盐化工、滨海文化旅游、海洋装备制造和智慧海洋建设五大产业链条，加快推进海洋生态保护、科技创新引领、基础设施建设、对外开放合作、海洋文化提升五大支撑工程建设，围绕统筹发展机制、市场主体发展机制、投融资服务机制、要素配置机制等突破体制机制束缚，全面推动海洋强市建设。到2020年，全市海洋生产总值占地区生产总值的比重达到13%。到2022年，全市海洋生产总值占地区生产总值的比重达到15.0%，继续保持高速增长。

三　加快海洋强省建设的对策建议

（一）完善顶层设计，优化海洋开发空间格局

1. 创新海洋规划机制，构建陆海一体空间规划体系

改革陆海空间规划机制，全面整合陆域主体功能区规划和海域主体功能区规划，坚持陆海统筹、区域统筹和城乡统筹，建立陆海空间规划联动机制，推动陆海主体功能区规划的有效衔接，加快推进陆海主体功能区在市、县层面的整合，建立陆海一体的沿海地市空间规划体系。坚持陆海空间规划、城镇规划、土地规划、产业规划和环保规划的“多规合一”，统筹配置陆域城镇建设、产业发展和海域资源利用与环境保护项目，形成陆海产业开发、城镇建设与生态环境良性互动的海岸带发展新格局。结合陆海空间规划的编制，开展海岸带资源环境调查监测，制定实施海岸带综合保护与利用规划，以保护优先、集约利用为导向，进一步明确海岸带空间功能划分和管控原则，制定落实海岸带空间管控政策措施。

2. 引导产业向海发展，全面突破深水远海空间

在《山东省海岸带综合保护与利用总体规划》基础上，加快制定全省海洋空间利用与保护规划，逐步加大对离岸海域空间（离岸 10 千米以外、水深 10 米以上的未开发水域）的开发力度，推动全省临海经济向海上经济、远洋经济发展。规划建设离岸深水海域开发试验区，全力突破深水离岸海洋工程、资源开发利用与生态修复技术，鼓励新型海洋工程平台、海洋牧场、海洋环境工程等离岸工程建设，重点发展底播增殖、深水网箱、人工鱼礁、海上运动、海上能源、海洋环保等离岸项目，推动海洋牧场、海上旅游、深水养殖、海洋新能源等战略性海洋新兴产业发展，加速海洋产业部门从近岸向离岸拓展，形成与海岸带开发相协调的海洋立体开发格局。

3. 优化港口物流布局，推动涉海园区集聚发展

发挥临海港口资源优势，合理优化调整港口建设规划，推动沿海港口整合发展。推动沿海三大港口集团建设，促进港产城一体化、协同化发展，为临港产业园区建设提供高效的物流保障。一是全面整合潍坊港、东营港和滨州港，

组建渤海湾港口集团，打造中国最大的液体化工陆海物流基地。二是加快青岛港与日照港的联动发展，成立青岛—日照港集团，打造中国北方最大的散杂货物流基地。三是整合烟台—威海港，成立烟台—威海港集团，大力发展集装箱与客货滚装运输服务，并积极对接青岛港集装箱物流产业链，打造山东半岛东北亚国际航运物流中心。

依托山东半岛国家自主创新示范区、国家军民融合创新示范区、西海岸新区等国家级新区及各类产业园区建设，以现有的省市海洋特色产业园区建设为基础，大力推进沿海地市临港经济区、海洋特色产业园区及海洋特色小镇建设，吸引临海化工、海洋装备制造、水产品加工及陆海物流运输等临海重点产业向园区集聚发展，提升和完善省级海洋特色产业园区建设标准，突出各地的临海产业发展特色和重点产业导向，按照资源和产业发展基础，每个重点产业类群打造2~3家省级海洋特色产业园区加以重点扶持，加快重点产业链的构建和龙头企业的培育进程，形成多个区域重点突出、产业特色鲜明、带动引领强劲的海洋产业集聚区。

（二）搭建创新平台，提升海洋科技创新能力

1. 创新海洋科技开发机制，壮大海洋创新人才团队

统筹海洋科技创新资源，建立省级海洋协同创新机制。探索重大海洋科技创新项目全球招标，研究设立面向全球的海洋科技创新奖励基金。支持青岛海洋科学与技术试点国家实验室等国家级海洋科技创新机构在科研项目组织、科研经费管理、科研成果转化等方面建立符合海洋科技创新规律的自主科研治理结构和运行机制。推进涉海科研院所法人治理结构改革，深化重点高校科研体制改革试点工作，赋予山东高校、科研院所更大科研管理自主权，推动海洋科研管理水平的国际化和现代化提升。

全面落实国家及省市人才工作意见，建立更加开放、灵活的海洋人才培养、引进和使用机制，打造具有国际影响力的海洋科技人才高地。加快山东大学青岛校区、中国海洋大学西海岸校区、中国科学院大学海洋学院等涉海高校建设，支持中船重工海洋装备研究院、天津大学青岛海洋工程研究院、哈尔滨工程大学青岛船舶科技园等国内一流的海洋科研机构建设，努力造就一批海洋科技领军人才和高水平海洋科技创新团队。加大涉海领域高端人才引进力度，

面向海内外遴选支持一批从事海洋基础研究、原始创新和共性技术研究的高层次创新人才，从事产业技术创新、成果产业化和技能攻关的领军人才，打造国际化的海洋科技创新主体。

2. 搭建重大海洋创新平台，实施海洋科技创新工程

以青烟威为重点，突出青岛海洋科学与技术试点国家实验室、中国科学院海洋大科学研究中心及国家深海基地等国家级海洋科技创新载体的龙头引领作用，全面整合全省涉海高校、科研院所的创新资源，积极参与国家及国际海洋大科学计划，争取国家重大科技基础设施项目落户山东，建设世界一流的国家海洋重大科技创新基地。加快推进国家级海洋渔业生物种质资源库、国家海洋设备质量检验中心、青岛海上综合试验场、威海国家级浅海海上综合试验场、东营海洋油气装备研究院等一批国家级海洋科技创新平台建设。

建立省级海洋科技创新基金，围绕海洋强省建设需求，实施重大海洋科技创新工程。发挥山东海洋基础研究的整体优势，积极对接国家战略需求，抢占国际海洋科学研究高地。积极与国家重大科技专项和技术创新工程对接，实施“智慧海洋”“健康海洋”“蓝色粮仓”“海洋能源”等重大海洋科技创新工程，加快提升山东海洋关键领域技术创新能力。鼓励产学研合作开展重大海洋工程技术研究，突出深水、绿色、安全，重点在海洋生物和油气资源开发、海洋生态环保、海水淡化和综合利用、海洋可再生能源利用、海洋新材料等领域实施一批重大科技创新项目，加快海洋产业的转型提升进程。

3. 完善海洋数据信息网络，加快智慧海洋工程建设

加快建设“透明海洋”工程，整合各级涉海科研机构的多源异构海洋数据，建设全省智慧海洋大数据共享网络，重点围绕海洋环境监测、预报减灾、远洋运输、海上安全等重点应用领域，推出一批市场化运作的海洋大数据产品。积极推进海洋大数据和云处理平台建设，建立全省海洋数据开放共享机制。支持青岛海洋科学与技术试点国家实验室联合国家超级计算济南中心、国家超级计算无锡中心、浪潮集团等开展智能超算和大数据协同创新，共同打造国家级分布式超算中心。

积极参与国家“智慧海洋”工程建设，加快推动新型智能海洋传感器、无人航行器、载人潜水器等装备的国产化。积极推动海洋卫星服务产品市场化，加快推进海上北斗定位服务系统建设和卫星海洋产品开发。进一步优化山

东沿海智能监测网络布局，搭建集观测、管护、救助、补给、旅游、环保等功能于一体的海上多功能监测平台，形成覆盖全省近海海域的海洋立体观测网，为海洋环保、灾情预警、海洋开发管理及海上安全提供决策大数据支持。

（三）促进融合发展，培育海洋经济新动能

1. 鼓励三产融合发展，发展海洋产业新业态

重点突破海水种苗繁育、工厂化设施养殖、深水设施养殖技术，加大对生态养殖和海洋牧场建设的投入，大力发展休闲渔业和海洋生物产业，推动海水养殖、休闲旅游、生态修复与生物医药产业的融合发展，打造现代渔业产业综合体。支持沿海地市打造国家级海洋牧场示范区，鼓励社会资本参与深远海生态牧场建设，培育一批海洋生态牧场综合体。支持渔港经济区和现代渔业小镇建设，建设一批集渔获物集散、加工配送、冷链物流、采购交易、船舶租赁与维修等于一体的现代渔业综合基地，促进渔业与加工、物流、旅游、康养等产业深度融合，加快发展渔业“新六产”。

推进水产品综合高值化利用，大力开发海洋功能食品，建设威海荣成开发区、烟台开发区、青岛西海岸新区、潍坊滨海区、日照高新区水产品精深加工产业集群，打造国内知名的水产品集散中心。围绕海上旅游开发和休闲渔业发展，加快开发邮轮游艇、游钓船舶及相关配套装备产品，加快推动邮轮旅游、海上运动、休闲垂钓、海岛观光等海洋旅游业发展。统筹规划盐化工、海藻化工、海洋水产品加工等海洋产业布局，大力开发生物新材料、海洋日用品、海洋医用产品等，全面拓展产业链，培育海洋新业态。

2. 加大新兴产业投入，培育海洋经济新动能

加快推进山东省船舶与海洋工程装备创新中心建设，重点突破深海油气、海上发电、深远海养殖、深海空间站等大型海上智能装备平台。加大海洋创新药物研发力度，加快海洋功能性食品、化妆品发展，培育壮大一批具有自主创新能力和市场竞争力的龙头企业，建设青岛、烟台、威海、日照四大海洋生物产业基地。

实施“胶东海上调水”工程，支持半岛沿海建设一批海水淡化示范项目。鼓励沿海城市开展海水综合利用示范，支持青岛建设国家海水淡化与综合利用示范城市。科学布局海洋新能源发电项目，推动海上风电、海上新能源装备研

发、海洋新能源利用全产业链发展。加快推进海洋新材料研发，重点研制新型海洋防腐材料、涉海金属与高分子材料、海洋生物新材料等，推动海洋化工业转型发展。

3. 实施军民融合发展，打造海洋发展新引擎

加快推进青岛国家军民融合创新示范区建设，成立技术装备保障、军工产业发展、军地人才培养、综合保障协作、军地设施统筹规划建设五大军民融合发展中心。积极推进烟台、威海、东营等省级军民融合示范区建设，探索军民融合深度发展新路径、新模式。把船舶修造、海工装备、海洋新材料及新能源产业作为军民融合发展的着力点，培育壮大一批军民融合型创新企业和特色产业园区。

加快完善军地协同创新机制，打造军民协同创新平台。支持军民合作共建国家海洋工程设备实验室、海洋装备研究院、海军航空大学等军民融合创新载体。鼓励省内科研机构及骨干企业共建工程（技术）研究中心，推动国防科技重点实验室等向社会开放，促进军民通用技术成果共享。统筹军民陆海交通保障体系建设，建立军地一体的资源储备与供给投送体系。深化军地联合维权执法合作，健全海上应急救助体系。

（四）加强生态保护，推进海洋生态文明建设

1. 统筹陆海污染防治，健全海洋生态保护体系

完善陆海生态环境管理体制，统筹规划陆海污染防治体系，实施陆海污染一体化治理。建立陆海环境治理协调机制，推进陆源污染防治和近海海域环境治理共管共治，建立近岸海域水质目标考核制度和入海污染物总量控制制度。开展胶州湾、莱州湾、黄河口等重点海湾河口海域入海污染物总量控制试点，建立“流域—河口—海湾”污染防治联动机制。严格落实国家环境保护督察制度，强化入海河流小流域污染源治理，全面清理整顿入海排污口设置，全面实现达标排放。实施近岸养殖污染治理工程，严格控制养殖废水、废物排放，探索建立近海海域生态环境承载评估机制。

健全海洋生态保护体系，控制海洋开发强度和规模，全面保护近海生态系统。严格落实海洋主体功能区划和海域生态红线制度，强化海洋保护区分类管理。加快推进滨州、东营、潍坊等地的柽柳林建设，探索培育海岸海藻床和海

滩碱蓬生态系统，加快恢复黄河口、莱州湾等河口海湾盐沼湿地。实施烟台、威海沿海海草床与海藻床修复工程，加快恢复近海渔业生物资源，推进生态修复型海洋牧场建设。编制海岸线保护与利用规划，创新海岸带空间管理制度，加大自然岸线保护和修复力度。实施生态岛礁工程，突出海岛生态保护，加快推进海岛生态修复和生态旅游岛建设。

2. 创新海洋治理机制，完善集中集约用海制度

创新海湾环境治理机制，全面推行“湾长制”，加快蓝色海湾整治进程。实施“蓝色海湾”整治行动，开展胶州湾、莱州湾、芝罘湾、靖海湾、丁字湾等重点海湾水质污染治理和环境综合整治，以生境修复和工程治理为重点，全面提升重点海湾、海域生态环境质量。加快编制省、市、县三级养殖水域滩涂规划，科学划定禁养区、限养区和养殖区，建立基于海域养殖承载容量的生态养殖新模式。

统筹实施海洋生态修复、自然岸线恢复、海洋环境整治和海洋生物资源养护项目，大力发展海洋生态经济，打造海洋循环经济发展试验区。严格围填海项目管理，调整优化全省集中集约用海规划，打造科学用海管理示范区。严格管控新增围填海项目，开展闲置未利用围填海土地存量调查。创新集中集约用海方式，提高单位岸线和用海面积投资强度。严格落实全省海岸线和海域利用空间规划，优化海洋产业空间结构，引导和鼓励海水养殖、港口建设、船舶修造、旅游开发及临海工业园区集聚发展，优化自然岸线占用和海域滩涂空间开发布局。

3. 强化海洋环境监测，加快海洋生态文明示范区建设

实施海洋环境智慧监测工程，逐步建立和完善海洋环境在线自动监测系统，实现对近海海域生态环境的自动化实时监测。建立海洋气象预警、海洋灾害预报应急管理系统，开发海洋环境监测及应急预报预警信息产品。完善浒苔、溢油等环境灾害监测与应急网络，加强海洋防灾减灾及救援基础设施建设，建立专业化的海洋灾害应急反应机制与防治体系。建立沿海重大工程建设的海洋灾害风险评价制度、沿海工业企业及工业园区环境风险防控制度，加强对石油炼化、油气储运、核电站等重点区域的海洋环境风险源排查和综合风险评估。

依托青岛、威海、烟台、日照及长岛国家级海洋生态文明建设示范区，在全省沿海开展海洋生态文明建设试点，加快建设海洋生态文明综合试验区和国

家级生态保护与建设示范区。全面推进长岛海洋生态文明综合试验区建设，积极争取长岛海洋国家公园建设试点。探索创新国家级海洋特别保护区建设机制，调整国家级海洋公园定位，探索保护区旅游新模式。统筹陆海保护区发展，积极推动青岛崂山、东营黄河口国家公园建设，创建陆海一体的国家生态文明示范区。

（五）强化陆海统筹，建立海洋综合管理体制

1. 优化陆海管理机制，提升陆海统筹治理能力

按照国家机构改革统一部署，坚持资源环境分置、陆海产业统筹的原则，落实市、县两级海洋管理机构改革方案，建立陆海一体、部门协同、运行高效的海洋资源与环境管理执法队伍，整合优化陆海环境、资源、产业与海域综合管理执法队伍。依托省、市海洋发展委员会，建立涉海事务协调机制，对海洋战略的制定、涉海规划的编制及重大工程项目的建设进行协调和统筹。统筹海洋环境与海域使用管理督察，建立省级海洋督察制度，对沿海各地落实国家海洋资源环境重大部署、法律法规执行等情况开展督察。加强海上安全生产监管，建立陆海联动的海洋灾害预警预报及应急处置体系，完善海洋灾害联防联治和海上执法跨区域协作机制。全面提升涉外海上执法和服务能力建设，积极参与涉外海事管理、海上搜救、海上执法、海洋防灾减灾等活动，为国家参与全球海洋治理做出山东贡献。

2. 完善陆海统计体系，构建陆海一体信息网络

加快推进海洋经济统计体系建设，研究制定地方海洋产业统计标准和方法，建立省、市、县三级海洋经济运行监测评估框架。积极做好第一次全国海洋经济调查、产业调查和专题调查等工作，进一步摸清山东海洋经济发展。探索建立地方海洋经济统计制度，加快推进市、县级海洋生产总值核算，涉海企业直报和地方海洋经济运行评估工作，建立陆海联动的海洋产业发展指标与数据采集渠道。建立跨领域、跨行业、跨地区的海洋信息共享机制，搭建省级海洋统计信息网络和数据共享平台，实现各类海洋信息的共通共享，为地方海洋管理决策提供支持。

3. 开展试点示范工作，探索海洋综合管理机制

开展海洋综合管理试点，创新海洋管理体制机制，以青岛西海岸新区、烟

台长岛、威海南海新区等为空间载体，推进海洋综合管理示范区建设。探索建立基于生态系统健康和环境承载力的海洋资源开发与管理利用模式，科学评估海洋资源环境承载力和海洋开发利用项目的环境影响，建立区域生态环境承载力评估制度。建立海上执法协调机制，整合渔业、环境、海事、海关及海洋保护执法机构，组建海上综合执法队伍，强化对海上开发与生产活动的管理。加快海洋综合管理法律法规建设，提升依法治海能力。完善海洋环境资源产权制度，促进海洋资源与生态环境资本的市场化配置。

B.6 山东民营经济新旧动能转换的发展现状与对策

高　阳*

摘　要： 民营经济是山东发展不可替代的重要力量。2018年，在更加复杂的国际国内经济环境下，山东民营经济继续在全省新旧动能转换大局中发挥着重要的作用，不断取得新的卓越成就。本报告首先梳理归纳2018年山东民营经济发展现状。然后，从国际环境、增长方式、经济周期、市场环境和自身治理等角度对民营经济面临的困难和挑战进行了论述。同时，从新一轮科技革命、改革制度红利、山东新旧动能转换试验区建设、不断优化的社会环境等方面，阐述了山东民营经济发展面临的战略机遇。最后，针对新的形势下山东应如何加快形成有利于民营经济新旧动能转换的外部环境、助力实现经济高质量发展的总体目标，提出了若干对策建议。

关键词： 民营经济　新旧动能转换　综合试验区建设

民营经济是社会主义市场经济的重要组成部分。党的十九大把“两个毫不动摇”写入新时代坚持和发展中国特色社会主义的基本方略，习近平总书记在全国民营经济座谈会上再次重申“两个毫不动摇”，强调民营经济的地位和作用不容置疑，要求大力支持民营企业发展壮大。民营经济是山东发展不可替代的重要力量，目前民营经济已占到全省市场主体的90%以上，贡献了全

* 高阳，博士，山东社会科学院财政金融研究所助理研究员，研究方向：农村金融。

省50%以上的GDP，60%以上的投资，70%以上的税收。在新的国际国内经济形势下，山东民营经济新旧动能转换既要积极应对各类挑战，又面临宝贵的战略发展机遇。山东在实施新旧动能转换重大工程，推进经济高质量发展的进程中，需要以支持民营经济发展为重要抓手，加快民营经济新旧动能转换步伐，推进山东“两个走在前列、一个全面开创”的任务目标的实现。

一 山东民营经济发展现状

山东民营经济已在全省经济中占据了重要的地位，民营经济在全省新旧动能转换中的地位不可替代。2018年，民营经济继续在稳定经济增长、扩大内需、促进转型升级等方面发挥着积极作用。

（一）总体规模持续扩张，经营效益逐渐向好

民营经济支撑着山东经济发展的“半壁江山”，经济总量稳居全国前列，仅次于广东和江苏两省。在总体规模方面，民营经济继续稳步增长。2018年1~10月，全省民营工业产值占规模以上工业比重达到61.8%。前三季度，新登记民营市场主体129.3万户，增长8.6%，其中私营企业42.6万户，增长8.6%；个体工商户85.3万户，增长9.0%。在经营效益方面，民营经济呈现向好态势。2018年1~10月，规模以上民营工业企业利润同比增长7.3%，增幅较去年同期提升3.9个百分点；主营业务收入利润率为5.21%，较去年同期有所提升；每百元主营业务收入中的成本为88.8元，同比减少0.2元，2018年以来始终保持同比下降趋势。2018年前三季度，规模以上民营工业全员劳动生产率达到29.1万元/人，同比提高14.1%。在民间投资方面，民营经济充分发挥了稳定投资增长的积极作用。2018年1~10月，全省民间投资增长3.9%，占全部投资的比重达到69.0%，拉动全部投资增长2.7个百分点。①2018年中国民营企业500强中，山东入选企业73家，仅次于浙江、江苏两省，入选企业营业收入总计3.18万亿元。在进出口贸易方面，2018年1~10月，全省民营企业进出口总值9609.98亿元，同比增长11.2%，占到全省进出口总

① 数据来源于山东省统计局网站。

值的60%以上，相当于同期国有企业的7倍。可见，2018年山东民营经济总体规模仍呈现稳步扩张的态势，经营效益有所回暖，有望继续在稳就业、稳外贸、稳投资等方面发挥重要积极作用。

（二）内部结构不断调整优化，转型升级初见成效

新旧动能转换重大工程实施以来，山东出台了一系列推动产业转型升级的政策措施，通过推进“三去一降一补”、加快传统动能改造升级、大力培育“四新”经济，民营经济内部结构亦得到不断调整优化，转型升级的成效逐步显现。

2018年前三季度，全省三次产业比例调整为5.9∶44.8∶49.3，服务业占GDP比重高于工业10.0个百分点，对经济增长的贡献率达到58.5%。规模以上工业资产负债率为57.7%，处于40%～60%的合理区间。高技术产业和装备制造业增加值增速分别比规模以上工业高出0.7个和1.7个百分点。2018年1～10月，新旧动能转换“十强产业”快速发展，新能源新材料、新一代信息技术、高端装备等产业增加值分别增长8.9%、6.9%和7.6%，分别高于规模以上工业3.5个、1.5个和2.2个百分点。“四新”产业投资增速为5.8%，高于全部投资增速0.3个百分点；高技术制造业投资增速为16.9%，增速高于制造业投资增速13.7个百分点；工业技术改造投资增速达到7.3%。全省实物商品网上零售额增长25.1%，对限额以上单位零售额的贡献率达到13.5%。民营企业积极“走出去”，2017年山东百强民营企业海外员工雇员达到3.33万人，占总雇员人数的3.63%，同比增长1.68倍。① 可见，随着新旧动能转换的持续推进，山东民营经济的产业结构更加合理，新兴动能不断涌现。

（三）上市公司蓬勃发展，成为新旧动能转换生力军

民营上市公司占据了山东上市企业的大多数，近年来山东民营上市公司发展迅速，无论是资产规模还是盈利水平，都保持了快速的发展态势，成为全省民营企业发展的新标杆，更是推动新旧动能转换的生力军。

2018年前三季度，山东省民营上市公司数目达127家，居全国第六位，

① 数据来源于山东省统计局网站。

实现总注册资本987.67亿元，员工总人数为415506人。从资产规模来看，截至2018年第三季度，山东省民营上市公司总资产规模达7628.42亿元，较年初增长856.14亿元，增幅为12.64%，高出全国平均水平1.31个百分点，比去年同期增长18.83%。从盈利水平来看，2018年前三季度，山东省民营上市公司实现营业收入3989.77亿元，较去年同期增加597.50亿元，同比增长17.61%，高于全国同比增速水平0.05个百分点；实现净利润265.43亿元，比去年同期增加37.01亿元，同比增长16.20%，超出全国同比增速水平5.31个百分点。从行业分布来看，基本涵盖新动能产业的各类行业。127家民营上市公司，超过10家的行业主要集中在专用设备制造业、化学原料及化学物品制造业。超过5家的行业主要集中在电器机械及器材制造业、非金融矿物制品业、衣副食品加工业、通用设备制造业、橡胶及塑料制品业、医药制造业。另外，计算机、通信和其他电子设备制造业以及汽车制造业的企业数量分别有4家。[①] 可见，在当前经济增长放缓的环境下，山东省民营上市公司仍然保持稳健的盈利水平和较高的发展速度，不仅成为带动山东省经济发展的领头雁，也是促进山东省新旧动能转换的生力军。

二　山东民营经济发展面临的困难和挑战

当前，国际经济、政治环境日趋复杂，国内经济正处于转型的关键时期，国际国内市场竞争更加激烈，企业优胜劣汰呈现常态化趋势，加上民营企业发展水平不一。总体而言，民营经济发展仍面临诸多困难和挑战，新旧动能转换目标的实现任重道远。

（一）外部国际环境日趋复杂，扩大外需面临诸多瓶颈

2018年，外部国际经济环境更加错综复杂，贸易保护主义呈现泛化趋势，地缘政治矛盾不断激化。复杂多变的国际经济环境加上国内增长放缓的双重压力，无疑增大了民营企业增加出口、扩大外需的阻力。

一方面，世界经济开始复苏但增长态势并不确定。2018年前三季度，美

① 数据来源于Wind数据库。

国 GDP 达到 15.23 万亿美元，增速约为 3%，中国 GDP 约为 10 万亿美元，增速为 6.7%，而排在全球第三位的日本 GDP 为 3.72 万亿美元，增速仅为 1%。经济合作与发展组织（OECD）于 2018 年 11 月 21 日发布全球经济展望报告，预测 2018 年全球整体的实际经济增长率为 3.7%，2019 年与 2020 年全球整体的实际经济增长率均为 3.5%。其中，预测 2018~2020 年美国经济增速分别为 2.9%、2.7%、2.1%，日本分别为 0.9%、1.0%、0.7%，欧元区分别为 1.9%、1.8%、1.6%。

另一方面，世界经济整体不确定性因素继续增加。一是总体杠杆率上升，全球债务风险程度加大。据国际金融协会（IIF）测算，2018 年一季度全球债务已从 2017 年末的 238 万亿美元增长至 247 万亿美元，创历史新高，全球债务占全球 GDP 比重已高达 318%。二是贸易保护主义加重，单边主义抬头明显，地缘政治矛盾不断激化。特别是美国特朗普政府不断制造中美贸易摩擦，挑起贸易争端，不仅对两国经济造成严重影响，也增加了全球经济发展的风险和不确定性。针对当前的国际环境，国际货币基金组织下调了 2019 年全球经济增长预期，指出美国引起的贸易争端将导致世界经济增速下降，同时美国市场加息也会引发新兴市场国家货币贬值，也不利于世界经济增长。

（二）供给侧结构性改革不断深化，传统增长方式难以为继

党的十九大做出了中国经济已由高速增长阶段转向高质量发展阶段的重大判断。2017 年 12 月召开的中央经济工作会议指出，坚持以供给侧结构性改革为主线，统筹推进稳增长、促改革、调结构、惠民生、防风险各项工作。

长期以来，山东民营经济产业结构偏重，传统产业特别是重化工业占比较高。在新兴产业方面，山东总体发展相对滞后，2017 年末高新技术产业产值占规模以上工业的比重为 35.0%，仍存在较大的发展空间。2018 年山东民营企业 100 强中，第二产业入围企业数量达到 85 家，纳税总额居于前五的行业分别为石油加工业、金属冶炼业、化工业、造纸业和医药业。① 而且知名民营企业较少，在全国民营企业 500 强名单中，山东省仅魏桥创业集团有限公司入围前 10 强。

---

① 数据来源于《2018 年山东省民营企业 100 强分析报告》，山东省工商联发布。

随着供给侧结构性改革的不断深入，劳动力、自然资源等要素的市场化配置程度进一步提升，传统的依赖于要素投入驱动的增长方式已难以适应现代市场经济竞争的要求，民营经济面临转型升级的重要关口。特别是传统产业在大力破除无效供给的过程中，相关产业链条中的民营企业需要尽快转变自身定位，加快动能转换步伐，积极适应中国由制造大国向制造强国转变的历史进程。

（三）经济周期波动难以避免，优胜劣汰压力不断加大

当前中国经济处于结构转型和产业升级的新常态，面临经济周期性波动与经济增长放缓的叠加压力。经济周期波动与非公经济扩张需求的矛盾客观存在，宏观经济转型、国际经贸环境恶化和市场需求升级等因素都会对民营经济产生较大冲击。

从长期来看，在市场经济条件下，各类经营主体的优胜劣汰是必然规律。2017 年，美国破产企业数量超过 9 万家，德国申请破产企业约 2 万家，同期中国企业破产立案约 1 万件。同时，经济周期波动又会加剧微观主体面临的经营风险，例如受次贷危机等因素影响，美国 2010 年一季度企业破产数量曾在 6 万家以上。① 世界 500 强企业因转型失败、经营策略失误、内部管理不善等而倒闭的案例屡见不鲜。随着中国现代化市场经济体制的建立，社会资源配置的效率将进一步提升，企业的淘汰退出机制必将更加顺畅。

具体而言，中国经济由高速度增长转向高质量增长的过程将对民营经济产生多层次的影响。一是经济增速放缓将降低企业盈利水平。进入新常态以来，经济由原来的高于 10% 的高增长速度逐渐转变为平稳增长，目前维持在 6% 左右。据经济合作与发展组织测算，2018 ~ 2020 年中国经济增速预测值分别为 6.6%、6.3%、6.0%。经济增长速度的趋缓将加剧各行业市场竞争和降低平均利润率，传统粗放式经营企业很可能因此陷入亏损。二是消费需求不断升级，多个产业内部面临新一轮洗牌。过去十年，房地产开支占据了中国家庭的主要支出，尤其是 2016 年以来房价大幅上涨，居民杠杆率进一步上升。但是

① 数据来源于 Trading Economics 数据库。

随着房价逐渐平稳，经济水平的提高，居民消费将在教育、医疗、文化和旅游等方面逐渐增加，高质量投资需求日益增加。新业态、新模式的不断创新和运用，必将加速行业内部的分化，亦将淘汰部分转型失败企业。三是传统产业、落后产业逐渐被淘汰，转型升级压力较大。随着新旧动能转换的深入，传统产业的竞争将更加激烈，能否成功转型升级很可能决定单个企业的命运。技术创新带来的高端制造业和高新技术产业快速发展，将对中小企业的经营发展带来巨大冲击。因此，在经济周期的波动影响下，将加快民营企业优胜劣汰的步伐，迫使企业推进改革转型以适应经济形势的变化。

（四）市场环境差异仍然存在，民营经济面临隐性门槛

省委书记刘家义在全省民营经济座谈会上的讲话中，将民营企业面临的困难和挑战归纳为融资难、降成本难、要素保障难、创新难和知识产权保护难等“五难”。上述困难均体现了非公经济在公平竞争环境方面的劣势，突出表现在以下方面。

一是资源公平配置方面，非公经济仍处在相对弱势的地位。非公经济特别是民营企业在与国有企业的竞争中，存在先天的劣势。目前国有企业很多从事自然垄断行业或已在现有行业中占据领先地位。产业政策的差异性、选择性强而普惠化、功能化不足，非公经济发展面临“卷帘门”“玻璃门”“旋转门”等问题。

二是要素充分保障方面，民营经济仍需要大力扶持。从资金供给角度来看，在金融市场化运作的外部条件下，尽管已出台多项扶持措施，民营经济的融资难题仍难以破解，这与山东经济发展阶段密不可分，社会信用体系尚未完备，金融业开放度、竞争度不高，企业家过分追求规模扩张等因素均会加剧融资难问题。从土地资源获取角度来看，地方政府在招商引资工作中过分追求世界500强、央企入驻和巨额投资项目，这使得资金雄厚的大型企业获得土地更加便利，而初创阶段企业的用地需求难以得到满足。从人才角度来看，三、四线城市的企业由于所处区域发展水平低，加之自身抵御风险能力弱，收入稳定性差，难以吸引到高素质人才长期服务。

三是制度充分供给方面，制度执行的难度较大。习近平总书记指出，要加

强政策协调性，细化、量化政策措施，制定相关配套举措，推动各项政策落地、落细、落实，让民营企业从政策中增强获得感。这既是对政策制定科学化水平的要求，又是对提升政策执行能力的要求。民营经济的覆盖面广，中小微企业对于各类扶持政策了解程度不同，制约其享受政策红利，因此需要进行大量的宣传和指导工作。

（五）自身治理水平有待提升，风险防控意识亟待加强

民营经济是山东经济发展的重要推动力。但是，随着社会主义市场经济体制的完善，部分企业的自身发展水平已难以适应日益激烈的市场竞争要求。

一方面，部分企业运行规范化水平不高。民营企业的公司治理结构、现代企业制度建设不健全的现象较为普遍，已成为非公经济发展的重要制约因素。治理结构不完善、财务管理不规范等问题不仅仅影响企业提高经营效率，更是制约其拓宽融资渠道，实现跨越式发展的重要障碍。特别是民营经济的治理结构决定了企业家个人因素在决策中的核心地位，其决策普遍呈现决策速度快、论证过程欠充分的特点。在经济形势和市场行情向好的阶段，这一特点是抢占国际国内市场先机的优势；而在经济周期下行或增速放缓的阶段，企业家决策的失误，特别是盲目扩张行为则可能成为企业发展的重大隐患。

另一方面，部分企业风险管控意识不强。非公经济高负债率运行、盲目跨界投资、个人财产与公司财产混同等情况客观存在。山东民营企业与地方政府联系较为密切，而且担保圈较大，一家企业出现经济问题，很可能引发区域性的风险。而地方政府出于维护稳定和保障就业等考虑，通常会对风险企业进行大力救助。在此预期下，企业的风险防控意识难以得到增强，成为其参与市场竞争能力的明显短板。

三　山东民营经济发展面临的战略机遇

尽管面临上述困难，但是应认识到，在新一轮科技革命浪潮下，民营经济发展仍处于重要战略机遇期，应充分把握全面深化改革释放的制度红利，抓住山东新旧动能转换试验区建设契机，推进民营经济加快转型升级，促进实体经济提质增效。

（一）新一轮科技革命正在重塑全球经济结构

新一轮科技革命和产业变革正在重构全球创新版图、重塑全球经济结构。科学技术的应用使产业和经济竞争的赛场发生转变。科技革命的浪潮正在影响全球经济发展趋势，以信息技术、人工智能、新材料为代表的高新技术主导的新产业、新业态正在加速变革经济发展模式。面对科技创新带来的迅猛发展势头，各行各业都在寻找科技创新的突破口，抢占未来经济科技发展的先机。尤其是在全球一体化进程中，从以商品、服务、资本为主的全球化开始逐渐向以科技、人才等为主导的全球化拓展，并且这种趋势越来越明显。以科技创新为引领的全球化成为新时期全球化的一个突出特征。创新要素、技术要素流动到哪里、向哪里聚集，哪里就会成为新的产业和经济制高点。因此新一轮科技革命浪潮也为企业创新发展带来巨大机遇。及时抓住这次变革机遇，找准着力点和突破口，努力在创新发展上进行新部署，开展新作为，才能实现企业经营的可持续发展。

（二）全面深化改革不断释放制度红利

改革的过程就是释放制度红利的过程。近年来，国家出台一系列针对民营经济的政策措施，从完善产权保护制度、激发民间投资活力、营造企业家健康成长环境等多个角度入手，进一步释放制度红利。2018 年《政府工作报告》中提出了多项优化营商环境的具体措施，涉及破除各种隐性壁垒、构建亲清新型政商关系、优化政务服务等多个方面，着力为民营经济创造更好发展条件。2018 年 11 月 1 日，习近平总书记主持召开民营企业座谈会，就坚持基本经济制度的一系列重大理论和实践问题做出了深刻阐释，进一步明确了国家支持民营经济发展的态度和决心。

山东高度重视支持非公有制经济发展的制度设计。2017 年省委、省政府支持非公有制经济健康发展的 10 条意见，确定了支持非公经济发展的大原则，2018 年又先后出台支持实体经济高质量发展 45 条意见、扩内需补短板促发展 42 条意见和支持民营经济高质量发展 35 条意见，提出了大量契合山东实际、符合民营经济迫切诉求的具体政策措施，涉及降低企业负担、破解融资难题、营造公平环境、保护民营企业合法权益、理顺政商关系等多项现实问题。2018

年11月2日，山东召开全省民营企业座谈会，明确提出"民营经济对山东发展功不可没，地位不容置疑，作用不可替代""以更加有力有效的政策举措，急企业之急、帮企业之困、解企业之难"。各项改革措施的相继出台，将持续释放制度红利，为民营经济发展创造更好的外部条件。

（三）新旧动能转换试验区建设持续提供发展机遇

山东新旧动能转换试验区建设已初见成效，低端产能持续减少，传统动能有序升级，新兴动能加速形成，整体经济效益不断提升，全省新旧动能转换的有力推进为民营经济乘势转型提供了宝贵契机。致力于增强创新能力、构建动能转换机制、优化人才机制、改善生态环境、形成开放型经济优势的一系列政策同样惠及民营经济各类主体。按照规划要求，山东将继续加大力度改造提升传统产业，做大做强新兴产业，努力实现新兴动能和传统动能的协同发展。在这一过程中，产业结构将更加优化，产业链条将更加完善，多个产业集群化将逐步形成，这均为民营经济立足自身优势，实现华丽转身和跨越式发展提供了更加广阔的空间。民营经济既是山东新旧动能转换的重要支撑，也会受益于试验区建设带来的发展机遇。

（四）民营企业家才能的发挥面临良好社会环境

习近平总书记在全国民营经济座谈会上充分肯定了中国民营经济的重要地位和作用，重申非公有制经济要健康发展，前提是非公有制经济人士要健康成长。长期以来，敢为人先的创新意识、开拓创新的奋斗精神是支撑民营企业大发展的内在因素。当前的社会环境为民营企业家加速自我提升、充分发挥企业家才能、专心致志干事创业提供了良好的条件。反腐败斗争力度不断加大，为实体经济发展营造了健康的发展环境；各类产权保护制度逐步完善，充分激发了民营企业家创业积极性；政务服务水平持续提升，切实为企业降低运行成本；民营企业的诉求渠道空前畅通，政策落实中的各类问题必将得到更好的解决。山东省2018年在构建亲清型政商关系、优化政务服务和维护民营企业合法权益等方面又出台了多项措施，努力营造市场化、法治化的营商环境。在此背景下，民营企业家的积极性得到充分调动，企业家队伍素质必将得到不断提升。

四　推进山东民营经济新旧动能转换的对策建议

民营经济对山东发展功不可没，在全省新旧动能转换战略实施中的作用更是不可替代。在新的形势下，应进一步加大对民营经济发展的支持力度，科学构建推进民营经济新旧动能转换的制度体系，形成有利于民营经济发展的外部环境，激发民营企业转型升级的内部动力，助力实现经济高质量发展的总体目标。

（一）全面深化改革，通过体制机制创新释放制度红利

改革开放40年来，中国民营经济在党的方针政策指引下不断发展壮大，每一轮民营经济创业兴业的热潮都与改革的深化密不可分。党的十八届三中全会做出了全面深化改革的决定，进行了全局性的部署，改革的深入推进不断为民营经济提供了发展动力。

习近平总书记反复强调，改革开放是决定当代中国命运的关键一招。山东省委、省政府认真贯彻落实中央各项改革部署，在市场体系建设、政府职能转变、财税体制改革、社会治理完善等多个方面大刀阔斧地推进改革，为民营经济发展持续提供发展动力。新旧动能转换本质是改革，涉及思想观念、发展方式、体制机制等多个层面。通过全面深化改革，大力破除制约经济高质量发展的深层次矛盾，打破体制机制障碍，从根本上解决各类突出的现实问题，才能实现新旧动能的有效转换。

下一步，山东应继续坚持全面深化改革，积极探索体制机制创新，进一步理顺政府和市场的关系，加大政府职能转变力度，提升资源市场化配置效率，为促进民营经济新旧动能转换源源不断地释放制度红利。

（二）积极鼓励创新，增强民营经济发展的内部驱动力

创新是一个民族进步的灵魂，是一个国家兴旺发达的不竭动力。创新是改革开放40年来民营经济取得卓著成绩的重要原因，创新驱动更是决胜全面建成小康社会的重要发展战略。山东民营经济具有优良的创新传统，“诸城模式”“潍坊模式”“寿光模式”作为创新探索的成果均在全国产生了重大影响。

山东民营经济新旧动能转换同样需要以创新作为重要的动力源泉。习近平总书记指出，“我们能够做的和应该做的就是要抢抓机遇，加大创新投入，着力培育新的经济增长点，实现新旧动能转换”。山东新旧动能转换的中心任务是以“四新”促“四化”实现“四提”，即通过新技术、新产业、新业态、新模式，来推进产业智慧化、智慧产业化、跨界融合化和品牌高端化，实现传统产业提质效、新兴产业提规模、跨界融合提潜能、品牌高端提价值。推动创新引领发展，充分激发民营经济内部活力，是加快山东民营经济新旧动能转换的有力抓手。

下一步，应继续坚持创新驱动，加快形成更加有利于创业创新的外部环境，激发民营企业创新探索的内部动力，引导各类资源流向“四新”经济，以新技术、新产业、新业态、新模式的发展推进传统动能的提升和新动能的培育，最终在新旧动能转换过程中全面提升民营经济竞争力。

（三）扩大对外开放，充分开拓内外市场，拓宽发展空间

开放同样是新旧动能转换的核心动力之一。尽管在世界经济复苏过程中贸易保护主义和单边主义开始抬头，外部需求空间扩展受到抑制，扩大对外开放在实现多边合作共赢、增添共同发展新动力方面的作用仍然不可替代。山东在对外开放方面具有较好的基础，对外贸易往来覆盖220余个国家和地区，2018年1～10月全省外贸进出口总值为1.57万亿元，其中与“一带一路”沿线国家的外贸进出口占到26.5%。[①] 42家民营企业入围2017年山东省出口100强企业，日照钢铁控股集团有限公司居出口100强第三位。62家民营企业入围2017年山东省进口100强企业，华岳集团有限公司居进口100强首位。

下一步，应继续坚持扩大高水平双向对外开放。一方面，继续积极引进外部资金、技术、人才，借助外力壮大山东民营经济。立足山东产业发展实际和新旧动能转换需求，科学“双招双引”，充分借助外部资源填补技术、人才、资金等方面的空缺，提升民营经济发展质量。另一方面，大力引导优势民营企业主动“走出去”。加快解放思想，转变思路，鼓励民营经济全面参与全球经

① 数据来源于《今年前10个月山东省外贸进出口增长6.6%》，青岛海关网站，2018年11月12日。

济合作和竞争。特别是结合国家“一带一路”倡议，通过国际国内市场开拓，不断拓宽民营经济的发展空间。

（四）推进公平竞争，营造各类市场主体公平竞争环境

加快形成高效公平的市场竞争环境是激发民营经济活力的重要抓手。应放手、放胆、放活地发展非公经济，打破各种“卷帘门”“玻璃门”“旋转门”，为民营企业发展创造充足市场空间。

一是全面拓宽民间投资领域。落实好产业政策负面清单制度，立足山东实际，鼓励和引导民间资本参与“四新”产业集群建设及基础设施和公用事业建设，拓宽民间投资领域，提升资源配置效率。二是支持建立良好政商关系。确定政商交往的“安全区”和“负面清单”。为领导干部与企业交往明确设定“安全区”，鼓励领导干部大胆与企业家正常交往，走进企业。同时，采用负面清单规范政商交往行为，坚决禁止和查处各类干预和危害非公企业发展的行为，畅通企业诉求和权益保护的反映渠道。三是充分保护企业合法权益。坚决杜绝过分夸大企业违法违规性质的行为，对非公企业首次、轻微违法违规行为建立容错机制。加强企业知识产权保护，严惩侵犯知识产权的违法和不正当竞争行为，建立知识产权专家库，引导企业建立产业知识产权联盟，探索建立知识产权案件快审机制。

（五）加快试验区建设，全面推进民营经济新旧动能转换

区域协调发展是实现高质量发展的必然要求，加快新生产要素在区域间的优化配置是新旧动能转换的重要途径。山东依托新旧动能转换综合试验区建设，明确全省“三核引领、区域融合互动”的动能转换总体格局，进行区域统筹发展和城市布局优化的积极探索。

下一步，应继续加快推进试验区建设，在突出三核引领作用，强化济南、青岛和烟台对周边地区的辐射带动能力的基础上，健全产业合作利益分享机制，实现产业有序转移和优化布局，统筹全省协调联动发展，实现区域融合互动。充分发挥济青烟作为区域核心城市在经济实力和创新资源等方面具有的综合优势，鼓励其先行先试，强化对全省动能转换的辐射带动作用。继续创新区域协同发展机制，在产业升级协作、要素资源配置、基础设施互通、生态环保

共建等重点领域深化改革探索，促进区域经济特色发展、错位发展和互动发展，最终形成区域融合互动发展新格局。

（六）强化政策支持，构建有利于民营经济发展的良好环境

推进山东民营经济新旧动能转换，还迫切需要进一步加大制度创新力度，立足山东实际打造精准、普惠、管用的政策支持体系，为民营经济健康发展创造更好的外部条件。

一是优化政策执行方式。加大政策协调落实力度，在政策执行过程中充分考虑地区差异，避免“一刀切”现象的出现。加大宣传指导力度，降低企业获取政策信息的门槛。

二是大幅降低民营企业各类成本。积极落实国家及山东省各项涉及民营经济的减轻税费政策，贯彻好小微企业税收优惠政策。降低企业用地成本，探索简化企业自有土地增容审批流程，提高企业便利度。加快建设各类新旧动能转换园区和创新创业集聚区，对符合一定条件的入园中小企业给予租金优惠。

三是积极发挥财政引导作用。加大财政支持力度，落实国家融资担保业务降费奖补政策，降低企业融资担保费用。探索政府采购定向支持民营企业，制定面向民营企业的采购目录，提升企业参与政府采购的积极性。加大基金扶持力度，引导社会资本投资民营企业。设立创业投资引导基金、天使引导基金，支持民间资本参股或组建相关产业投资基金、基础设施投资基金。

四是进一步完善金融支持体系。大力支持民营企业在境内外资本市场上市，扩大直接融资规模。推动知识产权质押融资，完善知识产权交易流转和知识产权质押登记相关制度，加快建设知识产权评估服务体系。完善信贷风险补偿措施，鼓励银行业金融机构提高中长期贷款比例。充分发挥保险对民营企业的保障和增信作用。加强山东中小企业普惠金融平台建设。增加平台资金池规模，提升平台普惠作用。扩大平台应急转贷资金规模，解决中小企业转贷难题，实现新老贷款无缝衔接。积极构建大数据征信体系和综合信用评价体系。完善适用于民营企业、小微企业的综合信用评价体系。拓宽征信数据来源，实现信用数据共享。利用金融科技加强征信数据化建设，增加征信数据来源的多元化，继续扩大征信数据范围，强化征信系统的威慑力。

（七）做强上市公司，培育更多新旧动能转换的龙头企业

上市公司是山东经济发展的中坚力量，也是实施新旧动能转换的重要载体。做大做强山东上市公司，是提高产业集群效应和提升山东经济综合实力的重要途径。

一是积极解决上市公司发展中面临的各项困难。在复杂的经济形势下，部分上市公司经营面临困境，一些民营上市公司由于宏观产业结构调整、自身转型阵痛和融资渠道不畅等原因，资金链条和生产经营出现暂时性的困难。应积极帮扶经营出现困难的上市企业。通过政策扶持、财税优惠、技术指导等途径努力帮助企业走出经营困境，提高盈利水平，切实提升其发展质量。加强监管部门和地方政府的协作配合，增强风险防范和处置能力，提高上市公司风险处置水平。

二是鼓励优势上市公司兼并重组。设立专项基金资助上市企业重组并购，探索设立省级新旧动能转换并购引导基金，加大对上市公司并购重组的引导支持。鼓励企业通过并购国内外新技术、新产品、新市场做大做优做强。

三是积极壮大民营上市公司队伍。为民营企业提供专业化、全方位上市服务。及时帮助企业解决上市过程中遇到的问题，安排有经验的辅导机构全力配合、强力推进企业上市。大力引导市场参与机构和投资者。通过各类优惠政策，大力培养、壮大和引进一批有实力的资本市场参与机构和投资者，积极对山东优势产业、“十强”产业进行投资，加快提升山东上市公司数量和质量。

（八）提升企业质量，积极扶持民营企业做大做强

微观主体的发展质量同样是影响民营经济发展的重要因素。部分民营企业和个体工商户的发展方式仍较为粗放，制约了自身发展质量和效益的提升。下一步，山东应以提升微观主体发展质量为切入点，推动民营企业完善自身治理结构、建立现代企业制度，从而更好地发挥民企在推进供给侧结构性改革、促进经济高质量发展、加快山东新旧动能转换中的重要作用。通过推动微观主体的规范发展，反过来促进市场秩序优化、社会信用体系建设和监管体系完善。

具体而言，一是应积极培育骨干龙头民营企业。对于在新兴动能培育、科

技创新等方面具有一定优势的民营企业，在资源和要素等方面给予倾斜。大力支持民营企业实现传统动能的转型升级，聚焦重点发展领域，完善政策和推进机制，培育发展一批战略性新兴产业企业。二是鼓励企业积极参与国际化进程，出台更多具体措施支持民营企业参与国家“一带一路”建设，扩大山东国际经贸影响力。三是推动民营企业自主创新。加大研发补贴力度，加强企业知识产权奖励，出台更加细化的奖补政策，支持引导非公企业开展新技术、新产品研发活动。推动建立人才共享平台，推进省市联合，对接大型企业、高校和科研院所，鼓励各类高层次人才与非公企业建立双向交流机制。

B.7

山东省海绵城市建设绩效评价及建议

张念明　王崇宇*

摘　要： "海绵城市"建设理念的提出，对构建人与自然和谐共生的新型城镇化格局具有重要实践价值。本文以绩效为切入点和基本导向，从政策制定、政策执行和政策产出三个方面，构建有效的政策评价指标体系。在此基础上，分析山东省海绵城市建设的现状与成效，指出政策制定和运行过程中应规避的问题，提出了进一步提升山东海绵城市建设绩效的建议。

关键词： 海绵城市　绩效评价　整体统筹

一　山东省海绵城市建设政策状况

（一）政策概况

1. 政策出台背景

近年来，国内很多城市屡遭暴雨而频现内涝灾害，造成严重国民经济损失。同时受气候变化与人类活动影响，水资源短缺、水环境污染以及水生态退化等一系列生态环境问题随之出现。中国传统城市建设模式在应对水安全、水生态、水资源问题等方面存有不足，无法提供有效改善城市水问题的解决方案。

海绵城市理念正是立足于中国水情特征和应对中国城市水问题的突出背景

* 张念明，博士，山东社会科学院财政金融研究所副研究员，研究方向：财政金融；王崇宇，硕士，山东社会科学院财政金融研究所助理研究员，研究方向：财政金融。

而提出的。海绵城市是指城市能够像海绵一样，在适应环境变化和应对自然灾害等方面具有良好的“弹性”，下雨时吸水、蓄水、渗水、净水，需要时将蓄存的水“释放”并加以利用。① 秉持生态文明理念，建设具有自然积存、自然渗透、自然净化功能的海绵城市是提升城市品质的重要途径，是新型城镇化与环境资源协调发展的重要体现。

2013 年 12 月，习近平总书记在中央城镇化工作会议上明确指出推进海绵城市建设的重要性，强调：“在提升城市排水系统时要优先考虑把有限的雨水留下来，优先考虑更多利用自然力量排水，建设自然存积、自然渗透、自然净化的‘海绵城市’。”2014 年 10 月，住建部发布《海绵城市建设指南——低影响开发雨水系统构建（试行)》，同年 12 月，财政部、住建部、水利部联合印发《关于开展中央财政支持海绵城市建设试点工作的通知》（财建〔2014〕838 号)，开启海绵城市建设试点申报和建设工作，调动全国 100 多个城市申报，全国范围内掀起海绵城市的建设热潮。2015 年，住建部办公厅印发《海绵城市建设绩效评价与考核办法（试行）的通知》，评价海绵城市建设成效。

为贯彻落实国家关于海绵城市建设的重大决策部署，2016 年 2 月，山东省人民政府办公厅印发了《关于贯彻国办发〔2015〕75 号文件推进海绵城市建设的实施意见》（鲁政办发〔2016〕5 号)，启动省级海绵城市建设试点工作，统筹财政资金 2 亿元，用于支持省级的海绵城市试点城市建设，潍坊等 5 市以及青州等 3 县入选省级试点城市。2017 年，山东省继续推进海绵城市建设，统筹财政资金 2 亿元，用于支持 15 个市、县的 28 个海绵城市示范区建设，拟打造一批示范项目、亮点工程，形成典型经验、成功案例，并向全省推广。

2. 政策内容

山东省人民政府办公厅印发了《关于贯彻国办发〔2015〕75 号文件推进海绵城市建设的实施意见》（鲁政办发〔2016〕5 号，以下简称《实施意见》)，正式启动山东省海绵城市建设试点工作，文件内容主要包括省级海绵城市建设的工作目标、规划管控、建设重点、保障措施等四部分。《实施意

① 参见住建部《海绵城市建设技术指南——低影响开发雨水系统构建（试行)》，2014 年 10 月。

见》明确海绵城市建设五项重点：海绵型建筑与小区建设、海绵型道路与广场建设、海绵型城市绿地与公园建设、城市水系保护和生态修复、建城区黑臭水体整治。各市根据地区实际情况，编制地区海绵城市建设专项规划和实施方案，分阶段有序组织实施，严格管控各类建设项目。

（二）政策绩效目标

《实施意见》提出海绵城市建设整体目标为：通过“渗、滞、蓄、净、用、排”等措施，将至少75%的降雨实现就地消纳和利用，逐步实现小雨不积水、大雨不内涝、水体不黑臭、热岛有缓解；到2020年，城市建成区25%以上的面积达到目标要求，黑臭水体控制在10%以内；到2030年，城市建成区80%以上的面积达到目标要求，黑臭水体总体得到消除。

二　政策绩效评价指标分析

（一）政策制定评价

1. 政策必要性

（1）形势符合度。自2014年以来，中国海绵城市受到政策的大力支持与推广，两批国家级建设试点的设立得到中央财政层面的支持，使得国内海绵城市建设在各地得到青睐和推广。《山东省国民经济和社会发展第十三个五年规划纲要》中明确提出推进海绵城市建设；各地市国民经济和社会发展第十三个五年规划纲要均对推进海绵城市建设提出要求；《山东省新旧动能转换重大工程实施规划》（鲁政发〔2018〕7号）要求“开展建筑业改革发展综合试点，积极推进海绵城市和综合管廊建设”。山东省人民政府办公厅发布《关于贯彻国办发〔2015〕75号文件推进海绵城市建设的实施意见》，为省内各地市提出了具体可操作的工作指引。海绵城市建设符合当前城市建设和可持续发展的形势。

（2）需求满足度。一方面，当前省内部分城市屡遭暴雨而频现内涝灾害，给居民生产生活带来较大不便的同时，也威胁人民群众的生命财产安全。城市内涝严重的主要原因是排水系统建设滞后、部分管网布局不合理，城市道路和建筑阻碍雨水快速下渗，大幅增加地表径流量。另一方面，山东省水资源短缺，同时面临水环境污染、水生态退化等问题。在这种背景下，海绵城市以一种新型的城镇化理念应运而生，并成为防治城市洪涝和推进雨洪综合管理的指导方针和战略目标。推进海绵城市建设能够满足各地在防治内涝、保护生态环境、治理水污染和实现水资源循环利用等多方面现实存在的迫切需求。

（3）政策交叉度。2016 年 9 月，山东省住建厅发布了《关于进一步加快全省海绵城市建设工作的通知》（鲁建城字〔2016〕56 号），规范海绵城市建设相关指标，确保海绵城市专项规划与城市建设各项规划充分衔接，细化政策实施过程中设计、审查和验收的各项要求，有利于增进各市住房和城乡建委（建设局）、规划局、园林局等不同部门在海绵城市建设中的有效协同，有利于相关政策的贯彻落实。

2. 政策可行性

（1）条件具备度。山东省建设海绵城市的自然条件优越。山东省分属于黄、淮、海三大流域，境内黄河横贯东西、大运河纵穿南北，中小河流密布，流域内大小湖泊众多，能够发挥良好的储水功能。山东属暖温带季风气候类型，降水集中，雨热同季，可以收集大量雨水进行综合利用。

山东省经济实力雄厚。工业经济发达，2007 年以来经济总量稳居全国第三位。2017 年，全省一般公共预算收入达到 6099 亿元，同口径增长 6.6%，全省居民人均可支配收入达到 26930 元，同比增长 9.1%。政府财政收入增加，社会资本累积，为海绵城市规划建设提供了坚实的资金支持和物质保障。

山东省具备海绵城市建设的技术条件。一方面，住建部发布的《海绵城市建设技术指南——低影响开发雨水系统构建（试行）》在海绵城市建设的基本原则、规划设计要点、工程内容和方法以及管理维护等方面做了详细阐述，为各省份海绵城市建设提供了指导与技术支持。另一方面，中国蓄水、排水等水利技术的发展，能够解决海绵城市建设过程中的技术难题，提高工程整体技术水平，提升建设效率。

因此，山东省具备推进海绵城市建设政策和建设海绵城市的基础条件。

（2）环境允许度。中央高度重视海绵城市建设。自 2012 年提出“海绵城市”的概念以来，国家非常重视海绵城市建设工作，财政部、住建部、水利部等相关部门部署海绵城市建设试点工作，并提供大量资金支持。山东省适时发布海绵城市《实施意见》，各地积极响应政策推进海绵城市建设，贯彻新型城市发展理念，推动城市绿色发展。

《实施意见》要求各地结合当地特点，把握气候、降雨、土壤、水生态状况和地形地貌等自然条件，根据地区经济发展和社会需求，评估城市内涝风险与排水防涝能力，因地制宜采用不同形式进行低影响开发。因此，政策实施的环境允许程度较高。

3. 政策合规性

（1）适法度。海绵城市建设政策、各市海绵城市专项规划以及实施方案等文件设定，符合国家相关法律法规、部门发展政策与规划。

（2）规划符合度。建设海绵城市是新型城镇化道路中落实“创新、协调、绿色、开放、共享”五大发展理念的重要内容，是加快生态文明建设的重要实践。从山东省内看，《山东省国民经济和社会发展第十三个五年规划纲要》中提出“推进海绵城市建设，推广透水地面、雨水回用等绿色低碳技术，实施雨污分流工程，提升汇聚雨水、蓄洪排涝、净化生态等功能”。推进海绵城市建设的政策内容顺应山东省发展新需要，符合山东省经济与社会发展总体规划和地区发展规划。

（3）职责符合度。海绵城市建设是一项跨领域、跨专业的综合性工程，其建设责任主体是各地市人民政府，统筹协调住建、交通、水利、园林等部门，将低影响开发政策落实到从规划到运营维护的全过程。各地住房和城乡建设局或城管局是本辖区海绵城市建设的主管部门，负责海绵城市规划建设中的协调调度、督查考核等工作。海绵绩效目标与主管部门职责、承担单位职责紧密相关。

4. 政策合理性

（1）依据充分度。政策出台经过必要的调研论证和可行性研究，符合当前经济社会发展规划，政策实施的自然、经济、技术等条件均已具备。各地经过充分调研，因地制宜设计海绵城市规划，从低影响开发、生态保护和修复等方面着手实施，政策实施的基本依据充分合理。通过海绵城市建设能够减轻城市洪涝灾害，防治径流污染，节约水资源，实现城市的良性水文循环，保护城市生态环境。

（2）定位准确度。各地市推进海绵城市建设遵循“规划引领、生态优先、安全为重、因地制宜、统筹建设”的基本原则，从“水生态、水安全、水环境、水资源”四个方面定位，围绕“渗、滞、蓄、净、用、排”六字方针，瞄准城市快速发展过程中雨水排放及利用等短板，着力实施海绵城市建设。

（3）目标清晰度。政策目标提出海绵城市建设的具体目的，明确方向性目标和阶段性目标，确定考核量化指标，为各地市海绵城市项目的具体实施提供指导、提出要求。政策目标主要存在可量化程度不高与细化程度不足两方面问题。一是根据《实施意见》中工作目标的要求，全省海绵城市建设主要按照年径流总量控制率指标进行设计施工，由于无监测数据做支撑，无法判断该指标实际情况，目标可量化程度不高。二是政策目标细化程度不足，主要体现在以下两个方面：第一，政策仅对海绵城市建成面积占比做出要求，建设质量、成本以及效益指标不够明确，未提出海绵城市建设的单位面积控制容积、下沉式绿地率和绿色屋顶率等量化指标要求；第二，政策目标未能从水生态、水环境、水资源、水安全、制度建设等方面设置海绵城市建设年度目标，未明确城市内涝防治和防洪标准目标。各地应根据当地地质条件和水文特征，针对水生态等突出问题，参考雨洪控制要求、雨水资源化利用需求和经济条件等因素，因地制宜确定海绵城市建设目标。

（4）实施路径合理度。海绵城市建设途径主要有以下几方面：一是保护原有生态系统；二是恢复和修复受破坏的水体及其他自然环境；三是运用低影响开发措施建设城市生态环境。[①] 各地海绵城市建设中采取的措施主要包括海绵型道路与广场建设、海绵型建筑与小区建设、海绵型城市绿地与公园建设、城市水系保护和生态修复、建城区黑臭水体整治等，“保护”、“修复”和“低影响开发”三方面内容贯穿其中。“保护”主要表现在对河流、湖泊、湿地、林地和草地等原有生态系统的保护，最大限度地维持城市开发前的自然水文特征；“修复”表现在生态的恢复和修复，对已经遭到破坏的水体、水域，运用生态手段进行修复和还原；“低影响开发”表现为开发过程中采用“渗、滞、

① 仇保兴：《海绵城市（LID）的内涵、途径与展望》，《现代城市》2015 年第 10 期。

蓄、净、用、排”等手段对雨水进行控制和利用。实施路径和具体实现设施符合海绵城市建设理念，协同发挥各自作用，实现自然积存、自然渗透、自然净化的城市发展方式。

（5）实施主体得力度。山东省财政厅、省住建厅、省水利厅及各市县政府、财政、建设、水务等部门为项目组织管理单位。省财政厅负责审核资金分配建议并分配预算，按照财政相关要求监督项目实施和资金使用。省住建厅负责省级财政资金支持试点城市选定、项目评审、计划审核等基础工作，及时向省财政厅提出资金分配建议，并指导、监督项目实施和资金使用。市、县人民政府是海绵城市建设的责任主体，负责明确项目牵头责任部门，建立完善协调推进工作机制，统筹协调职能部门。工程项目人员由项目经理、技术负责人、施工员、质检员、安全员、材料员、预算员等组成。

（6）财政投入充分度。为进一步规范和加强省级城镇化建设专项资金管理，提高资金使用效益，省财政厅、省住建厅制定了《山东省省级城镇化建设资金管理办法》（鲁财建〔2017〕24 号），海绵城市属于该资金支持范围。大部分海绵城市建设项目属于公益性项目，鉴于海绵城市建设仍处于探索示范阶段，其投入主要依靠财政资金支持，短时间内很难由社会资金替代财政资金投入。虽然省级财政对海绵城市建设给予专项资金补助，但海绵城市建设的资金需求仍带给部分地区政府较大的支出压力。

（7）财政预算细化度。依据《山东省省级城镇化建设资金管理办法》（鲁财建〔2017〕24 号）和《关于下达 2017 年省级城镇化建设专项资金（第二批）预算指标的通知》（鲁财建指〔2017〕31 号）文件，省财政厅对 2017 年海绵城市建设项目实施资金支持，资金金额为 2 亿元，资金分配情况见表 1。支持海绵城市建设的资金，由各地统筹用于海绵型建筑与小区建设、海绵型道路与广场建设、海绵型城市绿地与公园建设、河道和排水防涝、调蓄截污、水生态修复等工程项目的规划设计、建设实施和运营监管等。大部分地市按照海绵城市专项规划、实施方案合理分配省级财政资金至具体项目；个别城市省级财政资金分配论证不够充分，分配结果不够合理，存在省级财政资金支持专项规划、实施方案范围外项目的情况。

表1　2017年海绵城市建设资金分配

市县	海绵城市建设面积（平方公里）	换算系数	海绵区域换算面积（平方公里）	金额（万元）
淄博市	3.55	0.8	2.84	1125
枣庄市	2.979	1.0	2.979	1180
东营市	3.0781	0.8	2.4625	975
烟台市	4.4916	1.0	4.4916	1779
潍坊市	3.03	1.0	3.03	1200
济宁市	3.72	1.0	3.72	1473
泰安市	3.395	1.0	3.395	1344
威海市	1.28	1.0	1.28	507
日照市	3.9952	1.2	4.7942	1898
莱芜市	0.718	0.8	0.5744	227
临沂市	4.2	1.2	5.04	1996
聊城市	4.037	1.0	4.037	1599
滨州市	6.4	1.2	7.68	3041
菏　泽	5.23	0.8	4.184	1656
菏泽市	4	0.8	3.2	1267
东明县	1.23	0.8	0.984	389
总　计	50.1		50.5	20000

（二）政策执行评价

1. 规划方案合理性

（1）实施规划合理度。从规划层面来看，各地均制定海绵城市总体规划、专项规划、控制性详细规划、修建性详细规划等各级海绵城市建设规划。总体规划明确实施策略、原则，近、中、远三期建设目标，重点实施区域和内容。城市排水系统、绿地系统、道路交通等相关专项规划体现总体规划有关要求和内容。控制性详细规划确定不同地块的低影响开发控制指标，明确低影响开发设施类型及规模。修建性详细规划落实具体的低影响开发设施的类型、布局、规模、建设时序等。

（2）实施方案翔实度。各地海绵城市建设以规划为引领，以水文条件、水安全要求和水资源状况为基础，确定符合当地需要的实施方案，逐步推进。实施方案覆盖海绵城市建设设计、施工、监管等工程实施全过程。设计阶段，做好建设区域内用地性质等摸底核实，因地制宜配套建设雨水滞渗、收集、利用等削峰调蓄设施，恢复或修复原粗放开发而破坏的自然生态资源环境，完成工程初步设计、技术设计及图纸评审工作，确定建设周期计划和进度安排，确定项目投资计划和资金来源等。工程施工阶段，人员、场地、设施设备等条件及时落实到位，有序开展工作，项目进度控制计划和措施完善，施工资料齐全。大部分项目完工后，一般先由施工单位负责养护1～2年，到期后交由当地有关部门或委托养护公司管理。大部分方案未明确管护责任主体，管护人员未到位。

2. 标准、技术合理性

（1）标准统一度。中国海绵城市建设标准规范发展较快。住建部在2016年对国家标准《城市居住区规划设计规范》《城市绿地设计规范》《城市道路工程设计规范》《室外排水设计规范》局部修订，强调海岸城市建设与城市内涝防治。之后，陆续修订《城市水系规划规范》（GB 50513—2009）、《城市排水工程规划规范》（GB 50318—2000）、《城市用地竖向规划规范》（CJJ 83—99）、《建筑与小区雨水利用工程技术规范》（GB 50400—2006）、《城市绿地设计规范》（GB 50420—2007）等10部海绵城市相关规范。

省住建厅制定了山东省工程建设标准《海绵城市设计规程》（DB37/T 5060—2016）、山东省建筑标准设计图集《海绵城市建设技术——雨水源头控制与利用工程》（图集号：L16M201）等海绵城市建设标准规范。海绵城市建设相关标准规范逐渐完善，构建包含规划、设计、技术等不同类别的标准规范体系，从技术顶层上有力支撑海绵城市建设，保障海绵城市建设过程中各环节的标准化、规范化。

在部分项目实施过程中，标准规范的落实不到位，项目建设标准参差不齐。海绵城市建设是一项系统工程，其目标、指标的实现需要多种技术措施做支撑。通过现场查看发现，不同地市海绵城市建设标准存在差异，同一类型的项目建设也存在显著差异。如对于海绵型道路建设，有的地市采取透水铺装、下沉式绿地、生态滞留塘等多种措施来实现年径流总量控制率目标，而有的地市则仅采取透水铺装单一措施，能否实现既定目标有待进一步评估。

（2）技术规范度。大部分地市的规划、设计和项目建设符合上述标准规范要求。部分地区道路绿化和城市绿地设计、建设过程中出现不规范现象：一是没有建设沉淀池、前置塘等对径流雨水进行预处理，对绿地环境造成破坏；二是一些有降雪的城市绿地缺少弃流设施（对含化学融雪剂的融雪水进行弃流并经处理后排入市政污水管网），造成融雪剂污染土壤、危害植被；三是下沉式绿地溢流口设置过高，导致暴雨时径流的溢流排放量少，淹死植被。

3. 规划预算执行率

（1）规划执行度。各地市政府作为海绵城市建设的责任主体，统筹协调多个职能部门，逐步推进低影响开发雨水系统的建设。大部分地市海绵城市年度实施计划目标能够达到省级财政资金支持目标的要求，但也有个别地市（如聊城市、潍坊市）制定的目标较低，与绩效目标不匹配。

（2）预算执行度。2016 年，滨州市、青州市、聊城市预算执行进度较快，执行率（支出率）分别为 100.00%、95.87% 和 82.43%；其他试点城市预算执行率均低于 80%。2017 年由于部分项目进度缓慢，影响了项目预算执行进度，绝大部分地市预算执行率低于 80%。从省级财政资金预算执行角度来看，全省海绵城市建设省级奖补资金共计 20000 万元。据统计，目前支出金额为 8146.57 万元，省级财政资金支出率为 40.7%。各市县省级财政资金预算执行情况如表 2、表 3 所示。

表 2　2016 年各市县省级财政资金预算执行情况

单位：万元，%

市县	预算批复金额	到位金额	到位率	实际支出	支出率	结余金额
潍坊市	3380	3380	100.00	1701.5	50.34	1678.5
泰安市	4148	4148	100.00	551.8	13.30	3596.2
临沂市	3140	3140	100.00	0	0.00	3140
聊城市	2487	2487	100.00	2050	82.43	437
滨州市	1501	1501	100.00	1501	100.00	0
青州市	1676	1676	100.00	1606.8	95.87	69.2
曲阜市	2094	2094	100.00	184	8.79	1910
莒　县	1574	1574	100.00	995	63.21	579
合　计	20000	20000	100.00	8590.1	42.95	11409.9

表 3　2017 年各市县省级财政资金预算执行情况

市县	海绵区域建设面积（平方公里）	省级金额（万元）	支出金额（万元）	支出率（%）
淄博市	3.55	1125	0	0
枣庄市	2.979	1180	155.64	13.19
东营市	3.0781	975	358.1	36.73
烟台市	4.4916	1779	1372	77.12
潍坊市	3.03	1200	750	62.50
济宁市	3.72	1473	334	22.67
泰安市	3.395	1344	107	7.96
威海市	1.28	507	507	100
日照市	3.9952	1898	1694	89.25
莱芜市	0.718	227	227	100
临沂市	4.2	1996	0	0
聊城市	4.037	1599	662.73	41.45
滨州市	6.4	3041	1979.1	65.08
菏　泽	5.23	1656	0	0
菏泽市	4	1267	0	0
东明县	1.23	389	0	0
合　计	50.1	20000	8146.57	40.7

4. 保障充分性

（1）财政资金保障度。根据省财政、市（区）财政预算指标可知，2016 年省级财政资金预算批复金额 20000 万元，到位率 100%。2017 年省级财政资金预算批复金额 20000 万元，到位率 100%。省级资金拨付程序一般为：各市财政局收到省级建设资金后，将资金下达至项目所在区财政局或项目主管单位，再由项目所在区财政局或项目主管单位根据项目进度和合同情况，支付给施工单位。项目资金严格按照《山东省省级城镇化建设资金管理办法》和项目合同规定进行拨付，财政资金支持海绵城市建设保障率为 100%，拨付手续合法合规。

（2）社会资本参与度。国家高度重视并积极推广政府和社会资本合作方式（PPP 模式）投资建设海绵城市。但是，海绵城市建设项目所获得的效益以环境效益和社会效益为主，直接经济效益较少，这在一定程度上阻碍了社会资本的参与。2017 年建设项目中，仅日照市、滨州市等地区部分项目采用 PPP

模式实施，PPP 模式的推行面临许多问题和挑战。

（3）人员保障度。海绵城市建设涉及整个城市系统，通过当地政府把住建、规划、水务、环保、园林、交通、项目业主和其他一些单位协调起来，明确目标，落实政策和具体措施。各市成立的海绵城市建设工作领导小组，均明确了组成单位的职责分工；成立项目部，人员由项目经理、技术负责人、施工员、质检员、安全员、材料员、预算员等组成，对项目的进度、质量、技术、安全、材料、工程成本等全面负责。

（4）技术保障度。海绵城市建设理论知识涉及面广，专业技能要求高，各地现有人才和技术力量能够保障部分海绵城市工程的顺利实施，但是难以保障水资源净化、雨水开发利用、雨洪模型等新技术或复杂技术的应用。各地在政策实施过程中与高校、科研机构的交流合作较少，缺乏相关设计经验和技术储备。部分地市技术保障度较高，例如临沂市成立全省第一个市级海绵城市研发中心，并联合临沂大学组建了海绵城市工程技术研究推广中心，指导全市海绵城市技术工作。

（5）其他保障度。政府绩效考核机制重视项目工程质量，给予建设期考核指标较大权重，弱化后期运营维护考核指标权重。大部分地市没有建立完善的运营维护保障制度，没有明确运行维护主体并细化日常维护管理内容。海绵城市建设不应止步于完成建设工程。项目工程完工后，河流、湖泊等水系需要定期巡查、检测，公园、绿地、道路雨水设施等需要长期维护和完善。各地需建立健全海绵城市各类设施的维护管理制度和操作规程，配备管理人员加强各类设施的运营维护工作。

5. 过程管理严谨性

（1）管理制度完备度。为规范海绵城市建设项目实施，山东省财政厅、省住建厅印发了《关于做好海绵城市建设实施方案编制和 2016 年建设计划提报工作的通知》（鲁建综函〔2015〕51 号）等文件，为项目实施提供了较为完善的制度保障。

为加强海绵城市资金管理，提高资金使用效益，山东省财政厅、省住建厅制定了《山东省城市地下综合管廊和海绵城市建设资金绩效评价办法》（鲁财建〔2017〕55 号）和《山东省省级城镇化建设资金管理办法》（鲁财建〔2017〕24 号）。其中，《山东省省级城镇化建设资金管理办法》对资金支持范围、资金分配、指标下达、资金使用、资金监管、绩效评价等内容做了详细规定。

各地市建设项目业务管理制度健全，内容合法、合规、完整。管理制度对各部门管理职责、项目立项和规划管理、土地开发和利用管理、建设管理、运营管理等做了详细规定。通过对项目实施过程中相关制度的约束管理，海绵城市建设有章可循，扎实推进政策落实。

大部分地市资金管理制度健全。各地制定海绵城市建设专项资金管理办法，确定资金用途和使用范围、申请条件、资金分配、拨付程序等内容，且具有针对性、可行性。项目建设单位制定财务管理制度，明确财务机构与会计人员职责，会计核算原则及科目，材料采购和领用，费用报销，劳务费和车辆租赁费支付，工程项目备用金管理等内容，保障项目资金支出依据合理，防止截留、挤占、挪用、虚列支出等情况出现。

从具体项目实施来看，大部分项目制定相关进度管控制度，主要包括建立工程进度管理制度，定期召开生产例会制度，保障进度计划需要的主要施工机械设备，选用专业施工队伍，合理安排施工材料进场，编制施工进度横道图等。

项目进度控制制度和措施完善。个别城市管理制度落实不够有效，部分项目在实施过程中出现延误，导致项目延期。部分地区缺少城市河湖水系的保护与管理机制、低影响开发控制和雨水调蓄利用的建设管理制度等。

（2）法规、制度执行度。各方政策主体均严格遵守现有国家法律法规及相关规章制度。但是，目前海绵城市建设相关法律法规不健全，针对海绵城市规划、建设、工程验收、后期维护等方面的法律法规亟待完善。

（3）工作协调度。海绵城市建设涉及多个部门。各市县政府负责制定建设目标，制定协调管理制度，划分监管责任，组织编制技术标准、工程方案，监督协调工程建设和维护管理。财政、住建、园林、水务、国土、环保等部门能够明确自身职责和部门分工，注重部门间工作衔接和协调配合。部分城市管理体制碎片化问题突出，部门各自为政，导致工作不协调等问题出现。

（4）重大违规度。各地海绵城市建设管理制度、财务制度健全，制度执行情况良好；项目单位按照项目需要采取相应的工程监理、项目质量检查、进度管控等措施，对项目管理控制情况较好。项目支出资金严格按照规定使用，不存在截留、挤占、挪用、虚列支出等情况。项目立项和规划、土地开发利用、施工建设、运营维护等阶段均未有重大违规现象出现。

（三）政策产出评价

1. 数量达标度

从建设面积来看，2017 年省级财政资金支持全省海绵城市建设面积为 50.1 平方公里，实际完工面积为 44.1 平方公里，完工率为 88.0%。海绵城市建设项目类型主要包括建筑与小区、道路与广场、绿地与公园、河道水系等，建设内容主要包括透水铺装、下沉式绿地、植草沟、绿化及雨水花园等。省级财政资金支持的 15 个市县中，有 9 个市完成了 2017 年海绵城市建设任务；济宁、泰安、日照、临沂、聊城、东明 6 个市县未完成海绵城市建设任务。各市县具体情况见表 4。

表 4　2017 年各市县省级财政资金支持项目完工情况

市县	省级资金支持建设面积（平方公里）	计划建设面积（平方公里）	实际完工面积（平方公里）	完工率（%）
淄博市	3.55	4.25	4.0	100
枣庄市	2.979	3.424	3.18	100
东营市	3.0781	6.075	3.26	100
烟台市	4.4916	4.943	4.6656	100
潍坊市	3.03	3.03	3.03	100
济宁市	3.72	3.72	2.66	71.5
泰安市	3.395	5.46	1.8	53.0
威海市	1.28	1.28	1.28	100
日照市	3.9952	4.783	3.283	82.2
莱芜市	0.718	0.726	0.726	100
临沂市	4.2	2.172	0.896	21.3
聊城市	4.037	2.586	1.2	29.7
滨州市	6.4	10.2	8.16	100
菏　泽	5.23	7.07	5.95	—
菏泽市	4	5.22	5.22	100
东明县	1.23	1.85	0.73	59.3
合　计	50.1	59.7	44.1	88.0

从建设项目数量来看，2017 年全省 81 个海绵城市建设项目中，大部分项目能够按照进度计划实施。但有部分项目未完成，处在施工阶段。

2. 质量达标度

绝大部分海绵城市项目已完成的内容能够基本按照海绵城市理念设计施工，符合《海绵城市建设技术指南——低影响开发雨水系统构建（试行）》、山东省工程建设标准《海绵城市设计规程》（DB37/T 5060—2016）、山东省建筑标准设计图集《海绵城市建设技术——雨水源头控制与利用工程》（图集号：L16M201）等标准规范要求。个别项目存在施工不规范的现象。

3. 产出可持续性

为达到山东省人民政府办公厅印发的《关于贯彻国办发〔2015〕75 号文件推进海绵城市建设的实施意见》（鲁政办法〔2016〕5 号）和各地市海绵城市专项规划、实施方案制定的目标、指标要求，全省将继续推进海绵城市建设，各市规划均制定了多年海绵城市建设目标和计划，通过“源头 - 中途 - 末端”结合，以低影响开发雨水系统就地消纳利用降雨，减小雨水管渠等灰色基础设施径流控制负荷，防治内涝，同时消减初期雨水面源污染，提高雨水利用程度。

（四）政策效果评价

1. 客观效益

通过人工或者自然海绵体对携带大量道路、屋面污染物的径流进行处理，控制初期雨水污染；在非机动车道、人行道、停车场、广场等扩大使用透水铺装，保证雨水逐步下渗到土壤中或补充自然水体，减少城市建设对完整的自然水文循环的破坏；对城市原有排水设施提标改造，实施雨污分流工程，降低污水处理成本；收集并处理雨水，用于景观用水等，提高水资源的使用效率，缓解城市的缺水问题；创造小溪、景观池等亲水空间，形成城市景观，提升环境舒适度，保护和改善城市生态环境。

2. 环保效益

海绵城市建设保存与修复城市植被、湿地、坑塘，保护水体、林地等重要生态敏感区，构建生态廊道，大幅减少城市开发建设对自然生态造成的破坏，同时为生物迁徙、水资源调节提供必要的通道和网络；通过人工湿地、生态滤池等措施过滤并降解汇流雨水中的污染物，净化水体，保护城市水环境；通过下沉式绿地、植草沟建设，增加城市绿地，留足生态空间和水域用地，有利于减少城市热岛效应，调节城市小气候，有效改善城市人居环境，促进人与自然和谐相处。

3. 主观效益

海绵城市建设促进传统粗放式建设观念向“生态、和谐”的城市规划建设理念转变，对于提高中国城镇化质量、助推生态文明建设具有重要意义。第一，从城市防涝减灾的角度分析，海绵型城市能够实现雨水源头减排，更好地排水排涝，以减少洪涝灾害损失；第二，从资源利用的角度看，海绵城市建设遵循城市区域水资源自然规律，多策并施构建良性水循环，保障城市降雨能够被系统地收集、存储、净化与利用；第三，从生态环境保护的角度看，海绵城市建设坚持顺应自然、尊重自然的低影响开发模式，降低城市建设对生态环境的影响，保障城市建设与自然和谐发展。

4. 效果可持续性

各地市落实海绵城市建设政策，合理进行低影响开发，保障雨水的渗透、调蓄、净化和利用，维持可持续的水生态循环功能；恢复和保护水生态环境，缓解城市用水短缺等问题，保障城市水资源和生态环境的可持续开发和利用。海绵城市建设契合生态文明理念，是城市发展理念的转型，与生态园林城市、公园城市等现代城市发展模式有机结合，共同营造自然生态的可持续城市。

三　政策绩效评价结果及存在的主要问题

山东省海绵城市建设省级财政资金项目立项依据充分，绩效目标合理，管理机制健全，省级财政资金到位率100%，资金使用规范合理，项目实施效益显著。但同时，也存在个别地市实施项目存在立项手续不完善、任务目标定位低、进度管理不到位、资产管护未落实等问题。总体上，项目实施有利于改善城市生态环境和人居环境，减少城市热岛效应，减轻城市防洪排涝的压力，促进人与自然和谐发展。

政策制定和运行存在的主要问题有以下几方面。

一是缺乏流域治水理念。部分市县海绵城市建设方案缺少流域控制分析和水系规划，缺乏对城市外围流域防洪防汛安全、水域生态系统等情况的全盘综合考虑，没有摆脱“就城市论城市”传统观念，不具备整体性与系统性。当前海绵城市规划建设大多局限于城市内部，突出强调低影响开发建设，缺乏内部与外部流域的统筹协调。

二是雨水利用意识薄弱，排水系统重视雨水快排，普遍缺少先合理利用再排放的理念。各地市海绵城市建设中绿色屋顶、人工雨水调蓄设施数量较少，雨水滞留、蓄积量不足。实施项目很少涉及中水回用设施和雨水综合利用系统，雨水资源化利用率很低，造成大量雨水浪费，与中国水资源紧缺形成矛盾面。

三是老旧城区排水系统设计标准低、排水能力不足，排水管网提升和雨污分流工程改造难度大；城区建筑、道路密集，难以提供充足土地布置低影响开发设施；大范围改造工程涉及众多部门协调问题，对城市运行和居民正常生活造成影响。

四是海绵城市建设资金需求量较大，存在一定资金缺口。根据住建部估计，海绵城市建设投资每平方公里为1.0亿~1.5亿元，虽然试点城市每年可获得一定的中央财政补贴金额，但仍存不足。PPP模式对应的收益模式仍有待进一步明确。

五是施工图审查有待加强。虽然各地市海绵城市建设的规划、设计、施工等全流程管控机制已基本建立，但由于海绵城市规划、设计专项性比较强，初步设计审查、施工图设计审查等各个管控环节的技术力量还比较薄弱，海绵城市建设项目施工图审查还未得到有效落实。

四　进一步提升海绵城市建设绩效的建议

一是把流域控制作为海绵城市建设的基础与支撑条件，统筹考虑解决城市外围流域水安全、水生态等各类问题。综合考虑源头、过程、末端的有机整合，从源头削减雨水径流，延缓洪峰，注重雨水收集、调蓄，实现雨洪资源的有效利用。

二是创新投融资机制，建立健全政府和社会资本合作（PPP模式）机制。加大生态效益货币化研究和应用，完善海绵城市项目商业盈利模式，探索由消费者付费、可行性缺口补助及政府购买等运营方式与收费模式，充分发挥社会资本的积极作用，减轻地方财政压力。

三是鼓励国际合作，引进国外先进理念和技术。加强国际交流与合作，通过人员培训、技术咨询、学术交流等方式，借鉴国外 LID、SUDS 和 WSUD 等先进理念和技术，找出适合本区域的海绵城市建设方案。在海绵城市建设过程中引入专家指导机制，全过程指导项目建设，提高海绵城市建设的技术与管理水平。

四是着力建立完备的城市雨水治理系统。在广泛建设低影响开发设施的基础上，通过合理布局雨水调蓄系统、控制合流制管网污染等一系列措施，完善渗透、滞留、积蓄、利用、排除有效结合的雨水治理体系。鼓励新建、改建的大型公共建筑设置绿色屋顶、雨水下渗和滞蓄设施，大幅提高建筑用水节约和雨水循环利用。

B.8 关于加快山东社会信用体系建设与培育发展新动能的调研和思考

山东省发展改革委调研课题组*

摘　要： 社会信用体系是实现高质量发展的重要支撑，信用大数据以及围绕其衍生出来的信用服务、共享经济、数字经济等都是当前经济发展的短板，是经济发展新动能的重要组成部分。山东省加快构建以信用为核心的新型市场监管机制，信用体系建设取得了突破性进展，但信用法律法规体系不完善、行业区域发展不均衡、信用信息应用不足等问题仍然存在。本报告从加快构建以信用为核心的新型市场监管机制、大力培育发展信用服务机构和信用服务产业两方面提出了加快山东社会信用体系建设与培育发展新动能的措施建议。

关键词： 社会信用体系　发展新动能　信用服务产业

一　社会信用体系建设与培育发展新动能的关系和意义

信用是市场经济有序健康发展的基石。市场经济本质上是信用经济、法治经济。习近平总书记早就强调指出，“人而无信，不知其可；企业无信，则难

* 调研课题组组长：潘好亮，山东省发改委党组成员、副主任。成员：张光忠，山东省发改委信用管理处处长；魏一鹏，山东省发改委信用管理处副处长；陈蕾，山东省发改委信用管理处科长；杜娟，山东省标准化研究院质量管理与研究中心工程师；杨仁华，山东省社会信用中心信用推进部副主任。

求发展；社会无信，则人人自危；政府无信，则权威不立”。当前，山东正处在全面贯彻落实党的十九大精神，全面推进新旧动能转换、乡村振兴、经略海洋等战略规划落地实施的关键阶段。加快社会信用体系建设对于促进新旧动能转换、实现高质量发展、力争走在全国前列具有非常重要的现实意义。

（一）社会信用体系是实现高质量发展的重要支撑

中国经济发展从高增长阶段转入高质量发展阶段的显著特征是，不再强调追求经济增长的高速度，而是更加强调经济增长的速度、质量、效益相统一，更加突出经济发展的公正、和谐、可持续相协调。从产品质量、工程建设等供给侧角度看，诚信建设是全面深化改革的助推器。通过建立完善的信用奖惩制度，在全社会营造守信践诺的良好风尚，抑制市场经济负面效应，提高市场主体的失信成本，激励市场主体向社会提供优质产品和精品工程，促进市场经济健康有序发展。从促进社会公平正义的视角看，健全有效的信用体系是经济新常态下保持社会健康发展的稳定器。通过建立跨地区、跨部门、跨领域的信用联合奖惩机制，集中整治群众反映强烈、社会危害严重的诚信缺失突出问题，严肃查处重点领域失信典型案件，有助于形成褒扬诚信、惩戒失信的制度机制和社会风尚。实质上，完善的社会信用体系保护了那些埋头研发、童叟无欺、只出精品的老实人，打击了制假售假、以次充好、坑蒙拐骗等歪风邪气，是社会主义市场经济健康有序发展的基础桩。

（二）信用大数据是共享经济等数字经济的催化剂

21 世纪以来，全世界大踏步迈入了信息化时代。当前，云计算、大数据、区块链、人工智能等现代信息技术迅猛发展，在经济社会的许多领域已经或正在进行颠覆式、革命性的变革，也在深刻地影响着中国社会信用体系建设。如果还是继续沿用欧美国家传统征信公司采集、管理信息的老路子，通过几十年，甚至上百年的时间沉淀来积累数据，中国的信用大数据是遥遥无期的。得益于正在加速推进的政府信息化建设，目前，全国信用信息共享平台已经归集了各类信用信息 250 亿条，山东省公共信用信息平台也已归集了 8.37 亿条信用信息，每天仍在滚动更新。可以说，政府主导的公共信用大数据已经初步建成。共享经济一般是指以获得一定报酬为主要目的，基于陌生人且存在物品使用权暂时转移的新经济模式。[①] 本质是运用互联网工具整合线下的闲散物品、劳动力、教育医疗等资源，促使社会资源更有效率地配置使用，保证相关方共同获得经济红利。共享经济要实现良性健康有序的发展，要解决陌生人之间资源共享交易的信任问题，必须有信用体系、支付环境、认证机构等基础保障，否则就是纸上谈兵。因此，依法依规推进公共信用大数据与市场大数据的共享融合，建立健全信用激励和约束机制，是共享经济实现高质量发展的催化剂和稳定器。

（三）信用大数据以及衍生出来的新业态、新模式是新动能的重要组成部分

信用大数据首先需要进行信用信息的采集、清洗、比对、关联、标注等，这个产业本身就很大，也是一个新兴的产业，在数字经济产业中处于产业链条的起始端。以信用大数据为基础，进行深入的挖掘、分析、研究，针对具体的行业、区域等，提出高附加值的信用风险预警报告，这是信用服务产业的核心产品和服务。以信用大数据为支撑，以“互联网 +”为依托，又会衍生出来众创、众筹、众包、共享经济、数字经济等新业态、新模式。综上所述，信用大数据以及围绕其衍生出来的信用服务、共享经济、数字经济等都是当前经济发展的短板，是经济发展新动能的重要组成部分。目前，这个产业仍处于起步发展的初级阶段，行业实力还很弱小，迫切需要政府营造良好发展环境，加大扶持培育的政策支持力度。

二　山东社会信用体系建设基本情况

（一）发展现状

近年来，在党中央、国务院的坚强领导下，各级、各有关部门大力推进社会信用体系建设，加快构建以信用为核心的新型市场监管机制，信用体系建设取得了突破性进展。山东省委、省政府高度重视全省社会信用体系建设工作，

---

① 谭文魁：《试析共享经济对行政法的挑战与对策》，《法制与社会》2019 年第 1 期。

省发展改革委充分发挥联席会议牵头部门的综合协调职能，省有关部门和各市共同努力，真抓实干，务实求效，取得了重要阶段性进展。

1. 初步建立起社会信用体系建设的法规制度体系

2018 年 3 月，省政府以第 314 号令印发并实施了《山东省公共信用信息管理办法》，为规范公共信用信息管理、促进公共信用信息公开共享提供了重要制度保障。山东信用立法已列入省人大常委会 2018 年地方立法计划，立法调研工作已经启动。近年来，省政府先后出台了《山东省社会信用体系建设规划（2015—2020 年）》《关于建立完善守信联合激励和失信联合惩戒制度加快推进社会诚信建设的实施意见》《关于加强政务诚信建设的实施意见》等 3 个纲领性文件。省委办公厅、省政府办公厅先后印发并实施了《山东省社会信用体系建设工作方案》《关于贯彻国办发〔2015〕51 号文件运用大数据加强对市场主体服务和监管的实施意见》《关于做好行政许可和行政处罚等信用信息公开公示的实施意见》《关于加强个人诚信体系建设的通知》等文件，有力地推动了山东社会信用体系建设。

2. 建成了覆盖全省的公共信用信息平台和网站集群

山东省率先建成了省公共信用信息平台（一期）项目和“信用中国（山东）”官方网站，初步实现了信用数据的自动化归集、智能化管理和多元化共享。以省信用平台为枢纽且覆盖全省各地域、各行业的公共信用信息平台和网站集群已经基本形成。在省有关部门和各市的大力支持下，省信用平台共归集了 56 个厅局和 17 个设区市的 8.37 亿多条信用信息，并依托统一的社会信用代码，将相关信息记入对应的社会主体名下，企业法人公共信用信息数据库已建成。作为全省信用体系政策宣传和信息公示查询窗口，目前，“信用中国（山东）”官方网站已公示全省行政许可和行政处罚信息 692 万条、全国信用“红黑名单”信息 160 万条，官网一站式综合信息查询超过 100 万人次，总浏览量突破 500 万次，社会关注度逐步提升。

3. 形成了守信联合激励和失信联合惩戒的工作机制

近年来，省发展改革委会同法院、人行、财政、环保、公安、质监等 50 余家部门单位，联合印发了对婚姻登记严重失信当事人、家政服务领域相关失信责任主体、出入境检验检疫企业、慈善捐赠领域相关主体等联合奖惩备忘录，累计实施的备忘录达到 38 个。同时，省直多个部门、单位将查询使用信用记录嵌入行政管理各环节，对严重失信黑名单实施联合惩戒。省发展改革委于2017年8月印发了《关于在履行管理职责中加强信用监管的实施意见》，在办公系统已安装使用联合奖惩子系统，实现行政许可业务“逢办必查、逢报必查”，推动信用联合奖惩机制有效运行。2018年以来，已查询使用600多家企业法人的信用记录1300多次，限制事项申报28次。

4. 积极开展信用体系建设示范城市创建工作

一是国家信用体系示范城市创建取得显著成效。经过两年多的组织创建，山东威海、潍坊、荣成三市入选国家发改委、中国人民银行确定的全国首批12个社会信用体系建设示范城市，数量居全国第一。二是守信激励创新工作扎实推进。烟台、青州、荣成三市被国家发改委确定为首批30家率先开展守信激励创新工作的城市。三是围绕“信易贷”“信易批”等守信激励产品和服务，不断创新拓展“信易+”守信激励场景，使信用状况良好的市场主体获得法定权限范围内的各类优惠政策。

（二）主要问题

虽然山东社会信用体系建设取得了重要阶段性成果，但信用法律法规体系不完善、行业区域发展不均衡、信用信息应用不足等问题仍然存在。

1. 信用法律法规体系不完善

国家立法方面，信用法等上位法缺失，地方开展信用立法工作的困难较大。目前，山东信用体系建设工作只有一部省政府规章，其余均为政府文件，信用体系建设工作，尤其是开展失信联合惩戒工作的法规政策依据还比较少。

2. 行业区域发展不均衡

各市、各部门信用体系建设工作推进进度参差不齐；信用信息采集的数量与质量差别较大；信用运用差距较大，跨地域监管联动、信息共享等还有很大提升空间。全省虽初步建立了跨区域、跨部门、跨领域的信用联合奖惩制度，但在覆盖的广度、惩戒的力度、应用的深度等方面与国家要求还有较大差距。

3. 信用信息应用不足

大数据应用对信用信息应用提出更高要求，但部门间信用信息采集标准不统一或者数据重复、交叉，影响了信用信息的准确性和权威性。信用惠企便民工作仍处于起步阶段，与广大群众、全社会对信用红利的期盼还有较大差距。

三 山东信用服务产业基本情况

（一）发展现状

2018年7月，我们对全省信用服务机构的基本情况进行了调度摸底，全省约有73家信用服务产业相关企事业单位。据中国人民银行统计，截至2018年6月底，全国共有138家企业进入企业征信机构备案名录，其中山东省共有7家进入该备案名录，占全国备案名录总量的5%。这7家企业分别是山东嘉恒信用管理有限公司、山东省信用金桥中小企业发展服务有限公司、青岛联信商务咨询有限公司、青岛格兰德信用管理咨询有限公司、华信信用管理有限公司、滨州君诺企业信息咨询有限公司（2015年1月29日，更名：山东君诺征信管理有限公司）、山东银企通企业征信有限公司（2015年8月7日，更名：银企通企业征信有限公司）。

从地域分布情况看，目前17市中已有14市有信用管理或者征信服务机构设立。其中在信用或者征信领域真正开展相关业务的服务机构中，济南5家、青岛6家、淄博9家、枣庄3家、烟台7家、潍坊15家、济宁3家、泰安6家、威海3家、莱芜1家、临沂3家、德州3家、滨州4家、菏泽3家。

从信用产品类型看，主要涉及银行信贷评级、企业信用征信、信用报告、档案查询、管理咨询、企业信用评级、债券评级等业务。

从服务机构性质看，私营企业占比85%以上，其他国有企业、事业、社会团体组织等约占15%。同时，如东方金诚、国泰富、绿盾等机构以开立分公司、股份制、加盟等方式在山东设立信用服务机构。

从具体业务开展情况看，主要是面向企业开展信用评级、信用咨询、信用风险控制、信用修复等。同时与银行、地方政府或者开发园区等合作，在贷后审核、招投标评级、企业信用培训、信用体系建设等开展信用相关业务。

从经济效益看，2017年营业收入在100万元以上的服务机构共8家，其中青岛格兰德信用管理咨询有限公司、东方金诚国际信用评估有限公司山东分公司、信联资信服务有限公司3家服务机构营业收入超过了千万元，其余公司的营业收入较少，少数服务机构出现了亏损。

（二）存在问题

山东信用服务机构发展起步较晚，存在专业人才力量不足、信用服务产品缺乏竞争力、信用应用场景不明确等问题。

1. 无龙头企业

从机构设立时间看，最早的是2003年设立的；在企业征信服务机构备案名录名单看，山东只有7家企业进入了备案名录；多数信用服务机构营收能力较弱，部分服务机构没有实际开展信用相关业务。

2. 产品竞争力弱

多数信用服务机构的信用服务范围和业务开展内容相似，均主要包括企业信用评级、信用报告、信用档案查询、信用咨询、信用修复等，同质化竞争严重。多数企业从业人数较少，信用管理专家少，所运用的评级数据不充分等，导致做出的信用报告、信用评级等权威性不够。

3. 信用产品规模效益低

目前，各信用服务机构独立开展相关业务，信用服务的大市场还有待继续开发和完善，因此，无论是企业自身的营收能力，还是摸底汇总的全部信用服务机构的整体营收能力，都还处于发展壮大过程中，整个社会中信用相关产品所产生的社会及市场效益都还微不足道。

四　上海市发展信用服务产业基地的经验做法

（一）上海市信用服务产业基地基本情况

上海市信用服务产业基地是全国首个以信用服务为特色的产业基地，其紧紧围绕“基地为载体、政策为导向、中心为服务、平台为支撑、基金为推动”的“五位一体”的信用体系建设，从上海市层面集聚资源，推动上海市信用行业整体快速发展。

2017年3月，上海市征信办正式批复上海市信用服务产业基地落地上海市普陀区，基地的正式落地将全面推进信用服务企业集聚和产业孵化、信用服务行业发展和公共服务、信用产品创新设计和技术研发、信用成果科普宣传和展现体验，探索社会信用体系建设新模式，为上海市其他区县推广基地建设的经验和成果，在全市社会信用体系建设中做出示范，推动上海市信用服务产业的整体发展。

（二）总体框架

在政府层面，形成上海乃至长三角的优秀信用应用项目的集合，为上海市的信用体系建设成果和应用提供展示平台；在社会层面，为促进全市信用体系建设和信用应用提供有力支撑；在市场层面，形成产业集聚效应，有效促进上海信用服务产业链快速发展。

（三）建设模式

上海市信用服务产业基地致力于打造“双引擎、两服务、三推动”的建设模式。

1. 双引擎

上海市信用服务产业基地将全力打造信用产业管理引擎和信用产业研究引擎。在信用产业管理引擎方面，充分运用信用众创空间、信用教育实训、基地运营服务等多种方式；在信用产业研究引擎方面，进一步做好信用大数据应用服务、信用展示体验相关工作。

2. 两服务

上海市信用服务产业基地将从基地运营管理和信用众创空间为信用服务企业提供配套服务。在基地运营管理方面，通过配套场地、管理及相关服务实现基地的日常运营工作；在信用众创空间方面，通过配套政策、金融、研发及相关服务实现基地的产业孵化能力。

3. 三推动

上海市信用服务产业基地将从应用推动、能力推动、宣传推动三个方面强化信用服务的核心价值。在应用推动方面，通过搭建信用大数据应用服务平台为新技术、新产品、新模式提供最大化的落地、成长、发展空间，推动信用服务企业的应用发展；在能力推动方面，通过搭建信用教育实训平台为信用服务领域的重点企业、重点人群提供专业化的信用培训和实训服务，探索在重点企业设立首席信用官制度，推动信用建设融入企业日常管理中；在宣传推动方面，通过上海市信用展示体验中心的建设，综合展示上海市信用发展的历史、成果和优秀案例，畅想未来信用社会的美好场景，为上海市市民普及信用知识，形成集展览、科普功能于一体的综合展馆，推动上海市社会信用体系建设综合成效的氛围创建。

（四）基地目标

1. 产业目标

上海市信用服务产业基地依托其信用服务企业集聚和产业孵化功能，通过核心功能区、企业集聚区、产业孵化区建设完成整体布局，重点破解信用体系发展的难点、痛点问题，推动信用服务产业向更深、更广领域发展。

2. 企业集聚

通过完善的信息基础设施、公共信用服务平台、专业服务机构、人才培养培训、项目示范应用等公共服务体系吸引和培育一批信用服务企业，初步形成有影响力的信用服务产业链雏形。

3. 产业孵化

基地利用市级和区内配套政策，在信用服务领域内培育、孵化出一批企业。基地计划先期拿出部分楼宇载体作为信用大数据应用孵化器，吸引容纳15～30户创新型企业入驻，推动信用服务产业能级的不断提升。

4. 功能目标

以上海市社会信用促进中心为核心，实现行业发展和公共服务功能；以上海市信用大数据联合实验室为核心，实现产品研发设计功能；以上海市信用展示体验中心为核心，实现宣传、展示、体验、科普功能，推动信用行业发展。

5. 服务目标

基地积极发挥辐射作用，预计在2020年将形成一批基地建设的经验和成果向上海市其他区县进行推广，服务于上海市其他区县的社会信用体系建设，服务于政府、企业、个人等多类信用主体，实现上海市信用服务产业的整体推进。

五　加快山东社会信用体系建设与培育发展新动能的措施建议

当前，山东正处在经济转型发展和新旧动能转换的重要阶段，推进社会信用体系建设，加快简政放权、放管结合、职能转变，营造优良环境、维护核心理念、促进和谐稳定，显得尤为重要和迫切。同时，在加快社会信用体系建设中，通过大力培育信用服务机构以及信用服务市场，推动信用服务产品开发创新和广泛运用，加快形成市场化信用服务与公共性信用服务互为补充、商业信用信息与公共信用信息互相交融、信用信息基础服务与增值服务互为助力的信用服务体系和信用服务产业，为山东经济健康快速发展培育新动能，打造新引擎。

（一）建立以信用为核心的新型市场监管机制，为加快新旧动能转换营造优良营商环境

充分运用大数据手段，有机整合政府数据和社会数据，不断提升政府服务水平和监管效能。以省公共信用信息平台为依托，深入加快社会信用体系建设，构建跨地区、跨部门、跨领域的信用联合奖惩制度，建立公平公正、诚实守信的市场氛围。推动政府监管和社会监督的有机结合，形成全社会广泛参与的市场监管格局，为加快新旧动能转换提供强有力的信用支撑。

1. 建立健全社会信用法规和标准体系

学习借鉴上海、湖北、河北等省市的先进做法，全面开展《山东省社会信用条例》的立法准备工作，加快推进信用立法，使信用信息采集、归集、披露、共享、使用以及信用激励与惩戒、信用主体权益保护、信用服务行业规范与发展、社会信用环境建设等活动有法可依。各市、各部门、各行业根据自身信用体系建设工作需要，制定相关信用制度，遵循信用信息合法、准确、及时、必要的原则，进一步健全行业信用分级分类监管。出台一批社会信用体系建设相关地方标准。

2. 加快公共信用信息归集，有效提升公共信用信息共享公开水平

进一步贯彻落实《山东省公共信用信息管理办法》，加强公共信用信息归集、共享。信用信息共享是实施联合奖惩的基础，也是加强信用监管的重要支撑。以山东省政务信息资源共享交换平台为基础，参考政务信息资源目录，充分发挥省公共信用信息平台作用，推进信用信息的全量共享、深度加工、动态更新和广泛应用，实现各部门、各行业信用记录全覆盖，形成准确、完整、权威的信用大数据。完善“信用中国（山东）”网站服务功能，做好重点领域信

息公示，持续推进行政许可和行政处罚等信用信息公示工作，实现信息采集和公示相互补充、相互推进。

3. 健全覆盖全省的联合奖惩大格局

进一步完善重点行业、重点领域“红黑名单”管理办法，使各领域“红黑名单”的认定和退出有据可依。认真贯彻落实山东省人民政府出台的《关于建立完善守信联合激励和失信联合惩戒制度加快推进社会诚信建设的实施意见》（鲁政发〔2017〕44号），以及国家有关部委和行业主管部门共同签署的系列联合奖惩合作备忘录，不断扩大覆盖面。各部门通过联动配合协调机制，依法依规运用信用激励和惩戒手段，推动信用信息公开和共享，构建政府推动、社会共建的联合奖惩大格局。

4. 探索开展信用承诺制改革

通过实行信用承诺制，变事前审批为事中、事后服务监管，变部门审批把关为企业信用约束，对于建立健全“政府定标准、企业作承诺、过程强监管、失信有惩戒”的新型市场监管机制，进一步优化营商环境具有重要意义。通过学习借鉴上海推行的行政审批告知承诺制，浙江、山西、江苏等省开展的企业投资项目承诺制，山东可选取部分行政审批事项，或选取条件成熟的区市，试点开展信用承诺制。当前，可结合“放管服”改革和“一网通办”“一次办好”工作，推行审批替代型或容缺受理型信用承诺，通过信用承诺部分取代前置手续、审批报件或者延提报件。通过研究制定相关领域信用承诺替代审批制度项目清单，明确可以开展容缺受理服务的非即办类审批服务事项、办理流程、申报条件、承诺书模板、标准规范等相关内容，在企业和群众完成信用承诺后，对审批事项实行容缺受理，并将信用承诺履行情况纳入事中、事后监管范围。

5. 深化公共信用信息推广应用，助力“一网通办”“一次办好”

依托省公共信用信息平台，深入推进审批服务便民化，探索推动网上政务服务“事前、事中、事后”全过程信用管理，以减环节、减材料、减证明、减时间为目标，为守信企业和个人提供更加便捷的政务服务。对信用承诺加强监管，对承诺不能兑现的行为，实施惩戒，做到既保证信用承诺可以支撑“一网通办”替代前置审批，也通过加强事中、事后监管保证信用承诺能够落实到位。同时，在保护个人信息安全的前提下，推动各有关部门将信用信息的查询和使用运用到行政管理和公共服务的过程中。

6. 加强政务诚信建设

认真贯彻落实山东省人民政府发布的《关于加强政务诚信建设的实施意见》（鲁政发〔2018〕9号），严格按照“四清单一平台”行使权力，建立现代诚信服务型政府。加快决策、执行、管理、服务和结果全过程公开，让权力在阳光下运行。不断提升各级政府诚信行政水平和增强公务员诚信履职意识，建立政务领域失信记录，实施失信惩戒措施，充分发挥政府在社会信用体系建设中的表率和导向作用，营造既“亲”又“清”的新型政商关系。

7. 加强重点领域失信专项治理

认真贯彻落实中央文明委印发的《关于集中治理诚信缺失突出问题　提升全社会诚信水平的工作方案》，针对人民群众普遍关注的诚信缺失问题和经济社会领域出现的失信突出问题，集中开展19项专项治理。通过严肃查处失信行为，发挥联合奖惩的引导力和威慑力，加强诚信理念教育和风险意识教育，引导全社会褒扬诚信、惩戒失信，使人们将诚信价值准则内化于心、外化于行。①

（二）大力培育和发展信用服务机构和信用服务产业，为山东经济健康快速发展培育新动能，打造新引擎

社会信用体系建设的大发展离不开信用服务机构和信用服务市场的大发展。大力培育征信、评级评价、信用咨询、信用管理等信用服务机构，激发信用服务市场活力，发展信用服务产业。引导信用服务机构根据市场需求，积极开发创新信用服务产品，有偿提供管用、易用的信用产品和专业、多元的信用服务。支持信用服务机构加强与企业法人和各类市场机构的合作，在消费信贷、汽车租赁、签证办理等社会公众关心关注的领域创新和丰富信用产品应用场景，为山东推进新旧动能转换挖掘新业态、提供新动力。

1. 营造有利于信用服务产业发展的环境

加快推进政务信息公开共享，加快建立完善各地区、各行业信用信息系统，采取适当方式消除信息壁垒，降低信用服务机构信息采集成本，提高服务的质量和水平。激发企业和个人的信用意识，鼓励市场主体积极运用监管部门

① 《开展诚信缺失突出问题集中治理》，《人民日报》2018年8月7日。

认可或备案的信用服务机构的信用信息产品。加大对信用服务产业的扶持力度，针对信用服务机构制定落实资金支持等扶持政策，促进政府和市场共建共创、共享共用，形成社会信用体系建设强大合力。

2. 建立信用服务市场信用管理制度

建立信用服务机构及其从业人员的基本行为准则和业务规范，加快制定符合市场化需求的信用服务机构和行业协会信用管理办法等政府规章和规范性文件，规范信用服务活动，提升信用服务行业竞争力和公信力，为山东信用服务市场的建设和运行提供制度保障。

3. 培育和发展信用服务机构

按照“政府引导、市场主导”的原则，鼓励引导信用服务机构不断拓展业务范围，推动信用服务机构创新研发适应市场需求的信用服务和信用产品，促进信用产品专业化、多元化，建设依法经营、种类齐全、功能互补、公信力强的信用服务机构，从而形成合理的市场结构。支持一批有实力的信用服务机构率先发展、做大做强，根据实际需求引进一批国内外知名信用服务机构，提升山东信用服务行业整体水平。

4. 推动信用服务产品广泛运用

扩大信用服务应用场景，推动政府部门在市场监管、公共资源交易等领域率先用信，激发企业在原料采购、签订销售合同、业务合作等方面降低交易成本和风险的用信需求，鼓励商业银行及各类金融机构用信，拓展个人用信场景、激发个人用信需求，不断增加信用服务产品在社会治理、市场交易、公民生活中的应用。鼓励信用服务产品开发和创新，支持向政府部门、市场主体、社会组织和个人提供多样化、定制化的信用产品与信用服务。

5. 加强对信用服务机构及其从业人员的监管

根据信用服务市场、机构业务的不同特点，依法加强征信业务监管，进一步完善信用服务业务规范，全面提升信用服务机构诚信经营水平，促进信用服务业健康发展。推进信用服务从业人员信用建设，加强对信用服务从业人员的诚信教育和职业培训，建立信用服务从业人员信用记录，信用服务从业人员要在“信用中国（山东）”网站个人诚信自测系统进行认证，主动建立个人诚信档案，提高从业人员的执业素养。

6. 加强信用服务机构自身信用建设和行业自律

建立信用服务领域信用约束机制，建立信用服务机构及其从业人员信用评估机制，强化自律约束。信用服务机构要率先按照现定格式进行信用承诺，鼓励各类信用服务机构设立首席信用监督官，加强自身信用管理，完善内部控制机制，坚持公正性和独立性，提升公信力。委托第三方机构对信用服务机构信用状况进行评估，加大对有违法违规行为的信用服务机构和从业人员的曝光力度，依法依规实施市场禁入，并实施联合惩戒。

B.9

中国互联网金融现状暨山东的发展思路与对策

郑录军　张立光*

摘　要： 互联网金融是信息技术与金融业融合发展的结果，是市场关注焦点和金融业创新发展的重要方向。中国互联网金融经历了萌芽期、起步期、快速发展期和规范治理期四个阶段，目前主要包括传统金融的互联网化、第三方支付、P2P 网络借贷、众筹融资、互联网征信、人工智能和区块链等模式。互联网金融前景广阔，潜力巨大。但是，互联网金融的快速发展也带来一系列问题。山东省互联网金融发展水平居全国中游，与浙江、江苏、广东相比差距较大。山东要实现互联网金融的后发超越，需要重点打造两个“电商平台”、两个“供应链金融中心”、两个“股交中心”，推广两个“智慧示范城市”，建设一个“互联网产业联盟”；成立互联网金融行业协会，实现行业自律和内外部综合监管协调；制定和落实互联网金融人才发展规划，为互联网金融发展打下人才基础。

关键词： 金融科技　互联网金融　金融风险　监管制度

互联网金融是当前市场关注的焦点。互联网金融发展弥补了中国传统金融服务的供给不足，有效拓展了金融服务范围和服务对象，极大地改善了中国金

---

* 郑录军，硕士，中国人民银行济南分行处长，研究方向：金融科技与货币政策；张立光，博士，中国人民银行济南分行副处长，研究方向：货币政策与区域经济。

融服务环境。但随着社会资本的蜂拥而入，互联网金融呈现无序发展、不正当竞争和监管套利现象，平台跑路、经营倒闭、“庞氏骗局”、恶性竞争等问题频出，严重侵害了消费者权益，扰乱了金融秩序。作为一种新的金融业态，互联网金融未来发展存在诸多不确定性，需要在鼓励发展和促进创新的同时，持续观察、跟踪和研究，高度关注其问题、风险并加强监管。本文在梳理互联网金融的主要模式和问题的基础上，分析互联网金融的未来趋势，探讨山东省互联网金融的发展思路与对策。

一　互联网金融的概念、内涵和特点

（一）互联网金融的概念和内涵

互联网金融发源地是美国，但美国并不存在互联网金融的说法，而是称之为金融科技（FinTech），指金融和信息技术的融合型产业。与互联网金融相比，FinTech是范围更广的概念。互联网金融主要指互联网/移动互联网技术对传统金融服务的改变。“FinTech不是简单的‘互联网上做金融’，应用的技术不仅仅是互联网/移动互联网，大数据、智能数据分析、人工智能、区块链的前沿技术均是FinTech的应用基础。”①

目前国内对互联网金融尚没有统一的概念界定。《中国金融稳定报告2014》是首次以官方的立场对互联网金融的概念进行了描述，指出互联网金融是互联网与金融的结合，是借助互联网和移动通信技术实现资金融通、支付和信息中介功能的新金融模式。这一概念基本涵盖了当前中国互联网金融的主要模式。

互联网金融概念的外延十分宽泛，我们将其分为狭义概念和广义概念。狭义的互联网金融概念与《中国金融稳定报告2014》的定义基本吻合，主要包括传统金融服务向互联网业务的延伸和新兴互联网金融组织的创新两种模式，后一种模式包括第三方支付、电商平台贷款、P2P网络借贷、众筹融资等业务，是国内互联网金融发展的重点，也是运作比较成熟的部分。广义的互联网

① 36氪研究院：《2017年金融科技（FinTech）行业研究报告》。

金融除了包括以上内容外，应该还包括金融科技（FinTech）中的大数据、智能数据分析、人工智能、区块链等内容，这既是互联网金融中的核心技术，也代表了互联网金融的发展方向和战略高点。

（二）互联网金融的特点

信息技术的不断创新为互联网金融的发展创造了条件和支撑，也为互联网金融创造了区别于传统金融的显著特点和优势。

一是效率高。与传统金融相比，互联网金融业务一大优势是效率高，所有业务大多由计算机操作，业务流程标准化、自动化程度高，处理速度快，准确率高，用户体验好。如阿里小贷依托电商积累的信用数据库，引入风险分析和资信调查模型，商户贷款从申请到发放只需要几秒钟，日均可以完成贷款 1 万笔，大大超过了传统信贷管理效率。

二是成本低。高超的运行效率大大降低了运营成本，成为互联网金融的另一大优势。同时，资金供求双方可以通过网络平台自行完成信息甄别、匹配、定价和交易，既扩展了运营范围和客户对象，又降低了营业网点的资金投入和运营成本，而且省时省力。

三是覆盖广。互联网金融与传统金融相比，突破了时间和空间地理限制。资金供求双方通过网络能够突破时间和地域约束，实现对接，大大扩展了服务覆盖面和客户基础，提高了资金配置效率。此外，互联网金融依托低成本优势，可以有效将服务扩展到小微企业、涉农群体及社区居民等传统金融的服务盲区，大大提升了资源配置效率，更有利于促进实体经济发展。

四是发展快。依托于成本低、效率高等优势及借助大数据、电子商务和第三方支付的发展，短短几年时间内，互联网金融就实现了快速增长。以余额宝为例，余额宝上线 18 天，累计用户数为 250 多万人，并迅速成为规模最大的公募基金。互联网金融发展迅猛，也反映了中国金融有效供给不足的问题，大量小微融资和居民资管需求得不到满足。同时，监管包容、准入门槛低也是发展快的重要条件。

五是潜力大。虽然互联网金融中的移动支付、电商平台、P2P 网络借贷、众筹融资等改变了传统金融的经营模式和服务手段，对传统金融形成颠覆和挑战，但我们认为大数据、智能数据分析、人工智能、区块链等未来更具发展潜力，也是金融领域未来革命的方向之一，它构成了未来互联网金融的巨大潜力和无限可能。

成本低、效率高为互联网金融带来外部经济和规模优势，为互联网金融介入小微市场提供服务提供了基础保障和发展优势。同时，互联网技术可以保障信息、劳务、资源以及资本共享，展现了金融服务一体化快捷方便的特性和共享金融理念，实现了范围经济。另外，互联网和移动互联网技术使用户体验得到革命性的提升，人工智能及区块链为互联网金融提供了巨大的市场潜力。

二 中国互联网金融的发展历程及主要模式

（一）中国互联网金融的发展历程

尽管中国互联网金融发展起步较晚，但发展速度快，市场波动大。根据业务模式创新及发展水平，可以将国内互联网金融发展历程大致划分为萌芽期、起步期、快速发展期和规范治理期四个阶段。

一是萌芽期。2008 年以前是互联网金融发展的萌芽期，该时期互联网金融的概念还未形成，网络银行和电子货币发展带来传统金融组织形式的变革，成为互联网金融发展的雏形和基础。

二是起步期。2008～2012 年是互联网金融的起步期，国内在电子商务、网络金融发展的基础上提出了互联网金融发展的理念。互联网与金融的结合主要体现为互联网为金融机构提供技术支持，帮助金融机构“把业务搬到网上”,[①] 银行纷纷推出网上银行、手机银行等电子银行业务。随后，计算机和网络通信技术的广泛应用推动了电子支付的发展和支付服务机构的诞生，互联网与金融的结合开始从技术领域深入金融业务领域。

三是快速发展期。2013～2015 年是互联网金融的快速发展期。这一时期涌现出多种互联网金融创新模式，也是互联网金融创新最快、发展最迅猛和市场最狂热的时期。2013 年被称为互联网金融快速发展的元年，传统金融机构向互联网金融业务延伸程度加深，新兴的互联网金融组织发展迅猛，同时，政府部门也开始注重互联网规范发展的问题，提出促进互联网金融健

① 刘士余:《互联网金融正逐步发挥包容性引领作用》,《全球商业经典》2014 年 3 月。

康发展的意见。

四是规范治理期。自2015年底开始，由于市场无序和问题频发，互联网金融行业呈现野蛮生长与风险暴露并存的新特点，互联网金融开始步入规范治理时期。央行联合多部委出台了《关于促进互联网金融健康发展的指导意见》（银发〔2015〕221号），并牵头建立互联网金融监管协调机制，还出台了《非银行支付机构网络支付业务管理办法》。银监会刚刚出台了《网络借贷信息中介机构业务活动管理暂行办法》。进入2016年以来，各地平台经营不善和跑路事件时有发生，有关部门开始对新兴的互联网金融业务进行全面清理整顿，经过行业“洗牌”期生存下来的互联网金融企业将迎来新一轮的发展期。从此中国互联网金融将逐步迈上健康发展轨道。

（二）互联网金融的主要模式

目前互联网金融的主要模式包括传统金融的互联网化、支付方式创新、融资渠道创新、互联网征信、人工智能和区块链等。与其他模式相比，人工智能和区块链尚处于起步探索阶段。

1. 传统金融的互联网化

银行机构的互联网化：直销银行与电商平台。在中国，直销银行成为传统银行探索互联网金融创新的试点，改变了传统银行分级受理客户的体制，可直接面向全国做业务，拓宽了传统银行的客户渠道。目前直销银行刚起步，但发展较快，较有代表性的是北京银行、民生银行、广发银行等中小金融机构开设的直销银行，其服务直接隶属于银行总部，与分支机构的金融产品和服务形成竞争。与此同时，大型商业银行更倾向于建立自己的电商平台，主要目的在于增加客户黏性，积累真实可靠的用户数据，方便银行依靠自身数据挖掘用户的需求，增加金融服务差异化竞争的优势。

证券和保险行业的互联网化：互联网证券和保险。国内的互联网证券和保险活动主要是网络在线服务，发展方向分别是信息服务、投资指导和在线承保和理赔服务。目前全国有四家专业互联网保险公司，其中众安保险是“首家互联网保险公司”，取得了世界上第一个在线保险的牌照。

2. 支付方式创新：第三方支付

第三方支付是互联网金融发展的核心业务模式，它除了创新互联网交易结算业务以外，还借助于互联网技术并整合平台优势，凭借不断创新的支付工具，海量的交易信息，跨行业、跨市场的经营方式，提供信用支付、跨境支付、公共事业缴费、转账汇款等综合支付服务，成为连通互联网金融各个创新的桥梁，推动了其他互联网金融业务模式的飞速发展。

3. 融资渠道创新

互联网金融从某种程度上取代了部分银行信用中介的职能，是较为规范的民间金融形式。目前该类创新主要有电商平台金融、P2P 网络借贷和众筹融资三种模式。

电商平台金融。电子商务的发展对消费、制造、供应链等各个领域产生了深刻影响，引发了对金融服务的创新需求，电商平台金融应运而生。电商平台是互联网金融解决小微企业融资最具有代表性的模式之一，其核心是提供网上交易平台，并利用“平台 + 大数据”挖掘客户、控制风险、开展融资业务。目前国内规模及知名度均较大的平台有淘宝、天猫、京东、当当等，其中阿里巴巴蚂蚁金融中的阿里小贷、京东白条就依托平台大数据为平台商户提供融资服务。

P2P 网络借贷。P2P 网络借贷业务是国内发展最快的互联网金融模式，发展规模已经远超英美等发达国家。国外的 P2P 网贷平台不承担过多的中间业务，模式相对简单，而国内 P2P 网贷平台根据地域特色和平台自身优势特点，形成了多样化的借贷模式，例如纯线上、债券转让、O2O、担保/抵押、P2B 等。据网贷天眼研究院不完全统计，截至 2018 年 12 月 31 日，中国 P2P 网贷平台数量累计达 6591 家，其中在运营平台 1609 家，问题平台 4982 家，其中广东、上海、浙江、山东和北京五地区问题平台数量均超过 500 家，远多于其他地区，上述五个地区的问题平台占比达 66.48%；总体分布来看，问题平台与整个行业平台分布相似，集中在北京周边、广东和中东部经济发达地区。

众筹融资。相对于传统的融资方式，众筹融资更为开放，并且具有强烈的互联网基因。从目前来看，因为股东人数限制及私募的有关规定，国内众筹更多的是以“点名时间”为代表的创新产品预售及市场宣传平台，还有以“淘梦网”“追梦网”等为代表的人文、影视、音乐和出版等创造性项目的梦想平台。在众筹的众多类型中，股权众筹最具有发展潜力，融资规模也较大。众筹是多层次资本市场的重要组成部分，符合国家从间接融资走向直接融资的大趋势，也代表着未来互联网金融发展的趋势和方向。

4. 金融信用信息数据库：互联网征信

为征信业带来了大幅改变的契机。互联网征信在信息获取、信息丰富程度、模型优化方面都带来了质的改变，弥补了现有征信体系在开放性、覆盖率、渗透性等方面的不足，成为现有征信体系的重要补充，并为互联网金融发展奠定了基础。目前中国征信牌照较为稀缺，仅有 8 家左右机构获得个人征信牌照，而联网征信将以第三方征信为主，主要包括以芝麻信用为代表的电商类征信、以腾讯信用为代表的社交类征信、以聚信立为代表的运营商类征信、以 51 信用卡为代表的信用卡类征信等。第三方征信业务涵盖范围较广，但侧重点各不相同，与传统征信业务形成互补，为金融业务的健康开展奠定了基础。

5. 互联网金融的蓝海：人工智能

随着大数据、云计算及人工智能的迅速发展，智能化成为互联网金融发展的重要方向。特别是人工智能技术的发展，将大大提升人类的数据挖掘水平，为人类数据分析与经营决策提供重要帮助。尽管现在人工智能只是处于发展的初期阶段，应用技术尚未成熟，无法完全代替人脑决策，但在大规模数据处理和量化分析方面已经开始发挥重要作用，基本实现了部分替代人类分析的目标。目前金融领域的智能数据分析已经开始涵盖投资、借贷、保险和征信等行业，主要体现在投资银行或证券研究中自动生成分析报告，人工智能辅助进行量化交易、投资决策及征信管理，金融搜索引擎，帮助投资者进行资产配置和管理的智能投顾等。

6. 互联网金融的蓝海：区块链

区块链将是颠覆未来金融业的技术。区块链主要具有四方面的技术创新，分别是分布式账本、非对称加密和授权技术、共识机制和智能合约，这些创新为其带来了安全性、保密性、高效率、低成本、规范性等许多优势。其中，分布式账本保证了账目数据的安全性，同时实现了系统运营的高效及低成本；非对称加密和授权技术则保证了数据的安全和个人的隐私；共识机制解决了现实中信息和数据在传递过程中失真、伪造的问题；智能合约则可以规定该笔交易资金日后用途和方向，用来规范市场秩序和环境。

区块链在金融中具有广阔的应用前景。一是目前商业银行基于区块链的应用领域主要有点对点交易、登记、确权和智能管理等。目前许多国际大型银行已经提前布局，在区块链领域开展探索研究。二是支付与转账，通过区块链技术可以创造一个更加直接的付款流程，实现跨境、无中介、低成本，且交易可以快速完成。三是股票投资，区块链技术有望实现整个流程的自动化，提升效率和安全性。四是众筹智能合约可以保存在区块链中，由此保证合约在履行过程中不被篡改，到期后的强力执行。五是其他金融服务领域，如回购、债务分配及保险处理等流程均有区块链技术的相关发展。

三　互联网金融发展过程中存在的主要问题及其原因

互联网金融市场潜力巨大，应用前景广阔，将成为决定未来金融业发展的重要模式，也将对宏观调控和金融监管产生深刻影响。但互联网金融快速发展给市场模式、市场理念带来颠覆和冲击的同时，也带来一系列问题，特别是风险和监管问题需要引起关注。

（一）潜在风险突出

风险是金融市场的核心问题。互联网金融的自我约束和自我风险控制机制尚未构建完善，经营不善、恶性竞争、监管套利等行为引致了大量风险，危害了消费者权益，破坏了市场秩序，影响了金融稳定，甚至直接影响到互联网金融的未来发展，需要引起足够重视。

一是流动性风险。互联网金融企业许多属于信息中介平台，部分平台承担着信用增进的功能。对于大部分平台来讲，特别是信用平台，不论是第三方支付，还是网贷平台，都极易受到流动性风险冲击。特别是在市场竞争日趋激烈的背景下，众多平台为了争夺客户、扩大规模或抢占市场，存在资产负债期限错配、盲目提高收益率或任意挪用客户资金等行为，加剧了流动性风险。而互联网金融平台为了逐利，夸大营销，把高风险产品推销给低端客户等，则加剧了产品与消费者的风险错配。

二是信用风险。互联网平台未纳入央行征信系统，借款者普遍缺乏有效的担保和抵押，平台存在过度依赖计算机技术和信息技术进行信用评级的现象。同时，目前监管制度对信息披露的要求不严，互联网金融企业较少对外公布信息，不利于对融资对象的信用审查。同时未按照风险适当性原则，对客户进行分类、分层管理和风险承受能力评估，以致未将合适的产品卖给合适的客户。

三是操作风险，包括技术操作、人员操作和内部人控制风险。互联网金融高度依赖网络，一旦发生信息技术风险，就有可能通过网络引发系统性金融风险。同时，互联网金融中的海量数据集中存储，对数据的管理提出了更高的要求，如果数据管理不当，信息泄露易导致大量信息和资金安全问题。另外，除了软硬件配置和技术设备的可靠性外，操作人员的专业技能、道德风险、内部人控制等也是技术操作风险高低的重要衡量标准。如网络借贷平台的违规经营和卷款跑路，截至 2018 年末，全国有 4982 个停业及问题平台。

四是经营风险。作为一种新型金融业态或模式，互联网金融市场正处于快速变化和高度不确定状态中，新生的互联网金融企业的产品创新、盈利模式、管理水平及发展战略都处于起步探索阶段，面临巨大的沉没成本和市场风险。近三年，中国新增了大量互联网金融企业，但真正盈利的企业并不多，许多互联网企业处于亏损艰难经营或倒闭状态。

（二）法律及监管政策不完善

目前中国互联网金融法律框架不完善，监管政策体系正处于不断完善中。由于缺乏法律约束和监管规则，在互联网金融市场准入、交易双方的身份认证、合同的订立等方面都存在规则缺失或不完善，市场只关注逐利性，忽视或无视安全性、合规性，或进行监管套利，出现了大量问题和风险。针对这些问题，自 2015 年开始，监管部门开始陆续推出规章制度和管理办法。如 2015 年多部委联合出台了《关于促进互联网金融健康发展的指导意见》，中国人民银行出台了《非银行支付机构网络支付业务管理办法》。2016 年 8 月底，银监会才推出《网络借贷信息中介机构业务活动管理暂行办法》。2017 年 2 月，银监会对外公布《网络借贷资金存管业务指引》，8 月出台《网络借贷信息中介机构业务活动信息披露指引》。2017 年 6 月，央行等国家十七部门联合印发了《关于进一步做好互联网金融风险专项整治清理整顿工作的通知》，12 月央行、银监会下发《关于规范整顿“现金贷”业务的通知》，同时央行发布《关于规范支付创新业务的通知》。2018 年 3 月，互联网金融风险专项整治工作领导小组办公室下发了《关于加大通过互联网开展资产管理业务整治力度及开展验收工作的通知》。许多管理制度推出过于仓促或着眼于解决当前问题，缺乏长远规划和系统性，导致监管制度整体上不够健全完善。

中国监管框架不适应互联网金融跨业经营模式。目前中国实行的是分业监管模式，互联网金融分属中国人民银行、银保监会、证监会等部分管理，这与互联网金融的跨市场、跨业务、跨区域经营模式不相适应。同时，由于互联网金融交易的虚拟性、交叉性，分业监管模式使得监管部门更不易把握金融资源的流向和用途，无法穿透产品风险，风险阻断机制无效，存在较大的系统性风险隐患。尽管国务院金融稳定发展委员会成立了，但监管协调的成本仍然较高，因此，混业经营的互联网金融对分业监管框架是个很大的挑战。

（三）技术研发投入不足

互联网金融发展的基础是技术，信息技术水平对互联网金融的发展起着至关重要的作用。近几年中国互联网金融突飞猛进，技术水平和技术生态的完整性大幅提高，与国外差距迅速缩小，特别是在应用硬件生产方面已经不落后，而且在移动金融等方面初步形成了“中国标准”。但中国信息技术与欧美发达国家在核心技术和基础设施等方面还有较大差距，如高级芯片、基础数据库建设、技术模型等，目前多依赖于国外进口。

中国互联网金融发展后劲堪忧。虽然中国在互联网金融的技术及硬件方面取得了很大的进步，但国内重市场、重应用而轻研发、轻基础，产学研协同创新方面有较大缺陷，基础是应用的支撑，忽视基础技术研发将影响中国整体信息技术发展水平及增长后劲，直接关系中国互联网金融的发展前景及市场地位，进而影响国际市场规则、行业标准的话语权。

（四）人才瓶颈较为突出

互联网金融是一个“跨学科”的行业，它融合了金融、通信、信息和IT等行业，既要精通互联网技术，又要精通金融行业，同时还要求从业者必须兼具一定的互联网思维模式。特殊的用人需求导致市场的供给严重不足，特别是数据科学家市场缺口巨大，人才成为制约互联网金融发展的瓶颈。近两年，国内互联网金融之所以不断暴露信用和法律风险，专业人才的数量和质量没有跟上市场发展节奏也是重要原因。

目前中国无论是信息技术人才、金融专业人才，还是互联网金融的复合型人才，特别是数据科学家，都十分稀缺，专业人才缺口巨大。2015 年 9 月，在中关村互联网金融研究院与中国人民大学出版社联合主办的“互联网金融人才培养体系建设成果发布会”上，有专家表示，未来 5 ~ 10 年内，中国互联网金融行业人才缺口将在 100 万人以上，人才成为制约互联网金融发展的瓶颈。

四　互联网金融的发展趋势

开放、共享是互联网金融发展的基础，创新是互联网金融发展的根本动力。目前，P2P 网络借贷、众筹融资、电商平台金融等模式渐趋成熟，而大数据、云计算、人工智能及区块链等新模式的市场潜力初露端倪，互联网金融前景广阔。

（一）从发展模式看，移动支付、平台金融、跨界合作是主流

一是移动支付市场发展迅速，将逐渐取代传统支付方式。移动支付正在变革传统的商品交易模式，改变着人们的生活方式，对银行传统支付方式、物理网点经营模式等形成了挑战。受此影响，自 2010 年以来许多大型银行陆续开始推出手机银行 App，以微信支付和支付宝为代表的互联网巨头也纷纷发力移动支付市场，至 2016 年初，支付宝和微信支付用户已占据了第三方支付市场份额的 90%。第三方支付公司快速上位给传统支付巨头银联构成了巨大压力，银联推出“云闪付”的同时，积极与手机巨头苹果、三星等合作，大力推广 NFC（Near Field Communication，近距离无线通信技术）支付方式，以实现对支付宝、微信支付的反击。双方的竞争将影响或决定着整个移动支付市场未来的发展格局。

二是大平台运用将从单一模式走向多元。目前的 P2P 网络借贷、众筹融资及电商平台金融等主要发挥的是信息中介作用，资源自主实现优化配置是核心的价值。但互联网平台首先只是一个接触客户的渠道，通过在大平台上提供展示的个性化、专业化金融产品与服务，才是平台的核心竞争力。从全球市场看，平台经济初现疲软，整体发展接近天花板，构建完善、强大、多元的生态体系，以开放、包容的态度，创造更具价值和影响力的体系，才是平台长远的战略定位。目前，无论是 BAT、京东、小米、乐视、滴滴快的、海尔还是苹

果、亚马逊、Facebook 等，都在不遗余力地构建多元的生态系统。

三是跨界融合将成主流。大数据技术和互联网技术的发展促进了行业和企业间的跨界交流与合作，特别是传统企业在互联网公司的冲击下，开始主动关注互联网业态发展，有越来越多的互联网企业和传统企业展开互补合作，如京东与永辉超市合作生鲜电商。而传统金融机构与互联网企业间的跨界合作在互联网金融领域尤其明显，如中信银行和百度联合设立直销银行——百信银行。金融天然的消费属性促进了其与旅游、购物等消费领域的合作。同时，中国积极推行的“互联网+”战略也推动了“互联网金融+”的发展，“互联网金融+”创造出新模式、新产品、新机遇、新发展，促进实体产业转型升级和重构，成为产业发展新引擎。

（二）从市场潜力及技术创新角度看，互联网金融新的增长点在大数据、物联网、人工智能和区块链

一是目前大数据金融正在成为互联网金融的重要发展方向。信息技术和互联网技术为大数据在金融领域应用奠定了良好基础，大数据风险控制、大数据征信、大数据金融服务应运而生，不但弥补了传统技术的不足，而且显著提升了服务质量和水平。金融机构依托大数据可为企业提升营销与广告的精准性、发现商机和拓展业务、匹配金融供求等方面提供支撑。在金融领域，越来越多的机构正在充分运用大数据，如阿里小贷。大数据运用将成为互联网金融未来竞争的高点。

二是物联网金融、智慧金融引领新生态。金融的创新发展中已经实现金融信息化、数字化，而物联网的发展可实现所有物品的网络化和数字化。在物联网时代，可以将物联网中数字化的物品与数字化的金融有机融合，重塑金融模式与形态，实现物联网金融服务。

三是人工智能、区块链成为新一代技术创新或金融创新的高地。人工智能和区块链在金融领域具有广阔的应用空间和发展潜力，如人工智能辅助中的智能投顾不但可以有效扩大服务范围、降低交易成本、分散风险，而且能够避免人工投资的非理性因素。区块链技术为金融业的下次升级提供了一个可选方向，它也将更深刻地影响和改变金融交易过程，未来在征信、交易所、数字货币、供应链金融、跨境支付、金融监管等领域，区块链技术都有巨大的市场和应用空间。

（三）从服务方式看，互联网金融服务走向“场景化”

场景化服务始终是竞争的有利因素。作为普惠金融的重要特征，除了差异化、个性化外，金融产品和服务的场景化也是主流趋势，而互联网技术与传统金融模式相融合，将推动普惠金融发展提高到新的层次。与传统金融物理固化模式相区别，线上金融服务与多元的场景相结合，不但可以大大拓展消费方式和服务模式，而且可以激发线下众多有效需求，可以促进场景需求服务提升，达到与金融平台良好对接、拓展服务范围、降低消费门槛等效果。互联网金融“场景化”具体表现在两个方面：一是涵盖衣食住行等与生活、消费密切相关的场景；二是为金融客户的有效需求提供个性化、精准化的投资理财服务。因此，垂直化、细分化、个性化将成为互联网金融行业最主要的发展方向。

（四）从消费群体看，年轻化、大众化和个性化是未来趋势

与传统金融注重质量和价格竞争不同的是，互联网金融更加注重用户体验、个性化的满足，讲的是方便、快捷、安全，借助互联网的信息优势，随时随地为用户提供个性化需求。

一是消费群体逐渐年轻化。2015 年底零壹财经发布的一份报告显示，“80 后”“90 后”是接触互联网最多的群体，对新生事物接受能力比较强，并且随着工作经验的丰富，收入水平日渐提高，他们成为互联网金融消费主力。

二是移动互联网金融大众化。移动金融突破了 PC 端时间和空间的局限性，更便于人们通过手机移动端进行金融活动，移动金融已逐渐成为大众化选择的消费模式。2018 年 8 月中国互联网络信息中心发布的第 42 次《中国互联网络发展状况统计报告》显示，截至 2018 年 6 月 30 日，中国网民规模达 8.02 亿人，互联网普及率为 57.7%，手机的使用及应用软件的覆盖便利了网民的工作和生活，增加了手机使用黏度。

三是消费者需求趋于个性化和多样化，人性化和定制化产品和服务将成为市场需求的重要方向和新的盈利增长点。但互联网背景下的个性化需求是建立在与以往不同的深层需求基础之上，它决定了未来互联网金融业务模式的小额化、分散化，互联网金融的发展要根据用户的需求做出改变。

（五）从市场发展格局看，空间重聚、国际化将是未来趋势

互联网金融的发展或将打破原有传统金融机构多年形成的地理空间分布，重新塑造新的集聚态势和竞争格局。当前互联网金融已经呈现一定的区域集聚性趋势，资本和人才更加快速地流向北京、上海、浙江、深圳等先发省市，这些城市也成为新金融业态成长和发展最快的区域。由于互联网金融挣脱了原来物理区域的束缚，方便了资源的快速集聚，所以随着其进一步发展，中国金融空间分布格局将重塑，因此互联网金融的竞争也代表着金融中心的竞争。

互联网金融国际化趋势加速。随着金融业不断开放和国际交流互动的更加频繁，外国技术和中国市场将成为互联网金融发展历史中的最佳搭档，它们具有交流互动的天然优势，中国与美国、英国、德国、法国，甚至日本、韩国的金融科技（FinTech）交流互动将逐步增多。目前中国互联网金融正与西方全面对接，将推动中国金融改革与世界接轨。

（六）从监管趋势看，法律法规体系及监管框架将逐步完善，并继续坚持规范、包容与创新的监管理念

互联网金融法律法规体系将初步建立。互联网金融本质仍是以信用为基础的对风险进行严密管理的行业，没有改变金融风险的隐蔽性、传染性、广泛性和突发性的特点。以2015年7月18日央行等十部委联合发布的《关于促进互联网金融健康发展的指导意见》为标志，互联网金融步入规范发展的轨道。下一步，随着互联网监管职责分工更加明确，相应法律法规及监管体系将逐步得到建立和完善。

监管部门仍会坚持开放、包容、适度原则，用创新精神推动互联网金融的发展。目前监管部门正在用互联网理念探索不同于传统金融的监管方式和方法，下一步中国互联网金融监管思路将逐步明晰，开始建立有效的监管体系，监管思路将由事前、事后转入事中，监管方式由机构监管转向功能监管，监管信息由部门分散转向联合共享。

总之，从政策上看，普惠金融、绿色金融、共享金融既是互联网金融发展的归宿，也是互联网金融的使命和出发点。互联网金融集合了新时期“五大发展理念”的诉求，符合“双创”精神，可为发展打造新的引擎、注入新的动能，成为供给侧改革的重要抓手。

五　山东省互联网金融发展现状及对策建议

（一）山东省互联网金融发展现状

山东省互联网金融起步较晚，发展水平处于全国第二梯队。从北京大学发布的“互联网金融发展指数”和阿里研究院公布的“新供给－蚂蚁网络消费指数”来看①，2016年，山东省双指数均低于全国平均水平，且较2015年全国各省份排名中下降一位。从业务发展实际情况看，在第三方支付方面，目前山东省有5家法人互联网支付机构，牌照数量较少和支付机构规模较小，整体实力偏弱；山东P2P网络借贷平台数量全国排名第四位，但2018年底能够正常运营的平台仅42家，全国排名第四位，但平台交易量小于全国平均水平，综合收益率、贷款平均期限等均处于全国中下游，且停业和问题平台比率一直较高，居全国第五位。在众筹融资平台建设方面，山东发展也是十分落后。

整体来看，山东省互联网金融整体发展水平处于全国第二梯队，与互联网金融发展较好的浙江、广东地区有较大差距，主要表现为两个方面。一是山东缺乏互联网金融品牌的引领作用。浙江省的互联网金融创新迭出，引领了国内互联网金融的发展，阿里巴巴以旗下的蚂蚁金服为依托，树立了全国电商平台发展的典型。广东省拥有全国最多的众筹融资平台，筹资金额占全国筹资金额的五分之一。山东省互联网金融起步晚，发展缓慢，没有形成自身的互联网金融品牌和优势。二是山东缺乏互联网金融发展的环境与氛围。互联网金融的发展需要环境和培育，山东在移动支付、电商平台等与百姓生活息息相关的领域发展落后，没有形成互联网金融发展的环境和氛围。如杭州、贵阳等城市已经实现了全城公交、餐饮的移动支付，为互联网金融发展和创新创造了良好的氛围。

山东互联网金融发展落后的原因是多方面的。一是缺乏清晰的发展规划和思路。浙江互联网金融是市场自发及政府借力引导的结果，具有先发优势，不具有可复制性。对于起步较晚的地区来讲，政府引导作用则十分重要，只有契合当地情况，准确定位，找准突破口，才有可能搭上互联网金融的快车，分享

① 郭妍、张立光：《我国区域经济的南北分化及其成因》，《山东社会科学》2018年第11期。

新经济增长的成果。纵观山东省这几年，虽然出台了政府措施，但由于发展思路不清晰，发展规划欠科学，措施成效很不明显，发展的机遇正在不断丧失。二是互联网金融发展没有与产业优势相结合。山东省是农业和制造业大省及沿海开放省份，工业基础较好，对外经贸往来较为频繁，但山东没有借助农业、工业和外贸优势，结合互联网金融发展需求，形成自己的特色和优势，而且至今没有找到互联网金融的发展切入点和重心。三是软硬件环境建设不到位。新产业、新经济需要良好的环境进行培育，这需要地方政府创造良好的发展环境，加大硬件和软件方面的投入。如浙江省重视互联网金融软硬件的建设，在硬件方面为企业提供独立的办公场地、互联网金融创新广场、高速宽带接入和定制金融数据中心、公共信息服务平台等，在软件方面推出了人才集聚、科技金融培训服务等。山东省不但硬件建设落后，而且在税收优惠、财政扶持及专业人才引进力度等方面明显与江浙有较大差距。四是思想观念保守、民营经济不发达、企业创新活力不足，这些是根本性原因。从中国互联网金融发展区域看，互联网金融发展较快、较成功的省份大多是民营经济和企业家较为活跃的地区，如浙江、广东、深圳等，人民富有“勇于冒险、开拓进取”的独特文化传统和价值取向，思想较为开放。山东省是孔孟之乡，长期受孔孟思想的影响，再加上国企占比高，创业人员少，思想保守，缺少开放创新的企业家队伍和市场开拓精神。

（二）山东省互联网金融发展的对策建议

作为互联网金融的后发省份，山东如何实现超越，需要有准确的市场定位、清晰的发展思路、科学的战略规划及完善的配套制度。

1. 明确目标和思路，制定科学战略规划

互联网金融的发展主要是技术、市场和企业家三者良性互动的结果。基本路径和成功经验是瞄准市场需求，锚定某一模式，重点推动，以点带面、以品牌效应带动整个产业发展。浙江的电商平台、广东的众筹融资都成功推动了本地整个互联网金融的发展。山东应结合自身基础和优势，明确发展目标，确定互联网金融的重点发展模式和突破口，打造山东自己的互联网金融特色模式。然后，以点带面，推动整体互联网金融发展，实现赶超的目标。

2. 制定并出台推动互联网金融发展的政策措施

目前，山东省人民政府出台了《山东省“互联网+”行动计划（2016—

2018 年)》，指出“互联网 +”的重点在制造、农业、金融、能源、民生等方面，其中，“互联网 + 金融”是发展的重点，并且重点在于推动银行互联网业务的发展，但未形成统一的发展规划。相反，浙江和江苏都早已出台了互联网金融推进指导意见，提出了发展思路和措施，并取得明显成效。建议山东研究并制定促进互联网金融健康发展的指导意见，出台移动金融在公共服务领域的行动计划或方案，推动互联网金融行业的发展。

3. 重点培育和打造具有山东特色优势的发展模式

金融的基础是实体经济，互联网金融发展的目标也是为实体经济服务，结合山东产业发展基础，可重点做好以下中心和模式的培育：两个“电商平台”、两个“供应链金融中心”、两个“股交中心”、两个“智慧示范城市”和一个“互联网产业联盟”。

（1）重点打造两个“电商平台”。一是以临沂物流城为依托，打造全国商贸物流批发电商平台。临沂商城已发展成为全国规模最大、物流覆盖面最广的市场集群，但临沂商城缺乏统一的第三方支付平台，目前接入的第三方支付机构种类多且参差不齐，资金结算效率低，没有形成商城的资源整合优势。阿里巴巴的成功源于淘宝、天猫等电商平台，为临沂商城打造第三方支付平台、发展平台金融提供了很好的模板，同时临沂有“金运通”第三方支付机构牌照。商城可借助市场基础和产业优势，与“金运通”第三方支付机构合作，打造全国首家商贸物流批发业务支付平台。以此为基础，利用平台和大数据，进一步发展大数据金融服务体系，培育出山东“互联网 + 金融 + 商贸物流”新模式。

二是依托口岸优势，打造以青岛为中心的东北亚跨境电子商务综合平台。近几年，跨境电子商务成为一种新兴的国际贸易模式，并成为全球增长的新亮点，这为跨境电子商务平台的发展创造了机遇。2015 年 6 月国务院办公厅印发了《关于促进跨境电子商务健康快速发展的指导意见》，2016 年初，青岛等 12 个城市被列入跨境电子商务综合试验区。青岛是中国第二大外贸口岸，与韩、日贸易交往密切，面向东北亚，并具有“一带一路”倡议和自贸区战略背景，青岛建立全国跨境电子商务综合平台有了政策、天时和地利等条件优势。

（2）着力推进两个“供应链金融中心”。2018 年以来，由于监管政策收紧，供应链金融以其交易背景真实、风险可控等特点受到互联网金融圈的追捧。据中瑞财富、网贷天眼的预测①，2020年中国供应链金融市场规模将在15万亿元左右。传统企业进军互联网金融，供应链金融成为不少大集团的首选。山东省大企业集团多，发展供应链金融具有独特优势。推动供应链金融发展，搭建金融与产业共创共赢的生态平台，既可以解决融资问题，又可以推动产业转型升级，创造新的业务模式和利润增长点。另外，各大公司的供应链金融可以合作共建开放式平台，实现数据共享、平台对接，打造供应链平台金融旗舰店。

海尔和浪潮为山东发展供应链金融模式奠定了基础。海尔集团和浪潮集团是国内率先涉足互联网金融的产业巨头，“海融易”是海尔集团全资控股成立的互联网投资理财平台，属于典型的供应链金融。平台于2014年上线，依托上下游供销体系，以及大量的用户、品牌等资源，为体系内的供应商、经销商提供融资服务。2017年，海融易平台交易额为250多亿元；到2018年12月底，平台交易量已经突破593亿元，平台为近2万家中小微企业提供融资服务，为261万用户提供理财信息服务。浪潮金融成立于2004年，主要面向金融行业提供计算平台产品、行业应用方案和IT咨询服务，同时为银证保提供相关产品与服务组合，还帮助阿里、百度、腾讯等互联网企业搭建云计算、大数据平台，实现其互联网金融业务的发展。

（3）重点建设两个区域“股交中心”。创新商业模式是股权众筹成功的关键。互联网金融的最大特征就是通过网络平台实现金融服务的延伸和全覆盖，实现金融服务高效快速和普惠的目标，如果产权交易中心仍然固守交易所思维，很难跟上技术和市场的发展。齐鲁股权交易中心、青岛蓝海股权交易中心等区域股权交易中心具有良好的市场基础、技术平台及监管规则，经过多年的运营在人才、技术和管理等方面积累了较多的经验，建立开放性的互联网金融交易中心具有良好的基础和条件。

推动“四板”向“五板”转型，创新业务发展模式和路径。建议股权交易中心筹建或与其他机构共同筹建交易平台，用自建或合建的平台开展股权众筹业务，参与股权众筹平台登记、托管、管理、转让、增资扩股等基础服务，积极探索新的盈利方式，以实现业务重心成功转型，充分发挥其在多层次资本市场的战略性地位，增强投融资对接的能力。与此同时，积极探讨推动利用中韩股权众筹融资试点的政策机遇，实现面向中韩、辐射全国的目标，应是下一

① 中瑞财富、网贷天眼：《2016互联网+供应链金融研究报告》，2017年12月19日。

步交易中心的重点工作和发展方向。

（4）打造两个“智慧示范城市”。环境改变生活，互联网金融的发展需要环境的改变带动人们观念更新，为创新发展营造氛围。建议在山东选择两个互联网金融发展较快、基础较好、影响力较大的城市作为互联网金融“智慧示范城市”，研究颁布“智慧示范城市”的建设标准，重点打造智慧示范城市建设，展现互联网金融的发展魅力。如可选择青岛和济南作为全省示范城市，通过公共交通、水电气暖等公共服务及餐饮和零售等消费渠道，大力推广移动支付的应用，使人们切实感受互联网金融带来的安全便捷。

（5）成立“互联网产业联盟”。互联网金融的发展必须以信息技术产业的快速发展为依托。济南齐鲁大学科技园、青岛蓝色经济区是国家级高新技术产业园，园内聚集了大量优秀信息技术企业；2016 年国务院批复山东半岛为国家自主创新示范区，以蓝色经济引领自主创新和转型升级，这些都为山东互联网金融发展奠定了较好的产业基础和政策条件。建议山东以促进信息技术和互联网金融发展为目标，以海尔、浪潮等集团为龙头，成立山东省互联网产业联盟，发挥产业协同、资源集聚优势，打造具有全球影响力的科技创新联盟。以此为基础，加大科技投入力度，鼓励基于互联网的各类技术创新和融合，推动互联网金融发展。

4. 发挥行业自律，推动内外部综合监管相协调

市场秩序的维护除了依靠外部监管以外，还应发挥行业的自律作用。建议尽快成立山东省互联网金融协会，建立互联网金融统计制度、推动机构之间的业务交流和信息共享、创造行业诚信，并做好互联网金融不良运营企业的清理整顿工作，严厉打击假借互联网金融名义开展的非法吸收公众存款，非法经营证券、期货业务等金融违法犯罪活动。通过外部监管和行业自律的综合协调，更有效地推动互联网金融的发展。

5. 建立人才发展规划，奠定互联网金融发展的人才基础

解决互联网金融人才，特别是数据科学家的紧缺问题，除了加大人才引进力度外，还要根据云计算、大数据、物联网、移动互联网等互联网金融发展的趋势及人才要求，建立针对“云大物移”的人才战略工程，为山东互联网金融发展做好人才长远规划。另外，还要加大互联网金融知识普及力度及开展职业教育，为开展互联网金融知识普及和教育创造条件，提高行业从业人员素质，缓解互联网金融人才短缺的压力。

区域发展与对外开放篇

Regional Development and Opening-up

B.10
济南都市圈发展现状与对策措施

吴先华*

摘　要： 城市群是推进新型城镇化的主体形态，都市圈是城市群发展的重要组成单元。培育济南都市圈对山东省实施新旧动能转换重大工程，推进现代化强省建设意义重大。济南都市圈建设已迈出实质性步伐，初步具备都市圈一体化发展的态势，但中心城市辐射带动能力和区域创新驱动能力不强、区域内各城市之间差异较大、开放程度和区域合作的广度与深度均不够等，都影响都市圈一体化水平和发展质量的提升，其关键在于创新体制机制，破解一体化发展的制度障碍；强化规划、产业、设施、生态等协同，推动实现要素自由流动，提高优化资源配置效率；提高创新能力和对外开放水平，增强都市圈发展的内生和外生动力，推动济南都市圈加快迈向高质量发展。

* 吴先华，硕士，山东省建设发展研究院城市化研究所副所长，研究员，研究方向：经济地理。

关键词： 济南都市圈　一体化　区域合作

党的十九大报告指出，以城市群为主体构建大中小城市和小城镇协调发展的城镇格局。建设世界级城市群，发挥其优化空间布局和集聚生产要素的重要作用，推动区域经济发展质量变革、效率变革、动力变革，是贯彻落实习近平新时代中国特色社会主义经济思想、推动经济高质量发展的重要体现，是实施区域协调发展战略的重要内容。济南都市圈包括济南、淄博、泰安、莱芜、德州、聊城6个地级以上城市全部行政区域，是支撑山东半岛城市群和环渤海地区合作发展的重要引擎。

一　济南都市圈建设的重要意义

（一）培育发展新动能的战略选择

中心城市和城市群之间的竞争越来越成为当前全球和区域之间竞争的主要载体。城市群作为承接国际资本、技术、产业转移的集聚地，是参与国际分工、合作及竞争的主体单元，其“聚合效应”正成为推动经济转型的新动能，激发区域内城市创新的“强引擎”。济南都市圈建设，将进一步促进济南与莱芜、淄博、泰安、德州、聊城等地区的分工协作，打破行政壁垒，实现要素的自由流动和资源的优化配置，获取区域合作红利；有利于形成规模经济，降低企业的生产成本和交易成本；有利于劳动分工、知识溢出，产生正外部性，促进创新并带动收益递增，从而重塑经济发展新优势，增添经济发展新动能。①

（二）加快鲁西崛起的关键举措

突破菏泽、鲁西崛起是省委、省政府的一项重大决策，是新时代促进区域协调发展的重要举措。鲁西是山东发展的突出“短板”，创新能力弱、开放层次低、环境约束紧、缺少大城市的辐射带动等问题制约较为严重。济南都市圈建设有利于在全省的中西部地区，打造一个带动西部、辐射全省的区域增长

---

① 沈坤荣：《以城市群推动经济高质量发展》，《人民日报》2018年8月6日。

极，特别是济南都市圈本身涵盖德州、聊城两市，同时向北对滨州，向南对枣庄、菏泽均具有一定的辐射作用，对促进鲁西崛起具有积极的作用，特别是通过强化中心城市和都市圈的引领带动作用，集聚创新资源，通过技术的外溢效应，带动鲁西地区产业转型发展和优化升级，有助于推进菏泽后来居上，培育提升枣庄、德州、聊城、滨州的核心竞争优势，加快鲁西崛起步伐。

（三）推动高质量发展的有效途径

城市群是区域迈向高质量发展的主要空间组织形式，同时对经济发展具有巨大带动作用。推进济南都市圈建设，必将进一步密切各城市之间的联系，加深各市人民之间的交往，有利于6市共享优质的教育、医疗、文化、养老等公共服务资源，促进创新人才、专业技术人才等在都市圈内的交流，激发城市创新创业活力，为高质量发展提供持久的动力。推进产业互补、生态共保、交通互连、服务共享等是都市圈发展的内在要求，必将带动或倒逼各市加快产业转型升级步伐，提高生态治理效能，加快完善基础设施，提高公共服务质量，提高行政管理效率，降低交易成本，推动经济社会迈向高质量发展阶段。

（四）提高省会城市首位度的必然选择

核心城市综合竞争力的高低越来越影响整个区域的综合实力和竞争力。提高济南省会城市首位度是从全国视野思考山东发展的战略眼光，有助于引领山东的快速发展，实现走在前列的目标。提高省会城市首位度必然要求在更大的区域范围内优化配置资源，济南都市圈的发展为此提供了更宽阔的平台，使济南有机会在与淄博、泰安、莱芜、德州、聊城的一体化进程中，进一步集聚资源与要素，做大做强城市规模与实力，提高自身的综合竞争力，优化都市圈城镇体系格局，增强都市圈的发展龙头带动作用，带动省会城市群经济圈的融合发展。

二　济南都市圈建设现状

（一）经济总量规模大，发展水平步入高收入地区行列

经济规模实力是都市圈发展的表征之一，也是都市圈发展的基本门槛之

一。2017 年，济南都市圈生产总值达到 25281.7 亿元，比上年增长 7.4%，经济总量占全省的 34.81%，其中第一产业增加值达到 1705.9 亿元，第二产业增加值达到 11421.4 亿元，第三产业增加值达到 12154.4 亿元，第三产业增加值已超过第二产业，产业结构调整为“三二一”的类型。人均 GDP 达到 74369 元，突破 1 万美元大关，折合 11288 美元，总体步入高收入地区行列。一般公共预算收入达到 1902.2 亿元，增长 7.1%；一般公共预算支出达到 2795.9 亿元，增长 7.4%。经济综合实力强，发展水平突破 1 万美元，根据一般城市发展经验，总体步入后工业化阶段，客观上要求增强区域协同发展。

（二）人口规模总量大，常住人口城镇化率突破60%

2017 年，济南都市圈年末常住人口达到 3091.08 万人，城镇人口 1902.9 万人，常住人口城镇化率达到 61.56%。公安户籍人口达到 3012.6 万人，城镇户籍人口达到 1512.46 万人，户籍人口城镇化率为 50.20%。从常住人口与户籍人口的关系来看，常住人口比户籍人口多出 78.48 万人，属于人口净流入地区。从人口迁入、迁出情况来看，济南市内外来人口主要来自德州、聊城、泰安、菏泽、济宁等地区，表明以济南为核心的都市圈人口流动模式较为明显，人口联系非常紧密。

（三）工业基础较好，产业发展互补性强

2017 年，济南都市圈规模以上工业主营业务收入达到 52611.9 亿元，比上年增长 6.4%，规模以上工业利税达到 4734.6 亿元，比上年增长 5.8%，规模以上工业利润总额达到 2929.2 亿元，比上年增长 6.6%，工业基础较好。同时，圈内各城市之间产业发展的互补性较强。济南以服务业为主，特别是金融、物流、信息等生产性服务业较为发达。淄博以医药、化工、电子信息、机械装备制造、物流、建陶等为主导。莱芜重点集中于钢铁产业。泰安旅游业较为突出，同时以冶金、电力、化工、建材等为主导。德州的主导产业集中在食品加工、化工、纺织、医药、装备制造、有色金属、建材等主要领域，生物产业、中央空调、玻璃钢、绿色化工等特色较为突出。聊城的主导产业主要集中于新能源汽车、铜制品及深加工、铝制品及深加工等特色产业，培植起信发铝业、祥光铜业、时风机械、泉林纸业、鲁西化工、中通客车、东阿阿胶、凤祥食品等一大批在全国同行业名列前茅的大企业集团。

（四）基础设施加快互联，交通联系日益便捷

世界级城市群的共同特点是对内联系紧密、对外高度开放，区域内生产要素实现自由流动。济南都市圈内交通、信息等基础设施加快互通互连，区域内铁路、公路、航空、水运相衔接的综合立体交通运输网络基本形成，为进一步密切各市之间的经济联系奠定了扎实的基础。都市圈内形成依托京沪高铁、济青高铁、郑济高铁等为主体的“米字形”高铁交通架构，即以济南为中心，京沪铁路通道与济青聊铁路通道构成东西、南北十字交叉框架，通过石济客专联系西北方向的石家庄以远，通过郑济高铁联系西南方向的郑州以远，通过济滨城际联系东北方向的滨州，通过济莱城际联系东南方向的莱芜。公路方面，104 国道界首至满庄段改建工程、105 国道东平绕城北段改建工程相继建成通车；济泰高速公路进展顺利，青兰高速公路泰安至东阿段（含黄河大桥）预计 2019 年通车，区域内交通联系日益便捷、紧密，有效地促进了都市圈的一体化进程。

（五）济莱一体化迈出坚实步伐，区域合作呈现生机活力

济莱一体化进展顺利，开通济南至莱芜的城际公交，取消电信通话长途费，实现通信同城化，实现济莱跨地域“户口迁移一站办结”；持续深化济莱协作区建设，推动雪野镇、北部新城等区域与济南同城化发展。2017 年，千佛山医院莱芜院区完成主体工程，山东财经大学莱芜校区办学规模进一步扩大。2013 年，聊城市和济南市签署了《聊城市融入济南服务省会促进济聊合作发展战略合作框架协议》，在规划布局、基础设施、产业发展、要素市场、生态建设等五个方面强化聊城与省会济南的对接与融合，主动融入济南省会城市群经济圈。泰安市积极推进与省会城市群经济圈各市一体化融合发展，与济南市签署了“推进济泰合作发展框架协议”，统筹推动济南南部、西部区域，泰安市泰山区、岱岳区和东平湖片区的协作发展。推进要素市场一体化，实施经济圈高校毕业生就业服务一体化行动，达成了《济南都市圈高校毕业生就业一体化协议》，实现在共享就业服务资源、共同拓宽就业渠道、简化就业派遣手续、同享创业孵化优化政策等方面互通共享。济南、淄博、泰安等市建立了异地就医结算机制。

三　济南都市圈发展存在问题

（一）中心城市辐射带动能力不强

2018 年，济南虽然进入全球二线城市的排名，但从等级来看，与全球一线城市的广州、深圳还存在较大差距，在二线城市中处于最后一个次等级行列，与二线全球城市的成都、杭州、南京、武汉差距较大，而且苏州、长沙、大连等城市也排在济南前面。从发展的经济规模实力来看，2017 年，济南 GDP 在副省级城市中排第 11 位，只相当于深圳的 32.1%（见图 1），公共财政预算收入在副省级城市中排第 10 位，仅相当于深圳的 20.32%，差距较大。与省内城市相比，济南经济总量长期排全省第 3 位，明显低于青岛，与烟台的差距在逐步缩小。人均 GDP 为 98275 元，排全省第 6 位，不仅低于东营、青岛、威海，也低于烟台、淄博等地。总体来看，济南作为引领全省西部崛起的中心城市，在经济总体实力和经济发展水平方面均存在一定差距，辐射带动能力有待提高。

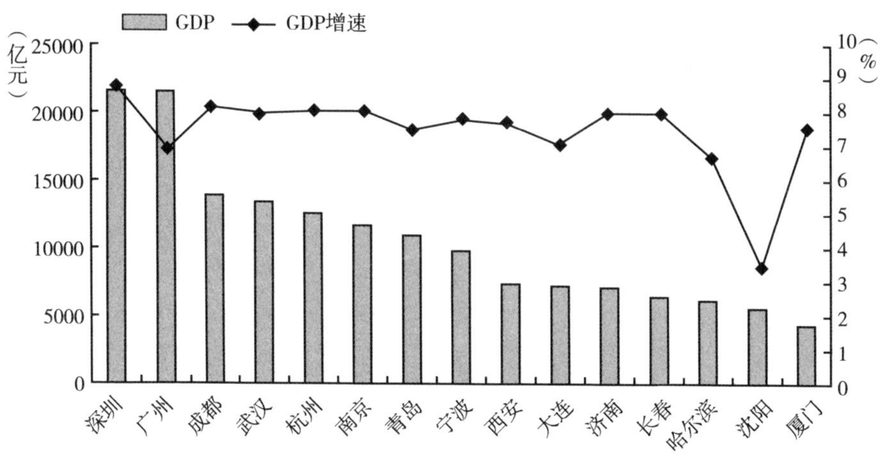

图 1　2017 年全国副省级城市经济总量对比示意

（二）创新驱动能力不高

创新是推进都市圈高质量发展的第一推动力，世界主要的城市群均是依托强有力的创新驱动。总体来看，济南都市圈整体创新能力仍然不强。2017 年，济南都市圈高新技术产业产值达到 14626.93 亿元，仅占全省的 28.06%，明显低于 GDP 占全省的比重（34.81%）。规模以上高新技术产业占规模以上工业产值的比重为 34.67%，比全省平均水平低 3.26 个百分点。发明专利申请授权量为 33459 件，仅占全省总量的 33.29%，万人拥有专利申请授权量 11.11 件，略高于全省平均水平（10.04 件）。R&D 经费投入达到 549.89 亿元，占 GDP 比重为 2.44%，尽管已达到较高水平，但仍低于全省平均水平。总体来看，济南都市圈的创新能力与其在全省的地位并不匹配，一些指标甚至低于全省平均水平，创新驱动对经济社会发展的贡献率过低，制约和影响城市群迈向更高质量发展。

（三）城市间发展水平均衡性较差

济南都市圈内 6 市经济社会发展的差距较大，济南作为中心城市与德州、聊城、莱芜等地差距较大，一定程度上影响了区域合作的可能，增加了一体化发展的难度。2017 年，济南常住人口城镇化率已超过 70%，而聊城刚刚超过 50%，两市相差 20 多个百分点。从人均 GDP 来看，淄博已超过 10 万元，是聊城的 2.04 倍。从人均公共财政预算收入来看，济南最高，达到 9250 元，泰安、德州、聊城均不足 4000 元，济南是聊城的 3.01 倍，差距较大。科技创新方面差距更大，济南在科技创新产出方面领先优势较大，2017 年济南万人拥有专利申请授权量达到 26.9 件，是第 2 位莱芜的 1.9 倍，是聊城的 5.8 倍。在医疗服务资源方面，济南万人拥有医生数达到 45.1 人，远超发达国家平均水平（33 人），而聊城仅有 20.0 人，济南是聊城的 2.3 倍。济南都市圈各城市经济社会发展水平如表 1 所示。

表 1　济南都市圈各城市经济社会发展水平一览

地市	常住人口城镇化率(%)	人均 GDP(元)	人均公共财政预算收入(元)	万人拥有专利申请授权量(件)	万人拥有医生数(人)
济南	70.53	98275	9250	26.9	45.1
淄博	70.26	101569	7680	11.9	33.4
泰安	60.63	63433	3669	5.7	23.7
莱芜	62.58	65046	4070	14.4	25.4
德州	55.57	54222	3235	4.9	21.9
聊城	50.34	49806	3076	4.6	20.0

（四）开放程度不能适应发展需求

作为参与国际和区域竞争的主体单元，城市群必然需要具备较高的开放程序，以便于参与全球和区域分工。世界级城市群发展经验也已表明，对外高度开放是其鲜明特征之一。总体来看，济南都市圈对外开放程度还有待提高，2017年，济南都市圈进出口总额为354.86亿美元，竟不足烟台一个市的总量（454.07亿美元），仅相当于青岛（741.24亿美元）的47.87%，占全省总量的13.49%。外贸依存度仅为5.54%，不仅远低于青岛、威海、烟台、日照等沿海城市，也与全省平均水平（12.61%）差距较大。从各市情况来看，济南都市圈内没有一个城市的外贸依存度超过10%。从实际利用外资情况来看，2017年济南都市圈实际使用外资34.36亿美元，不足全省的20%。因此，济南都市圈对外开放程度是其显著的短板，必将影响和制约其综合竞争力的提升。

（五）区域协作的广度和深度不够

济南都市圈区域合作虽然已迈出实质性步伐，但一体化水平总体不高。首先，合作的体制机制保障力度不够，区域合作中的关键问题仍有待解决，如基础设施一体化建设中的“断头路”问题，环境保护一体化中的深化联防联治问题，市场一体化构建中的共同市场问题，招商引资中的恶性竞争问题等，都存在不断深化合作的空间。其次，城市间分工协作的积极性、主动性不高。受理念、价值、利益、视野等的影响，各市参与济南都市圈一体化的积极性和主动性均不高，更多表现为一种务虚的层面，多数停留在口号上，建立的联席会议制度、战略合作协议并没有真正落地实施，各自为战、自我发展的局面未得到根本性的改变。最后，体制机制未获真正突破。目前都市圈内的一体化制度建设约束力不强，现有体制机制并没有根本解决一体化发展的激励约束问题、利益协调问题，使得在具体实施过程中一遇到利益冲突就无所适从，一体化愿望只能成为空中楼阁。体制问题是制约一体化发展的根本性问题，无论是济南都市圈，还是省会城市群经济圈，均缺少一个真正的实施主体，这个主体在现阶段必须超越6个地级以上城市政府，省级政府自然是最合适的推进主体，但实际上，目前并没有明确一个真正的实施主体，着力从政策、机制等方面进行实质推进，济南都市圈一体化陷入僵局。

四 推进济南都市圈发展的对策措施

（一）加强规划协同，着力提升中心城市首位度

严格落实省会城市群经济圈发展规划，结合新形势、新背景、新问题，研究制定济南都市圈发展规划，并尽快发布实施，强化都市圈发展规划对城市规划的统筹、指导作用，都市圈内 6 市空间规划编制及专项规划编制都要将都市圈发展规划作为重要遵循，推进规划内容有效实施，确保省、市级各项重点项目无冲突落地，建立空间规划实施评估制度，确保上层次规划内容的落实。倡导城市之间开展双边或多边合作，共同组织空间规划编制或专题研究工作，从济南都市圈整体发展的角度，考虑边界地区的资源配置、环境治理、设施衔接、服务共享等。建立都市圈规划协调机制，探索多市城乡规划协同编制办法，规划成果征求相邻市县意见，实现两市规划的有机衔接。着力提升济南省会城市首位度，做大做强济南中心城市，支持济南争创国家中心城市。济南要充分发挥山东省会城市群经济圈中心城市的优势，紧密结合打造区域性经济中心、金融中心、物流中心和科技创新中心“四个中心”任务，加快建设济南新旧动能转换先行区，推动十大千亿产业的振兴发展，着力提高经济首位度①；抓住“携河北跨”的战略机遇，推动济南由“大明湖时代”迈入“黄河时代”，以城市绿色发展、智慧发展、人文发展为导向，不断提升城市改造的品质，着力优化中心城区人居环境，提高城市对外来人口的吸引力，切实放开户籍限制，转变人口观念，将城市限制人转向城市吸引人，进一步扩大济南中心城区人口规模，实现集聚规模效应，提高人口首位度。

（二）加强产业协作，构建都市圈现代化经济体系

引导都市区内产业由产业间分工向产业内分工和价值链分工转变，推动建设“创意产业园”、共建边界产业园区等多种形式的跨区域产业合作，着力构建现代化经济体系。一是促进中心城区与市、县产业联动发展。构建“研发

① 《济南开启构建开放型经济新体制综合试点试验工作》，《走向世界》2016 年 8 月 15 日。

孵化在中心城区、产业化在县域”的发展格局，推动都市圈产业协同发展。鼓励中心城区大力发展现代服务业、高新技术产业和战略新兴产业，引导资源加工型、劳动密集型产业向周边市、县转移，建立生产基地，布局配套企业，鼓励打破行政区域界限，实施跨区域转移。周边市、县重点发展生产制造、零部件配套、仓储采购等，形成一体化的都市圈功能分工格局。二是鼓励开展产业内分工协作。强化产业内不同产品和价值链的分工，注重延长产业链和价值链，鼓励骨干企业加大技术创新投入力度，增强产品的创新力和竞争力，促进产业由加工向研发、销售两端提升。加大产业链和价值链招商力度，鼓励引进带动能力强的高技术项目，逐步压缩、淘汰低端产业，更新替代传统产业。强化产业内不同产品的分工协作，针对一些共性关键技术，鼓励开展协同创新研究。三是合作共建开发园区。鼓励有条件的市、县突破行政区划界限，跨区域合作共建开发园区。积极探索采取园中园、共管园等多种方式共建开发园区。建立利益分享机制，实现合作共建园区的发展成果共享，推动地区产业升级。支持各开发区按照优势互补、产业联动、市场导向、利益共享的原则，加强园区之间多领域、多环节协作。鼓励都市圈内经济技术开发区、高新技术开发区开展合作，促进创新资源共享开放。推动重点产业园之间联动发展、合作共建，实现资源共享、优势互补。积极发展“飞地经济”，畅通政府间的全方位合作交流，探索建立跨区域协调管理、土地流转、税收分享机制与合作开发新模式，实现互利共赢。四是建设现代产业体系。根据职能定位、基础条件和自身实际，都市圈内各城市应联合发展先进制造业，积极推动互联网、大数据、人工智能和实体经济深度融合，重点发展战略新兴产业、装备制造业、新能源新材料、医养健康等产业，在中高端消费、创新引领、绿色低碳、共享经济、现代供应链、人力资本服务等领域培育新增长点，打造形成推动都市圈一体化发展的新动能。

（三）实施创新驱动，培育都市圈发展新动能

深入实施创新驱动发展战略，坚持创新是引领都市圈发展的第一动力，促进科技与经济深度融合，加快形成以创新为引领和支撑的都市圈发展模式。一是提高科技创新能力。把握世界科技发展趋势，超前谋划布局，强化前瞻性基础研究、引领性原创研究和应用基础研究。推进重大创新平台建设，积极承担国家重大科技项目和工程，争取国家重大科技基础设施和大科学装置在山东布

局。加强技术开发与集成、装备研制与大规模应用，以技术的群体性突破带动新兴产业集群发展。构建以企业为主体、市场为导向，“政产学研金服用”相结合的技术创新体系，引导创新要素向企业集聚，使企业成为创新决策、研发投入、科研攻关、成果转化的主体。激发大学和科研院所创新活力，尊重智力资本支出，进一步加大财政支持科技创新力度。在大学和科研院所设立知识产权服务机构，配置更多的专业人员，促进科技创新成果及时转化，并更好地引导科技创新与社会需求的对接。二是发挥好济南都市圈科技创新能力提升的引领作用。积极打造具有泉城特色的科技服务业体系，加快“泉城众创空间”建设，打造“众创空间（创业苗圃）孵化器—加速器—产业园区”全产业链孵化载体。做大做强区域性科创中心，加快建设山东工研院、意大利（济南）技术转移中心、国家人类遗传资源山东创新中心等新型研发转化机构，培育5～10个协同创新中心，加快落地一批重大产业化项目。三是激发科技人才创新活力，加强创新型人才培养和引进。推动科技资源向人才聚焦，实现人才引得进、用得好、留得住。加大高层次人才引进培养力度，集聚一批对产业转型升级具有带动作用的首席科学家、产业领军人才、科技创新人才和高技能人才。制定并实施以增加知识价值为导向的分配政策，发挥收入分配政策对科研人员创新的激励导向作用，建立体现增加知识价值的收入分配机制。允许科研人员和高校教师依法依规适度兼职兼薪，充分调动广大科研人员的积极性、主动性和创造性。

（四）推进设施互连，构建高效便捷的交通网络

互联互通的基础设施网络是都市圈发展的基本支撑，构建高效便捷的现代综合交通运输体系，打通不同行政区之间的“断头路”，大力发展城际轨道交通，补齐基础设施短板。加强与山东省内其他都市圈（区）以及与周边的京津冀城市群、长三角城市群、中原城市群及更广范围的国内外其他重要城市的联系。以京沪高铁、京九高铁、济青高铁、胶济客专、石济客专、郑济高铁等高速铁路为基础，以济南为核心，推进济南与德州、滨州、淄博、莱芜、泰安、聊城等城际轨道交通建设，构建都市圈城际轨道交通网。打造都市圈便捷的高速公路网，构建以济南为中心，由多条高速公路放射线联结周边其他城市，并且周边城市之间也由高速公路相互联结的都市圈高速公路网络，完善济

南绕城高速公路、串联周边中心城市高速公路两大内外环线，构建以滨德高速S12、青银高速G20、青兰高速G22、济淄潍高速，以及德上高速G3W、京台高速G3、京沪高速G2、滨莱高速S29、沾淄临高速为主体的“四横五纵”高速公路网。推进公共交通跨界一体化，加快建设济南都市圈客运公交网络，积极探索开通城际公交线路，尽快开通济南至周边地区的城际公交线路，系统谋划城际公交和城市公交的衔接，加快枢纽建设，在新一轮城市总体规划中预留用地，为跨市的城市公交线路与城市公交衔接提供良好的设施支撑。加快各地区之间交通信息的整合，推进公交交费一体化，推进互设回城出租车候客点，真正实现各地区公交系统的互联互通。

（五）推动要素流动，促进都市圈实现资源优化配置

生产要素的自由流动是都市圈一体化建设的核心，也是都市圈区别于城市的本质所在。通过都市圈内生产要素的对流、生产要素的激活与创新以及统一生产要素市场的建立，实现都市圈生产要素的优化配置。一是推进劳动力资源自由流动与优化配置。实施城乡区域户籍自由迁移政策，统筹都市圈内户籍政策，以合法固定住所或合法稳定就业作为城镇落户基本条件，引导本人及配偶、父母、未成年子女的户口迁入。农业转移人口在城镇落户后，因不适应城镇生活已返回原籍地务农，或者在城镇积累一定资金、资源、技能后返乡创业的，如本人或其配偶、子女、父母在农村原籍地具备土地承包经营权、宅基地使用权等基本生产生活资料且实际居住，可将户口迁回农村原籍地。都市圈跨市、县暂住人口不需办理暂住证，但需纳入实有人口管理。推动户籍管理同城化，搭建都市圈调用信息交换平台，都市圈内实现居民身份证“异地办理”，简化相关户籍办理手续，逐步实现网上户口迁移和一站式审核登记制度，简化审批环节，缩短办理时限。二是探索土地要素流动新机制。依据山东省国土资源厅、山东省发展改革委、山东省扶贫办《关于进一步运用好增减挂钩政策支持脱贫攻坚和黄河滩区脱贫迁建工作的通知》（鲁国土资发〔2017〕14号）要求，对符合条件的地区实施城乡建设用地增减挂钩节余周转指标跨市、县交易制度，促进建设用地指标向都市圈重点地区倾斜。三是有序推进农村土地产权交易流转。依托集体资产监督管理、土地经营权流转管理等平台，探索建立都市圈统一的农村产权交易平台，健全产权流转交易市场，开展农村承包土地经营权、

集体林权、“四荒”土地使用权、农业类知识产权、农村集体经营性资产出租等流转交易。制定完善产权流转交易管理办法，健全市场交易规则，完善运行机制，实行公开交易，加强农村产权流转交易服务和监督管理。

（六）促进服务共享，打造高品位的都市圈

推进区域科技、教育、卫生等设施的共建共享，建立健全社会服务设施网络体系，为都市圈高质量发展提供优良的公共服务。一是共享区域卫生资源。发挥济南优质医疗资源丰富的优势，促进都市圈内各城市共享优质医疗资源。统筹设置医疗卫生机构，在生态环境良好、交通便捷的地区共建一批高水平的护理院、康复中心和养生养老服务基地。全面推进医联体建设，扩大都市圈内的医联体建设范围。鼓励三级甲等以上医疗机构采取跨区域布点、远程医疗合作、医疗人员交流等方式，扩大服务范围，提高优质医疗卫生资源使用效率，加强区域急救网络建设。促进都市圈基本医疗保险政策对接，探索建立参保患者异地就诊协同管理机制，实现异地就医住院费用即时结算和跨地区参保人员信息资源互联共享、定点医疗机构互认和跨区域监管，统一药品、诊疗项目等目录范围以及自付比例，并逐步实现都市圈内医疗机构全覆盖。开展卫生监督合作，积极探索重大疫情联防联控工作机制，实现公共卫生应急队伍、应急专家、应急物资等资源共享，提高突发公共卫生事件应急处置能力。二是共享优质教育资源。共同发展高等教育，鼓励都市圈内各高等院校加强联合共建、协作交流，服务两地建设，推动师资力量、课程设置、图书馆、实验室等资源共享。支持利用现代信息技术构建远程教育平台，开展校际课程互选、学分互认。合作发展职业教育，统筹职业学校和专业布点，鼓励行业、企业与学校组建职业教育集团、专业教学联盟等，完善集团化（联盟）办学体制机制，实现教育与产业紧密衔接，建设一批职业教育实训基地。优化义务教育资源配置。合理配置义务教育资源，建立优质教育资源信息共享平台，搭建项目方案共享、人才培养方案共享、专业课程共享等网络共享平台。推进统一教育网络平台建设，自由选择培训网络和课程。提倡都市圈内名校与薄弱学校结对发展，鼓励各市中心城区优质义务教育资源向县和镇一级设立分校，鼓励济南等优质义务教育资源在都市圈其他城市设立分校。三是推动公共文体资源共享。统筹规划文化、体育基础设施，推动区域内博物馆、纪念馆、图书馆、文化

馆、美术馆等公共文化设施资源共享。推进公共图书馆文献资源共建和服务协作，打造数字图书馆联通平台。联合开发文化产品，组建跨区域宣传、销售网络，促进区域文化繁荣。加强文化交流合作，建立舞台艺术精品剧目交流演出机制和艺术人才培养合作机制，共同承办全省和全国性重大文化活动，组织对外文化商演展览。加强群众体育活动、体育社团组织、国民体质监测等交流互动，联合开发体育赛事，充分利用区域内体育场馆资源，促进场馆设施开放共享。四是加强专业技术人才交流。建立校长和优秀教师交流合作机制，推进教师跨地区流动和优质教育资源共建共享。整合教育培训资源，实现教师继续教育和培训的互联互通。促进医师合理流动和医疗卫生机构之间人才交流，建立完善医师多机构执业备案，积极争取推动两市优秀专家互相兼职坐诊。

（七）加大对外开放，提升都市圈开放型经济水平

加大对外开放，创新开放型经济体制机制，推进济南都市圈开放型经济迈向更高水平。一是加强与“一带一路”沿线地区协作。抓住国家“一带一路”发展契机，全面提升陆海空运输能力，增设“一带一路”沿线国家国际航线；加强通信、电网等基础设施建设，建立统一的信息平台和实现无纸化通关，推动电子信息交换通道建设。深化与丝绸之路经济带沿线国家和地区交流合作，依托新亚欧大陆桥、中蒙俄等国际经济合作走廊，建设境外经贸合作区和重点项目。鼓励优秀企业拓展中亚、西亚市场，推动高端产品领域上下游产业链和关联产业协同发展，加强在新一代信息技术、生物、新能源、新材料等新兴产业领域的深入合作。二是加强省内外城市群的对接合作。加强同京津冀、长三角的合作，精准对接京津冀、长三角优势产业转移，承接新兴产业、高端制造、教育医疗、健康养老、文化旅游等产业，强化与中原城市群的联系通道，共享内陆腹地资源、能源等，强化与省内济枣菏、东滨、临日、烟威都市区和青岛都市圈的对接，共享一体化发展经验模式，促进错位发展。三是加快推进开放型经济体制机制改革。学习借鉴自由贸易试验区可复制经验，推进创新外商投资管理体制，建立“走出去”战略新体制、外贸可持续发展新机制、贸易便利化新体制，健全开放型经济的区域创新体系、安全保障体系、开放安全的金融体系、知识产权保护体系。大力发展跨境电子商务、外贸综合服务、保税展示交易等外贸新业态、新模式，提高贸易便利化水平。完善跨国经营和投

资的促进平台，积极推动企业“走出去”，重点支持具有自主品牌、核心竞争优势和一定规模的龙头企业开展跨国经营。引导和支持有一定竞争实力的企业在境外设立产业集聚区、生产加工基地等，形成国际化经营的规模优势。推广国际贸易单一窗口、一站式作业、一体化通关。充分利用济南构建开放型经济新体制综合试点的优势，优先在都市圈内推广应用相关经验模式。

（八）强化生态共保，探索都市圈绿色低碳发展之路

强化生态环境共保共治，加强流域污染综合治理与防范。将具有重要生态价值的山体、河流、湖泊、自然保护区、饮用水水源保护区等纳入生态保护红线，严格保护都市圈的生态基底。加大东平湖、泰山和鲁山三大生态绿心的保护力度，划定黄河、徒骇河、马颊河、小清河、大汶河五条主要河道两侧各形成500～1000米生态控制区，以及京杭大运河流经聊城段两侧生态廊道，依托泰山、鲁山、徂徕山等，以鲁北农田生态系统为主的绿色基质，构建都市圈生态网络。加强森林资源修复，加强鲁中南山地丘陵区荒山绿化工程、沿河重点防护林建设，对25度以上坡耕地、重点沙化土地和重要水源地等实施退耕还林还果，做到生态功能不降低、绿地面积不减少。恢复马踏湖、白云湖等湖泊生态，恢复孝妇河、猪龙河、乌河等入湖河流的历史走向，发挥湖泊原有生态功能，加强雪野湖、卧虎山水库等重要水功能区的保护。以跨界河流沿线支流、湖泊为重点，在小清河、大汶河、马颊河、淄河、孝妇河等河流，以及东平湖、马踏湖、白云湖等主要湖泊的汇水河流入湖口，建设人工净化湿地。加强跨区域水系的协同治理，在小清河、南水北调沿线、海河等重点流域逐步建立上下游水污染联防联控机制，探索河流水质达标交接制度。加强大气污染联防联控机制，健全完善协同治污、联合执法、应急联动工作机制，建立市、县、乡三级环境监管网格，完善网格化环境监管的运行机制，实现环境监管执法全覆盖。

（九）健全工作机制，破除一体化发展的体制障碍

明确济南都市圈推进主体，建立健全都市圈发展领导体制。建议由省城镇化工作领导小组办公室负责都市圈总体事务的协调与管理，统筹协调都市圈的生产力布局、基础设施建设、战略资源开发、生态环境保护与建设、资源整合

与共享等重大事项。省城镇化工作领导小组办公室负责都市圈日常协调管理工作，建立定期例会、部门会商、市长联席会议等制度，促进政府职能部门之间和接壤区之间的合作交流。加大联合宣传和共同推介力度，建立重大决策事件和重大新闻发布事先沟通协调机制。加强与国家、省份的协调，力争成为区域一体化发展综合改革试验区和先行区。建立协调机制，打破一事一议的传统协调做法，实施打包式的总体协调制度，强化对区域问题的整体谋划，统筹解决协作过程中利益损失不对等的问题，真正让利益相关方明确协作过程中的责、权、利的关系，实现总体合作的双赢。按照互利共赢的原则，探索建立利益共创共享机制，助力区域一体化发展。

（十）创新相关制度，健全一体化发展的政策保障体系

省市财政加大对济南都市圈建设的支持力度，财政资金适当向济南都市圈项目倾斜。制定实施统一的财税政策，统一的税收返还标准、额度和条件，对区域内财政困难地区实行统一的财政补贴。实行下游地区对上游地区、开发地区对保护地区的财政转移，以横向财政转移支付弥补各功能区之间利益格局差异。建立健全跨区域、多元化、可持续的投融资保障机制，充分发挥财政资金的杠杆作用，扩大招商合作，大力推广 PPP 模式，引导金融机构和社会资本参与大型跨界基础设施和公共服务设施建设。制定都市圈招商引资规范，统一市场准入标准，统一民间融资政策，建立规范协调发展的 PPP 项目库，避免重复建设和不正当竞争，提高资本经营运作效率。探索建立都市圈土地指标跨区流转、有偿使用制度，优化土地资源配置，促进建设用地指标向都市圈一体化项目适当倾斜。适应都市圈资源流动和配置空间要求，统筹都市圈范围内撤县设市、镇改街、乡镇合并等行政区划调整，积极稳妥破除行政壁垒对土地、人口、产业链和重大基础设施等的发展制约。鼓励探索经济园区、产业基地、大企业等临时代管行政区划外镇（村）的管理模式，提高重点园区和企业资源统筹能力。

B.11
山东省区域经济协同发展分析与对策

袁爱芝*

摘　要： 区域经济协同发展已成为当前中国经济发展的主要形式。近年来，山东省立足于缩小东西发展差距，积极制定出台了一系列区域经济发展战略，取得了明显成效，但仍存在一系列制约区域经济协同发展的瓶颈，必须从规划协同、产业协同、创新协同、政策协同等多方面提出相应对策，全面提升山东省区域经济创新力和核心竞争力，形成全面的、可持续性的区域经济协同发展格局。

关键词： 协同发展　两区一圈一带　区域经济

一　协同发展：区域经济发展新模式

区域经济协同发展，是指各地区在不封闭且完全开放的前提下，通过相互之间的协作，实现区域内自然资源、产业结构、社会资本和劳动力以及社会制度供给等经济要素的跨区域优化配置。具体包括区域间经济增长速度、经济发展质量和经济总量的协同，区域间经济布局、产业布局、城镇布局的协同等。经济协同发展的本质就是打破路径依赖，缩小各地间的地区差距，找准发展路径，实行统一经济决策，提升整个区域经济的综合竞争力。

近年来，区域经济协同发展成为区域经济研究的重点领域，促进区域经济协同发展已经成为区域发展的重要任务。区域经济协同发展强调，区域内各个

* 袁爱芝，硕士，山东社会科学院科研组织处副研究员，研究方向：区域经济、生态经济。

市场主体都要突破行政区划的限制，实现区域内经济要素与资源的自由流动和优化配置，使区域形成协同整体。与区域经济协调发展相比，区域经济协同发展更注重区域间的联合行动，形成目标一致的行动计划，实现对区域公共事务的联合治理。因此，从某种意义上来说，区域经济协同发展是区域经济协调发展的高级阶段。要实现区域经济协同发展，至少要实现更高层次的市场整合、协调有序的空间格局，能够持续优化、协调区域治理与制度安排。

二　山东省区域经济发展状况分析

近年来，山东省根据经济发展所处阶段的特点和任务，实施了具有明显成效的区域经济发展战略，最终形成了“两区一圈一带”的区域发展格局，实现了区域经济的全面协调发展。2009 年 11 月，国务院正式批复《黄河三角洲高效生态经济区发展规划》，山东省有了第一个国家层面的区域发展战略。2011 年 1 月国务院又批复《山东半岛蓝色经济区发展规划》，标志着山东蓝色经济区建设正式上升为国家经济发展战略，也是中国第一个以海洋经济为主导的区域发展战略。自此山东省以“蓝黄”两区建设为带动，积极加快经济发展转型，带动其他区域发展。2013 年 8 月，山东省出台实施了《西部经济隆起带发展规划》与《省会城市群经济圈发展规划》。宏观区域层面上，形成了“两区一圈一带”经济协同发展的总体格局。2018 年 1 月，国务院批复《山东新旧动能转换综合试验区建设总体方案》（国函〔2018〕1 号），同意设立山东新旧动能转换综合试验区，这是党的十九大后获批的首个区域性国家发展战略。山东新旧动能转换综合试验区包括济南、青岛、烟台三大核心城市，14 个设区市的国家和省级经济技术开发区、高新技术产业开发区以及海关特殊监管区域，从而使山东的区域发展形成“三核引领、多点突破、融合互动”的新旧动能转换总体布局。2018 年 9 月，山东省委、省政府出台了《关于突破菏泽、鲁西崛起的若干意见》（鲁发〔2018〕39 号），提出加快突破菏泽、鲁西崛起，全面提升区域经济创新力和核心竞争力，促进区域经济均衡协调发展。

（一）区域经济发展水平达到新高度

一是经济整体实力迈上新台阶。近年来，山东省经济快速发展（见表 1），

2002 年实现生产总值过万亿元，山东成为全国三个率先过万亿元的省份之后，2006 年经济总量过 2 万亿元，达到 21900. 19 亿元。2018 年山东省 GDP、人均 GDP、地方财政收入、城镇居民人均可支配收入等主要经济指标均达到历史最高水平。GDP 由 2002 年的 10275. 50 亿元上升为 2017 年的 72678. 20 亿元，2018 年 GDP 达到 76469. 70 亿元。

表 1　山东省部分年份主要经济指标

年份	GDP（亿元）	人均 GDP（元）	地方财政收入（亿元）	城镇居民人均可支配收入(元)
2002	10275. 50	11340	610. 22	7614. 5
2006	21900. 19	23603	1356. 25	12192. 2
2009	33896. 65	35894	2198. 63	17811. 0
2012	50013. 24	51768	4059. 43	25755. 2
2016	67008. 19	67706	5860. 18	34012. 1
2017	72678. 20	72851	6098. 50	36789. 0
2018	76469. 70	76267	6485. 40	39549. 0

资料来源：历年《山东统计年鉴》、山东统计月报、山东省统计局（2018 年 12 月）。

二是结构调整持续优化。山东省不断优化产业结构，2016 年三次产业结构比例为 7. 3∶45. 4∶47. 3，实现了由“二三一”向“三二一”的历史性转变，第三产业成为拉动经济增长的主动力。2017 年“三二一”结构进一步得到巩固，三次产业结构进一步调整为 6. 7∶45. 3∶48. 0，2018 年三次产业结构比例调整为 6. 5∶44. 0∶49. 5。工业生产向中高端迈进，前三季度装备制造业增加值增长 7. 2%，高于规模以上工业 1. 7 个百分点；六大高耗能行业增长 5. 3%，低于规模以上工业 0. 2 个百分点。服务业主导作用稳固，对经济增长的贡献率达到 58. 5%，比第二产业高 20. 0 个百分点。① 分区域而言，“两区一圈一带”2018 年前三季度第三产业占比分别比 2013 年提高 7. 4 个、6. 4 个、6. 4 个和 6. 2 个百分点，省会城市群第三产业比例最高，达到 49. 2%，黄河三角洲高效生态经济区第三产业占比最低，仅为 39. 1%，西部经济隆起带第一产业占比最高，达到 9. 1%（见表 2）。

---

① 《前三季度全省经济总体平稳　转型变革推动高质量发展》，山东省统计局，2018 年 10 月 31 日。

表 2　“两区一圈一带”三次产业比例

年份	蓝色经济区	黄河三角洲高效生态经济区	省会城市群	西部经济隆起带
2013	6.7:52.7:40.6	7.5:59.9:32.7	7.7:49.5:42.8	11.1:51.8:37.1
2014	6.5:51.5:42.0	7.4:58.8:33.8	7.6:48.2:44.2	10.9:50.7:38.4
2015	5.7:49.8:44.5	5.8:58.2:36.0	7.1:46.5:46.4	10.4:49.0:40.6
2016	5.7:48.6:45.7	6.2:56.0:37.8	6.5:45.7:47.8	9.9:48.0:42.1
2017	5.4:47.8:46.8	5.7:56.3:38.0	6.0:45.2:48.8	9.2:47.8:43.0
2018	4.4:47.7:48.0	5.0:55.9:39.1	6.0:44.8:49.2	9.1:47.6:43.3

注：2018 年为前三季度数据。

资料来源：历年《山东统计年鉴》、山东统计月报、山东省统计局（2018 年 11 月）。

（二）区域发展空间格局持续优化

山东省注重培育区域发展优势，突出重点，强化带动，以山东半岛蓝色经济区、黄河三角洲高效生态经济区和省会城市群经济圈建设为突破口，将产业结构调整与区域发展有机结合，聚集优质资源，大力拓展发展空间。不断提升区域竞争力。推动优势主导产业加速崛起，重点区域带动战略成效日益显现。2018 年，山东“两区一圈一带”战略支撑作用进一步增强，深度对接雄安新区建设、京津冀协同发展、环渤海地区合作等国家战略，枣庄、济宁、菏泽、临沂 4 市积极参与淮海经济区建设。2018 年前三季度，“两区一圈一带”分别实现生产总值 31333.1 亿元、5160.8 亿元、18550.7 亿元、16759.7 亿元。山东半岛蓝色经济区作为山东经济发展龙头，海洋装备制造业发展优势日益明显，示范引领作用日益增强，全国 50% 以上的海洋科研机构已进驻半岛蓝色经济区，科技进步对海洋经济发展的贡献率在 60% 以上；黄河三角洲高效生态经济区以资源高效利用和生态环境改善为建设主线，稳步推动高效生态产业发展，初步建立高效生态产业体系，全区农业龙头企业发展到 1431 家，畜牧合作经济组织发展到 1000 多家，标准化生态鱼塘改造累计达 100 多万亩，成为山东重要的经济增长板块，积极融入京津冀、环渤海经济圈一体化发展；省会城市群经济圈一体化发展效应进一步显现，核心城市济南加快建设新旧动能转换先行区，“五个一体化”建设取得阶段性成果，电子商务、商贸物流、文化旅游等新兴服务业蓬勃发展；西部经济隆起带以特色产业为支撑，形成若干发展高地，充分利用区域自身优势实现了科学跨越发展。

（三）新旧动能转换步伐加快，区域创新能力明显增强

山东省以山东半岛国家自主创新示范区和黄河三角洲农业高新技术产业示范区两大创新发展引擎示范引领，大力实施创新驱动发展战略，积极推进“大众创业、万众创新”，制定并实施了《〈中国制造2025〉山东省行动纲要》和“互联网+”行动计划，区域创新能力明显增强。① 新经济培育势头加快。从新技术看，2018年10月末有效发明专利拥有量增长18.9%，每万人口有效发明专利拥有量达到8.61件，比年初增加1.03件。从新产业看，2018年1~11月新一代信息技术、高端装备制造、新能源新材料等十强产业分别增长6.7%、6.8%和8.3%，分别高于规模以上工业1.4个、1.5个和3.0个百分点。高技术产业增加值增长7.1%，高于规模以上工业1.8个百分点。从新业态看，智能制造业加快成长，工业机器人、智能照明器具、智能消费设备等行业增加值分别增长27.9%、23.1%和9.6%，依次高于规模以上工业22.6个、17.8个和4.3个百分点。工业机器人、服务器、太阳能电池等新产品产量分别增长1.0倍、76.2%和53.2%。从新模式看，电商交易持续扩大，实物商品网上零售额增长22.8%，对限额以上单位零售额的贡献率为14.2%；跨境电子商务出口增长34.5%。②

（四）区域生态环境质量不断改善

一是注重绿色发展，节能降耗取得积极进展。山东省是传统能源消耗大省，但近年来，山东省致力于坚持绿色低碳发展理念，加快转变经济发展方式，加大节能环保整治力度，能源资源综合利用效率进一步提升。2018年，山东规模以上工业能耗同比下降0.4%，规模以上工业煤炭消费量同比下降6.1%。六大高耗能行业能耗增长0.77%，占规模以上工业能耗比重比2017年提高0.8个百分点。二是坚持以人为本，注重改善城乡人居环境。山东省通过积极开展中小城市培育试点、特色小城镇创建、美丽乡村建设等行动，着力推

① 李平：《山东区域经济：新理念引领新发展》，《大众日报》2017年6月14日。

② 《1~11月全省经济数据公布：民企出口逆势增长》，齐鲁晚报网，http://www.qlwb.com，2018年12月20日。

动城乡环卫一体化，大力改善城乡人民环境，全省空气质量持续改善。2018年，环境空气质量综合指数平均为5.56，同比下降9.6%；优良率平均为60.4%，同比增加0.9个百分点。4项大气主要污染物指标同比均持续改善，大气污染防治成果继续显现，PM2.5、二氧化硫等主要污染物平均浓度持续降低，重污染天数平均为9.9天，同比减少5天，空气质量明显好转。

三　推进山东区域经济协同发展的对策建议

（一）坚持统筹融合互动，加快建立协作紧密的区域一体化发展格局

山东区域经济发展要坚持统筹融合互动，健全区域一体化发展机制，推进资源要素共享、基础设施共建、经济文化融合、生态环境共治，完善统一市场，实现资源优化配置。

强化核心城市辐射带动作用。把加快青岛、济南发展摆在更加突出的位置，以扩大城市规模为载体，以增强承载能力和服务功能为重点，强化辐射带动区域发展的核心和龙头作用。全面展开并大力推动青岛西海岸新区建设，支持“蓝色硅谷”创建国家海洋科技自主创新示范区，争取青岛建设自由贸易港区，推动青岛建设成为全国重要的区域性经济中心和国际化大城市。做大做强省会经济，围绕培育城市经济发展高地，大力发展总部经济和楼宇经济，加快创新谷、汉峪金谷等20个重点服务业集聚区规划建设，加快形成信息服务、金融、商贸物流、文化旅游、商务会展五大区域性服务中心。支持省会圈北部产业转移承接协作区、南部文化旅游协作区发展，加快紧密圈层同城化发展步伐。

加强交通基础设施互联互通。加快实施《山东省综合交通网中长期发展规划（2018—2035年）》和《环渤海地区山东省城际轨道交通网规划（调整）》，以快速铁路网建设为重点，统筹建设铁路、公路、航空、水运等基础设施，完善“三横四纵”综合运输通道，积极推进区域交通一体化进程。

推动经济文化融合发展。深入挖掘和阐发齐鲁文化的深厚底蕴，加强系统研究和总体谋划，在推动中华优秀传统文化创造性转化、创新性发展中走在前列。实施好文化创新传承计划，推进曲阜文化经济特区建设，加快编制曲阜文

化建设示范区规划，建设全国弘扬优秀传统文化的“首善之区”、道德高地和文化圣地。培育和践行社会主义核心价值观，深入推进文明山东、诚信山东建设，大力弘扬沂蒙精神和新时期山东精神。实施好“孔子故乡·中国山东”品牌战略，统筹孔子文化对外交流，组织好国际孔子文化节、世界儒学大会等国际文化交流活动，建设好全球孔子学院中国文化体验中心。找准文化与经济发展的结合点，促进文化与科技、信息、旅游、创意设计等相关产业融合发展，形成一批具有较强竞争力的文化产业集聚区、骨干文化企业和文化品牌。坚持以群众基本文化需求为导向，加快构建现代公共文化服务体系。

（二）充分发挥区域比较优势，促进产业协同发展

充分考虑市场、区域优势和区域分工的要求，在全面提高全省产业结构水平的基础上，通过区域间的产业合作，建立合理有效的区域产业分工格局。通过政策引导和相应的激励机制，引导区域根据自身的产业发展优势实现错位发展，并通过区域间的分工协作，促进不同区域在产业链上建立纵向和横向联系，从而形成中心、网格化的产业分工体系。

山东半岛蓝色经济区应以现代海洋产业为主导，通过海陆统筹、资源整合，增强综合经济实力与国际竞争力，建设新型海洋特色的沿海经济区。争取经过十年或更长一段时间，使山东半岛蓝色经济区成为中国首个以海洋经济为显著特征的崭新区域增长极。重点培植海洋生物、海洋装备制造、海洋能源矿产、海洋交通运输物流业、海洋文化旅游、海洋生态环保等优势产业，抢占蓝色经济高地。

继续加大力度推进黄河三角洲高效生态经济区建设，将其打造成为全国重要的高效生态经济示范区。抓住信息化时代背景下新工业革命和实施《中国制造 2025》重塑产业价值链的新机遇，按照供给侧结构性改革的要求，瞄准国际一流，以新工业化为抓手，大力发展高新技术产业，不断提高新兴产业的劳动生产率，加快新旧动能转换，积极构建“创新驱动战略体系”，使山东成为中国新工业化试验区。

省会城市群经济圈发挥城际联系紧密、龙头城市地位突出的优势，进一步扩大汽车、信息、新能源、机械设备等产业集群规模，形成强大的辐射带动作用。济南在提高产业带动功能的基础上，重点发展金融、信息、商贸、文化、

物流等综合服务功能，加强发展交通运输设备、机械装备、电子信息产业和生物工程，培育一批重点企业和龙头企业，加快产业结构优化升级，与周边城市形成以产业链为纽带的分工合作。

西部经济隆起带要紧抓全省新旧动能转换的重大机遇，积极落实乡村振兴、脱贫攻坚、区域协调等国家战略，发挥自然资源和文化资源丰富的优势，着力壮大现代农业、能源、化工、生物医药、文化旅游等产业，加快转型升级，培育现代特色产业集群，实现鲁西加快崛起，打造山东省新旧动能转换的强力引擎。

（三）坚持绿色发展，积极探索经济发展新模式

山东省兼具海洋和陆地两大生态系统，具有良好的生态本底特色，实现绿色发展既是区域经济发展的客观需要，也是实现区域发展目标的根本途径。山东区域经济实现绿色发展，必须树立尊重自然、顺应自然、保护自然的生态理念，大力发展循环经济，努力提升企业的科技水平，推动资源利用方式实现根本转变，大幅降低能源、水、土地消耗强度，实现经济发展与生态保护协调推进。

一是加快产业绿色转型。坚决摒弃损害生态文明建设的发展模式及做法，明确发展方向，深入实施高端、高质、高效产业发展战略，不断加快推进产业发展生态化，大力发展绿色农业、新型生态工业、生态服务业，构筑清洁产业体系。二是实施生态环境治理工程。绿色发展的根本立足点在于良好的生态环境，以环境质量改善为核心，抓住重点领域和关键环节，着力补齐生态环境短板，集中力量实施治理攻坚，下大力气推动生态建设，厚植绿色优势，释放绿色发展生态红利，让人民群众享受到更好的生态产品。三是推进环境治理制度改革创新，建立倒逼经济转型升级的良性机制。全面推进环境治理体系和治理能力现代化，以法治为核心充分发挥市场决定性作用和更好发挥政府作用，逐步实现政府企业、公众多元共治，加快形成适应新产业、新业态的发展规律，满足新动能集聚需要的政策法规和制度环境。

（四）健全政府合作机制，推动“两区一圈一带”区域间有效合作

一是规划协同。一方面要通过规划来建立相应的约束机制，引导各地区的经济发展遵循协同发展的总体目标；另一方面通过协同区域之间发展、土地利

用、公共服务设施等规划，优化各类经济资源的空间配置，从而实现协同发展目标。要实现山东区域经济的协同发展，必须加强区域政府间的合作，统筹安排和规划区域合作与发展战略目标、区域产业分工与整合、重大基础设施建设、环境保护等重大问题，实现跨区域经济要素的组合，提高资源配置效率。

二是健全区域间合作机制。首先，建立统一协调调度机制和定期联席会议制度，从自身比较优势和竞争力出发，构建区域经济特色，充分发挥产业优势，形成以分工合作为基础的区域性产业发展网络。推动资源共享、优势互补，实现本地特色发展与区域之间协作发展齐头并进。其次，加强跨区域交通、港口、通信等基础设施的整合与管理，实现基础设施建设的跨区域协调。

（五）积极推进区域协同创新，提升区域创新竞争力

一是加快创新平台和载体建设。扩大“创新券”使用范围，加强省重大科研基础设施和大型科研仪器设备资源共享平台建设，提高科技资源使用效率。二是加快科技成果转化。积极发展众创空间，加快完善科技转移中心、企业孵化器、中试基地、创业创新服务中心等专业化服务机构，以济南为中心建立技术交易市场，畅通科技成果转化渠道。推进德州“科技金融产业融合创新综合试验区”建设，在构建融合创新服务体系、构建融合创新平台等方面开展试点。完善激励成果转化和保护知识产权的法律法规体系，将侵权行为纳入社会信用档案。三是大力推进人才为先战略。山东省经济基础厚实，人力资源丰富，应通过优化政策环境，引导企业加大科技研发投入力度，引进高水平的科技人才，深入实施泰山学者和泰山产业领军人才工程，积极参与国家“千人计划”“万人计划”“创新人才推进计划”等人才工程。加快建设区域性资源共享的公共实训基地，支持济宁市建设省级人才管理改革试验区，加强潍坊国家职业教育创新发展试验区、惠普－济宁国际软件人才和产业基地等特色产业人才培育基地建设，支持德州市打造全省职业教育创新发展示范区。

（六）完善区域经济协同发展的政策体系

一是完善有利于区域分工与合作的激励与引导政策，如根据区域优势设立区域产业发展基金，重要交通基础设施和公共服务设施的布局，以及财政和税收补贴等政策工具，引导各类经济资源按照国家总体布局优化的方向进行调

整。二是完善环境保护政策、技术标准、土地指标、规划政策等约束性政策，促进区域积极调整发展路径，实现协同发展的总体目标。三是完善区域协调政策，这是区域经济协同发展过程中的一个重要方面，包括创新资源共享、人才流动、税收共享等。这种政策也是建立区域合作机制的重要保障。[①] 四是完善地方法律法规。经济的发展离不开制度的保障，完善的制度可以促进区域经济健康有序发展，从而保证区域经济协同发展目标的实现。政府要肩负起责任，加快制定和完善与区域经济协同发展有关的地方性法律法规，如制定区域经济合作章程，鼓励和支持区域经济合作，对效益好的企业提供奖励与资金支持等；对经济发展稍落后的城市，在力所能及的范围内给予政策支持。为区域经济协同发展的利益协调机制提供明确的法律规定，使其具有法律法规可循性，为区域经济协同发展提供良好的法制环境。[②]

---

① 肖永劢：《协同发展：我国区域经济发展战略的新趋向》，硕士学位论文，兰州大学，2017。

② 刘升学、刘甜甜：《湖南省区域经济协同发展研究》，《南华大学学报》（社会科学版）2018年第11期。

B.12
以服务业深度对外开放引领山东高质量发展

范玉波*

摘　要： 服务业虽然已经成为拉动山东经济较快增长的重要动力，但是与先进省份相比，考虑到自身发展阶段，服务业仍然是当前山东经济发展的短板。经过多年的改革发展，同其他领域一样，服务业的改革已进入深水区，皆大欢喜的改革已经完成，今后的改革发展必然涉及各个利益主体的深入调整。服务领域的再发展，不仅仅是服务本身的问题，更需要各个领域的改革相配合，牵一发而动全身。中国改革开放40年来的重要经验和启示之一就是以开放促改革、促发展，尤其是在改革发展遇到巨大困难的情况下，往往深入推进开放，能够在推进国内事业发展方面起到事半功倍的效果。当前，山东正处于切实把新发展理念落到实处，不断取得高质量发展新成就，不断增强经济社会发展创新力，更好满足人民日益增长的美好生活需要的关键时期，应该继续坚持对外开放，推进服务业在新时代引领山东经济社会高质量发展。继续围绕制约山东服务业对外开放的各种问题，采取相应的对策增强服务贸易竞争力、激发服务业进口潜力、提高服务业利用外资的水平、鼓励服务业“走出去”开拓国际市场。

关键词： 服务业对外开放　走出去　高质量发展　服务贸易竞争力

* 范玉波，博士，山东社会科学院政策研究室副研究员，研究方向：区域经济。

改革开放极大改变了中国的面貌，迎来了从站起来、富起来到强起来的伟大飞跃。伴随经济总量连上新台阶，增量规模显著扩大，服务业从供给稀缺走向相对丰富，实现了跨越式发展。同全国一样，山东的改革开放经历了长期的探索与实践，在各个领域成绩斐然，取得了前所未有的成就。服务业现价增加值翻了10多番，产业结构由“二一三”向“二三一”，再向“三二一”转变，实现跨越式发展，有力推动了产业结构的转型升级。

一 改革开放推动服务业实现跨越式发展

改革开放40年来，山东省服务业在曲折中快速发展，分别经历了1978～1990年的恢复性增长阶段、1991～2000年的快速发展阶段、2001～2010年的平稳调整阶段与2011年以来的跨越式发展阶段。在此期间国家出台了一系列支持服务业发展的政策，1992年党中央、国务院做出《关于加快发展第三产业的决定》，2001年国务院办公厅转发国家计委发布的《“十五”期间加快发展服务业若干政策措施的意见》，2012年国务院印发了《服务业发展“十二五”规划》。进入“十三五”时期，更加重视现代服务业发展，在“十三五”规划纲要中提出开展加快发展现代服务业行动，国家发展改革委印发了《服务业创新发展大纲（2017—2025年）》。山东省与国家发展同频共振，省委、省政府在20世纪90年代初期做出《关于大力发展第三产业的决定》，省政府印发了《山东省关于加快发展第三产业的若干政策措施》和《山东省第三产业“八五”及十年发展规划》，2006年全省制定了《关于进一步促进服务业发展的若干意见》，2013年省政府制定了《关于加快服务业发展的若干意见》，之后又制定了《山东省“十三五”服务业发展规划》，全面推动服务业转型发展，2017年底印发了《山东省服务业创新发展行动纲要（2017—2025年）》指导服务业的发展更加细化、有针对性。

服务业主导经济发展的地位逐渐明确。山东省统计数据显示服务业占GDP比重相继在1990年和2016年超过第一产业、第二产业，成为第一大产业，2017年服务业增加值达到34876.3亿元，比1978年翻10多番，年均增长12.3%，比GDP高0.9个百分点；占GDP比重达到48.0%，比1978年提高34.2个百分点；对全省经济增长的贡献率达到56.4%，比1980年提高35.4个百分点（见图1）。

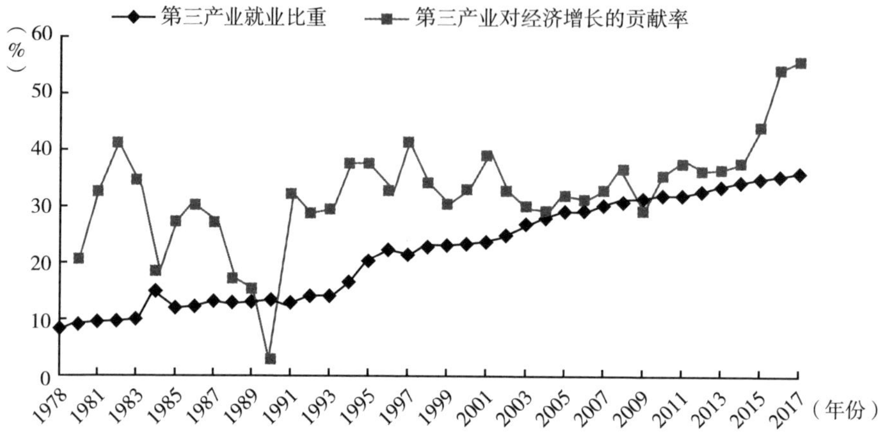

图1　1978～2017年山东省第三产业就业比重及对经济增长贡献率

资料来源：《山东统计年鉴2018》，缺少1979年数据。

消费需求是服务业发展内生动力。改革开放40年来，以改善人民群众生活为突破口，加快服务业发展。1978～2017年，山东服务业年均增速为12.3%，比GDP年均增速高0.9个百分点。消费需求是一种最终需求，稳定健康的消费需求是宏观经济稳定的基础，是经济增长最重要的因素。从社会消费品零售总额看，山东省的消费水平逐步提高。1978～2017年40年间，山东省的社会消费品零售总额由1978年的79.73亿元增加至2013年的21745亿元。以1978年为基期，利用商品零售价格总指数进行处理扣除价格的影响因素，2012年的实际社会消费品零售总额也达到5156.83亿元，是1978年的64.68倍，年均增长速度高达13.16%。分阶段看，1978～1991年，社会消费品零售总额较低，且增速波动较大，平均增速为10.19%；1992～2001年，社会消费品零售总额规模平稳增长，平均增速为15.37%；2002～2010年，社会消费品零售总额规模持续稳定增长，平均增速为14.56%；2011～2017年，社会消费品零售总额规模持续稳定增长，但增长速度明显放缓，处于需求结构大调整的阶段（见图2）。

服务业与城镇化融合发展。改革开放以来，全省城镇化发展出现了新的契机，几十年来的城镇大发展，伴随着数亿人口的转移与国民消费习惯的变化，城镇化发展将带来巨大的服务业机遇，房产、商超、电影、餐饮、旅游等方方面面的发展方兴未艾。城镇化与服务业发展互为因果，成为推动对方发展的动

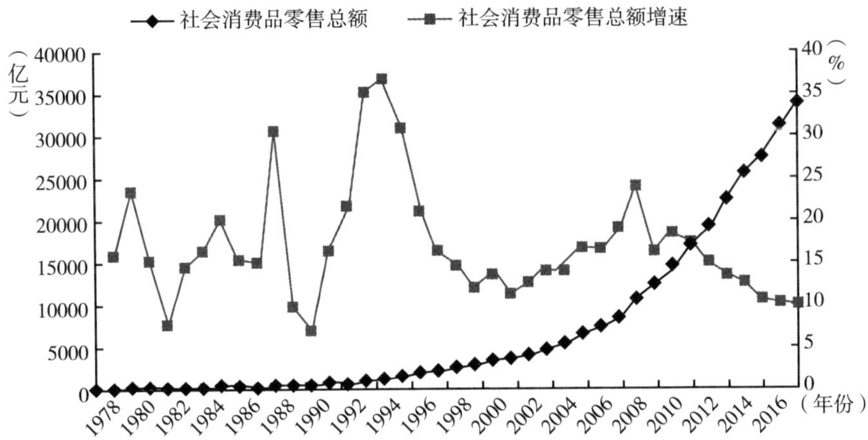

图2 1978～2017年山东省社会消费品零售总额及其增速

资料来源：《山东统计年鉴2018》。

力因子。2017年末，中国城镇常住人口81347万人，城镇人口占总人口比重（城镇化率）为58.52%。改革开放以来，山东的城镇化逐步走上健康发展的轨道。全省城镇体系不断完善，承载能力不断增强，人居环境不断优化，城镇化质量和水平不断提高。《山东统计年鉴2018》显示，截至2017年末山东省总人口为10005.83万人，突破亿人大关，常住人口城镇化率升至60.58%。2017年，设市城市数量由1982年的10个增加到44个，小城镇由97个增加到1106个。城区人口过百万人的大城市达到7个，过50万人的城市12个，小城市81个，小城镇1096个，农村新型社区3803个。城镇常住人口中，约40%分布在主城区，30%分布在县城，30%分布在小城镇镇区，分布相对均衡。

十八大以来，山东城镇化进入中后期提质加速发展阶段，开始转向以人的城镇化为核心，走集约、智能、生态、低碳的新型城镇化道路。2017年，随着三次产业构成由1978年的“一二三”到实现“三二一”的重大飞跃，非农产业就业水平显著提高，二、三产业从业人员占比由1978年的20.8%提升到71.8%，年均提高1.3个百分点。根据国际经验，城镇化水平在30%～60%是城镇化的加速发展阶段，2013年《投资蓝皮书》认为，从中国的经济实践来看，全国城镇化率每增加1%，就可以拉动当年国内生产总值1%～2%。城镇化能够产生启动经济、扩大内需的效果，是推动服务业经济发展的核心力量。而作为人口大省、工业大省和农业大省的山东，城镇化发展水平与经济发展水平并不匹配，城镇化进程具有很大的推进空间。伴随着新型城镇化的推进，城市基础设施建设和改造进一步加快，更多的农村人口进入城市，这将增加单位人口对城市环境、住房、教育、医疗、养老保障等方面的需求，从而拉动服务业经济增长。

对外开放为服务业发展提供不竭动力。1979 年，中国设立经济特区为服务业吸引外资提供了样本，拉开了服务业对外开放的序幕；1984 年国家首批 14 个沿海开放城市中，山东省青岛、烟台两个城市入选，同年设立了包括青岛、烟台在内的 14 个经济技术开发区；1988 年，国务院批准济南、青岛、烟台、威海、潍坊、淄博、日照 7 市列入沿海经济开放区；1992 年，邓小平视察南方并发表重要谈话，随后，国务院先后批准设立了威海经济技术开发区、青岛保税区和济南、青岛、淄博、潍坊、威海 5 个高新技术产业开发区，在泰安、曲阜设立了 2 个旅游经济开发区；加入世界贸易组织后，山东省委、省政府提出“抢抓机遇，应对挑战，推进经济在更大范围、更深程度上参与国际经济合作与竞争”；进入新时代，山东适时提出“适应经济全球化的新形势，实施更加积极主动的开放战略，充分利用沿海的独特地理位置，努力塑造开放型经济发展新优势”。山东积极融入“一带一路”建设，推进新一轮高水平对外开放，统筹推进文化、教育、科技等服务业行业对外开放，服务业对外开放领域不断扩大。截至 2017 年，全省服务业外商直接投资累计项目数 15563 个，合同外资 981.8 亿美元，实际使用外资 577.0 亿美元。

改革开放对于服务业发展的巨大作用已经为世界所公认。《中共中央关于全面深化改革若干重大问题的决定》为山东今后全面深化改革指明了方向。山东省是一个沿海经济省份，发展外向型服务经济具有独特的区位优势。近年来，山东省的外向型经济高速发展，但与发达省区相比，仍然有很大的差距。按照加入世贸组织服务贸易领域开放的各项承诺，鼓励外商投资服务业。正确处理好服务业开放与培育壮大国内产业的关系，完善服务业吸收外资法律法规，通过引入国外先进经验和完善企业治理结构，培育一批具有国际竞争力的服务企业。①

① 《国务院关于加快发展服务业的若干意见》（国发〔2017〕7 号）。

二 进一步发挥服务业在推进高质量发展中的作用

长期以来，山东在全国区域发展格局中处于优势地位，是别的地区努力追赶的目标。但浮云一别后，流水十年间。现在，山东省在全国区域竞争大棋局中，已经不那么耀眼。随着发展环境和条件的变化，原有的体制机制优势消失殆尽，制度创新的精神与敢闯敢干的劲头有所弱化。产业结构不优，新动能成长不快，发展活力不足，经济效益不高，拉低了山东的区域竞争优势，陷入了由别人追着跑到追着别人跑的尴尬境地。对标先进，山东与标兵的差距越来越大；环视周边，山东受相邻区域发展的挤压越来越严重；放眼开放，山东参与国际合作的区位优势越来越少。从能耗水平看，山东能源消耗占全国的9%，其中煤炭消费量占全国的10.6%，万元生产总值能耗为0.57吨标准煤，居全国前列；二氧化硫、氮氧化物、化学需氧量排放总量全国第一。从发展质效看，山东2017年单位生产总值财政贡献率只有8.39%，分别比江苏、浙江、广东低1.12个、2.82个和4.20个百分点。必须深刻认识到，山东发展的最大短板是有效制度供给不足、无效制度约束严重，山东发展的最大差距是改革不深入、开放不到位。面对这样的困境，这样的压力，这样的期待，我们没有任何理由陶醉于眼前的成绩，没有任何理由沉湎于过去的辉煌，更没有任何理由自暴自弃、自怨自艾、自说自话，唯有坚定地牢记嘱托，在习近平新时代中国特色社会主义思想的指导下，用踏踏实实的行动推动山东实现高质量发展。①

服务业不发达是山东经济发展的短板。服务业仍以交通、商贸、餐饮和住宿等传统服务业为主，现代服务业发展较慢。存在总量规模偏小、结构层次不优、市场竞争力不强等问题。与工业化、农业化相比，山东城镇化与信息化滞后；重农轻商、重工轻商的传统观念影响深远；多数服务业领域改革严重落后于其他领域，特别是带有垄断性质的部门仍然保持着计划经济时期的行政色彩，大部分服务业较为封闭，开放程度不够。服务业投资长期集中在房地产、交通运输、水利、环境等行业，生产性服务业和新兴服务业领域投资相对较少。在体育、教育、医疗、金融、文化等领域，政府管制仍然过多。一些新兴

---

① 刘家义在山东省全面展开新旧动能转换重大工程动员大会上的讲话。

业态虽然增长较快，但总量偏少，远少于传统行业，带动作用有限。

服务业能够促进工业健康发展。服务业的发展伴随着市场分工的逐步深化，使得生产型服务业扩张，降低了工业的生产成本，中间产品逐渐增多。服务业工业部门之间的连接变得更加容易，催生新技术、新模式、新业态、新产业。例如制造业与互联网融合发展使得许多产业蓬勃发展。随着互联网在制造业各领域应用的深化和拓展，产业链、价值链随之出现分化、融合、重组，新型的企业和产业组织形态不断形成。分享产能的阿里巴巴淘工厂：把工厂的生产能力、支付时间、报价费用等信息放到互联网上，客户可登录淘工厂网站查询信息以及第三方机构对工厂规模、技术、资质等的评价报告。目前，入驻阿里巴巴淘工厂平台的企业已经超过15000家，覆盖了全国16个省份。

在互联网应用快速推进的背景下，制造企业可以利用互联网采集并对接用户个性化需求，开展个性化产品的研发、生产、服务和商业模式创新，促进攻击与需求的精准匹配。新的制造模式能够极大地优化劳动力、资本、信息知识等生产要素的配置，在改造提升传统产业的同时，培育出一大批新的经济增长点。青岛红领的个性化定制：红领积累了超过200万名顾客的个性化需求信息，包括服装的板型、款式、工艺和设计数据，在此基础上开发出了基于互联网的服装个性化定制平台，建成了西装上衣、衬衫、西裤三个定制化生产工厂，每天能够完成2000～2700件定制西装的生产。服务业的发展促进单个企业加快向跨领域多主体的协同创新网络转变。随着产业分工日益细化，产品复杂程度日趋提升，技术集成的广度和深度大幅拓展，单个企业难以也无法覆盖全部创新活动，需要与大学、科研机构及其他企业等不同创新主体组成系统创新网络，在这个网络中，不同类型的组织可以迅速参与到研发、设计、生产、物流和服务等活动环节，实现效率价值的拓展和资源配置的优化。

在新旧动能转换当中，服务业能够发挥积极作用。2017年以来，山东把握发展阶段性特征，深入调研、精心谋划，提出新旧动能转换的战略构想，省第十一次党代会正式确定实施新旧动能转换重大工程，聚焦聚力高质量发展，实现山东创新发展、持续发展、领先发展。山东经济体量大，要素资源丰富，产业体系完备，具备了由大到强战略性转变的坚实的经济基础和物质条件。经济发展正由高速增长阶段转向高质量发展阶段，正处于转变发展方式、优化经济结构、转换增长动力的攻关期。要素禀赋和经济结构与全国一样正经历重大变化，资源约束日渐凸显，传统人口红利正在消退，各种结构性矛盾叠加互现。产业具有典型的政府主导特征，形成了特有的“群象经济”特点，并且所有制结构不平衡，国有经济比重较大，民营经济发展不充分。站在全国看山东，与东部几个发达省份相比较，山东经济发展表现为传统产业比重最高，产业结构调整的任务最艰巨，服务业不发达，长期制约山东制造业向高端迈进的步伐。推动新旧动能转换，就是推动新技术、新产业、新业态、新模式“四新”要素，促进产业智慧化、智慧产业化、跨界融合化、品牌高端化“四化”转变，根本还是要提高经济发展质量和效益，推动经济的转型和升级。

三　推动服务业从一次开放向二次开放转型

相较于最初的一次开放制造业出口导向，二次开放更加偏重于服务贸易和“走出去”战略。一次开放许多方面和领域体现了政府主导的特征，二次开放更多体现市场在资源配置中起决定性作用。对外开放就是要提高资源尤其是稀缺资源的配置效率，以尽可能少的资源投入生产尽可能多的产品，获得尽可能大的效益。推进对外开放的升级必须着力解决市场体系不完善、政府干预过多和监管不到位问题。

对外开放是促进服务业发展重要途径。40 年来的实践充分证明，对外开放是推动中国经济社会发展的重要动力。中国改革经过 40 年，已进入深水区，容易的、皆大欢喜的改革已经完成了，好吃的肉都吃掉了，剩下的都是难啃的硬骨头。同全国各个领域的改革一样，服务业领域的改革同样进入了深水区，涉及各个利益主体的深入调整，牵一发而动全身。以开放促改革、促发展是中国改革开放 40 年来的重要经验和启示，也是服务业面向未来发展、不断取得新成就的重要方法。正如《人民日报》一篇社论中指出的那样：中国为什么能？一个很重要的原因，就是我们敢于到世界市场的汪洋大海中去游泳，以开放的姿态面对风险挑战，通过经风雨、见世面，不断提高自身的竞争力。促进国内外要素资源自由流动、高效配置，积极融入全球价值链。只要矢志于扩大对外开放、提高对外开放水平，一个地方的改革发展面貌就能焕然一新，一个领域的竞争力就会提高，许多久拖不决的问题就可能迎刃而解。

服务业对外开放落后国家对外开放的整体步伐。服务业的对外开放，同第二产业相比，仍显滞后。长期以来服务业是中国限制开放的领域，一些重要领域如金融、电信等几乎都为本土资金。随着经济发展，民众对高端服务业的需求越来越多，而国内的供给却严重滞后。第一、第二产业的商品贸易大部分是顺差，但服务贸易始终是逆差，充分体现服务业发展滞后的现状。长期的服务业保护政策，致使服务业在国际上的竞争力不及中国的第二产业。2017 年末，中国决定将单个或多个外国投资者直接或间接投资金融领域的投资比例限制放宽至 51%，实施三年后，投资比例则不受限制；将取消对中资银行和金融资产管理公司的外资单一持股不超过 20%、合计持股不超过 25% 的持股比例限制，实施内外一致的银行业股权投资比例规则；三年后将单个或多个外国投资者投资设立经营人身保险业务的保险公司的投资比例放宽至 51%，五年后投资比例不受限制。这是中国对外开放，尤其是服务业对外开放向纵深发展的标志。按照 2001 年中国与 WTO 的协议，中国加入该组织后对某些领域有 15 年左右的保护期，特别是服务业领域的开放受到严格的限制，今后包括服务业领域将全面迎接国际竞争。这些措施的实现标志着服务开放向纵深领域迈进，需要我们转换思路，扩大服务业对外开放，既要巩固提升传统服务业市场，又要开拓新兴市场，实现高层对接、高效融合、高端发展。

增强服务贸易竞争力。服务业不可贸易的特征，在当今网络信息时代正在发生深刻变化，凡是能够在网络空间提供的服务业，规模经济都变得极为显著，服务业在全球价值链的地位日益凸显。过去十年，服务贸易进出口占进出口总额的比重在提升，升高了 4 个百分点，服务业可贸易性在加强。2017 年，世界贸易组织提供的数据显示，美国服务贸易进出口总额 13189.85 亿美元，排名全球第一位，中国服务贸易进出口总额 6956.79 亿美元，德国服务贸易进出口总额 6277.09 亿美元，英国服务贸易进出口总额 5656.33 亿美元，分别居于第二、第三、第四位。其中美国服务贸易出口 7808.75 亿美元，服务贸易进口 5381.10 亿美元，服务贸易顺差 2427.65 亿美元；而中国服务贸易出口 2280.90 亿美元，服务贸易进口 4675.89 亿美元，服务贸易逆差 2394.99 亿美元。在国内，上海、北京和广东服务贸易进出口总额分别为 10200.5 亿元、9677.5 亿元和 8316 亿元，居全国前三位。山东省服务贸易进出口总额 3528.1 亿元，其中，出口 1692.0 亿元，进口 1836.1 亿元，与前三名有非常明显的差距。

激发服务业进口潜力。山东有 1 亿多人口，每年还有 1 亿人次的旅游人口，巨大的消费市场为服务贸易的进口提供了可能。需要弘扬勤劳致富精神、完善收入分配制度、强化人力资本、发挥好企业家作用、加强产权保护、扩大中等收入群体。通过中间人群的壮大，提升居民的消费水平、消费能力，改善消费结构。山东应顺应国内对服务业消费升级趋势，采取更加积极有效的政策措施，促进居民收入增加、消费能力增强，培育中高端消费新增长点，持续释放国内市场潜力，扩大进口空间。进一步降低关税，提升通关便利化水平，降低进口环节制度性成本，加快跨境电子商务等新业态、新模式发展。放宽服务业进口限制。尽管当前阶段服务贸易是逆差，进一步开放服务业会付出一些代价，但是长期看可以促进服务业竞争力的提升。山东应重点减小养老、医疗、教育、金融等领域准入力度。通过放宽服务贸易进口限制，让更多机构远程提供服务，来更好地满足国内服务消费的需求。

提高服务业利用外资的水平。进一步加大招商引资、引技、引智力度，大力发展高层次外向型服务业。持续放宽市场准入，进一步精简外商投资服务业准入负面清单，减少投资限制，提升投资自由化水平。在扩大金融业开放，持续推进服务业开放，加快电信、教育、医疗、文化等领域开放进程中，特别是在外国投资者关注和国内市场缺口较大的教育、医疗等领域也将放宽外资股比限制，山东应走在前列。降低投资性公司、人才中介机构的外资准入门槛，吸引更多外资法人银行、保险公司到山东发展。鼓励外商投资旅游业，鼓励外商投资企业在鲁设立营利性养老机构、医养结合服务机构、社区养老服务驿站、专业护理服务机构，提供多元化养老服务。打破服务业的长期行政性垄断、市场垄断，让民资、外资更好地进入，提升这些行业的发展水平。

鼓励服务业“走出去”开拓国际市场。鼓励省内服务业企业在全球范围内配置资源、开拓市场。积极探索山东与“一带一路”沿线国家服务业领域深度合作，扩大金融保险、交通运输、信息通信、研发咨询、环境服务等高附加值服务出口，为“一带一路”沿线国家信息化建设提供服务。通过新设、并购、合作等方式，开展境外投资合作。支持服务业企业赴海外拓展咨询、会计、法律、金融等业务，为本地企业“走出去”提供保障。大力发展服务外包，推动服务外包向价值链高端延伸。鼓励企业通过在境外设立研发中心、分销中心、物流中心、展示中心等形式，构建跨境服务产业链。鼓励企业利用信息技术改造提升传统服务贸易方式，积极发展跨境电商、全球维修、全球采购等服务。

B.13
山东服务贸易发展的现状分析及对策建议

刘晓宁*

摘　要： 当前，全球服务贸易格局正在发生深刻变化，中国服务贸易发展也将进入新阶段。近年来，山东服务贸易在总体规模扩大、体制机制创新、产业结构优化、企业主体培育、国际市场开拓以及统计方式完善等方面，均取得了显著成效。但整体来看，山东服务贸易发展与先进省市相比仍有一定差距，还存在一些亟待解决的问题和制约因素。下一步，山东应继续加大对服务贸易发展的扶持力度，重点从挖潜特色、培育主体、拓展市场、优化布局、打造平台、深化试点、构筑机制、完善政策、健全统计等方面发力，推动服务贸易创新发展。

关键词： 服务贸易　离岸服务外包　创新发展策略

服务贸易对于转变经济发展方式、优化产业结构、汇聚发展新动能作用显著，成为对外经贸的新亮点和国民经济社会发展的新动力。新时期，把握全球服务贸易发展的新趋势、新特征，找准服务贸易发展方向，加快促进服务贸易创新发展，是山东扩大服务业开放，实现全球价值链攀升的战略选择；是加快新旧动能转换，实现产业转型升级的必然要求；是贯彻新发展理念，实现经济可持续发展的重要途径；是应对国内外激烈竞争，实现服务贸易突围发展的迫切需要；是应对“逆全球化”浪潮，降低中美贸易摩擦对山东影响的现实选择。因此，服务贸易发展对山东经济高质量发展和经济文化强省建设具有重要意义。

---

* 刘晓宁，博士，山东社会科学院国际经济研究所副研究员，研究方向：国际经济与贸易、跨国投资。

一　当前国际国内服务贸易发展形势

近年来，随着信息技术的日新月异和国际分工的不断深化，全球服务贸易格局也出现深度调整，发展趋势日益明晰。从规模与增速看，国际服务贸易增速远高于总体经济增速和货物贸易增速，服务贸易已经成为助推经济增长和扩大就业的重要动力，2017 年服务贸易占世界贸易总额的比重提高至 23.1%。从国家分布看，发展中国家成为国际服务贸易出口的新生力量，其中，中国和印度已经发展成为全球排名前十位的服务贸易出口国。从产业分布看，新兴服务业将成为未来服务贸易新的增长点，运输、旅游两项传统服务业的出口比重不断下降，而计算机与信息服务、金融服务、专利权使用等新兴服务业在服务出口中比重逐渐提高。[①] 从国际收支分布看，近年来发达国家的服务贸易总体顺差额逐年扩大，发展中国家的服务贸易总体逆差额逐年扩大，双方的总体优劣势呈现扩大倾向。特别是美国作为全球最大的服务贸易出口国，其服务贸易顺差由 2006 年的 756 亿美元扩大到 2017 年的 2427 亿美元，10 年间扩大了 2.2 倍，顺差规模全球第一，可以说是全球服务贸易最大的受益方；而中国虽然是世界第二大服务贸易国家，却是全球最大的服务贸易逆差国，2017 年的服务贸易逆差达到 2395 亿美元，且逆差主要来源于美国。从各国监管看，全球范围的监管合作有助于促成更加有效的监管体制，未来中国国内的监管体制改革也将在 WTO 框架下重点在透明度、必要性测试、国际标准、政策协调等方面进行。从发展趋势看，信息技术的突飞猛进使传统三大产业的界限逐渐模糊，服务业制造化和制造业服务化的产业融合趋势越发明显，货物贸易与服务贸易更加密不可分，这些都推动全球服务贸易发展进入新时代。

中国服务贸易发展也将进入新阶段。一是人均收入提高使传统比较优势弱化。传统上中国服务贸易的比较优势在于低成本的劳动力和自然资源，从而导致与货物贸易相关的服务贸易出口以及旅游出口方面的优势。随着中国经济的高速发展，上述两个低成本优势在逐渐弱化。但与此同时，庞大的国内市场将使中国服务贸易出口优势逐渐倾向于“规模经济效应”明显的领域，比如研

① 赵瑾：《全球服务贸易发展未来走势明朗》，《经济日报》2017 年 2 月 18 日。

发设计、品牌、文娱体育等，即由以传统的旅游及运输服务贸易为主转向以更加高附加值的现代服务贸易为主。二是服务贸易越来越多地融入货物贸易双向流动。国际产业体系的发展演化使得服务业更深层次地融入制造业的多个产业流程，不仅原有的研发设计、物流配送、售后服务会继续跟随货物贸易延伸到国际市场，而且随着科技的进步，生产设备的安装调试、维护运行、融资租赁、客户管理等都将逐步延伸到海外市场。三是中国对外投资的崛起带动现代服务贸易比重提高。近年来中国迅速崛起，成为世界第二大对外直接投资国，快速带动中国技术、中国设计、中国品牌出口国外。不仅如此，目前中国对外直接投资的行业也集中在服务业。2017 年，中国服务业对外投资占对外投资总额的比重达到 75%，商业存在形式的服务贸易总额已远超国际收支（BOP）统计口径下的服务进出口额。四是服务外包的增长带动服务贸易结构升级。2017 年，中国服务外包产业离岸执行额达到 5369.8 亿元，占新兴服务出口的比重达到 73.3%，成为拉动服务出口增长的新引擎。除了规模扩大之外，服务外包业务结构也经历升级，信息技术外包（ITO）和业务流程外包（BPO）比重下降，而知识流程外包（KPO）比重上升。2017 年 KPO 离岸业务增长约 18%，均超过 ITO、BPO 业务 7 个百分点以上。

与此同时，国家对服务贸易的支持力度也不断加大。2018 年以来，中国出台了一系列推进服务贸易发展的政策措施。将服务外包示范城市和服务贸易创新发展试点地区的技术先进型服务企业所得税政策推广至全国实施，对认定的服务贸易企业减按 15% 的税率征收企业所得税；发布了 2018 年版《外商投资准入特别管理措施（负面清单)》，取消了对金融、交通运输、商贸流通以及文化等服务领域的外商准入的限制，大幅度扩大服务业对外开放，同时将外商投资离岸呼叫中心政策推广到深化服务贸易创新发展试点实施；将服务贸易列入外贸高质量发展指标等。

2018 年以来，中美贸易摩擦愈演愈烈，虽然目前的影响主要集中在货物贸易领域，但未来可能会影响到与货物贸易密切关联的服务贸易，美元兑人民币汇率变动也会对服务贸易产生较大影响。另外，中国对美国服务贸易长期保持逆差。据美国方面统计，2007 ~ 2017 年，美国对华服务出口额由 131.4 亿美元扩大到 576.3 亿美元，增长了 3.4 倍，而同期美国对世界其他国家和地区的服务出口额增长了 1.8 倍，美国对华服务贸易年度顺差扩大

30 倍达到 402 亿美元。因此，加快服务贸易发展能在一定程度上降低中美贸易摩擦的负面影响。

二 山东服务贸易发展现状

近年来，山东服务贸易在总体规模扩大、体制机制创新、产业结构优化、企业主体培育、国际市场开拓以及统计方式完善等方面，均取得了显著成效。特别是 2018 年以来，山东服务贸易发展取得了新的突破。

（一）服务贸易规模持续快速扩大

近年来，山东服务贸易规模持续扩大，且增速远高于货物贸易。2017 年，山东服务进出口达到 518.8 亿美元，同比增长 12.5%，是 2010 年（139.8 亿美元）的 3.7 倍，年均增长 20.6%，而山东货物贸易的同期增速仅为 4.8%。以人民币计价，2017 年山东服务进出口达到 3528.1 亿元，同比增长 15.2%，比全国增速高 8.4 个百分点。其中，出口 1692 亿元，增长 12.1%；进口 1836.1 亿元，增长 18.2%。服务进出口占外贸（货物与服务进出口之和）比重为 16.5%，比全国高 2 个百分点；服务贸易逆差为 144.1 亿元，占服务进出口总额的比重为 4.1%，远低于全国 34.4% 的比重。2018 年 1～11 月，山东服务进出口 3483.3 亿元，同比增长 14.5%。其中，出口 1683.3 亿元，增长 13.1%；进口 1800 亿元，增长 15.8%；服务进出口占外贸比重为 16.6%。①

（二）服务贸易结构不断优化

近年来，山东服务贸易结构不断优化，在运输、旅游、建筑等传统服务贸易优势进一步扩大的同时，电信、计算机和信息服务，金融服务，保险服务等高附加值现代服务贸易也实现了快速发展。2017 年，山东运输服务、旅游服

① 由于统计口径的差异，商务部发布的地区服务贸易数据与各省份统计的自身服务贸易数据存在较大的差距。例如，2017 年商务部发布的广东、山东服务进出口数据分别为 8317.7 亿元和 2039.5 亿元，而两省自己的统计数据分别为 12156.2 亿元和 3528.1 亿元。本部分数据为山东本省统计数据。

务、建筑服务进出口额达到2929.3亿元，比2016年增长14.3%，占全部服务进出口的比重达到83.1%，比2016年降低0.7个百分点；保险服务，金融服务，电信、计算机和信息服务进出口额分别达到8.1亿元、12.7亿元和203.2亿元，比2016年分别增长122.4%、71.7%和45.3%，远高于传统服务的进出口增速，占全部服务进出口的比重达到6.4%，比2016年提高1.5个百分点（见表1）。服务贸易结构向高附加值的方向升级。2018年1~11月，山东电信、计算机和信息服务出口205.1亿元，增长26.1%；专有权利使用费和特许费服务出口2852万元，增长0.9%。

表1　2017年山东服务进出口主要类别

单位：万元，%

全省合计	进出口		出口		进口	
	交易金额	比重	交易金额	比重	交易金额	比重
	35281675	100.0	16920274	100.0	18361401	100.0
运输服务	5733279	16.3	1513494	8.9	4219785	23.0
旅游服务	14358960	40.7	2229315	13.2	12129645	66.1
建筑服务	9201209	26.1	8643022	51.1	558187	3.0
保险服务	81174	0.2	74031	0.4	7143	0.04
金融服务	127466	0.4	100996	0.6	26470	0.1
电信、计算机和信息服务	2031865	5.8	1971531	11.7	60334	0.3
专有权利使用费和特许费	304977	0.9	3082	0.01	301895	1.6
体育、文化和娱乐服务	12897	0.03	2780	0.01	10117	0.1
其他商业服务	3429848	9.7	2382023	14.1	1047825	5.8
其中：加工服务	1440495	4.1	1438594	8.5	1901	0.01
维护和维修服务	223401	0.6	134272	0.8	89129	0.5
其他服务	1765952	5.0	809157	4.8	956795	5.2

资料来源：《山东商务年鉴2017》。

（三）服务贸易市场分布日趋广泛

亚洲国家和地区一直是山东服务进出口的主要对象，但近年来山东服务贸易在国际市场的分布日趋广泛。截至2017年，山东已与240多个国家和地区开展了服务进出口业务。2017年，山东与亚洲国家和地区的服务进出口占全部服务进出口的比重仍然超过50%，达到51.2%，与美洲和欧洲的服务进出口比重基本相当，分别为21.6%和19.4%，山东的前十大服务贸易伙伴分别为中国香港、韩国、美国、日本、新加坡、加拿大、澳大利亚、荷兰、德国、英国（见图1）。从进口和出口分别来看，韩国、中国香港、日本、美国、荷兰是山东服务出口的前五大目的地，占到山东全部服务出口的70%；美国、中国香港、新加坡、加拿大、澳大利亚、德国、英国、瑞士、日本、韩国是山东服务进口的前十大来源地，占到山东全部服务进口的85%。2018年1～11月，从国际市场看，山东对韩国、日本、新加坡、加拿大、欧盟等主要市场服务出口分别增长5.5%、62.9%、77.8%、88.4%和71.9%，但对美国服务出口下降15.6%。

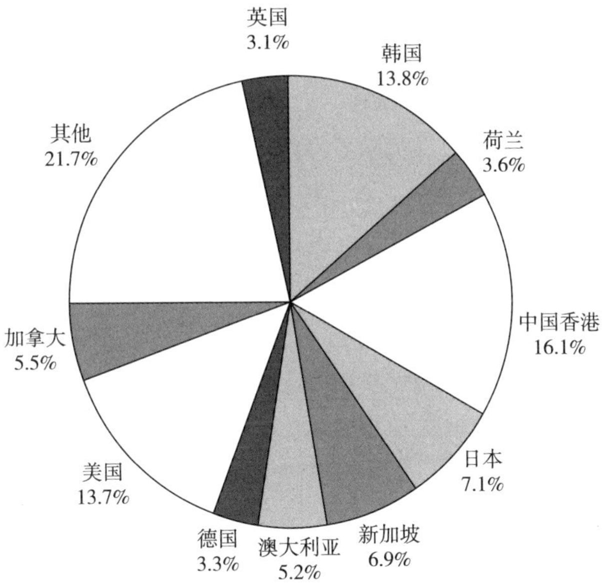

图1　2017年山东服务进出口市场结构情况

（四）离岸服务外包发展迅猛

离岸服务外包是新兴服务出口的重要形式，且在服务出口中的比重不断提高。近年来，山东抓住国际服务外包转移机遇，加大政策扶持力度，在服务外包企业培育、载体建设、市场开拓、人才培养等方面取得良好成效，服务外包产业持续健康发展，离岸服务外包业务成为服务贸易的重要支撑。2017 年，山东承接离岸服务外包合同 26017 份，合同额 626.9 亿元，执行额 563.8 亿元，同比分别增长 57.5%、25.2%和 33.8%（见表 2），执行额占全省服务出口的比重达到 33.3%，比 2016 年提高 3.1 个百分点。其中，信息技术外包（ITO）离岸执行额 182.4 亿元，同比增长 56.8%；业务流程外包（BPO）离岸执行额 60.4 亿元，同比减少 2.5%；知识流程外包（KPO）离岸执行额 321.1 亿元，同比增长 32.1%（见表 2）。从业务来源看，美国、韩国、日本等是山东离岸服务外包业务的主要来源地，占到总离岸执行额的 50.65%。从省内分布来看，济南（33.2%）、青岛（36.6%）、烟台（16.8%）占到全省离岸服务外包执行额的 86.6%，带动作用突出。

表 2　2017 年山东服务外包业务类型

单位：万元，%

			总计	信息技术外包（ITO）	业务流程外包（BPO）	知识流程外包（KPO）
合同数	合计	份数	29228	3386	2903	22939
		同比	38.5	0.1	-1.5	55.2
	离岸	份数	26017	2063	2475	21479
		同比	57.5	4.7	48.1	66.8
	在岸	份数	3211	1323	428	1460
		同比	-30.0	-6.2	-66.5	-23.2
合同额	合计	金额	7802882	2326455	904583	4571844
		同比	25.1	45.2	-2.8	23.3
	离岸	金额	6268577	1940483	724978	3603116
		同比	25.2	58.7	3.3	16.9
	在岸	金额	1534304	385972	179605	968727
		同比	24.4	1.7	-21.6	55.1
执行额	合计	金额	6391939	2129314	709441	3553184
		同比	23.2	44.4	-9.1	21.2
	离岸	金额	5638309	1823721	603946	3210642
		同比	33.8	56.8	-2.5	32.1
	在岸	金额	753630	305593	105495	342542
		同比	-22.6	-2.0	-34.5	-31.5

资料来源：《山东商务年鉴 2017》。

（五）服务贸易试点工程取得突破

2018年以来，山东在服务贸易试点领域取得明显突破。国家试点层面：一是威海顺利通过国家服务贸易创新发展试点两年期评估验收，并再次成功入选国家深化服务贸易创新发展试点；二是淄博博山区被认定为首批国家文化出口基地；三是济南、青岛两个中国服务外包示范城市的“双核引领”作用不断加强；四是山东友谊出版社等9家企业和5个项目被认定为2017～2018年国家文化出口重点企业和重点项目；五是烟台被列入中国服务外包示范城市候选城市。省级试点层面：一是研究制定了《山东省服务外包示范城市综合评价办法》，认定了济南、青岛、烟台、潍坊、威海等5市为首批省级服务外包示范城市；二是认定了宏济堂等12家单位作为第二批省级特色服务出口基地；三是制定了“齐鲁文化贸易海外中心”管理办法，先后在匈牙利、美国建立了山东首批“齐鲁文化贸易海外中心”，为山东服务贸易企业进军海外市场提供展示平台。

（六）服务贸易市场开拓成效显著

2018年以来，山东先后在日韩、中东欧、美加、澳新举办了四大主办类服务贸易展会及推介活动，取得显著成效。其中，结合中韩第二阶段自贸区谈判，山东首次在韩国举办版权、康养、动漫、影视等服务贸易专题论坛，引起了韩国政商界的高度关注；在匈牙利举办了山东历史上“规模最大、层次最高”的服务贸易类大型展会，开创了“商品＋服贸、线上＋线下、出口＋进口”综合展会新模式；在美国、加拿大、巴拿马先后举办了“孔子家乡山东文化贸易展”以及三场大型推介会，与美国等发达国家积极探讨在技术创新、文化创意等服务领域的全面合作，成为中美贸易摩擦背景下主动“化解分歧、寻求双赢”的典型案例，受到商务部的高度评价。此外，威海先后主办了“中韩（威海）服务贸易创新发展高端论坛”，承办了“中国服务贸易年会”系列活动；济南成功主办了“第16届中日信息服务产业恳谈会”等。从统计数据来看，海外市场开拓行动的“溢出效应”已逐步显现。

（七）服务贸易统计走在全国前列

在商务部统一组织实施的“全国重点监测服务贸易企业数据直报”中，

山东一直走在全国前列，纳统企业达2247家，2018年上半年上报统计数据8951条。在商务部反馈的分行业全国排名前十位的服务贸易企业名单中，涉及山东5家企业，分别是建筑服务出口排名第三位的山东电建，金融服务出口分别排名第四、第五位的兖州煤业股份和万华实业，保险服务出口排名第五位的中信保山东分公司；建筑服务进口排名第一位的山东电建，维修服务进口排名第四位的山东航空。重点监测服务贸易企业对全省的带动作用是否不断加大，特别是高端生产性服务贸易企业在研发设计、结算、分拨及销售等新兴领域的进出口规模是否持续扩大。其中，浪潮集团为“一带一路”市场提供综合解决方案，服务实现跨越增长，2018年上半年实现服务出口11.1亿元，增长11.3倍；迪尚集团ODM服务实现出口10.7亿元，增长10%；杰瑞石油装备服务出口2亿元，增长1.2倍；富士康科技文化服务及研发设计出口3.2亿元，增长39%。这些都为科学研判山东服务贸易发展情况提供了可靠的数据支撑。

三　山东服务贸易发展存在的主要问题

尽管服务贸易发展取得了显著成效，但整体来看，山东与先进省市相比仍有一定差距，还存在一些亟待解决的问题和制约因素。

（一）服务贸易体量与整体经济体量不相匹配

广东是中国改革开放的先行者，开放是广东经济的发展之基、活力之魂。江苏在利用外资、园区带动上展现了以开放促进区域经济发展的鲜活经验，实现了后来居上。浙江依靠发达的民营经济、良好的产业集聚效应一直保持着强劲的竞争力。山东与上述三省经济总量排名全国前四位，且均为沿海经济大省，但是与上述三省相比，山东的服务贸易体量与整体经济体量、服务业体量以及沿海经济大省的地位并不匹配。2017年山东的货物贸易依存度仅为24.5%，远远落后于广东的75.8%、江苏的46.6%和浙江的49.5%，甚至低于全国33.6%的平均水平；服务贸易依存度仅为2.8%，同样远低于广东的9.3%、江苏的3.5%和浙江的4.0%，以及全国5.7%的平均水平。2017年，山东GDP分别占到广东、江苏和浙江的80.9%、84.6%和140.4%，服务业增加值分别占到广东、江苏和浙江的85.3%、85.2%和146.5%，但服务进出口额分别只占到三省的24.5%、

67.9%和98.1%，服务出口额分别只占到三省的23.2%、73.8%和110.9%，山东服务贸易发展严重滞后于整体经济发展和服务业发展水平（见图2）。①

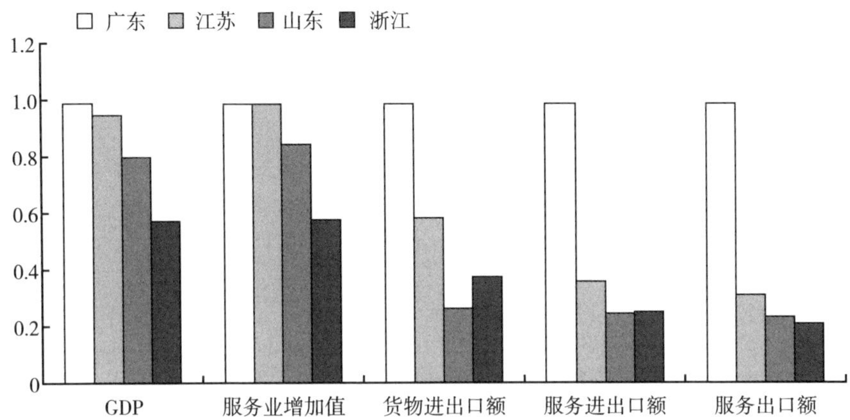

图2　2017年粤苏鲁浙四省服务贸易体量比较

注：该图是将广东数据作为基值1，其他省数据为该省实际数据与广东数据的比值。

（二）服务贸易行业结构有待进一步优化

2017年，山东运输、建筑、旅游等传统服务出口占比较高，达到57.3%，比广东、江苏分别高出13.8个和24.5个百分点，而保险，金融，电信、计算机和信息等新兴服务出口占比较低，只有12.4%，比广东、浙江分别低3.6个和11.6个百分点（见表3）。2018年上半年，全国新兴服务出口增长23.6%，占服务出口总额的52.3%，而山东新兴服务出口增长11.6%，占比仅为11.3%，分别比全国低12个和41个百分点。数据说明，山东服务贸易结构与先进省市相比，甚至与全国平均水平相比都存在较大差距。根据商务部发布的全国服务贸易各行业前十位重点监测企业名单，北京涉及14个重点服务门类42家企业，上海涉及11个重点服务门类29家企业，广东涉及10个服务门类13家企业，而山东仅涉及4个服务门类5家企业，说明各服务贸易行业的规模型企业数量较少，差距较大。

① 上海、北京、广东为全国服务贸易前三甲，但考虑到前两市地位特殊，所以只将山东与广东、江苏、浙江三省进行横向比较。为便于横向比较，本部分使用的各省服务贸易数据为商务部统计数据。

表 3　2017 年粤苏鲁浙四省服务出口比重比较

单位：%

	广东	江苏	山东	浙江
运输服务	18.2	12.5	23.2	27.9
旅游服务	22.0	14.4	15.7	17.8
建筑服务	3.3	5.9	18.4	10.9
保险服务	0.8	0.3	1.1	0.5
金融服务	1.5	0.1	9.6	0.4
电信、计算机和信息服务	13.7	5.7	1.7	23.1

资料来源：作者整理。

（三）服务贸易发展的体制机制有待进一步理顺

体制机制不顺严重制约服务贸易的发展。一是权责不清问题仍然存在。据调查，目前全省还有 6 个市未设立服务贸易专门机构，将相关业务暂时整合在别的科室；有的市将服务贸易和服务外包分设在两个业务部门。“权责不清、职能分散”直接导致部分市在资金、审计、统计等方面出现问题。二是推动工作没有形成合力。2016 年，山东成立了由 37 个部门组成的省级服务贸易发展联席会议机制，济南、青岛等市也先后建立市级联席会议机制。但是，山东还有相当一部分市没有建立联席会议机制，部门间无法形成合力，工作难以真正打开局面。三是工作不主动、不担当问题仍然存在。由于界定模糊、统计不清等原因，服务贸易工作存在不小困难，导致部分工作人员主动性不强。以中央服务贸易专项资金的使用情况为例，2017 年济宁、临沂、德州等市资金结转率 100%，潍坊资金结转率近 80%，导致一些服务贸易企业无法享受到应有的资金支持。

（四）服务贸易统计考评体系有待进一步完善

尽管山东的统计工作走在全国前列，但仍然存在一些制约因素有待破解。目前，山东服务贸易指标数据包括国家外汇管理局国际收支统计表项下的服务贸易收支数据，省旅发委反馈的旅游服务数据，商务部反馈的建筑服务、运输服务数据，国家银联卡中心反馈的中国居民银联卡境外旅游服务数据和重点企业网上直报系统数据等。全省仅有威海、烟台等少数几个市能够拿到本市的服务贸易后台数据，其余绝大多数市只能得到省商务厅反馈的服务贸易总数据，分企业、分县区、分类别数据都无法取得，无法进行服务贸易数据分析，无法用来评价和推动基层政府工作，也无法将服务贸易考核任务分解到各县区，造成考核评价体系缺失。2017 年 12 月，全国服务贸易重点监测企业数据直报系统正式建立，各市重点监测企业也正在按时间节点要求填报有关数据。但是，搭建基层服务贸易统计体系非一日之功，仍然需要在企业代表性、填报规范性、数据时效性、系统共享性等方面综合持续发力，目前来看，各市服务贸易统计在相当长时间内仍需依靠外部数据。

（五）服务贸易高端复合型人才紧缺

现代服务业大多属于知识、技术密集型产业，要求从业人员拥有较高的专业素质和较强的管理能力，特别是会计、法律、咨询等领域需要专门的技能人才。目前，山东服务贸易发展与人才短缺的结构性矛盾比较突出，服务业从业者的知识结构和技能水平整体不高，不少服务领域缺少高端专业人才，既懂技术又懂管理的复合型人才尤为稀缺。另外，服务贸易的人才流动性较大，一些企业花费资金和时间把员工培训成才后，很快被其他同行企业挖走，导致企业不敢出资培训员工；同时，人才流动率偏高也会降低服务贸易企业的服务质量、客户满意度和品牌塑造度，不利于企业的持续发展。

四　山东服务贸易创新发展的对策建议

下一步，山东应继续加大对服务贸易发展的扶持力度，重点从挖潜特色、培育主体、拓展市场、优化布局、打造平台、深化试点、构筑机制、完善政策、健全统计等方面发力，推动服务贸易创新发展。

（一）挖潜特色：挖掘文化、中医药等特色服务出口潜力

传统文化、中医药、中餐、中华武术、传统教育等是承载中国特色的服务领域，山东在这些领域具有明显优势和良好基础。应积极引导和促进这些特色服务领域做大做强，更大规模地走上国际舞台。一是积极推动文化艺术、广播

影视、传统教育等山东具有核心优势的文化服务出口，大力促进文化创意、数字出版、动漫游戏等新兴文化服务出口，调研山东本土具有竞争优势的文化出口企业，尽快建立重点企业名录库，加快塑造山东特色文化出口优势。① 继续在日本、美国举办“孔子家乡山东文化贸易展”，进一步争取在加拿大、澳大利亚及欧洲各国办展，逐步提高山东重点文化企业及优势文化产品的国际知名度。② 二是鼓励中医药企业通过境外参展、境外商标注册、国际认证等方式，扩大品牌和产品影响力，同时推动中医医疗器械、养生保健品等出口。集中建设一批医养结合示范基地，大力开发中医药与健康、养老以及特色旅游相结合的系列服务产品。在政府和民间交流的基础上，按照日本、韩国—鲁籍华人华侨聚集区—华人华侨、留学生较多的国家—其他国家的顺序，由易到难逐步推广。但与此同时，应注意加强对中医临床知识产权的保护。另外，应继续做好服务贸易特色服务出口基地认定工作，并完善相应扶持政策。

（二）培育主体：分行业重点培育各类服务贸易企业主体

目前，山东服务贸易企业规模普遍偏小，实力不强，商务部发布的全国服务贸易各行业前十位重点监测企业名单中，山东只有5家。多数服务外包企业品牌知名度较低，开展的离岸服务外包业务主要是从产品合同中分离出的外包业务，真正从欧、美、日、韩等发达国家和地区承接的一手包业务量不多。因此，应着力分行业培育一批优势业务突出、具备核心竞争力的服务业企业，培育一批具有较强国际影响力的服务品牌。③ 一是引导和支持企业创立服务品牌，通过提升服务质量来提高和扩大品牌国际影响力，进一步打响“山东服务”区域品牌。结合新旧动能转换重大工程，重点鼓励规模以上服务业企业走国际化发展道路，积极开拓海外市场。二是推动服务贸易企业不断提升创新能力，鼓励服务领域技术引进和技术创新，为企业建立工程（技术）研究中心、重点实验室、技术创新平台等提供政策支持，培育掌握核心技术的服务贸

① 商务部等：《服务贸易发展“十三五”规划》，2017年。

② 山东省人民政府：《关于加快发展服务贸易的实施意见》，2016年。

③ 广东省人民政府：《关于加快发展服务贸易的意见》，2013年。

易领军企业。三是加强对服务贸易重点领域企业的扶持，在运输、旅游等传统领域做强龙头企业；在文化、中医药等特色领域和人力资源、咨询服务等高附加值领域培育中小企业；在服务外包、技术贸易等原有优势领域推动现有企业升级。根据企业规模、国际化程度、主营业务等指标，在各服务贸易领域选择一定数量企业进行重点扶持。

（三）拓展市场：巩固传统市场的同时努力拓展新兴市场

山东服务进出口的60%集中在中国香港、韩国、美国、日本、新加坡等少数几个国家和地区，市场集中会增大经济波动风险，也有可能引发贸易摩擦和争端。因此，应在进一步挖掘传统市场潜力的同时，扩大与新兴国家的服务贸易合作规模。一是进一步加强与欧美发达国家的合作。深度开发发达国家旅游、运输、建筑等传统服务贸易市场，同时积极发展研发设计、节能环保、环境服务等先进生产性服务贸易。二是大力开拓“一带一路”沿线市场。在加强同沿线国家文化、运输、建筑等服务贸易合作的基础上，重点推动与东南亚国家的加工服务贸易，与中亚、东欧国家的工程承包服务贸易。加强国际旅游贸易的合作，培育具有丝绸之路特色的国际精品旅游线路和产品。三是拓展与非洲的服务贸易合作。充分借势中非工业化合作计划和中非基础设施合作计划，带动山东建筑、设计、技术、运营服务出口；借势中非公共卫生合作计划和中非人文合作计划，带动山东旅游、建筑、文化、中医药、教育、餐饮等服务出口。四是加强与日韩服务贸易合作。重点拓展与日本在工业设计、技术服务、节能环保、运输旅游等领域的合作；拓展与韩国在文化贸易、服装设计等领域的合作，在中韩两国自贸区第二阶段服务贸易谈判中，积极争取国家赋予山东“中韩服务贸易创新发展试点”建设任务。

（四）优化布局：形成分工协作、优势互补的空间发展格局

优化省内区域布局，以济南、青岛为发展两极，以北线聊城－德州－滨州－东营构成的北部发展带、中线济南－泰安－莱芜－淄博－潍坊－青岛－烟台－威海构成的核心发展带、南线菏泽－济宁－枣庄－临沂－日照构成的南部发展带为三大发展主线，以各类经济和产业园区为网络节点，构筑“两极驱动、三线推进、多点覆盖”的服务贸易空间发展格局。青岛、济南打造以信

息软件、现代金融、物流仓储、文化创意、生物医药等领域为重点的国际知名、国内重要的服务贸易中心城市和服务外包基地；北部发展带打造以现代物流、生态旅游等为重点的服务贸易特色发展带；核心发展带打造以软件信息、现代物流、文化旅游、金融商务等为重点的服务贸易发展高地；南部发展带打造以文化旅游、商贸物流等为重点的服务贸易发展隆起带。发挥保税港区、综合保税区、出口加工区等海关特殊监管区域的政策和功能优势，在符合条件的区域开展保税服务贸易试点，吸引跨国公司贸易总部和贸易性机构落户；重点发挥经济技术开发区、高新技术产业开发区的辐射带动作用，推动服务贸易企业入区集聚发展，支持区内有条件的生产型企业设立专业服务提供机构，由单一出口产品转向提供全过程的服务链产品，打造一批有特色、差异化的服务贸易产业集群。

（五）打造平台：建好用好各类专业展会和贸易促进平台

一是充分发挥展会的促进作用。支持企业参加境内外服务贸易重点展会，特别是专业类展会，逐步提升服务贸易展会在年度贸易促进计划中的比重。在山东组织参加的国内外展会中，逐步增设、扩大服务贸易相关领域展区，对参展企业摊位费给予补贴。做精做实一批省内专业品牌展会，搞好搞活若干个区域性重点展会，建立参展企业品牌库，将展品销售、参展企业品牌建设及市场推广、沟通协调互联互通、展会意见反馈等进行统一市场化运作，打造国内外“信得过”的山东展会特色品牌。探索简化服务贸易展会入境展品许可审批程序，对保税展示货物实行登记管理，允许多次出区展示以及合理数量、重量的展品在参展期间试销。二是强化贸易促进平台功能。进一步建设运营好“山东服务贸易指南网”、“齐鲁国际文贸网”和“山东省中小企业对外合作交流平台”等服务平台，重点完善语言服务、信息发布和交易功能，为服务贸易企业打响品牌、寻找客户、完成交易提供全流程服务。三是开展各类服务贸易促进活动。通过政府购买服务的形式，推动行业商协会开展活动，特别在规划制定、行业分析、人力资源、市场开拓等方面做出贡献。充分发挥已成立的省服务贸易协会作用，加强与中国服务贸易协会等国家级服务贸易平台的交流合作。四是充分发挥山东国际友好城市合作优势，加强服务贸易对外宣传与合作交流。

（六）深化试点：加快推进国家和省级服务贸易试点工程

开展试点工程对于山东探索服务贸易发展新机制、新模式、新路径，实现服务贸易跨越式发展具有重要作用。一是推动威海实施“服务贸易试点、中韩自贸区地方经济合作示范区、跨境电商综试区”三大国家试点融合发展战略，积极推进中韩FTA服务贸易先行先试，大力发展中韩跨境电子商务，争取国家数字经济、中医药服务出口基地试点。二是推动济南、青岛全面提升国际产业发展水平、增强综合创新能力、完善公共服务配套，确保在全国服务外包示范城市中继续处于第一方队。同时，济南要将发展服务外包产业与新旧动能转换先行区建设以及国际医学科学中心建设融合发展；青岛要紧抓上合组织地方经贸合作示范区建设机遇，大力发展与“一带一路”沿线国家的跨境服务合作。三是淄博要以获批国家文化出口基地为契机，进一步推动陶琉文化产品和服务出口，优化陶琉文化贸易结构，提高“走出去”的质量与效益，增强品牌影响力和国际竞争力。四是烟台要进一步加大中国服务外包示范城市申建力度，加快壮大企业主体、完善体制机制、优化服务环境、创新政策措施，力争在全国申创城市综合评价中排名前列。五是加强对省级示范项目的考核管理，深化省级服务贸易创新发展试点暨服务外包示范城市、服务外包示范基地、特色服务出口基地以及服务外包培训机构建设，制定动态调整管理办法，实施第三方综合评价。

（七）构筑机制：构建支持服务贸易创新发展的体制机制

一是健全工作协调机制。进一步发挥服务贸易发展联席会议的作用，研究制定服务贸易促进政策、发展目标、工作重点和具体措施，建立全省服务贸易信息交流共享机制。二是建立和完善与服务贸易特点相适应的通关管理体制。推动对会展、拍卖等服务企业所需通关的国际展品、艺术品等特殊物品的监管模式创新，探索符合跨境电子商务、服务外包等新型服务模式发展的监管方式。简化跨境人民币结算手续和审核流程，鼓励金融机构扩大跨境支付服务范围，支持服务贸易企业采用出口收入存放境外等方式提高外汇资金使用效率，降低汇率风险。三是制定重点人员出入境工作便利政策。符合条件的服务贸易示范企业和重点培育企业中方人员可申办3年免签证的APEC（亚太经合组织）商务旅行卡；对企业中符合条件且需要多次临时出入境的外国籍高层次人才和投资者，可申办多次入境的商务（F）签证；对企业中符合条件且需要在山东工作并居留的外国籍高层次人才和投资者，可申办2年以上、5年以内的居留许可。四是简化外汇审核流程手续。在企业开户、收支、结售汇、融资等方面提升结算便利化水平，支持金融机构针对服务贸易的特点设计符合企业需求的外汇产品，在外汇期限、币种、利率以及汇率风险防范等方面加大支持力度。

（八）完善政策：推动各项试点政策加速在山东落实落地

全国服务贸易创新发展试点已满两年，2018年7月，商务部等11部委下发通知要求在全国复制推广服务贸易创新发展试点经验，包括管理体制，促进机制，政策体系，监管模式，新业态、新模式等5个方面的29条试点创新经验。其中，将建设服务贸易统计监测体系、创新出口信用保险服务、开展知识产权质押融资、对多次进出境研发用产品3C免办、落实技术先进型服务企业所得税优惠政策等5条经验作为重点予以推广。此外，总规模300亿元的服务贸易创新发展引导基金已经设立，将按照项目法对重点服务贸易企业予以融资支持。对于山东来说，应在尽快落实已有政策的基础上，积极复制实施最新试点政策。一是进一步落实国家对服务出口的零税率或免税政策。针对税务部门反映的技术先进型服务企业认定条件不明确、在认定核实过程中无法准确把握等问题，尽快落实认定标准，并加大相关政策宣传力度，让现有政策最大化发挥效用。二是探索扩大税收优惠政策覆盖面。目前政策范围仅限于计算机和信息服务、研究开发和技术服务、文化技术服务、中医药医疗服务四个领域八个项目，享受面窄，其他如金融服务、电信服务等领域也属于山东重点扶持的领域，但尚未纳入优惠范围，导致扶持服务贸易发展的效果不明显，应争取进一步扩大政策覆盖面。三是争取试点地区政策落地。鼓励金融机构创新供应链融资等业务，对试点地区经认定的技术先进型服务企业全面实施服务外包保税监管，对进口国内急需的研发设计、节能环保和环境服务给予财政贴息等。四是加大政策性金融支持力度。对符合条件的重点服务贸易项目，研究制定“绿色通道”审批机制。完善对服务贸易企业投保出口信用保险的保费补贴政策，明确企业范围及补贴标准，并适当向小微企业倾斜。

（九）健全统计：建立服务贸易统计监测、运行和分析体系

进一步加强服务贸易统计工作，建立统计监测、运行和分析体系，通过联席会议机制，密切联系外管、旅游、教育、文化等有关部门，拓展基础数据来源，实现各部门服务贸易数据共享，提高统计数据的准确性。建立全省服务贸易直报系统，争取商务部支持，在济南、青岛、烟台、潍坊等4个服务贸易试点市推广威海市服务贸易统计做法。切实做好商务部服务外包统计管理系统的企业及培训机构数据报送工作，为企业享受中央专项资金政策提供依据。建立与服务业统计数据对接通用、信息共享的数据标准，推广集跨境资金流动、部门填报、企业直报、重点企业联系、中介机构辅助调查于一体的服务贸易统计方法。依托商务大数据平台，建立山东服务贸易数据库，健全服务贸易统计指标体系，加强与国际组织、行业协会的数据信息交流，定期发布服务贸易统计数据。另外，2017年中国首次发布了附属机构服务贸易（FATS）统计数据，将之与服务贸易国际收支（BOP）统计数据相结合，可以更加全面反映服务贸易发展状况，形成完整的服务贸易“全景图”。山东也应该积极跟进，探索建立对服务贸易四种模式（跨境提供、境外消费、商业存在和自然人移动）的全口径统计，为相关部门研判发展形势、预测未来前景、制定发展战略和政策奠定基础。

B.14
山东利用外资的现状分析及对策建议

卢庆华*

摘　要： 利用外资是中国对外开放国策的重要内容，经过40年的改革开放，山东已由一个经济落后的省份崛起为一个具有较强综合实力的经济大省。山东现代化建设之所以能够取得很大成就，得益于其坚持不懈地提高利用外资的质量和水平，扩大对外开放，大力发展开放型经济。2018年是改革开放的“不惑之年”，也是经济全球化进入深度调整期、中国开放型经济发展进入新常态的关键之年，山东利用外资既面临重要机遇，也存在一定的问题。在今后利用外资的过程中，山东应继续坚持扩大规模与提高质量并举，切实提高利用外资的效益，这对进一步拓展对外开放的广度和深度，有效推动山东形成全面开放新格局具有重大意义。

关键词： 利用外资　开放型经济　全面开放

一　山东利用外资现状分析

40年来，山东高度重视利用外资，外商投资对全省国民经济的拉动作用明显增强。一是促进了国民经济的增长。近年来，山东外商投资企业工业增加值占规模以上工业企业增加值的比重不断上升，有效地拉动了工业经济的增长，提高了固定资产投资的水平，增强了经济增长的后劲，促进了国民经济的

* 卢庆华，硕士，山东社会科学院国际经济研究所助理研究员，研究方向：外商投资。

发展。二是推进了产业结构的优化升级。通过积极吸收外商投资，山东先后引进了大批先进实用的技术，促进了以电子信息、生物工程、新材料等为重点的高新技术产业发展，加快了对轻工、纺织、机械、化工、冶金、建材六大传统行业及农业的技术改造和产品升级换代，提高了服务业发展水平，形成了一批具有国际竞争力的产业集群。三是提升了对外贸易竞争力。外商投资不仅加速了山东对外贸易总体规模的扩张，而且进一步优化了进出口商品结构，增强了对外贸易的竞争力。四是增加了财政收入。随着外商投资的不断增多，山东的涉外税收收入迅速增加。五是创造了大量的就业机会。外商投资企业的建立和投产开业为山东提供了大量就业岗位。外商投资企业对缓解山东就业压力起了不可替代的作用。六是促进了现代企业制度的建立。为适应外商投资企业生产经营的需要，山东不断引入先进的制度、管理经验和高层次人才，加快了现代企业制度的建立和与国际接轨，企业的创新能力和国际竞争力显著提高。近几年，以习近平同志为核心的党中央在治国理政新实践中，把握时代大趋势，回答实践新要求，顺应人民新期待，形成了习近平新时代中国特色社会主义思想，这是我们党科学把握当代中国实际和时代特征推进马克思主义中国化的最新成果，是全党全国人民为实现中华民族伟大复兴而奋斗的行动指南。尤其是十九大报告在“利用外资”方面进一步做出了重要阐述，指出“中国开放的大门不会关闭，只会越开越大……实行高水平的贸易和投资自由化便利化政策，全面实行准入前国民待遇加负面清单管理制度，大幅度放宽市场准入，扩大服务业对外开放，保护外商投资合法权益。凡是在我国境内注册的企业，都要一视同仁、平等对待”。经过40年的改革开放，山东已由一个经济落后的省份崛起为一个具有较强综合实力的经济大省，山东利用外资的效益也取得了很大的成绩。

（一）利用外资的规模不断扩大

改革开放40年来，山东着力把握国际投资的趋势和特点，积极应对各种困难和挑战，把利用外资作为发展开放型经济的一项极为重要任务。山东利用外资①从无到有，从小到大，取得了较大成绩。总体上看，山东利用外资大体经历了六个阶段：1979～1983年的起步阶段；1984～1991年的成长阶段；1992～2000

① 本文的外资指中国内地之外的资本。

年的调整发展阶段；2001～2007年的较快发展阶段；2008～2011年的应对国际金融危机阶段；2012年以来的快速发展阶段。1979～1991年，山东利用外资以外债为主；1992年以后，外商直接投资成为利用外资的主要方式。按照商务部通报口径，2017年山东全年实际利用外资规模进入全国前五位，增速列在全国利用外资前六强省市第二位。2018年1～9月，全省新设外商投资企业1546家，同比增长40.9%；合同外资金额为1248.90亿元，增长2.2%；实际利用外资金额为901.40亿元，增长2.5%（见表1）。其中，中国香港、韩国投资增长迅速。中国香港新设外资企业470家，实际投资金额为489.8亿元，增长16.8%，实际投资占全省的54.3%；韩国实际投资金额为114.3亿元，增长18%。

表1　1979～2018年山东省外商直接投资统计

时间	项目数	合同外资金额(亿美元)	实际利用外资金额(亿美元)
1979～1987年	114	0.76	0.68
1988年	184	2.54	0.39
1989年	195	1.54	1.31
1990年	305	2.16	1.51
1991年	656	5.26	1.80
1992年	3258	31.41	9.73
1993年	5940	57.93	18.43
1994年	3192	42.80	25.36
1995年	2574	44.57	26.07
1996年	2175	54.18	25.90
1997年	1597	32.80	25.00
1998年	1366	22.19	22.23
1999年	1717	31.11	24.69
2000年	2728	50.74	29.71
2001年	3047	67.20	36.21
2002年	4065	113.07	55.86
2003年	5305	134.14	70.94
2004年	5891	202.90	87.01
2005年	6415	274.95	89.71
2006年	4030	162.42	100.01
2007年	2717	117.39	110.12
2008年	1527	101.50	82.02
2009年	1139	87.10	80.10
2010年	1632	136.34	91.68

续表

时间	项目数	合同外资金额(亿美元)	实际利用外资金额(亿美元)
2011 年	1433	157.91	111.60
2012 年	1333	165.57	123.53
2013 年	1405	177.13	140.54
2014 年	1352	159.52	152.06
2015 年	1509	200.45	163.01
		合同外资金额(亿元)	实际利用外资金额(亿元)
2016 年	1477	1404.32	1110.67
2017 年	1479	1860.83	1210.55
2018 年 1～9 月	1546	1248.90	901.40

资料来源：根据 1984～2018 年《山东统计年鉴》整理（统计数字从 2016 年开始使用人民币核算，2015 年之前使用美元核算）。

（二）外商投资的领域不断拓宽

改革开放初期，外商来山东投资的领域主要集中在劳动密集型的加工项目和少数服务业。随后的 20 多年间，外商投资的重点逐渐从纺织、轻工等劳动密集型产业发展到电子通信、汽车制造业、化学工业等资本和技术密集型产业。尤其是中国加入 WTO 后，外商向山东第三产业投资的步伐明显加快。特别需要提及的是，近几年山东严格执行国家宏观调控政策，严格限制外商投资高耗能、高污染项目，积极鼓励外商投资高新技术产业、先进制造业、节能降耗和环保产业、现代服务业和现代农业等领域，收到明显成效。尤其是山东正在实施的新旧动能转换重大工程为境外投资者提供更多的投资机会，促进外商投资了更多“四新”项目，“四新”项目占比不断提高。统计数字显示：2017 年，山东医药、航空航天器及设备、计算机及办公设备、医疗仪器仪表设备等高技术制造业实际利用外资分别增长 33.6%、2.9 倍、73.5%和 42.7%；高技术服务业实际利用外资金额为 120 亿元，增长 40.2%。2018 年 1～10 月，高技术制造业实际利用外资金额为 75.7 亿元，增长 24.2%。

（三）外商投资大项目不断增多

多年来，山东始终把吸收外商投资大项目作为一项重要工作，有效地提高了利用外资的质量和水平。据统计，截至2008年国际金融危机爆发前夕，山东累计批准总投资（含增资）1000万美元以上外商直接投资项目5506个，合同外资金额703亿美元，分别占全省累计批准外商直接投资项目总数和合同外资总额的9.6%和48.4%。其中，总投资过亿美元的外商投资大项目75个。截至2007年底，通用、朗讯、惠普、三菱商事、壳牌石油、联合利华、西门子等130家世界500强企业在山东投资了342个项目。山东通过不断吸收外商投资大项目，进一步提升了IT、汽车、造船、电子、食品、纺织服装、工程机械等产业的技术水平。尤其是2015年8月，省政府办公厅出台《山东省深化与世界500强合作行动方案（2015～2017年）》（鲁政办字〔2015〕149号），对山东加强与世界500强合作做出全面部署，全省上下与世界500强合作全面展开。经过三年卓有成效的努力，山东与世界500强合作取得长足进展，山东对世界500强吸引力进一步提高。2017年，28家世界500强企业在山东投资项目54个，合同外资金额为14.9亿美元。美国谷歌、江森自控、苹果，英国石油公司（BP），荷兰路易达孚等世界500强企业首次来山东投资。谷歌参股山东中际电工装备股份有限公司，生产电机制造装备；江森自控生产的密封性大容量汽车起停电池采用新型材料，节能效率提高7%～9%；苹果公司通过并购进入山东新能源市场，从事风力发电，致力于打造绿色电力供应链，推动绿色能源发展；英国石油公司在济南设立碧辟（山东）石油有限公司；路易达孚作为世界排名第三位的粮食输出商，投资青岛富海粮油项目。惠普并购三星项目后在威海形成A3幅面打印机产业链，在山东生产的A3幅面打印机市场占有率将在全国独占鳌头。2018年1～10月，日本永旺、伊藤忠，美国伊顿、谷歌，韩国LG、现代，德国曼集团等23家500强企业在山东投资项目40个，合同外资金额为19.3亿美元，增长55.6%。新设及增资总投资过亿美元大项目89个，增长15.6%，合同外资金额为88.7亿美元。其中，国际商业机器公司（IBM）也首次来山东投资。

（四）利用外资的方式进一步拓展

山东在吸收外商投资的初期，主要采取中外合资经营和中外合作经营两种方式。20世纪90年代以后，外商独资企业所占比重有较快上升。2000年山东批准的外商独资经营的项目数、合同外资金额、实际利用外资金额均超过中外合资经营和中外合作经营，并呈现快速增长态势。近年来，山东在继续鼓励外商以中外合资经营、中外合作经营、独资等方式投资的同时，积极创新利用外资方式，扩大引资平台，大力培育招商引资新的增长点。先后与一批世界500强企业、一批美欧投资银行等建立了合作关系，推动了跨国并购的开展。目前，跨国并购已成为山东利用外资的重要方式。同时，山东积极采用企业增资和境外上市等方式吸收外资。

二　山东利用外资存在的问题

利用外资对山东经济的持续、快速、健康发展起到重要的作用，但外资的进入也给山东带来了一些负面的影响。这需要我们在今后继续扩大利用外资的同时，积极制定和调整外资政策，既要坚持改革开放的思路，又要采取科学的安全监控措施，健全和完善相应的立法，以求将利用外资的负面影响降到最低程度。

（一）产业间分布不平衡

虽然山东省引进外资的规模连年增加，但外资在山东省各产业中的分布是不均衡的，在第二产业中尤其是工业中利用的外资始终占利用外资总额中的最大部分，而第一产业和第三产业利用的外资较少。山东省的产业结构不够合理，主要表现为第二产业利用外资比重过高，第三产业发展相对滞后。外商投资过度集中于第二产业，加剧了产业间的资源配置失衡，产业间配置的失衡又增加了山东省优化产业结构、促进各产业协调发展的配置成本。另外，目前国际资本由第二产业向第三产业转移的趋势比较明显，而受第二产业尤其是工业快速增长的影响，山东省第三产业占GDP的比重却略有下降，在全国各省份中比重偏低。因此，山东省第三产业的基础相对薄弱，市场化程度不够高，承接和吸引外资的能力还不强，又反过来影响了利用外资的扩大。这样不利于提升山东省利用外资的质量和产业结构的优化升级。

（二）山东省货物贸易与服务贸易规模不协调

目前，发达国家服务业增加值占国内生产总值的比重都在70%左右，美国高达78%；而山东服务业增加值占国内生产总值的比重仅为40%左右，不但大大低于发达国家，而且低于发展中国家平均约50%的水平，还低于全国平均水平。造成这种情况的主要原因有以下两点。一是山东省利用的外资主要集中于第二产业，服务业利用外资仅占10%左右，服务业利用外资规模有待进一步提升。与山东制造业吸纳外资的规模相比，山东服务业利用外资规模偏低；与全国服务业利用外资的规模相比，山东服务业利用外资规模仍然偏低。统计数字显示：2008年山东服务业实际利用外资的规模仅仅为24.3亿美元，经过多年的发展，到2016年实际利用外资的规模也只是增加到65.3亿美元，服务业实际利用外资占全省实际利用外资比重从2008年的29.7%提升至2016年的38.8%，但仍然落后于第二产业利用外资的比重。同时，山东服务业利用外资所占比重还远低于全国水平，2016年山东服务业实际利用外资占全省实际利用外资的38.8%，落后于全国70.3%的水平。二是服务业利用外资平均项目规模较小。2016年，以实际利用外资计算，山东服务业利用外资项目规模为708.88万美元，低于1139.17万美元的全省项目规模平均水平。而且从服务业内部各部门来看，服务业利用外资的平均项目规模差距仍然很大，其中房地产业、金融业和交通运输业3个行业项目规模最大，而信息传输、计算机服务和软件业，教育，文化、体育和娱乐业，住宿和餐饮业，卫生、社会保障和社会福利业等行业项目规模则较小。

（三）区域经济发展不平衡

改革开放之前，山东省就存在东西部地区经济发展不平衡的问题，省委、省政府一直把山东省东西部协调发展作为一个重要的问题来对待。但是随着对外开放的深化和外资的大规模利用，山东省区域经济发展不平衡问题仍然较为突出。因为外资是以追逐利润为目标的，其投向带有明显的倾向性。外商投资大部分集中在投资条件较好的山东省东部沿海地区，中西部内陆地区较少，地区分布很不平衡。青岛、烟台、威海三市实际利用外资占全省的比重一直在70%左右，2018年1~6月，青岛、烟台、威海三市实际利用外资达到456.36亿元，占全省的69.65%；而菏泽、滨州等市实际利用外资比重仅为全省的1.84%（见表2）。外商投资的地区不平衡造成了资源空间配置的失衡，空间配置的失衡又使山东省东西部地区间的发展差距在一定程度上有所扩大，客观上增加了山东省实现区域经济均衡发展的成本。

表 2　山东省外商直接投资各市情况（2018 年 1～6 月）

单位：万元，%

城市	累计情况					
	项目数		合同外资		实际利用外资	
	个数	同比	金额	同比	金额	同比
总计	1033	37.00	8797497	25.17	6551957	3.82
济南市	123	161.70	2248509	319.53	700675	79.60
青岛市	513	57.36	3463161	9.80	3428888	4.05
淄博市	24	14.29	228813	-24.58	250578	22.88
枣庄市	8	60.00	25819	54.92	13312	7.42
东营市	4	-33.33	3166	-95.27	23915	-56.27
烟台市	112	0.90	989026	10.47	616622	-19.06
潍坊市	27	-6.90	271937	-27.91	368048	10.05
济宁市	20	-4.76	18454	-68.33	144821	29.19
泰安市	34	25.93	295044	-68.99	247748	0.81
威海市	100	-1.96	463261	-0.39	518057	4.05
日照市	12	0.00	1864	—	51116	-75.10
莱芜市	3	50.00	228585	331182.61	63	-97.26
临沂市	22	46.67	66089	31.11	16932	-75.96
德州市	10	11.11	26515	129.27	44472	21.22
聊城市	5	25.00	52762	—	5878	-88.09
滨州市	6	0.00	46064	-14.86	77718	329.33
菏泽市	10	-9.09	368428	289.03	43114	112.37

资料来源：山东省商务厅外国投资管理处 2018 年 7 月 18 日发布。

（四）外资来源地相对过于集中

近几年来，山东省利用外资主要集中于中国香港、韩国、东盟、中国台湾、英国等国家或地区。2018 年 1～7 月，来自中国香港的实际到账外资超过 400 亿元，同比增长 34.3%（见表 3），是山东第一大外资来源地。来自中国香港、韩国、东盟、中国台湾、英国这五个国家和地区的外资金额达到 567.58 亿元，在山东省利用外资总额中所占比重为 80.6%。山东的外资来源以亚洲国家（地区）居多，利用外资的国家（地区）比较单一，这样不利于山东利用外资层次的多样化和规模的扩大化，造成外资效益的波动性和不确定性。

表 3　山东省外商直接投资国家（地区）情况（2018 年 1～7 月）

单位：万元，%

国家/地区	累计情况					
	项目数		合同外资		实际到账外资	
	个数	同比	金额	同比	金额	同比
亚洲	930	43.1	8085148.0	35.0	5684984.0	28.1
中国香港、澳门	375	44.2	6676334.0	100.0	4012211.0	34.3
中国香港	374	46.1	6681242.0	101.6	4009981.0	34.3
韩国	362	38.2	1070716.0	-47.6	897222.0	14.3
日本	55	83.3	45469.0	-80.4	145666.0	-30.0
中国台湾	66	29.4	79549.0	-58.3	86902.0	-39.7
东盟	43	138.9	171632.0	30.4	541008.0	86.2
新加坡	26	160.0	49255.0	-47.5	236241.0	-17.0
非洲	18	100.0	65202.0	270.3	53254.0	308.9
欧洲	94	38.2	432600.0	-50.4	443268.0	-47.5
欧盟	80	40.4	360317.0	-44.5	370077.0	-53.6
德国	27	58.8	156739.0	-62.8	153484.0	-72.3
英国	17	88.9	136876.0	-6.7	140709.0	504.1
法国	8	0.0	53632.0	121.6	22059.0	34.6
南美洲	15	50.0	465522.0	2808.2	305925.0	7.2
英属维尔京群岛	9	50.0	279858.0	—	250167.0	52.7
北美洲	100	88.7	371711.0	83.5	264923.0	-33.5
美国	78	90.2	261939.0	39.2	158824.0	-55.6
加拿大	19	58.3	84192.0	486.5	43118.0	9.5
大洋洲	25	66.7	-2249.0	—	65292.0	-25.5
澳大利亚	15	66.7	-22151.0	—	38443.0	28.5
其他	26	-59.4	290611.0	-48.9	225648.0	-64.4
投资性公司投资	23	-45.2	288018.0	-34.3	225461.0	-62.9

资料来源：山东省商务厅 2018 年 8 月 23 日发布。

三 进一步提高山东利用外资质量和水平的展望

目前，山东利用外资已经站在一个新的历史起点上，进入了全面开放、深度开放、科学开放的新阶段。所以，在新形势下，要提高利用外资的质量和水平，必须以习近平新时代中国特色社会主义思想为指导，解放思想，更新观念。重点解决好以下几个问题。

（一）进一步突出招商重点，提升招商引资实效

紧紧围绕全省经济社会发展大局，突出重点，招大引强，切实扩大和提高招商引资的规模和质量。一是突出重点产业。围绕实施新旧动能转换重大工程，以综合试验区建设为载体，聚焦新一代信息技术、高端装备、新能源新材料、现代海洋、医养健康、高端化工、现代高效农业、文化创意、精品旅游、现代金融服务等十强产业，以“建链”“强链”“延链”“补链”为主线，筛选建立招商项目库，发布全省重点招商引资指导目录，有针对性地开展产业链招商，提升产业创新力和市场竞争力。按照“龙头项目—上下游配套—产业生态圈”的思路，坚持“管产业必须管招商”的原则，发挥各行业主管部门专业优势，由各部门分别负责重点产业招商的统筹协调和组织推进，成立专门班子，制定招商规划，组织重大活动，加快引进一批具有战略性、引领性、支撑性的项目。二是突出重点企业。加大对世界500强、央企和行业领军企业的招商引资力度。对符合规定并在政策实施期内新设的总部机构（企业），按照《山东省总部机构奖励政策实施办法》，省财政一次性奖励500万元（青岛市自行奖励）。三是突出重点活动。坚持高层推动机制，坚持“走出去”和“请进来”相结合，务实高效办好香港山东周、欧美商务周、日韩山东周和“选择山东”全球路演等一系列重大招商活动，加强与重点区域各类协会、商会、中介组织、知名企业的联系对接，提高招商层次和质量。四是突出招才引智。根据山东产业发展需求，明确重点引进技术和人才。坚持招商引资与招才引智并举，实施招才引智与招商引资一体化推进、一体化考核，加大招才引智力度。建立招商选资与招才引智联动协同机制，推动招商与招才部门资源整合，

实现工作力量、服务资源、项目信息的共享共用，在重大招商活动中同步开展招才引智工作，以招商引资促进招才引智，以招才引智激活招商引资项目，使招才引智和招商引资相互促进、协同发展。加强创新创业平台建设，引进一批高精尖科技项目，大力促进科技成果孵化和产业化。对引进不同层次“大院大所”和科技创新人才，等同于分别完成不同金额招商引资任务给予奖励。

（二）进一步强化激励机制，激发招商引资潜力

贯彻落实国发〔2017〕5号、鲁政发〔2017〕16号等利用外资的政策文件精神，创新招商引资激励机制，充分激发社会各界对招商引资的积极性、主动性，形成招商引资的强大合力。一是积极鼓励外商投资。严格兑现依法向投资者做出的政策承诺，认真履行在招商引资活动中依法签订的各类合同。对外商投资项目给予支持，对新注册设立的外资企业，特别是对就业、经济发展、技术创新贡献大的项目，给予一次性奖励或专项扶持。二是强化利用外资考核激励。围绕招商重点产业、重点企业等研究制定更加科学合理的考核体系，鼓励招大引强促进产业结构升级。设立“招商引资工作先进奖”，对招商引资年度考核排名靠前的地级市和园区，给予一定金额的奖励补助，用于招商引资工作经费。对招商引资工作实绩突出的干部优先考虑提拔使用。三是加大招商引资奖励力度。积极鼓励全社会力量参与招商引资，根据投资额对外资项目引荐人给予奖励。四是加强招商队伍建设。支持有条件的地方设立招商公司，配齐配强招商专业人才，组建以“小团组”“小分队”为主要形式的专业化招商团队，按照市场化管理、企业化运作的方式开展专业招商活动。加强招商引资实务培训和实战操作，努力建设一支熟悉国际惯例、市场规则、产业政策、招商实务的专业化招商团队。

（三）进一步创新方式方法，增强招商引资活力

充分运用各种媒介广泛宣传山东招商政策和营商环境，在用好用活传统招商方式的基础上，积极创新方式方法，实施专业招商、科学招商，形成全方位、多层次、广渠道招商态势，不断提高招商引资的针对性和实效性。一是开展中介招商。充分运用山东境外各种资源人脉，在招商重

点国家和地区聘请专业机构或专业人士担任招商代理、招商顾问、招商大使，发挥其熟悉行业情况、掌握投资信息、工作覆盖面广等优势，拓宽信息渠道，挖掘招商线索。二是开展以商招商。充分发挥企业的招商主体作用，深入挖掘本土企业、外来投资企业客户资源，挖掘产业龙头企业上下游、配套及关联项目，引导企业加强战略合作，鼓励支持骨干企业与国内外大集团、大企业战略性合作，实现强强联合、合作共赢。注重做好已落户行业领军企业的服务，以优质服务和优良环境吸引关联项目落户。三是开展资本招商。发挥财政资金杠杆作用，广泛联合金融机构、投资机构，探索设立招商引资基金。四是开展亲情招商。启动“鲁商回归”工程，召开“鲁商大会”，支持海内外山东企业回归发展，打通资金、资源、技术回流渠道，以“走出去”带动“引进来”，更好地反哺省内产业转型升级。五是加强信息资源共享合作。统筹项目信息及资源，鼓励各市优势互补和资源共享，定期召开会议，商讨项目引荐合作情况，实现全省招商资源库和项目信息库的有效结合。加强与国外派驻机构、境内外重要商协会、经贸促进机构、会计师事务所、律师事务所、管理咨询机构、金融投资机构、知名媒体的战略合作，建立招商引资智库，为招商引资提供科学参考。

（四）优化利用外资产业结构

外资一开始主要集中于山东的劳动密集型的加工项目和少数服务业，后来逐渐发展到电子通信、汽车制造业、化学工业等资本和技术密集型产业。这些都说明山东利用外资的产业结构不断优化。下一步，山东要紧紧抓住十九大以来全球产业结构深度调整和生产要素重组，以及全球产业转移从逐级梯度推进趋向多级平行推进的有利时机，把利用外资同调整优化山东产业结构、发展特色优势产业、加强基础设施建设更加紧密地结合起来，突出国际知名企业与山东支柱产业的对接。一是紧密围绕实施重点区域带动战略，大力推进战略性新兴产业利用外资。密切跟踪国际高端产业尤其是战略性新兴产业转移最新发展趋势，以山东半岛蓝色经济区、黄河三角洲高效生态经济区、新旧动能转换综合试验区等重点区域发展战略实施为契机，积极引导跨国公司特别是世界500强企业，进一步投资发展

“5+5”十强产业（新一代信息技术、高端装备、新能源新材料、现代海洋、医养健康等5大新兴产业和高端化工、现代高效农业、文化创意、精品旅游、现代金融服务等5大优势产业）。[①] 紧密围绕十强产业，以增强产业竞争力为着眼点，积极引进外国先进技术、管理、人才，加快山东现有传统产业结构优化升级。二是积极创新利用外资方式，积极探索境外上市、投资基金、境外债券、转让基础设施经营权等利用外资方式，着力引进高技术含量、高附加值、高成长性的高端产业。三是完善准入限制制度，防范低端产业进入。根据山东经济发展情况，依据企业产品的技术含量、附加值、在国际国内市场的发展前景及竞争力等，有选择地制定外资进入的技术标准、资源消耗和环境标准。

（五）加强与跨国公司的战略合作

多年来，山东始终把加强与跨国公司的战略合作作为一项重要工作，有效地提高了利用外资的质量和水平。下一步要继续深化与跨国公司的战略合作。高度关注“超国民待遇”政策的终结对山东外资企业特别是跨国公司投资的影响，采取针对性措施，进一步深化与跨国公司的战略合作。一是加大对跨国公司的招商引资力度，加强研究和对接，制定“一企一案”，开展一对一、点对点精准招商、上门招商，着力引进一批技术水平高、产业关联性强、发展空间大的大项目、大企业。对带动产业结构调整、就业及税收贡献突出的总部机构（企业），可研究制定相应扶持奖励措施，进一步放大政策叠加效应。二是重点引进大型跨国公司特别是世界500强企业和能够带动区域经济发展的龙头企业。通过完善产业导向和发展战略，进一步引进山东转变经济发展方式、调整优化经济结构急需的大型跨国公司和龙头企业，加快产业结构、产品结构升级和集聚配套。三是大力吸引跨国公司总部入驻。要进一步增强发展总部经济的战略意识，制定鼓励跨国公司在山东设立总部或地区总部的规划特别是政策措施。尽快完善跨国公司总部入驻的服务机制，为跨国公司设立总部或地区总部提供用地、外汇及资金管理、人才引进等方面的便利，切实帮助跨国公司总

---

① 范振洪、顾春太：《后危机时期提升山东对外经济竞争力的战略思考》，《综合竞争力》2011年第2期。

部或地区总部解决遇到的困难和问题。四是进一步鼓励跨国公司在山东设立研发中心、物流中心、采购中心、财务管理中心、利润核算中心和培训中心等功能性机构。尽快制定相应的财政政策、税收政策、投融资政策、人才政策，并大力引进国际会计、国际审计、国际营销、国际税务、国际法律事务，以及其他与跨国公司经营和贸易密切相关的专业服务业，促进跨国公司功能性机构的健康发展。①

（六）营造国际化、法治化投资环境

良好的投资环境是一个地方经济活力的重要保障。站在新的历史起点上，我们应进一步转变职能，优化外资发展环境，减少外资发展的障碍和环节，正视营商环境方面存在的突出问题，营造更加良好的国际化、法治化、便利化营商环境。一是建立协同高效的管理体制。各级应积极推行“大部门制”，对行政职能垂直整合、流程再造，打造快速高效的行政管理体系，形成市场监管、社会管理、公共服务、改革和法制等多个职能模块。建立部门间协同机制，省、市之间，不同部门之间要着眼简政放权的统一性和协同性，兼顾整体和个体、上级和下级，及时沟通协调，避免出现权力运行真空和权力运行“梗阻”。省级职能部门要结合权力下放，做好衔接指导、政策解读，帮助基层解决改革后权力运行出现的新矛盾和新问题。对下放的权力不能一放了之，要充分了解权力下放后基层能否“接得住”“办得好”，通过调研提出改进措施和办法。二是进一步扩大利用外资的领域范围。按照十九大提出的“中国开放的大门不会关闭，只会越开越大”的精神和国家统一部署，积极落实《外商投资产业指导目录》，进一步拓展服务业、制造业、采矿业等利用外资领域。推行负面清单管理模式，对市场准入负面清单和外商投资准入特别管理措施以外的行业、领域、业务等，外商投资企业可依法平等进入。积极复制推广自贸试验区改革试点经验，打造山东对外开放新高地。三是建立完善的事中、事后监管机制。加强信息交换：要强化行政审批部门、行业主管部门等之间的信息

① 范振洪、顾春太：《后国际金融危机时期提高山东对外开放水平的重大思路研究》，《经济研究参考》2011 年第 21 期。

实时传递和无障碍交换。区分涉密信息和非涉密信息，依法实施对企业信息在采集、共享、使用等环节的分类管理，依法予以公示。加强风险点监管：通过构建双向告知机制、数据比对机制，把握监管风险点，将证照衔接、监管联动、执法协作等方面的制度措施有机衔接。① 四是加快“互联网+政务服务”平台建设。强化数据信息支撑，不断加大政务信息资源统筹管理力度，对政务服务事项数据进行“全打通、全归集、全共享、全对接”。着力解决信息横向不贯通问题，加快推进统一受理平台与部门业务系统对接，要尽快打通各级自建系统与全省政务服务平台之间的数据壁垒，实现信息共享。

① 《山东省人民政府关于新时期积极利用外资若干措施的通知》，《山东省人民政府公报》，2018年4月30日。

B.15 山东跨境电商发展形势分析及对策建议

陈晓倩 *

摘　要： 山东省高度重视以跨境电商为代表的新业态发展，把培育跨境电商作为加快外贸新旧动能转换，推动外贸转型升级的关键之举，全省跨境电商出口连续三年保持30%以上高速增长。跨境电商正在成为山东省外贸增长的新引擎，产业转型的新平台，对外开放的新窗口。山东省积极通过创新扶持政策，培育壮大主体，坚持规划引领，扩大宣传培训等，提高企业利用“互联网+”手段开拓国际市场的能力，推进跨境电商的快速提升，并以此来带动外贸和经济发展。

关键词： 跨境电商　跨境物流　跨境支付　通关服务

发展跨境电商等贸易新业态是推动外贸高质量发展的重要举措。党的十九大报告明确提出，拓展对外贸易，培育贸易新业态、新模式，推进贸易强国建设。2015 年起，连续 4 年《政府工作报告》均提出促进跨境电商等新业态发展。跨境电商迈入进出口“新业态”，近年来迅猛发展，逐渐成为山东对外贸易发展新引擎。山东将以党的十九大精神为指引，按照全省开放型经济发展大会关于加快发展对外贸易新业态的部署要求，完善服务支撑体系，加大金融扶持力度，畅通物流仓储渠道，注重培育跨境电商品牌建设，树立电商信誉，推动跨境电商发展再上新台阶。

---

* 陈晓倩，博士，山东社会科学院国际经济研究所助理研究员，研究方向：跨境电商、自由贸易港。

一　山东跨境电商发展概况

（一）山东跨境电商发展态势

2017 年山东省跨境电商进出口值为 19.8 亿元，比 2016 年增长 4 倍。韩国成为山东跨境电商出口主要市场，出口值达 10.9 亿元。2018 年以来，山东省外贸发展继续保持稳中向好的态势，质量和效益进一步提高。主要有以下几个特点。从交易规模看，2018 年 1～7 月，山东省跨境电商进出口 16.9 亿元（见图 1），增长 82.1%。其中，出口 9.7 亿元，直购进口 6.3 亿元，分别增长 51.1%、1.2 倍；2018 年开始实施的保税进口模式共实现进口额 8235 万元。从国际市场看，2018 年 1～7 月山东跨境电商主要出口市场中，对韩国出口增长 33.5%，占出口总值的 80.2%，对美国出口增长 1.6 倍、欧盟出口增长 6 倍、俄罗斯出口增长 12.9 倍、加拿大出口增长 3.5 倍；进口市场中，自美国进口增长 1.1 倍，占 60.8%，自日本进口增长 2.9 倍、加拿大进口增长 2.2 倍、澳大利亚进口增长 4.7 倍、欧盟进口增长 5.5 倍、韩国进口增长 2.1 倍。从商品结构看，出口产品结构不断优化，山东跨境电商出口机电产品、文化产品分别增长 78%、1.9 倍，占比分别为 44.3%、10.8%。此外，山东跨境电商玩具出口增长 1.1 倍、鞋类出口增长 1.2 倍、蓄电池出口增长 27 倍。山东跨境电商主要出口口岸为威海（占比 80.1%）、济南（占比 12.4%）、青岛（占比 7.5%）。山东跨境电商主要进口口岸为青岛、济南、烟台，其中青岛占比达 89%。

（二）山东国家级跨境电商综合试验区

2016 年 1 月国务院批准设立中国（青岛）跨境电子商务综合试验区，青岛跨境电商综合试验区全面启动运行，为山东跨境电商发展带来了新机遇。2018 年 7 月，国务院常务会议决定新设一批跨境电商综合试验区，威海成为山东省继青岛之后的又一个跨境电商综合试验区。

1. 跨境电商开辟“新路径”，青岛构建内外贸融合“新格局”

青岛发挥中国跨境电商综合试验区优势，创新跨境电商发展模式，跨境电商、外贸综合服务平台等新业态发展迅速。根据《2017 年青岛市商务发展报告》，青岛市交易规模在全国 13 个综试区中列第五位，实现跨境电商进出口

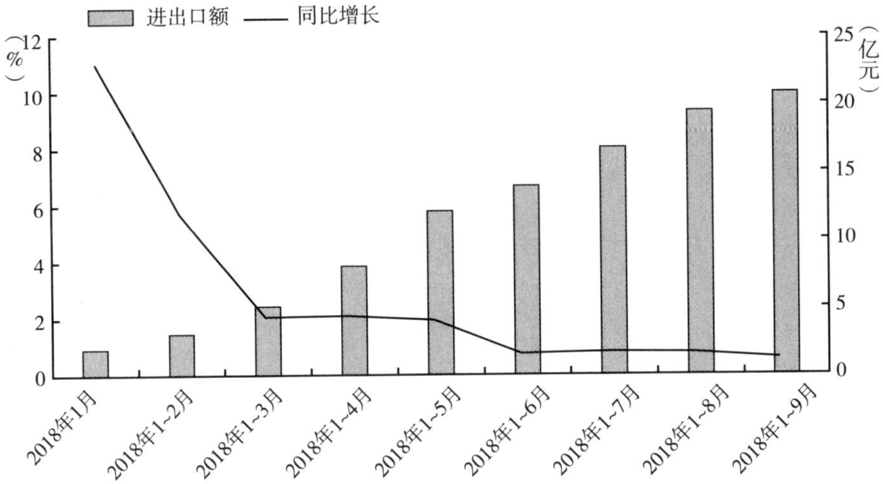

图1　2018 年 1 ~ 9 月山东跨境电商进出口情况

资料来源：山东省商务厅。

242.76 亿元，增长 102.3%，其中，跨境电商出口 185.71 亿元，跨境电商进口 57.05 亿元，分别增长 87.3% 和 164.1%。进口业务比重较 2016 年提高 6 个百分点，跨境电商进出口结构均衡化趋向明显。按业务模式分，跨境电商 B2B 业务规模为 221.23 亿元，占总份额的 91.7%，B2C 业务规模为 20.1 亿元，占总份额的 8.3%，均增长 1 倍以上。青岛市跨境电商当前发展质量持续提升。在优势行业竞争力方面，2017 年，全市跨境电商出口订单数达 4.7 万单。其中，服装、化妆品、宠物食品、保健品等八大优势行业对跨境电商出口的拉动效应显著，订单数均超过 1500 单，合计出口额占出口总额的 55%。在贸易国家方面，借助跨境电商渠道，2017 年青岛市企业的出口贸易伙伴达到 152 个，美国、韩国、俄罗斯、澳大利亚为前四大出口市场，合计占出口总值的 86.6%；进口贸易伙伴达到 77 个，自美国、加拿大、日本、澳大利亚进口合计占进口总值的 96.7%。跨境出口规模超 10 亿元的国家达到 7 个，跨境进口超 5 亿元的国家达到 5 个。“一带一路”沿线国家成为青岛市跨境电商交易新增长点，交易规模达到 110 亿元，占跨境电商进出口总份额的 45%。此外，据不完全统计，2017 年，青岛市有超过 600 家企业借助跨境电商渠道开展业务。值得一提的是，邮政跨境电商产业园、胶州假发跨境电商集聚区入选 2017 年度省级产业集聚区。

2. 聚焦新动能，打造跨境电商威海新模式

威海市发挥区位和生态优势，探索形成"出口产业聚集区+国际自主品牌+跨境电商平台+跨境电商综合服务体系+公共海外仓"具有威海特色的跨境电商发展道路。2017年威海海关共验放跨境电商出口清单265.35万票，同比增长287.3%，货值1.91亿美元，同比增长160.3%。一是打造跨境电商出口集聚区。创新培育具有"集货集发+采购供货+代采代发"特色的跨境电商零售出口综合服务园区，建设跨境电商出口集拼中心，为境外知名跨境电商平台上的国内外经营者提供采购、验货、仓储、包装、通关、国际物流、境外派送、退换货、退税等全流程综合服务及融资服务，吸引跨境电子出口企业集聚。二是培育跨境电商出口和进口品牌。推动有境外销售渠道资源的跨境电商出口企业加大与服装、家纺、海洋食品、渔具、五金工具优质制造商、供应商的合作，共同创建国际自主品牌。推动掌握国内销售渠道的跨境电商进口企业注册境内外自有品牌，通过在境外投资建厂或委托生产，进口自有品牌产品，推动进口企业向供应链高端发展。三是搭建跨境电商平台。重点培育"威韩购""大韩家""懒猫购"等第三方跨境电商交易平台。其中，"大韩家"设立了线下体验中心，是山东省首家O2O保税直购体验中心。四是发展跨境电商综合服务体系。目前已形成集外贸综合服务企业、跨境电商综合服务平台、跨境电商物流服务供应商、国际货运代理的全方位跨境电商综合服务体系。探索在主要出口产业聚集区、重点商品交易市场发展代采购、摄影、代运营、创意、推广、培训等跨境电商产业相关专业配套服务业，做长跨境电商产业链。五是多点布局跨境电商公共海外仓。鼓励跨境电商公共海外仓运营企业运用云计算、物联网、大数据等技术，构建互联互通、衔接顺畅、优质高效的物流运营服务体系。发展"口岸仓+海外仓"新模式，将威海的口岸仓和日韩的海外仓打造成为中国产品进军国际市场的中转仓。目前，全市企业共有跨境电商公共海外仓12个，其中6个省级跨境电商公共海外仓全年营业额超过5000万美元。

（三）山东省级跨境电商综合试验区

2016年，山东省人民政府发布了《关于同意在济南等5个城市设立省级跨境电子商务综合试验区的批复》，为更好地发挥引领和示范作用，在济南市、烟台市、潍坊市、威海市、日照市等5个城市设立省级跨境电商综合试验

区，这标志着省级综合试验区建设工作全面启动。

济南市创新举措力促对外贸易便利化。① 一是创新设立“银关保”通关模式，让企业不再愁“钱途”。自主创设新型担保模式“银关保”，构建新型担保链条“企业申请—保险承保—银行授信—海关受理”，每票平均通关时间由原来的20多个小时缩减到5分钟；以500万保函为例，相比传统担保模式，每年可直接为企业节省成本26万元。二是电子口岸“单一窗口”申报，企业便利也省钱。通过“单一窗口”进行申报，平均每单申报时间由15分钟缩短为5分钟。无须再依赖第三方提供的申报客户端服务，预计企业申报成本每年可节省100多万元。三是跨境电商优质服务，企业通向国际市场更便利。济南综保区建成仓储面积达2600平方米的跨境电商监管中心，基本实现“清单核放、汇总申报”方式办理跨境电商一般出口报关手续，目前已入驻企业50余家；济南机场4000平方米国际邮件综合处理中心开通运营，山东邮政速递综合服务平台实现一次申报、一次查验、一次放行。2018年1～6月，30万件跨境电商出口邮件通过邮政速递平台“9610”申报，出口申报金额7402万元；秦工国际集团精心打造的全国首家M2B跨境电商综合服务平台已入驻厂家16000多家，推广产品200多万件，覆盖180多个国家和地区，所有产品均可查、可信、可追溯。

烟台市做强三大平台推动跨境电商快速发展。一是做强园区平台。围绕省级跨境电商综试区建设，加快复制推广杭州、青岛等试点经验，启动中韩跨境电商产业园建设，开发区、保税港区、高新区、牟平等先期园区进展顺利，并作为综试区线下园区承载综试区产业聚集和改革创新功能。持续推进烟台市级跨境电商产业园建设，4万平方米的“互联网+外贸”大厦和跨境电商O2O体验中心运营良好。二是做强企业平台。积极与阿里、敦煌网等平台对接，市电商产业园与阿里国际站合作建设跨境电商孵化器，成功引进中煤集团等跨境电商企业，谷歌体验中心加快建设。鼎真电商建设的跨境电商孵化基地，已入驻跨境电商小微企业114家。目前，全市在阿里、敦煌网等跨境电商平台注册企业3630多家。三是做强服务平台。启动烟台市中韩跨境电商公共服务平台，已发展合作企业270多家。市电子商务产业园、蓬莱空港物流园区等6个跨境

① 《济南等5市获批省级跨境电子商务综合试验区》，http://www.sdcom.gov.cn/public/html/news/385010.html。

电商监管现场建设完毕。积极开展跨境电商人才培训，配套建设4000平方米的跨境电商培训基地开展实操培训，已完成970人次岗前培训。2018年1~10月，全市实现跨境电商交易额158.3亿元，同比增长18.2%。

潍坊市跨境电商不断探索相关政策体系和管理制度，推广杭州模式，创建“单一窗口”综合监管服务平台，通过创新模式为外贸的发展提供新的营销渠道。建设功能信息于一体的综合服务平台，统一信息数据的标准规范，实现“集中申报、集中办事、集中查询”及信息资源共享。建设线下“综合支撑”平台。重点打造农产品服务中心、保税产业园、山东（潍坊）跨境电商总部基地，为全市跨境电商发展提供基础支撑。构建“四区”格局以综合保税区为主阵地，建设综合平台、园区和信息中心，形成功能设施完善、企业聚集、辐射作用明显的核心功能区。以潍坊市电商产业园、孵化器、坊子区产业园等为依托，整合全市外贸资源，推动产业群发展、加强品牌建设、引进和培养跨境电商人才。在诸城、寿光等县市区打造周边跨境电商环带，扶持青岛保税港区诸城功能区保税物流中心、阿里巴巴诸城产业带、寿光软件园、昌邑跨境电商孵化产业园，打造跨境电商周边辐射区，推动优势特色产业，打造特色跨境电商。构建跨境贸易在“一带一路”沿线的布局，建设海外营销中心和海外仓。完善传统外贸互联网化建设。培育“一达通”平台、“一拍档”等企业，实现全流程一体化服务。鼓励中小微企业发展物联网，培育新型的商业模式。建设农副产品的国际冷链物流和交易结算中心的跨境电商服务平台。搭建跨境金融服务体系，鼓励第三方支付机构办理跨境外汇支付、结售汇业务。建立跨境信用认证评价体系，探索农副产品通关新模式。构建安全风险预警防控体系。健全六大机制。健全组织领导机制，加强综试区建设的组织领导和统筹协调，形成推进综试区发展的强大合力。形成责任落实机制，将任务进行细化、分解，落实到海关、检验检疫等有关部门。改善政策促进机制，引导金融行业、社会资源参与综试区建设，为综试区发展提供政策和资金支持。完善行业自律机制，营造跨境电商良好的营商环境。建立统计监测机制，建立完善跨境电商进出口统计监测体系。落实督查评估机制，形成科学高效的绩效评价机制。①

---

① 《山东潍坊市全面启动跨境电商综试区建设》，http://www.ebrun.com/20170123/212228.shtml。

日照市“三强化”助推跨境电商高质量发展。一是强化外贸新业态培育。实施“跨境电商进千企工程”，引导企业发展“特色产业集群+国际自主品牌+跨境电商+综合服务企业+境外营销网络”五位一体新模式，支持中大体育、捷杰工具等出口企业在日韩、美欧等目标市场建设公共海外仓，带动更多中小微企业出口。目前，全市已培育省级外贸新业态项目3个、市级7个。二是强化跨境电商平台建设。充分发挥综合保税区政策优势，以骨干企业为主体加快建设日照跨境电商产业园，目前产业园已开工建设，正积极推进海关特殊监管场所及国际快件资质审批。积极帮助企业争取外贸转型升级资金，目前110万元市级外贸转型升级扶持资金已拨付到位。三是强化人才队伍培养。推广迪尚集团发展经验，着力培育一批领军企业和特色服务出口基地。加快建设日照跨境电商孵化基地、实训基地、综合试验区创新创业基地等在建项目。与山东外贸职业学院联合开展“跨境电商进万企”巡讲活动，突出抓好跨境电商知识辅导、实战培训。目前，全市已培训300余人次。① 2018年1~9月，全市85家跨境电商企业实现进出口额1.8亿元，同比增长20.3%。

二　山东跨境电商发展面临的经济形势

（一）全球跨境电商发展形势展望

1. 全球跨境电商行业概述

近年来，创新战略成为世界各国的共同需求。在全球经济一体化、互联网信息技术的普及、经济疲软等多种因素综合作用下，跨境电商顺应而生。跨境电商增速显著，在全球范围内快速扩张起来。电子商务缩短了国家间、个体间的时间与空间距离，刺激了国际市场的开发。② 从全球市场看，北美、西欧等老牌经济发达地区属于成熟的跨境电商市场区域。

---

① 《日照市“三强化”助推跨境电商高质量发展》，http：//www.sdcom.gov.cn/public/html/news/417715.html。

② 《世界经济2018年形势和2019年展望》，http：//www.sohu.com/a/275282475_692693。

Forrester 预测 2022 年跨境购物将占到电商份额的 20%，销售额达 6270 亿美元。未来四年中，跨境电商的增长将超过国内电商的增长。具体而言，在中国的推动下，亚太地区将成为最大的进出口电商跨境地区。中国电商卖家将继续向海外在线买家销售更多产品。随着跨境电商的持续增长，企业不能再采用“一刀切”的策略。个性化买家体验的技术和流程是公司必须关注的在做出购买决定时跨境买家“需求”的关键领域。尽管购物体验可以使电商卖家脱颖而出并享有竞争优势，但信任和商业诚信对希望与跨境买家打交道的公司而言必不可少。跨境电商在全球逐渐升温。尽管商品配送时间较长且物流配送成本较高，但超过 70% 的现有跨境买家可能或非常可能再次购买。跨境网购可使消费者找到可以信任的卖家以及更便宜、其国内市场上没有的商品。跨境买家再次购买的前三大驱动因素包括产品价格、产品质量和运输价格。跨境买家非常重视卖家的商业诚信。虽然消费者对海外购物表现出越来越大的兴趣，但鉴于跨境采购比国内采购更加复杂、风险更高，他们非常重视海外卖家的商业诚信。商业诚信对近 90% 的跨境线上买家的购物决策起到重要或非常重要的作用。产品质量和耐用性、交付中缺失的物品、收到损坏的物品是买家关注的三大商业诚信问题。

2. 跨境电商在全球逐渐升温

市场规模持续稳步增长，新兴市场快速崛起。随着地域局限的不断消除，消费者选择跨境电商购买所需商品。预计到 2022 年，20% 的电商销售额将由跨境销售占领，40% 的网上买家将定期跨境购物。根据 Forrester 的数据，在针对跨境网上买家的调查中发现：越南（83%）、印度尼西亚（89%）和澳大利亚（79%）的消费者从跨境线上卖家处再次购买占比最大。总体而言，73% 的消费者可能或很可能再次进行跨境网上购物。以印度尼西亚（44%）、印度（42%）和泰国（37%）为首的海外买家将更多选择中国卖家。一半的海外买家将继续选择中国卖家，另外 27% 的消费者将适度或显著增加花费。产品价格、质量和运输价格是再次购买的主要驱动因素。分别有 63%、43% 和 39% 的受访跨境网上买家认为这三个因素有助于推动再次购买。除越南外，所有调查的国家和地区的消费者都表示产品价格是最重要的因素；越南受访者将产品质量和耐用性放在首位。

3. 卖家诚信是买家的首要关注点

不断增长的跨境购物兴趣导致了更高的购物需求。跨境买家重视在线五大类别（诚信、产品、服务、交易和网站功能）的购物体验。根据 Forrester 的数据，虽然每个因素的重要性总体评分为 3.95/5.00。消费者跨境购买关心的重点是卖家的商业诚信。对于在线跨境购物而言，88% 的买家认为商业诚信起重要或非常重要的决定作用。最关注的前三项问题包括：一是产品质量是否准确描述；二是商品显示送达，买家未收到；三是到货时商品损坏。跨境卖家要赢得买家的信任应将这些因素放在首位。泰国、马来西亚和新加坡的消费者最关注诚信问题。这三个市场中超过 90% 的跨境买家认为，商业诚信是他们在线跨境购物决策中的重要或非常重要的因素。如果跨境卖家的目标为这三个东南亚国家的消费者，则应该充分展现其商业诚信。

从中国卖家购买产品时诚信因素也非常重要。中国是最受全球跨境买家青睐的国家之一。从中国卖家购买产品时，消费者看重或非常看重的六大因素中有三个与诚信有关。中国卖家要获得跨境买家的信任应该关注产品描述的一致性、成本的透明性，以及交易信息的安全性。缺乏信任标志和客户评论可能会对一些跨境买家造成决定性影响。全球大约有 300 个电商信任标志正在使用中。一半的消费者没有购买商品，仅仅是因为缺少信任标志。对于跨境卖家来说，提供评级和评论更为重要，因为 60% 的买家声称他们没有购买商品，原因在于品牌网站和应用缺少顾客评论。

4. 买家期待在购物之旅中获得顺畅的体验和全面的支持

除关注商业诚信之外，不同购买阶段的买家需求更应受到跨境卖家的关注。在线跨境购物功能和客户服务，对买家在购买之前、购买期间和购买之后都很重要。通过 Forrester 的数据发现，超过三分之一的跨境买家认为购买之前，运费、产品描述以及评分和评论这三个因素很有用，是对购物最有帮助的。在线描述与实际产品的一致性在泰国的消费者中排名第二位；真实性保证在印度尼西亚排名第一位，越南第二位，泰国第三位；运输和交货时间在澳大利亚和美国排名第二位。购买前了解清楚产品和运输信息非常重要。总成本、付款选项和交付选项的透明度在购买期间最有帮助。对 56% 的消费者来说运费、搬运费和适用税金等，在结账前显示是最有帮助的因素，跨境销售商必须透明所有费用。提供付款和交付选项同样能改善消费者在购买时的体验，因为它们是下一个最有帮助的因素。送货跟踪、订单确认和售后信息在购买之后最有帮助。近四分之三的跨境电商买家认为商家应该提供交付跟踪功能，这对售后最有用，其次是订单确认、售后信息和订单管理。一般而言，有助于保证产品顺利交付的因素对跨境买家非常重要。

（二）中国跨境电商整体概况

1. 中国跨境电商行业概述

政策支持跨境电商快速发展。2018 年 7 月 13 日，国务院再设 22 个跨境电商综合试验区，促进外贸稳定发展，提高国际竞争力。综试区从试点到普惠，足以说明国家政策对跨境电商行业的利好持续。延续和完善跨境电商零售进口政策并扩大适用范围，扩大开放以更大激发消费潜力，2019 年 1 月 1 日起，延续实施跨境电商零售进口现行监管政策，按个人自用进境物品监管等。2018 年 1 ~ 6 月，进口跨境电商纷纷尝试向线下实体业务发展。众多进口跨境电商企业看好在线下实体的发展潜力，期望占得发展的先机。出口电商升温倒逼“中国制造”转型升级。中国制造业在成本上具有较大优势，出口电商是中国当前主体，同时，出口电商行业的快速发展，也得益于“一带一路”倡议及资本市场的推动，目前越来越多的传统外贸企业加大触网力度，促进“中国制造”借助互联网的方式，实现更好的转型升级，出口电商能够帮助中国制造业更加便捷地拓展国际化市场。

2. 跨境电商交易规模

据中国电商研究中心数据，2018 年 1 ~ 6 月，中国跨境电商交易规模为 4.5 万亿元，同比增长 25%。政策持续加持红利。7 月国务院再设 22 个跨境电商综试区，政策持续加持促进行业发展，跨境电商成为外贸新增长点。庞大市场驱动发展，跨境电商存在巨大的市场机遇。近年来，进口电商方面，在国内消费升级的背景下，市场需求促使跨境电商得到发展。出口电商方面，欧美等发达国家及地区更多网购用户的持续增加导致需求增长。随着网购用户的增加，更多传统外贸企业将跨境电商作为主要的销售渠道，庞大的市场驱动不断推动跨境电商快速发展。

3. 跨境电商进出口结构

中国电子商务研究中心监测数据显示，2018 年 1 ~6 月，中国跨境电商的进出口结构上出口占比达到 77.1%，进口比例为 22.9%。跨境进出口呈现飞速发展态势，随着国内消费升级，跨境进口的需求更为迫切。在跨境电商进出口结构上，“海淘族”迅速壮大，进口电商的比例正快速扩张起来。国内消费者对海外优质商品需求的强劲增长，促使跨境电商增速显著。出口电商方面，除竞争激烈的欧美老牌经济发达地区之外，“一带一路”线路重要节点市场成为出口卖家一直在寻找的新市场机会。而出口龙头企业已经逐渐重视品牌化建设，满足定制化需求，孵化一批自有品牌产品，并在海外市场成为新的“爆款”。

4. 跨境电商交易模式结构

据中国电商研究中心数据，跨境 B2B 模式依然是占据主导地位的模式，跨境 B2B 所需要的服务门类众多、产业链条长，包括营销、支付、供应链金融、关检税汇、物流仓储、法律等各种服务。2018 年 1 ~6 月，中国跨境电商的交易模式中跨境电商 B2B 交易占比达 84.6%，跨境电商 B2C 交易占比达 15.4%。从国家政策及各地方跨境电商政策来看，B2B 模式是未来跨境电商发展的重要商业模式。B2C 模式最近几年一直保持较高速度增长，出口 B2C 发展时间短，目前正处于跑马圈地阶段，规模增速较快。资本助力有望使得出口 B2C 维持高增速，发展空间巨大。进口跨境电商市场需求更大，强大的内需还远未被满足。

三　跨境电商存在的问题

（一）跨境物流一直被产业所诟病

当前，山东省跨境电商交易类型包括大规模标准产品、中低端产品、高价值产品以及定制化产品，不同的产品种类对物流服务有不同的服务要求，比如，大规模标准产品、中低端产品主要通过经济型物流服务将产品交付给个人买家；而高价值产品一般采用高端型物流方式交付给买家。除此之外，还包括定制化产品，消费终端将产品原材料的采购、设计和生产制造环节交由跨境电商负责，一般这类产品需要全供应链服务（SCM）[①]，而全供应链服务将成为未来跨境物流服务的主流模式。

此外，山东省跨境进出口电商的多元化运营，需求高质量物流服务。跨境电商进出口发展阶段不同，所呈现的趋势也不同，随着更多传统外贸企业开展跨境电商，以及海外仓等仓储物流方式的变化，出口跨境电商产品品类也愈加丰富，将从标准品、易配送向非标准品等品类扩张，要求物流服务要满足出口跨境电商在产品品类方面的要求；而跨境进口电商的发展逐渐阳光化，运作模式多样化，同时消费体验提升，传统贸易和灰色物品转向阳光跨境，市场潜力巨大，有利于重塑产业链生态。跨境进口电商在物流服务方面已逐渐将传统的灰色物品物流转为阳光化物流，在产品品类和物流定制化方面的需求迎来爆棚式增长。因此，跨境进出口不同的发展状态对物流服务也提出了多样性的要求[②]，需要构建与跨境进出口多样性物流服务需求相适应的多元化物流服务体系。

消费者对跨境购物的需求不断增加且呈多样化趋势，进而衍生出新兴的物流增值服务。电子商务环境下，消费者的消费个性得到最大化的展现，比如顾客希望以最快的速度将产品送达而对物流服务价格不敏感，有些顾客以最低的物流成本为原则来决定物流方式，而有的客户追求物流时间和成本的平衡，希望以最低的成本将产品最快送达，消费者对于物流服务的多样化需求要求物流服务提供商要整合多种物流服务功能，实现物流服务多元化和综合化。

（二）跨境电商平台建设滞后

从发展状况看，山东跨境电商平台建设相对落后于杭州、上海、广州等第一批跨境电商试点城市。虽然，目前省内已有多家服务平台，但政府诸多服务功能尚不能在这些平台实现对接落地，而且平台未能形成统一规划模式。从跨境电商运行实践来看，跨境电商交易平台的监管增加了外汇收支管理和监测的

---

① 龚榆桐、李超建：《中国跨境电商支付平台发展现状、问题及应对策略》，《对外经贸实务》2018年第11期。

② 邬佳伟、韩曙东：《多元化运营模式下跨境电商物流服务体系构建》，《商业经济研究》2018年第22期。

难度。一是跨境电商通过非正常渠道收付汇，操作中难以按规定实现收付汇。[①] 因物品数据不纳入海关统计，则跨境电商不能在银行办理货物贸易收付汇，[②] 同时，跨境支付平台所面临的费率、安全性、支付效率、退单等一些问题也亟待解决。二是监管外汇收支主体一致的原则受到冲击，交易链上涉及的主体众多，"谁出口谁收汇、谁进口谁付汇"监管原则面临挑战。三是监管数据获取不全。货物流方面，电商商品未纳入海关货物统计。资金流方面，国际收支交易编码仅有"122030 未纳入海关统计的网络购物"。四是跨境电商具有大数据特征。首先，跨境电商交易数据量大，数据信息呈爆发式增长。其次，交易数据多样，数据来源广泛。最后，跨境电商数据复杂关联，数据价值提取难度高。[③]

（三）跨境电商人才培养机制落后

目前，上海、广州等国内一线城市凭借其良好的发展条件吸引了大量跨境电商人才聚集，相比之下，山东省跨境电商人才比较稀缺，制约着跨境电商的发展壮大。对跨境电商人才的要求较高，除需熟悉专业知识外，还要了解国际贸易知识，也要熟知商品输入国的语言、文化、法律、消费者习惯等。从事跨境电商的复合型与交叉型人才非常紧缺。跨境电子商务人才协同缺失不仅体现在整体数量上，也体现在质量上，既缺乏高端人才，也缺少基础从业人员，更缺乏引领跨境电商发展的战略性人才和领军人物。目前，跨境电商企业对中级人才需求最大，远超于高级层次人才。跨境电商业务培养一名合格的从业人员的成本较高。经常外聘合适的从业人员，导致地区间、企业间相互挖人的情况普遍。员工队伍较难保持稳定，人员流动性大。

此外，山东高校跨境电商人才培养与企业需求脱节。虽高校开设国际贸易、电子商务等相关专业，但企业普遍反映毕业生存在解决问题的能力不强、专业知识不扎实、视野不够宽等问题。跨境电商存在国家差异，进而导致了协

---

① 李海波：《区块链视角下我国跨境电商问题解决对策》，《中国流通经济》2018 年第 11 期，https：//doi. org/10. 14089/j. cnki. cn11 －3664/f. 2018. 11. 005。

② 唐力维：《跨境电商交易发展现状及外汇管理政策探析——以成都跨境电商发展为例》，《西南金融》2017 年第 12 期。

③ 郁宇：《谈我国跨境电商的模式与创新路径》，《商业经济研究》2018 年第 22 期。

同缺失问题。国家间技术水平参差不齐，成为跨境电商发展障碍。同时，不同国家在商品检验与清关上也存在协同问题，在跨境电子商务在线沟通与交流中，语言存在一定的即时性，不同国家也存在使用习惯的差别，而从业人员的综合素质缺乏，造成解决问题能力和实际操作能力有限，与企业业务发展和管理需求不匹配。

四　对策建议

（一）完善管理制度，提升通关效率

加强口岸通关和运输国际合作。推动与相关国家在技术标准、数据交换等方面开展合作。支持和指导企业取得 AEO 认证。降低进出口环节合规成本，实施联网核查。拓宽监督渠道，由跨境电商企业、媒体、纪检委共同监督。加大知识产权保护力度。将互联网相关的数字产品纳入保护范围内，提高政府对其保护标准，与世界接轨，对违反知识产权保护法的行为给予严厉的惩处。清理规范口岸经营服务性收费，严格执行规定标准，不得违规加收其他费用。依法查处各类违法违规收费行为。鼓励竞争，推动降低经营服务性收费。建立价格、交通、口岸管理、查验等单位监督管理协作机制。制定并公开通关流程及吊箱移位、掏箱等作业时限标准，为企业合理安排生产、制订运输计划提供便利。

提高查验准备工作效率。进境运输工具到港前，口岸查验单位对申报的电子数据实施在线审核并及时向车站、码头及船舶代理反馈。通过港口电子数据交换（EDI）中心等信息平台推送查验通知，增强通关时效的可预期性。加快发展多式联运。加快建设多式联运公共信息平台，为企业提供信用评价等一站式综合信息服务。加强交通运输、海关、市场监管等部门间信息开放共享，推动外贸集装箱货物在途等铁水联运物流信息交换共享。创新边境口岸通关管理模式。推动工作制度和模式协调，支持创新通关管理模式。在口岸推广客、货车“一站式”通关模式，实施更便利的通关措施。

（二）优化口岸营商环境，促进跨境贸易便利化

完善跨境物流体系。建立多功能于一体的跨境电商海外运营中心，鼓励企

业建设出口集货仓和海外联合仓，实现服务链条完整化。着力构建以空港口岸为核心①，跨行业智慧物流平台，提供储、集、送等跨境物流服务。推动跨境电商结汇业务，优化支付结算方式。积极争取为跨境电商企业收结汇提供更多便利服务。完善在线金融服务体系，为推动跨境电商加快发展提供保障，提升跨境电商在线支付的安全性。通过创新制度、管理、服务，积极推进外贸综合服务企业试点工作，创造良好的营商环境，构建服务企业认证体系，培育服务示范企业，为跨境电商企业提供综合服务，促进跨境电商健康发展。企业层面加强信息化建设，提升服务质量。对于出口企业而言，应不断优化产品结构，改进产品质量；对于进口企业而言，应在全球采购商品或原材料，优化产品生产；对于跨境电商平台而言，应打造自身品牌，提升服务质量和服务效率，改进售后服务质量，减少网上争端等。

（三）“互联网＋”背景下跨境电商人才培养策略

实施人才发展规划，围绕“互联网＋”发展需求，加快培养引进复合型人才。加强高校与企业合作，建立“互联网＋”企业实训基地，培育专业技术和职业技能人才。完善部属高校学科专业建设体系，引导部属高校建设“慕课平台”。一是鼓励采用购买服务的方式，支持研究机构开展“互联网＋”相关培训。鼓励建立信息咨询合作机制，加强企业人员的技能培训。二是面向“互联网＋”融合发展需求，培养复合型人才。注重将国内外前沿研究成果尽快引入相关专业教学中。加强“互联网＋”领域实验教学。三是鼓励校企、院企合作办学。深化互联网领域产教融合，建立一批联合实训基地。鼓励企业在院校建立“互联网＋”实验中心。四是利用全球智力资源。引进“互联网＋”领域人才，构建公平合理的激励机制。为引进海外人才提供有利条件。支持通过学术交流等方式，做好跨境电商人才培养，打造专业的人才团队。

（四）推进中韩跨境电商率先发展

在推进跨境电商发展的过程中，国内一些省份均以传统的区位和贸易优势，在重点区域或领域争取率先突破，如广州充分发挥其海上丝绸之路枢纽的

① 《优化口岸营商环境促进跨境贸易便利化工作方案》（国发〔2018〕37号）。

战略作用，打造了海上丝绸之路电商平台，而福建依托地缘优势加速发展对台电商合作。山东应发挥对韩国经贸合作的地理区位优势和基础优势，以发展韩国跨境电商为切入点和突破口，打造山东和韩国经贸合作的新增长点。一是推动模式创新，把握威海中韩自贸区地方经济合作示范区建立的机遇，充分发挥山东在中韩经贸中的地理区位与经贸往来优势，支持企业开展对韩国跨境电商进口模式创新，积极完善中韩跨境电商直购进口业务，扩大日用消费品进口，引导境外消费回流。二是构建完善的物流通道。借助中韩自贸区争取开通韩国仁川、平泽铁路轮渡航线和中韩海陆货物联运通道，利用仁川国际航空中转港，进一步完善中韩海运邮路、海运快件电商通道。承接中韩两国电商企业在山东开展商品展示、物流配送、商品营销、促进韩国商品在山东集聚、分发，着力形成韩国电商货物集散中心。打造中韩进出口岸快捷、联通的黄金通道。三是完善配套服务。建立两地电商认证体系、网上支付体系和物流配送体系，开发中韩电商在线支付平台，引导更多有实力的企业通过租用、独立运行、自荐等方式到韩国建立跨境电商公共海外仓，以青岛、烟台、威海三市为主体，联合打造中韩跨境电商运营中心、中韩跨境电商物流中心、中韩电商企业孵化中心和跨境电商人才培育中心。

典型分析篇

Typical Analysis

B.16

青岛：建设创新型国际城市发展策略

金　花*

摘　要： 创新型国际城市建设是优化城市经济结构，提升城市竞争力，实现城市可持续发展的客观选择。青岛市在创新型国际城市建设进程中虽取得骄人业绩，但也存在诸如进一步提升城市开放度的难度明显增加、国际性的创新成果积蓄不多等问题，究其原因，突出表现在开放意识外强内弱、区位优势尚未充分体现、考核机制尚未建立等。鉴于此，本文在积极借鉴国内外发达城市建设经验的基础上，提出对策。一是深度融入世界创新城市发展平台，重塑青岛城市国际地位。二是科学制定创新型国际城市规划，促进青岛产城融合发展。三是扎实推进国际化城市功能建设，提升青岛国际城市承载力。四是增强创新型国际城市的创新能力，提升青岛创新发展内生动力。五是完善创新型国际城市的人才机制，提升青岛创新发展生命力。

* 金花，博士，中共青岛市委党校经济学教研部副主任，教授，研究方向：产业经济。

关键词： 青岛　创新型国际城市　创新着力点

城市在突破外部地域性扩张限制后，进入了内生性与地域性并行期，创新成为城市内生性发展的重要方式之一。2006 年，在全国科技大会上提出自主创新、建设创新型国家战略以来，先后颁布了《国家中长期科学和技术发展规划纲要（2006—2020 年）》《“十三五”国家社会发展科技创新规划》《关于进一步推进创新型城市试点工作的指导意见》等政策文件，特别是习近平总书记在十九大报告中提出，加快建设创新型国家。要瞄准世界科技前沿，强化基础研究，实现前瞻性基础研究、引领性原创成果重大突破。创新已经成为城市经济发展重要的内在动力和决定性因素。历史表明，任何一个国际城市的产生都经历了不断创新，但是这种创新不仅仅是科技创新，更是更广泛的发展创新。创新是青岛城市发展的核心动力之一。改革开放以来，青岛市始终秉承开放、创新发展思路，积极推进国际化发展，特别是青岛市第十二次党代会明确提出，把青岛建设成为宜居幸福创新型国际城市的发展目标。在当前国际发展环境复杂多变背景下、在经济新常态环境中如何践行创新发展之路、实现既定目标，对青岛城市发展具有重要的战略意义。

一　青岛建设创新型国际城市的现实基础与实现条件分析

当前，创新型城市建设是优化城市经济结构，提升城市竞争力，实现城市可持续发展的客观选择。青岛市在创新型国际城市建设进程中，积极贯彻落实国家战略，取得骄人业绩，为创新型国际城市建设奠定了良好的发展基础。

（一）青岛建设创新型国际城市的现实基础

1. 创新型国际城市建设前提：创造力

创新是一座城市发展的内生动力。从创新供给角度看，创造力培养的输出端在于教育，如高等教育、职业教育以及终身教育等。截至 2018 年 11 月，青岛市共签约引进高校 32 所，其中已运行 16 所，正在推进 16 所，已形成了中科院海洋学院、哈尔滨工程大学青岛校区和海大的青岛西海岸新区，吸引山大青岛校区和北航科教城的蓝色硅谷，齐聚中医药大学和康复大学的红岛，以三足鼎立之势，成为青岛城市发展的未来引擎。同时，与美国等8个国家开展中外合作办学，在加拿大等多个国家建立培训基地。但对比“十二五”末全国副省级城市情况看，青岛市创造力的供给能力优势并不突出，在全国排位前200名高校拥有量与大连并列第8位（见表1），全国排位前100名民办高校数量与广州并列第8位（见表2）。

表1　全国排位前200名高校在副省级城市分布情况

序号	城市名称	高校名称及排位	高校数量
1	广　州	中山大学12、华南理工大学27、华南师范大学64、暨南大学69、华南农业大学83、南方医科大学117、广东外语外贸大学151、广州大学155、广东工业大学161、广州中医药大学193	10
2	深　圳	深圳大学76	1
3	南　京	南京大学7、东南大学22、南京农业大学39、河海大学44、南京师范大学46、南京理工大学48、南京航空航天大学53、南京工业大学96、中国药科大学122、南京邮电大学129、南京医科大学130、南京林业大学160、南京信息工程大学164、南京中医药大学191	14
4	武　汉	武汉大学3、华中科技大学10、华中师范大学36、武汉理工大学43、华中农业大学45、中南财经政法大学74、中国地质大学76、湖北大学133、武汉科技大学136、中南民族大学175	10
5	沈　阳	东北大学25、辽宁大学113、中国医科大学146、沈阳农业大学182	4
6	西　安	西安交通大学16、西北工业大学32、长安大学42、西安电子科技大学49、西北大学54、陕西师范大学67、西安建筑科技大学139、西安理工大学163	8
7	成　都	四川大学11、电子科技大学29、西南交通大学41、西南财经大学80、成都理工大学166、四川师范大学187、中南石油大学191	7
8	济　南	山东大学20、山东师范大学108、济南大学174	3
9	杭　州	浙江大学5、浙江工业大学87、杭州电子科技大学98、浙江工商大学124、杭州师范大学151、浙江理工大学156、中国计量大学187	7
10	哈尔滨	哈尔滨工业大学18、哈尔滨工程大学63、东北林业大学101、黑龙江大学104、哈尔滨医科大学127、东北农业大学145、哈尔滨理工大学183、哈尔滨师范大学193	8
11	长　春	吉林大学9、东北师范大学38、长春理工大学171	3

续表

序号	城市名称	高校名称及排位	高校数量
12	大　连	大连理工大学26、大连海事大学112、东北财经大学117、大连大学193、辽宁师范大学199	5
13	青　岛	中国海洋大学50、中国石油大学(华东)91、青岛大学119、山东科技大学159、青岛科技大学175	5
14	厦　门	厦门大学21	1
15	宁　波	宁波大学104	1

表2　全国排位前100名民办高校在副省级城市分布情况

序号	城市名称	民办高校名称及排位	高校数量
1	广　州	广州商学院50、广东白云学院64、广东培正学院66	3
2	深　圳	香港中文大学(未给出排位)	1
3	南　京	三江学院38	1
4	武　汉	武汉首义学院1、文化学院2、武汉工商学院15、武昌理工学院22、武汉东湖学院23、武汉学院24、汉口学院32、武汉华夏理工学院38、武汉工程科技学院44、武汉传媒学院52、武汉生物工程学院53、武汉晴川学院62、武昌工学院70、湖北商贸学院91	14
5	沈　阳	沈阳工学院48、辽宁何氏医学院79、沈阳城市建设学院97、沈阳城市学院99	4
6	西　安	西安欧亚学院4、西安外事学院9、西京学院17、西安翻译学院18、西安培华学院31、西安思源学院58	6
7	成　都	四川工商学院37、四川传媒学院44、成都文理学院69、成都东软学院98	4
8	济　南	山东英才学院3、山东协和学院6	2
9	杭　州	浙江树人学院48	1
10	哈尔滨	黑龙江东方学院27、黑龙江外国语学院29、黑龙江财经学院72、哈尔滨石油学院85、黑龙江工商学院89、哈尔滨华德学院92、哈尔滨剑桥学院94	7
11	长　春	吉林华侨外国语学院6、长春财经学院43、长春建筑学院50、吉林动画学院61、长春光华学院64、长春科技学院90	6
12	大　连	大连东软信息学院30、辽宁对外经贸学院34、大连艺术学院76、大连科技学院87	4

续表

序号	城市名称	民办高校名称及排位	高校数量
13	青　岛	青岛滨海学院35、青岛工学院80、青岛黄海学院94	3
14	厦　门	厦门工学院110	1
15	宁　波	宁波大红鹰学院20、宁波诺丁汉大学(未给出排位)	2

资料来源：艾瑞深中国校友会网①发布的《2017中国大学评价研究报告》。

2. 创新型国际城市建设重点：创新环境

创新能力强弱不仅仅取决于资金、人才等资源投入，更取决于城市的创新生态环境。《中国创新城市评价报告2018》数据显示，在副省级城市中，青岛创新指数排名第11位（见表3），青岛市创新环境明显处于劣势。

表3　全国副省级城市科技创新指数排名

序号	城市名称	创新指数及排名		所在省份科技创新水平指数		
		创新指数	排名	省份	综合科技创新水平指数	排名
1	广　州	59.69	3	广东省	79.47	1
2	深　圳	77.83	1	广东省	79.47	1
3	南　京	66.28	2	江苏省	77.13	3
4	武　汉	54.78	7	湖北省	67.44	6
5	沈　阳	43.69	13	辽宁省	60.55	12
6	西　安	58.55	5	陕西省	66.58	7
7	成　都	49.07	8	四川省	62.47	10
8	济　南	45.93	10	山东省	65.71	8
9	杭　州	59.56	4	浙江省	74.26	4
10	哈尔滨	36.23	15	黑龙江省	56.05	14
11	长　春	38.93	14	吉林省	54.59	15
12	大　连	45.23	12	辽宁省	60.55	12
13	青　岛	45.80	11	山东省	65.71	8
14	厦　门	58.36	6	福建省	61.38	11
15	宁　波	46.43	9	浙江省	74.26	4

资料来源：创新指数来自《中国创新城市评价报告2018》；区域综合科技创新水平指数来自中国科技发展战略研究院的《中国区域科技创新评价报告2018》。

① 艾瑞深中国校友会网大学研究团队是目前中国持续开展大学评价和创新创业研究时间最长的研究团队，至今已经有30多年的高校自我评估和社会评价的历史。

3. 创新型国际城市建设支撑：创新素质

城市公民“创新素质”是创新型国际城市建设的重要内涵之一。2016 年 4 月，由科技部、财政部、中共中央宣传部牵头，中共中央组织部等 20 个部门参加制定了《中国公民科学素质基准》，为公民提高自身科学素质提供衡量尺度和指导。统计数据显示，2015 年，青岛市具备科学素质公民的比例达 10.0%，远远高于全国 6.2% 和山东省 6.76% 的水平（见表 4）。

表 4　2015 年中国副省级城市公民科学素质比例统计

单位：%

序号	城市名称	公民科学素质比例	所在省份公民科学素质比例	
	全国平均	6.2	省份	公民科学素质比例
1	广　州	11.7	广东省	6.91
2	深　圳	20	广东省	6.91
3	南　京	11.8	江苏省	8.25
4	武　汉	10.7	湖北省	5.47
5	沈　阳	11.8	辽宁省	5.71
6	西　安	15	陕西省	5.51
7	成　都	8.0	四川省	4.68
8	济　南	10.2	山东省	6.76
9	杭　州	10.04	浙江省	8.21
10	哈尔滨	6.2	黑龙江省	5.07
11	长　春	8.4	吉林省	5.97
12	大　连	6.0	辽宁省	5.71
13	青　岛	10.0	山东省	6.76
14	厦　门	10.2	福建省	6.10
15	宁　波	10.42	浙江省	8.21

注：中国科协的第九次中国公民素质调查只进行到 2015 年，此数据是目前为止最新的数据。
资料来源：根据各城市公民科学素质报告整理。

4. 创新型国际城市建设基础：城市国际化

城市国际化水平高低决定一座国际城市的开放程度，代表着城市融入世界、走向世界的亲和力。2017 年，人民论坛测评中心对中国副省级城市开放度进行了测评，青岛在副省级城市国际化水平排名中列第 9 位（见表 5）。

表 5　中国副省级城市国际化水平排名

序号	城市名称	得分	排名
1	广　州	74.15	2
2	深　圳	82.58	1
3	南　京	64.07	12
4	武　汉	67.11	7
5	沈　阳	64.23	11
6	西　安	67.39	5
7	成　都	68.39	4
8	济　南	63.37	13
9	杭　州	67.35	6
10	哈尔滨	62.41	14
11	长　春	62.27	15
12	大　连	65.08	10
13	青　岛	65.12	9
14	厦　门	69.03	3
15	宁　波	65.95	8

资料来源：李京武、沈昊婧：《中国 36 个大城市的国际化水平测度与定位》，《西北师范大学学报》（自然科学版）2017 年第 5 期。

（二）青岛建设创新型国际城市的实现条件

1. 创新型国际城市建设内生动力：创新需求

青岛市在城市创新体系建设方面成绩靓丽。全社会研发经费投入从 2011 年的 164.31 亿元逐年增加至 2017 年的 307.1 亿元，占 GDP 比重从 2011 年的 2.48% 提高到 2017 年的 2.78%。财政科技专项资金由 2011 年的 3.16 亿元增长到 2017 年的 7.27 亿元，年均增长 14.9%。2017 年，青岛市人才资源总量突破 180 万人，相比 2011 年底的 122 万人，增长了约 50%。2017 年，青岛市引进各类人才 13.1 万人。高层次人才队伍稳步壮大，总量位列全省第一。在创新政策支持下，科技型企业量质齐升。通过实施“千帆计划”、企业研发费用加计抵扣、高新技术企业申报补贴和认定奖励、企业贷款贴息补助等政策，青岛市高新技术企业总数达2039家，同比增长近51%，“千帆计划”入库企业目前已突破1万家。

2. 创新型国际城市建设制度设计：政策扶持

创新的基础建设环境十分重要，创新的生态发展软环境更重要。在改革创新制度红利方面，加大获取制度红利力度，释放政策红利效益。成功争取青岛（古镇口）军民融合创新示范区、国际航运中心、平行进口汽车试点等重大事项获得国家部委支持；成功争取青岛高新区成为第二批国家双创示范基地，成为全国为数不多的拥有两个示范基地的城市；争取青岛经济技术开发区获批国家智能化工业园区东部唯一示范试点；海尔智能互联工厂项目获批国家智能工厂示范；争取青岛市成为全国首批通用航空产业综合示范区；争取崂山湾国际生态健康城项目获批国家健康旅游示范基地；争取青岛市加入C40国际城市气候变化领导联盟，并成功引入国家气候战略中心区域性政策研究基地落户青岛。国家大数据综合试验区争创工作也在积极推进等，为未来发展开辟了新的空间。

3. 创新型国际城市建设支撑要素：平台建设

长期以来，青岛市把创新载体建设向高端创新平台聚焦，截至2017年底，青岛市共有试点国家实验室1家、国家重点实验室8家、部级重点实验室48家、省级重点实验室43家、市级重点实验室75家；国家工程技术研究中心10家、省级工程技术研究中心56家、市级工程技术研究中心200家。同时，引进国内外高端研发机构50余家，形成引进高端研发机构的“四条主线”，即中科系、高校系、企业系和国际系，这些研发机构为创新型国际城市建设发挥了重要支撑作用。

4. 创新型国际城市建设组织保障：推进机制

为积极推进青岛国际化发展，市委、市政府在组织机构上，专门建立了“8－30”，即8个专项工作组、30个专项工作小组，采取专项组方式积极推进国际城市建设。从进展情况看，以市质检局牵头积极落实“标准化＋”战略，先后发布了《青岛市标准化资助奖励资金管理办法》和《青岛市“标准化＋”发展规划（2016—2020年）》，为今后5年青岛市标准化工作指明了前进方向。

由市发改委牵头经济组以供给侧改革为主线，以“三中心一基地”建设为抓手，着力深化创新驱动发展，提升产业国际化综合实力；由市人社局牵头人才组聚焦国际化人才引进培养，创新政策、搭建平台、优化服务，目前，青岛留学回国人员已累计为1.3万余人，每年在青岛工作的外籍人士为1.5万余人，居全省首位。其中，由106名院士、115名“泰山学者”专家等创新创业领军人才组成的高层次人才方阵，为青岛稳步推进国际城市建设提供制度支持。

二　青岛市创新型国际城市建设的主要难点及制约因素分析

近年来，青岛市在推进创新型国际城市建设中，也遇到一些难题亟待解决，既有城市发展本身的推进力度等因素导致的难题，也有发展中遇到的新问题和形成的新难点。

（一）青岛创新型国际城市建设的主要难点

1. 进一步提升城市开放度的难度明显增加

随着中国经济发展进入新常态，青岛市采取积极、主动的战略措施在应对国际环境多变的同时，积极实施新旧动能转换，但跨国投资波动较大、大规模国际产业转移明显放缓、贸易保护主义明显抬头等，使提升城市开放度的难度有所增加。

2. 国际性、前沿性的创新成果积蓄不多

目前，青岛市仅凭在海洋科技、高速列车技术、生命健康科技、新能源汽车科技等领域要想在世界科技领域站稳是不够的，需要一批具有位居世界创新领域前茅的企业、一大批先进技术，这些都需要积累。

3. 与国际性城市组织机构关系不紧密

参加国际性的城市联盟、城市组织机构、城市协会是体现城市开放程度的重要方面。但目前，青岛参与此类机构数量还不多，一些重要的国际城市组织机构、联盟等都没有青岛的身影，如世界城市和地方政府联盟、世界科技城市联盟、国际大都市协会等。

4. 城市品牌质量及影响力有所下降

“中国城市品牌发展指数（CBDI）报告”（中国社科院）2015 年排名中，青岛排名全国第 12 位。“中国城市品牌力指数（CCBI）”（清华大学）2015 年排名中，青岛排名全国第 14 位。足见，当前的青岛城市品牌知名度与往日的辉煌已不可同日而语。

5. 创新型国际城市的对标城市选择有待商榷

在对标城市的选择方面，青岛市曾提到诸如香港、新加坡、深圳，若按照经济发展的规律，城市发展基础、优势以及环境等很难赶上这些发达城市，若选择某一方面，或某一特色产业方面，或许有机会赶上。如何客观评判青岛市发展进程，选择好对标城市十分重要。

（二）青岛创新型国际城市建设制约因素分析

1. 开放意识貌似强盛其实弱小

目前，青岛市在开放思想方面仍表现出有限性，如青岛举办、参加的国际性大型活动，包括区域性的国际活动不多；参加的国际组织不多，特别是科技创新方面，如世界科技城市联盟。因此，开阔思路是青岛建设创新型国际城市的重要基础。

2. 对标城市的选择有待深入研究

世界上只有一个青岛，我们可以积极围绕打造“南有深圳、北有青岛”模式，但不应出现类似“第二个香港、第二个新加坡”的版本。青岛已进入靠质量、靠创新提升城市综合实力的时代，因此，如何选择对标城市，如何确定目标、实现目标显得尤为重要，应慎重。

3. 区位优势在创新型国际城市建设中尚未充分体现

青岛区位优势在创新发展中并没有充分展现。充分发挥绝对优势、优先发挥比较优势是城市创新发展的根本。要把青岛放在地区层面、国家层面、区域层面、世界层面来考量，就要有开放意识，放眼全球，科学谋划青岛的未来。

4. 创新型国际城市建设的考核体系尚未建立

目前，青岛市还没有系统地建立包括创新型国际城市建设落实情况、实施进展情况等进行跟踪调研、督察以及考核的体系，对政策、制度、规划、战略等落实、实施情况的质量、程度没有相对准确的把握，不利于政策制度的制定及实施效果的科学评判，对下一步政策的制定没有导向作用。

三　国内外创新型城市建设主要做法及启示

国外建设创新型城市起步较早，且已有一些成功经验和典型案例值得借鉴。近些年来，青岛市在推进产业结构优化、加快转变经济增长方式中也摸索出一些符合自身发展的道路。同时，积极学习借鉴国内外建设创新型城市的成功经验，对于青岛建设创新型国际城市，科学把握创新型城市发展规律和加速推进创新型国际城市建设具有重要意义。

（一）发达国家创新型城市建设的实践经验

1. 科技创新型城市，如大田广域市（韩国）

主要做法：一是政府积极推行以科学城带动城市创新政策，创建大德科学城的同时集聚科技人才、各类资金和发展要素，形成以科研与成果转化为一体、科研与产业相结合的科技创新发展平台。二是全社会注重知识产权保护，并通过严格执法来维护企业自主知识产权。鼓励研发创新，引领大田市乃至全国未来科技发展的研究活动。三是着力培育崇尚创新、宽容失败的创新文化。主要成效：经济总额占到韩国的 20%，成为韩国最大产学研综合园区，拥有 39 所综合类大学，8 个韩国最高水平的研究所，近 2200 家高科技企业，全国一流的研发设施与创业创新环境。

2. 全面创新型城市，如新加坡市（新加坡）

主要做法：一是政府高度重视创新型城市建设，专门设立“研究、创新与创业理事会”，为政府策略提供咨询。二是积极完善服务机构，促进创新发展。通过设立标准、生产力与创新局，不断增强中小企业创新能力。三是设立政府奖学金培养精英。除本国教育外，重视人才引进，注重在职培训和终身教育，以提高劳动力的综合素质。四是制定发展战略，如《创意产业发展策略——推动新加坡的创意经济》等。以“文艺复兴城市 2.0”、“设计新加坡”和“媒体 21 发展蓝图”等三者为重心，以创意产业推动创新型城市建设。主要成效：新加坡已经成为亚洲创意枢纽。近 10 年来，创意产业的产值增速高于同期 GDP 增速。

3. 服务型创新城市，如东京市（日本）

主要做法：一是政府通过宏观政策推动创新型城市建设，对高新技术企业等采取多种方式的减免税收政策，扶持其发展。二是加大对高新技术企业金融支持力度。三是积极培育官产学研一体的科技创新体系。四是重视发挥中小加工企业的作用。五是积极促进研究交流，增加外国研究人员比例。主要成效：亚洲最具活力城市；占日本18%的GDP；创造了16.9%的生产总额；集中了13.5%的就业者和16.7%的企业。

（二）国内创新型城市建设的典型经验

1. 深圳：突出打造创新发展环境

主要做法：一是打造适宜行业领袖型、领先型企业的软环境，注重扶持政策、行业引导型政策，目前已有许多企业是全国乃至全球行业领先企业，如信息通信技术（ICT）行业中的华为、腾讯，生物技术行业中的华大基因，新能源汽车行业中的比亚迪，工业计算机行业中的研祥高科等。二是已初步建立起比较完整的区域创新体系，形成崇尚创新、宽容失败、脚踏实地、追求卓越的新时代创新文化。

2. 上海：突出创新政策引导与扶持

“科创22条”含义是全球影响力+科技创新+中心城市。主要做法：一是大幅度提高科技原创能力，提高科技创新供给效率和水平。系统梳理创新资源，科学谋划发展布局，积极承担建设科创中心战略任务关键的主体、平台和抓手，构建支撑科创中心的“四梁八柱”。二是研发转化功能型平台。主要是基于关键技术、重大产品、产业链为产业技术创新体系构建发展骨架，加速科技成果转化，引领产业转型升级。三是建设科技创新功能集聚区。聚焦重点区域，建设创新高地，打造科创中心重要的发展引擎。四是打造创业创新氛围。使“大众创业、万众创新”成为科创中心的肥沃土壤和不竭源泉。

（三）国内外创新型城市建设对青岛的启示

1. 创新型城市是城市发展的新变革

创新型城市是以创新为驱动力的一种发展新模式，是城市发展知识化和高级化的产物。随着经济的快速发展，创新型城市必将成为21世纪城市知识化发展的主要形态。从城市发展趋势看，城市间的竞争集中在创新能力的竞争，依靠知识和人才的创新的驱动作用。

2. 创新型城市是国家战略的有力支撑

创新型城市建设要进一步突出科学技术创新，特别是要发挥科技的支撑引领作用，实现经济增长方式、驱动模式的变革，形成城市的核心竞争力。城市创新是一种全方位覆盖、全社会参与、全过程联动的创新，涉及经济社会所有领域。

3. 创新型城市是创新要素的强势积聚

创新主体、资源以及体制是创新型城市的内部核心要素。创新型城市建设必须融入知识经济、全球化因素，在全球吸取创新资源，形成城市的可持续创新能力，支撑城市经济可持续发展。

4. 政府对创新型城市建设具有显著引导作用

在推进区域科技中心城市向创新型城市转变的过程中，政府的引导作用十分重要。一方面，政府可提供必要的引导资金、人才、政策等；另一方面，政府制定宏观调控政策和战略等，以保持城市利益主体目标与城市发展目标的一致。

5. 并非所有城市都适合建设创新型城市

创新型城市发展要基于一定的基础条件和发展氛围，如一定的经济实力、政府治理能力以及科技资源聚集能力等。否则，在不具备条件的地区建设创新型城市不仅难度较大，而且不符合发展规律。针对国情，区域科技中心城市更有条件和实力建设创新型城市。

四　青岛建设创新型国际城市的着力点

青岛作为沿海发达地区，建设创新型国际城市不仅有利于提升青岛城市发展质量、水平和综合实力，而且有利于全面提升青岛城市发展的国际地位。

（一）青岛市在国家创新型城市战略体系中的战略定位

1. 青岛是国家实施创新型城市建设示范区的重要载体

目前，青岛已先后获批国家创新型试点城市、国家首批科技与金融结合试点城市等。海尔获批成为全国首批企业类双创示范基地等。这些都为青岛建设创新型国际城市打下坚实的基础，也充分肯定了青岛在国家创新型城市建设中的重要地位。

2. 青岛是国家推进创新城市建设关键领域的重要载体

目前，青岛市拥有国家级孵化载体总数达129家，居副省级城市第一；设立重点企业海外研发中心48家、海外联合实验室5家；拥有国家级国际科技合作基地19家，居计划单列市之首，占全省的43%。各实验室在创新研究、人才培养、成果转化、交流合作、服务行业等方面发挥重要作用，成为实施创新驱动发展战略的重要创新源头。

3. 青岛肩负探索国家间创新发展合作模式的重要载体

自中国开展国家间合作项目以来，一方面，为地方经济带来了巨大的发展空间和经济效益。中德生态园已有57个国家和地区投资100多亿美元，引进67个世界500强项目，形成“六大产业集群”。中英创新产业园中，英国在青岛投资项目234个，合同外资金额为10.9亿美元。另一方面，青岛为全国各省市在推进政府间合作、探索合作机制方面积累了丰富经验，如合作促进工作新机制等。

（二）青岛建设创新型国际城市的新着力点

1. 创新质点：创新源及主要特色

一是厚植创新优势。在青岛市创新优势领域如海洋科技研发与制造业、轨道交通装备制造业等，必须给予创新优势良好的发展环境和制度保障，排除一切影响因素，让创新优势充分展示其发展的潜能和动力。二是根植创新源。要想集聚更多的创新要素、根植更多的创新源，必须使创新源在青岛扎根，像丰田公司所在丰田市一样，形成创新的“母体”，才能有更好的创新成果产生。三是培植创新载体。积极培植创新的载体是全方位、多元化、全能式的综合平台，特别是能够与全球对接的国际性、前沿性、领军性的平台，既能突出创新的特色优势，又能体现创新的国际领先。同时，给予资金和制度的机制设计，像贵阳市造就大数据产业一样，形成政府、市场与企业融合支撑的“统一体”。

2. 城市支点：创新主体及产业支撑

一是创新主体支撑。随着民营经济发展环境的改善，青岛市民营企业显示出的创新能力越来越突出。目前，青岛市民营市场主体达到129.78万户，民企占全市高新技术企业的85%、全市境内外上市企业的72.7%，将是未来创新主体的培养源。二是创新产业支撑。继续加强青岛市 19 个产业优势领域中 6 个海洋科技领域，包括船舶与海工装备、海洋生物医药、海水健康养殖、海水资源综合利用、海洋环境观测和海洋新能源；8 个新兴产业领域，包括先进制造、新一代信息技术、新材料、生物技术、新能源、仪器仪表、轨道交通装备、石墨烯。这些产业集聚了青岛的支柱产业和优势产业，是未来青岛创新型国际城市建设重要的产业支撑。

3. 创新要素选配：创新人才与制度设计

一是集聚创新人才。青岛引进或集聚的创新人才应主要针对领军型创新人才（或团队）和领军型创业人才（或团队）。这两类创新型人才（或团队）能够在短期内提升青岛在国内外科技创新发展领域的知名度和对创新型国际城市建设与发展的贡献率。二是创新制度设计。激励企业技术创新、管理创新和商业模式创新。特别是在创新财政科技投入资助方式方面，应注重引导、风险补偿、奖励资助等制度改革。改变政策支持的着力点，对创新的推动效应会有显著的提高。

五　青岛创新型国际城市建设的实施路径

（一）深度融入世界创新城市发展平台，重塑青岛城市国际地位

1. 依托国家开放发展战略，做强做大创新型国际城市

一是深入落实“一带一路”倡议。此平台不仅为全球建立了一个沟通交流的平台，而且为国内各城市开放发展、经贸合作提供了一个重要支撑的平台，青岛积极融入的意义十分重大。在陆地方面，强化“综合枢纽”功能。青岛快速发展的“钥匙”就是进一步打造面向日韩、辐射东南亚、路连中亚欧的“一带一路”综合枢纽城市。二是深度融入自由贸易港战略。青岛地处国家对外贸易发展前沿，具有与日韩经贸发展的绝对优势。随着十九大报告提出探索自由贸易港建设，青岛有条件、有基础、有积累积极申建。依托山东省在国家发展战略中的地位，以前湾保税港区为发展载体，结合自由贸易港的基本特征和山东特色，先行研究建设自由贸易港的可行性和实施路径，加快推进速度，争取自由贸易港早日落户青岛。三是优化整合对接高端平台的

域内资源。激发青岛市及各部门各层面资源，创造机会或条件参与、接触世界性组织机构、区域性国际组织以及国家级各类发展平台，鼓励实施跨界联络，提高发挥青岛优势的平台。

2. 对接国际创新合作组织，做亮做优创新型国际城市

一是打开融入世界创新领域的新窗口。青岛以科技城市的视野融入世界科技发展的大环境中，不仅有利于提升青岛科技发展水平、质量，而且有利于青岛在未来的科技创新发展中始终触及世界前沿，掌握科技发展的新动态、新成果，全面提升创新发展的世界影响力。二是拓展青岛创新型城市建设的新思路。参加各类国际创新合作组织，不仅有利于开阔青岛城市创新发展的思路、增加与世界科技城市的交流，而且有利于缩小青岛与世界科技城市发展的差距。三是开辟青岛创新型国际城市建设的新路径。各类国际创新合作组织是共享发展的平台，有利于加速青岛科技成果的研发、创新与转化，提升青岛市新旧动能转换的科技要素支撑力，提升新旧动能转换的质量与效果。

3. 发挥海洋科技战略优势，做特做新创新型国际城市

一是建设高端试验平台。实验室，特别是国家实验室，是创新的重要载体。青岛在扶持其发展的同时，应积极建设更多的“金字招牌”实验室，形成国家实验室体系或系统，推进前沿引领性、战略性、基础性、颠覆性科技创新和原创性研究，打造突破型、引领型、平台型一体化的大型综合性研究基地，成为引领国家海洋科技创新平台，能够代表中国海洋科技发展水平，成为中国海洋领域话语权的发声台。二是打造高端海洋人才梯队。一方面，谋划高端海洋人才梯队建设和专业化团队建设，做大做响“鳌山人才”计划。面向全球遴选领军科学家、卓越科学家、优秀青年学者和杰出工程师，吸引多位国际知名海洋领域科研专家共同推进国际海洋科学事业发展。另一方面，通过中国蓝谷和青岛西海岸新区的战略布局，积极搭建海洋创新发展的框架，引进涉海高校，形成海洋创新要素集聚态势，让涉海机构与青岛结成紧密的合作创新网络，强化海洋创新优势。三是全面扶持推进涉海企业发展。一方面，加快涉海孵化器建设，加快海洋科技创新成果转化；另一方面，对涉海企业给予财政税收政策支持。

4. 提高贸易便利化水平，加快提升青岛城市国际开放度

一是深化行政审批制度改革。厘清核心职能，推行“政府职能负面清单”

管理模式；大力推进行政审批服务标准化和联合审批运作机制建设；化解行政审批领域政府内部条块隔阂、政策法规脱节、审批标准不够细化、条件互为前置等问题，提高服务通行效率。二是深化贸易流通管理制度改革。在贸易便利化水平方面，探索自由贸易港建设的行动方案，赢得发展时机；深化口岸通关模式改革，参照上海自由贸易试验区的贸易便利化措施，最大限度地提升进出境便利程度和物流效率；提高商贸公共服务便利化。搭建面向全国乃至东北亚区域贸易投资和促进服务的综合平台；提高商务语言沟通便利化。

（二）科学制定创新型国际城市规划，促进青岛产城融合发展

1. 重塑规划理念，由"单一产业区"向"产城融合"规划转变

一是推动规划整合。在规划理念上，积极推进"多规合一"，使游离发展体系外的"产业孤岛"和"空城"向具有较完备基本生活服务设施、较完善的产业配套体系的"产业城"转型。二是推进产城功能融合。对于"产业孤岛"型城镇，积极探索城市融入的实现路径，使生产、生活、服务等区域相互融合，既提高土地集约度，又有利于城市的生态环境保护。对于"空城""港城"型园区积极探索城市要素的融入与产业发展的衔接，提升园区的综合实力。三是提高土地综合利用率。充分辨析产业发展带来的人口总量、规模、结构等方面的变化，科学规划区域内的公共基础设施配套，确保产业发展与城市发展同行同步。

2. 双向补齐短板，由"单一型"向"融合型"发展转变

一是有城无产型。科学制定产业发展路径，把产业培育作为城市创新发展的主要任务，逐步实现"城产双兴"。首先是选准产业。依托产业基础、资源和区位等优势，科学遴选区域发展主导产业。其次是科学布局。结合城市发展规划和产业发展环境，围绕产业科学规划产业集聚区和产业园，使产业布局与城市发展融合一体，相互支撑、相互促进。二是有产无城型。积极孕育城市积聚要素，不断完善城市配套设施，逐步实现"产城双赢"。从产业发展角度，突出城市对产业的支撑地位，积极谋划，为产业积聚、扩张乃至拓展积累城市元素；从城市发展角度，把产业作为城市经济增长极的引领动力和作为提升城市竞争力的重要支撑，两者的相融关系就是产城融合发展的最好诠释。

3. 推进制度创新，由“单个制度”向“配套型制度”支持转变

一是建立激励机制。统筹医疗、教育等优质资源，以联合体的方式向园区转移，从而吸引人口向园区流动，为“产业孤岛”型城市集聚人口。二是建立要素融合机制。建立产业发展平台，整合土地、生产以及科技信息等要素，提升企业自主创新能力。三是建立人才“绿色通道”机制，对高层次人才在创业启动资金、住宅公寓、子女教育等方面给予支持。四是建立财税激励机制。充分运用税收政策，针对符合产业发展的民营企业、大项目以及总部经济等给予财税激励。

（三）扎实推进国际化城市功能建设，提升青岛国际城市承载力

1. 加大基础设施建设投入力度，展示国际化城市青岛魅力

一是按照国际城市的基本标准规划建设城市，包括选择对标的国际城市，一定要遵循可对比、可实施、可操作的原则。突出青岛城市的风格、特色、特质，展现“世界只有一个青岛”，且不可复制性的思维。二是优化修整城市区域建设格局的差异性。做好新城、老城、旧城等城区衔接带建设，加快城中村搬迁进程，避免城市差异化突显。三是对城市大型交通基础设施如火车站、港口、机场等的建设，遵循枢纽型、辐射型网络状原则，切忌贪高、贪多、贪大，提高基础设施的使用效率、通行效率以及进行科学布局。四是加大对城市文化基础设施如博物馆、展览馆、文化馆等规划与建设力度，提升城市文化融合度。在文化层面把青岛打造成世界上最具亲和力、较高融合度的国际型城市。

2. 加快推进城市平台功能建设，提升青岛城市核心凝聚能力

一是枢纽型核心功能平台建设。如信息类、展示类、交易类等平台建设，既能聚集资金流、信息流、人才流、技术流等多要素，也会带动、促进区域性的金融业、贸易以及相关产业的快速发展。二是辐射型功能平台建设。首先，提升经济综合实力。面对经济新常态，要积极探索经济发展的新增长点；加快商事制度、金融体制等多项事业改革，助推“大众创业、万众创新”；加快推进混合所有制改革，促进民营企业快速、互惠发展。其次，搭建经济辐射的发展通道。搭建承接区域物流贸易通道，如通关通道、物流通道、交通通道等，持续提升青岛对外承接交流能力；搭建辐射内陆区域物流传递通道，如运输通道、资金通道等，增强辐射内陆经济发展的传导能力。再次，集聚经济辐射的

内生要素。积极培育、打造、凝聚内生要素的经济核，包括资金核、人才核、要素核，使之根植于青岛，使之成为青岛发展的内生动力。最后，构建顺畅便利的要素流动机制。全力打造青岛境外工商中心，做强做大具有配置国内外市场资源能力和辐射腹地经济的经济介质，以推进青岛建设。

3. 加快法治化、国际化营商环境建设，提升城市要素集聚能力

一是探索构建地方性法规立法体系。加速制定商品流通、交通运输服务、旅游服务等领域的法规条例，整顿市场秩序，彻底扫清制度障碍。二是消除市场主体歧视，建立公平竞争环境。特别是对来青岛投资的外商企业实施国民待遇原则，打造适宜发展的软环境。三是积极打造以开放、公平、包容为核心的国际化营商环境氛围。释放市场活力，促进企业国际化发展。四是建立效率、廉洁的商务政务环境。积极倡导法治政府、服务型政府理念，尊重市场发展基本规律，划清政府和市场的边界，积极发挥市场在资源配置中的决定性作用以及政府弥补市场失灵的作用。

（四）增强创新型国际城市的创新能力，提升青岛创新发展内生动力

1. 加快培育引领国际行业发展的创新产业，集聚创新链动能

一是创新发展优势产业。在政策扶持、产业引领、技术创新等方面对标国际产业发展目标，并结合青岛市情做大做强优势，使之逐渐成为引领世界产业发展的方向标。二是高起点谋划战略性产业。积极发挥青岛的临海、近海、融海、创海等“海产业”优势，构筑海－产－城三位一体的高端战略性产业发展体系。积极发挥青岛海港、空港的区位优势，积极谋划、构建港－产－城三位一体的集散输转创新产业体系。三是用创新模式改造传统产业。通过创新思维、创新模式、创新路径等途径优化产业结构，提升产业层次。通过智能化、品牌化、国际化等方式提升产业品质，从产业的全方位创新中实现产业国际化。

2. 加快积聚创新型国际城市的创新要素，聚焦创新原动力

一要按照国内外高标准建设创新基地，在加快科学技术研究、成果转化、产业人才培训的同时，聚焦创新人才。二要加大对科技创新人才的选拔、培养和扶持力度，积极探索建立科研院所、大学以及企业之间的人才双向流动机制，通过人才流动促进技术的转移转化。三要加大财政对创新的支持力度。建

立财政对科技投入长效机制，加大对原创的支持力度，鼓励建立企业科技风险投资基金。通过聚焦创新源，带来创新发展动力源，才能支撑创新型国际城市的建设。

3. 积极营造创新型国际城市的文化氛围，凝聚创新大氛围

一是打造有利于创新的国际人文环境。勇于创新的社会观有助于新技术、新思维、新工艺、新产品的产生，有助于突破陈规旧矩、老程序和老办法，实现多方位、多角度的创新。二是营造崇尚创新创业精神的社会氛围。一方面，通过对创新创业发展的政策引导，激发全社会创新创业热情，鼓励企业、社会、个人积极创业，使各项与创新创业相关的事业蓬勃发展。另一方面，重奖对创新有重大贡献的企业或人才，树立典型创新型企业、创新型人物，进一步激发青岛市创新创业活力。

（五）完善创新型国际城市的人才机制，提升青岛创新发展生命力

1. 强化国际人才的全面引进与科学配置，吸引国际型人才

一是创建“国际人才试验区”。探索可复制、可推广的自由贸易试验区人才相关政策，在高层次人才引进、科研人员激励等领域先行先试，推动重大前沿领域跨学科的交叉融合、创新要素共享、多主体协同创新，充分激发科研人员的自由探索精神和创造力。二是创建“外国人创业中心”，为国外创新人才搭建创业平台。通过打造国际人才引进平台、海外人才创新创业平台和本土人才国际化培养平台，汇聚海内外资源，从而提升城市创新能力和国际竞争力。三是设立“国际人才服务中心”。积极引进国内外创新型人才，做到创新型国际人才引进视角的全辐射、全服务。四是设立海外培训基地，积极开展“国际型人才专业培训”。采用联办、集训、培训等方式，充分发挥与国外高校、科研机构以及国内著名院校设立研究中心和驻青高校高端资源的作用，为青岛城市发展凝聚国际化的专业型人才。五是研究制定“紧缺急需”型海外高层次人才引进政策。特别是在重大科学工程、重要科研平台、重大科研中心等领域探索引进高层次人才机制。

2. 推进人才管理制度创新与突破，激发国内人才创新潜力

一是改革人才计划选拔机制，探索人才资助社会化管理。除政府负责人才发展规划、政策研究、评估和监管之外，要充分发挥社会和市场作用，形成公

开、透明、高效的人才遴选机制。二是建立创新型人才计划备案制度。建立全市统一的创新型人才信息平台，整合单位、个人及成果资料，财政应根据备案情况安排资金，避免重复资助和交叉资助。三是完善科技成果转移转化奖励机制，包括高校、科研院所的科研经费管理制度创新，探讨科技成果转移转化扣除其处置过程中直接费用后，其净收入的50%或以上用于奖励等。

3. 积极推进创新成果共享机制，加速创新成果的青岛转化

一是建立科技成果转移转化的工作机制。设立科技成果转移转化联席会议制度，加强政府部门间协同配合，协调推进成果转移转化工作。二是加强创新成果信息汇交机制。一方面，建立健全各部门创新成果信息汇交工作机制，打破部门间的信息壁垒，对于创新成果的登记、使用以及转化过程要做到透明、规范管理。另一方面，畅通创新成果信息的收集渠道。加强创新成果管理与创新计划项目管理的有机衔接，特别是对应用类创新项目成果以及基础研究中具有应用前景的项目成果要做到信息汇交及时有效。三是完善创新成果信息共享机制。在创新成果不泄密前提下，向社会公布创新成果和相关知识产权信息，提供创新成果信息查询、筛选等公益服务。四是做强创新成果转化产业链，使创新成果创出来、落得下。

B.17
威海：积极打造全省对外开放新高地

马　冲*

摘　要： 对外开放是中国的基本国策。习近平总书记强调，开放带来进步，封闭必然落后；中国对外开放的大门不会关闭，只会越开越大。他在视察山东时要求山东“打造对外开放新高地”。威海作为全国改革开放典型地区之一，始终坚持解放思想不停歇、改革创新不停步，以开放促改革、促调整、促发展，充分发挥区位优势，深耕日韩、面向全球，积极参与“一带一路”倡议，努力构建全方位、多层次、宽领域的开放新格局。本报告梳理了威海市对外开放的基本情况，指出了威海市对外开放面临的主要问题，从五个方面提出了威海市从更高起点推进对外开放的对策和建议。

关键词： 威海　对外开放　创新　城市国际化

当前，对外开放面临的国内外形势正在发生深刻变化，机遇与挑战并存。威海市要实现走在全省前列的目标定位，就必须加快推进新一轮高水平对外开放，以适应形势发展变化和加快新旧动能转换的要求。通过进一步扩大开放，形成全方位、宽领域、高层次的开放新格局，加快打造开放型经济新优势，为新旧动能转换提供更多动力支撑。

一　威海市对外开放基本情况

近年来，威海市认真学习贯彻习近平总书记视察山东重要讲话、重要指示

---

* 马冲，学士，威海市发改委利用外资与境外投资科科长，研究方向：对外经贸。

批示精神，坚持以开放的心态、开放的理念、开放的政策、开放的市场、开放的环境，进一步改善开放型营商环境和健全体制机制，助推新旧动能转换，促进经济结构转型升级，全力争当全省“走在前列”排头兵。

（一）构建开放型经济新体制，持续打造对外开放新环境

中韩自贸区地方经济合作示范区建设深入推进，借鉴中韩自贸区联委会运营模式，成立威海—仁川地方经济合作联合委员会，参加第二次山东省—韩国省部联席会议磋商会议、中韩自贸协定第二次联合委员会、第十五次中韩经济部长会议，拓宽与仁川乃至韩国的沟通交流渠道。制定并出台《深化威海中韩自贸区地方经济合作示范区建设三年行动计划（2018—2020年）》，按照“三互四港五联通”的思路，全面规划今后三年对韩合作重点。深化服务贸易创新发展试点，研究制定了《威海市深化服务贸易创新发展试点方案》及行动计划，积极谋划新的两年试点领域和方向。配套出台了《威海市鼓励服务贸易创新发展扶持暂行办法》，加大资金扶持力度，推动全市服务贸易在新形势下更好更快发展。试点工作开展以来，威海市发展服务贸易和强化统计功能等5项试点经验被国务院面向全国推广，5家基地被认定为山东省服务贸易特色服务出口基地。2018年1～8月，全市服务进出口同比增长54.5%。研究出台《关于进一步推动开发区转型升级创新发展的实施意见》，高标准推进开发区“二次创业”，加快园区体制机制创新，实现转型升级、创新发展。加快复制推广自贸试验区经验，目前在国务院发布的和国家各部委自行复制推广的共141项经验中，威海市已完全或基本复制推广事项121项。加快“放管服”和“一次办好”改革，在全省率先将外资项目备案权下放至各区市、开发区，全面实现就地网上申请备案，绝大部分外资项目实现基层办理“零跑腿”。出台了《关于优化提升营商环境20条措施》，参照世界银行评价体系和山东营商环境评价指标体系，建立营商环境评价指标体系，每年定期开展营商环境评价，让企业办事更加便利。出台《威海市招商“服务大使”工作规定》，在每个区市和市直有关部门、单位，指定2名人员担任市级招商“服务大使”，实行“店小二”式服务，全程服务推进招商项目，将服务“关口”由落地后向投资谈判前移，营造出国际化的营商环境。

（二）树立招商新理念，实现大项目引资新突破

出台《关于扩大开放促进招商引资的实施意见》，强化政策保障。编制《威海市深化与世界500强及行业领军企业合作行动方案（2018—2020年）》，明确三年行动的目标任务，引领各区市精准对接大企业、大项目，实现招大引强。利用惠普收购三星打印机的机遇，吸引中国香港亿和、韩国大振、美国捷普等5个过亿美元的项目落地，打造千亿级电子信息产业集群。抓住服务贸易创新发展试点的重大机遇，以软银全球外包软件园为依托，配套引进浪潮集团"一带一路"国家云服务运营中心、韩国气加电商总部、韩国CNT、东华软件等20余个项目集体入驻，带动日本日立集团、微软（中国）孵化中心等项目相继签约。广泛借助重要会议和平台，开展平台招商，引进康得碳谷科技碳纤维项目，总投资500亿元，完全达产后将成为全球最大的高性能碳纤维生产基地，并将带动碳纤维复合材料产业园、国家级碳纤维工程技术中心、国家级碳纤维分析检测中心落户，形成碳纤维产业集群发展效应。积极组织参加首届儒商大会，举办了以"选择威海、共赢未来"为主题的威海打造对外开放新高地产业推介会暨重点合作项目签约仪式，共达成58个合同、协议，总投资1650亿元。举办了首届市长国际经济咨询委员会年会、中韩服务贸易高端论坛等多场具有影响力的大活动，借助会议平台拓展招商资源。制定并出台《威海市支持"飞地经济"发展实施办法》，引导各区市打破行政区划限制，实行招商引资项目市内异地落户，开展跨区域招商合作，推进市域一体化发展。

（三）发展外贸新业态，培育外贸转型升级新动能

获批建设中国（威海）跨境电商综合试验区，正在高标准、高起点编制《中国（威海）跨境电子商务综合试验区实施方案》，探索具有"中国特色、威海元素"的跨境电子商务发展模式。出台《关于支持威海综合保税区创新发展的若干意见》，进一步完善综保区体制机制，推动综保区顺利完成封关验收，为全市发展跨境电子商务、促进开放型经济发展提供了更高水平的平台和载体。制定并出台《威海市外贸新业态主体认定办法》，积极培育外贸新业态，打造了12个省级跨境电商综合服务平台和公共服务海外仓。2018年1～8月，全市跨境电商零售出口14.2亿元，同比增长1.6倍。申报建设3家省级外贸综合

服务平台，激活了300多家“不懂不敢不会”做外贸的中小微企业开展进出口业务，2018年1～8月外贸综合服务平台完成进出口同比增长18.9%。积极实施品牌战略，全市共有省级国际自主品牌企业37家，列全省第二位。在全国率先建设出口日韩食品“同线同标同质”公共服务平台和线下体验中心，引导企业以品牌建设引领品质提升。承办了山东省“出口食品农产品质量安全示范省”成果展，威海市连续11年获得“出口农产品质量安全示范市”称号。大力发展展会经济，连续举办9届威海国际食品博览会和11届国际渔具博览会，组织企业参加近百个境内外展会，积极开拓自贸区、“一带一路”等新兴市场。

（四）积极开拓国际新市场，企业“走出去”迈出新步伐

充分发挥“一带一路”节点城市优势，出台《关于加快推动企业“走出去”三年行动计划》，强化政企联动，指导企业抓住自身优势和发展机遇，积极融入国际市场。2017年以来，已组织100多家企业在亚洲、非洲等地开展双向投资贸易促进活动，在东南亚、南美洲等地区的轮胎生产基地、境外园区、远洋渔业基地等项目快速推进。目前，威海市有28家企业在“一带一路”沿线20个国家设立跨境企业43家、研发机构（营销中心）近20个，中方累计实际投资额6.9亿美元。2018年1～8月，对“一带一路”沿线国家出口79.4亿元。威高集团医用高分子制造股份有限公司出资8.8亿美元收购美国爱琅公司，进一步巩固了威高在中国医疗器械市场的领先地位。全面提升东北亚交通物流枢纽的流通时效和成本优势，2017年以来，共开通韩国至威海至越南、昆明至文登至韩日、威海至汉堡、威海至杜伊斯堡、威海至乌兹别克斯坦等各类铁路集装箱班列5列，形成一条海铁联运快速通道。持续打造威海外派劳务品牌，目前，全市通过国家级外派劳务AAA考核的企业达到5家，占全国的12.5%。2018年1～8月，派出各类劳务人员6386人，居全省第二位。

二　威海对外开放面临的主要问题

虽然威海在对外开放中取得了一些成绩，但同先进地区相比还存在很多问题和不足，主要表现在以下七个方面。

一是对外开放的定位不高。对韩开放是威海的传统优势，特别是在中韩

自贸区地方经济合作示范区的政策效应带动下，近年来使用韩资、对韩进出口两项指标占全省总额的比重都保持在20%左右。但同时也要清醒地看到，威海对外开放的眼界和视野还不够开阔，局限于毗邻日韩的“小圈子”，没有把自身发展置于全球格局中来定位。全市1380家外资企业中韩资企业达到800家，韩资企业数量占外资企业总数的比重达到58.0%，欧美企业的数量和注册资本占比都不到10%，欧美、日本等市场的拓展力度亟须进一步加大。

二是推动开放发展的机制不够灵活。威海推动对外开放还是过度依赖于旧路径、老套路，体制机制创新的决心和力度都不够大，打破旧体制机制障碍的办法还不多。南方城市得改革开放之先机，思想观念活跃，鼓励外资创新创业的体制机制非常灵活，政策含金量非常高。上海通过鼓励外资研发中心参与重大项目研发、支持设立国家级技术中心和设立政府研发项目等措施吸引高能级外资研发中心“落沪”；杭州创新推出“全球聚财十条”，实施全球引才“521”计划和“115”引进国（境）外智力计划，对特别优秀的人才项目给予1亿元资助，杭州海外人才净流入率居全国榜首。这些经验做法说明，只有创新体制机制，形成政策和环境洼地，才能吸引境外高端人才和项目落地，真正实现以开放促创新、促发展。

三是重大交通基础设施建设滞后。交通对经济社会发展尤其是对外开放有着至关重要的作用，威海位于山东半岛最东端，地理位置相对较偏，陆路、航空发展受限，机场、高铁、城市轻轨、港口、高速公路等的建设与发达城市相比还有相当大差距，特别是民用航空对外联通能力严重不足。威海国际机场仅有韩国首尔1条定期国际航线和1条台北地区航线，而青岛有29条，广州近80条，成都、上海突破100条，北京近200条，这不仅制约了威海的物流，也制约了国际交往途径，限制了旅游、会展等一系列产业的发展，对跨国公司、国际组织落户威海严重掣肘。

四是招商引资的举措还不够精准。面对全球经济环境、国际贸易投资规则都发生深刻变化的新形势，威海的招商观念、招商方式还没有及时调整，招商与产业发展结合还不够紧密，出台的一系列招商引资措施针对性、精准性不强。武汉不断创新招商方式，围绕产业链、创新链的关键领域，设立“光谷科技悬赏奖”，面向全球招标科研团队和投资企业，将招商引资与产业发展紧密结合，有的放矢制定招商政策；长春启动了全国商务系统真正意义的“互联网+招商”信息化数据平台建设，实现招商信息的精准投放和项目与客商的有效对接。与先进地区相比，威海招商引资的思路和举措还有很大差距。此外，威海市利用外资的结构还不够合理，对跨国公司的投资动向研究不透彻，不少接触过的项目签不了约、落不了地。截至目前，威海市累计引进世界500强企业16家，与省内青岛、烟台、济南等市相比差距明显。服务业引进外资力度不够，全市引进服务业外资占比为40%，略高于全省平均水平。

五是试点效应还未最大限度发挥。近几年，威海争取到不少国家和省的试点，但一些试点政策效应还没有最大限度地发挥出来，对韩开放的优势更是远远没有发挥出来。近几年，威海新增韩资项目主要集中在贸易零售等服务业领域，较少有大型的先进制造业项目；对韩贸易进出口商品仍然以食品、日用品为主，高端商品贸易不多；贸易方式仍然以加工贸易和一般商品贸易为主，服务贸易还没有形成气候；贸易领域仍然以双边直接贸易为主，还没有真正把韩国的门户作用发挥出来。

六是营商环境还不够优。近年来，威海通过持续深化“放管服”改革，在优化对外开放环境上取得了很大成效，但审批时间长、盖章多、收费多、中介多、材料多“一长四多”问题仍然存在，精细服务不到位、配套设施不便民等问题还比较突出，还没有真正放下“官老爷”的架子，担起“店小二”的责任，企业和群众办事难的问题没有从根本上解决。

七是城市国际化水平还不够高。威海是一座开放型城市，但还不是一座国际化城市。威海对经济领域的国际交流合作比较重视，对文化、教育、科技、城市发展等方面的国际交流合作重视程度不高。威海人待人接物热情豪爽，但自给自足的小农思维比较重，开放的、合作的、共赢的意识不强，契约精神、法治意识还不够强，对国际规则知之不多。

三　威海打造对外开放新高地的对策建议

打造对外开放新高地，交通建设、通道建设是基础；改善营商环境，推进行政制度改革是保障；大力引进人才，加快产业升级是关键。针对当前形势和存在不足，如何进一步扩大对外开放，个人认为可以从以下几方面进行重点突破。

（一）进一步扩大对外开放，加快体制机制创新，营造良好发展环境

近年来，威海争取到中韩自贸区地方经济合作示范区、国家服务贸易创新发展试点城市、国家级跨境电商综合试验区等一批重要试点任务，要利用这些试点契机，继续拓展试点领域。应积极适应国际经贸规则和秩序的变动趋势，努力破除制约创新发展体制机制的障碍和制度藩篱，着力打造国际化、法治化、便利化的营商环境。

一是要加快利用外资管理体制创新。落实准入前国民待遇加负面清单的外资管理模式，进一步放宽市场准入，并赋予内外资企业同等待遇，为企业创造稳定、透明、可预期的营商环境。要借鉴先进地区经验，积极研究出台符合扩大对外开放加快招商引资的支持性政策，只要是在“法定权限”范围内，都可以尝试，要体现国际惯例、国民待遇，同时适用于内外资企业。深化服务贸易创新发展试点，争取在服务外包、跨境运输、健康医疗、旅游会展、服务贸易统计等领域取得突破发展。打造中韩自贸区地方经济合作示范区升级版，积极参与中韩自贸协定第二阶段谈判，在投资和服务贸易等领域争取更多先行先试机会。二是要加快建设完善综合开放服务体系。结合开放型经济发展实际需要，全力打造政府、中介机构和企业“三位一体”的开放型经济综合服务体系。构建政府主导的公共服务型外经贸综合服务平台，为企业提供政府服务、政策咨询、市场开拓、品牌推广、融资支持、投资信息、风险预警、贸易摩擦应对等公益性服务。支持各类中介服务机构发展，引导各类贸易促进机构、行业中介组织利用自身优势，为企业提供财务、法律、知识产权、商事调解及管理咨询等方面的服务。三是要加强涉外知识产权保护。切实做好吸收外资、对外投资、对外贸易和国际展会等对外领域的知识产权保护工作。通过政府引导扶持等手段，鼓励和帮助企业到境外注册产品商标、申请专利，积极开展知识产权国际合作。通过建立企业知识产权方面的经营异常名录制度，推进知识产权诚信体系建设。要依法严格保护外商和外商投资企业的知识产权，完善知识产权纠纷多元解决机制和知识产权侵权查处快速反应机制，依法有效保障外商合法权益。

（二）进一步加强招商引资，引进全球资源参与新旧动能转换重大工程，加快重点产业的提质增效

外资承载着资金、先进技术、管理经验、国际市场渠道，在新旧动能转换的过程中具有十分重要的作用。我们要加快转变招商引资的方式方法，从过去的依靠“拼税收、拼资源、拼土地”向“拼理念、拼人才、拼环境”转变，通过进一步加强招商引资，引进跨国公司战略投资项目和功能性机构，引进先进技术、管理经验和市场模式。

一是要加快建立健全产业招商机制。新旧动能转换一方面要靠现有的企业、产业转型发展、膨胀发展，另一方面必须进一步加大招商力度，根据以“四新”促“四化”要求，围绕七大千亿级产业集群，策划和引进优质产业项目。要加强总体规划协调，加快研究制定高水平的重点领域、重点产业的招商规划，分行业、分产业制定招商方案并组织实施。要积极创新招商引资的模式，逐步构建起“政府推动、企业主体、专业化运作”的招商格局，对重点项目和重点企业实行一对一的专业招商服务。积极推广利用外资的新方式，研究推进融资租赁、并购、境外上市发债等方式吸收外资。二是要借助外资积极培育壮大产业集群。大力实施项目带动战略，把招商引资与培育产业集群有机结合，积极开展产业链招商，不断延长产业链，壮大集群规模。要强化与世界500强的战略合作，世界500强和跨国公司重大投资项目对于产业升级、人才引进、创新意识、城市国际化水平有着重大综合性影响。因此，要创新重大外资项目运作与合作模式，面向重点企业加快实施精准招商战略，紧盯重点产业和重点区域，加快引进一批具有战略性、引领性、支撑性的重大项目，促进产业集聚发展。注重依托海洋船舶、海洋渔业等海洋产业综合优势，加强与发达国家开展研发合作，重点推进与海洋渔业、海洋船舶等优势产业和海洋生物医药、海洋可再生能源、海水综合利用、海洋新材料等新兴产业的合作。三是要坚持招商引资和招才引智并举。坚持产业为王、项目为王、企业为王，注重激发企业的积极性，充分发挥企业在人才引进、培养、使用中的主体地位，鼓励企业引进海内外高层次人才、创新团队和职业经理人。注意加强国际化人才服务体系建设，建立引进高层次、高技能人才服务绿色通道，在出入境、工作许可和居留、子女就学、社会保障等方面提供快捷、高效服务。加大高校毕业生

引留力度，大幅提高在威海就业创业大学生的生活津贴标准，鼓励和支持高校毕业生来威海创业，定期举办威海大学生创业大赛，面向重点高校引进优秀毕业生到事业单位工作。注重增加有效制度供给，下大气力抓好国际化、专业化、实干型招商队伍建设，充分运用市长国际经济咨询委员会等平台资源，在招商竞争中抢得先机、争取主动。

（三）进一步加快发展新兴贸易方式，加强品牌建设，全面提升国际市场竞争力

针对国际贸易发展的新趋势，通过发展新业态、新模式带动更多企业参与国际市场竞争，通过国际品牌建设，提高品牌知名度，加大高技术和高附加值产品出口力度，在对外贸易领域加快形成新动能、新优势。一是要加快发展对外贸易新业态、新模式。要通过加强顶层设计，不断创新理念、创新体制机制，带动对外贸易工作模式、工作机制实现质的飞跃。首先，要积极完善服务贸易的政策支持体系，探索符合服务贸易特点的通关、检验检疫、外汇、税收等支持政策和便利化措施，稳步发展传统服务贸易，加快发展服务外包、信息技术服务、文化服务、中医药服务、金融服务、教育和体育服务等新兴服务贸易。加快发展入境旅游，积极培育入境旅游新载体，打造入境旅游特色产品，提升入境旅游服务水平，打响威海滨海休闲度假目的地品牌。其次，要加快发展跨境电子商务、外贸综合服务、市场采购等新业态、新模式，快速壮大其规模。二是要进一步加强国际自主品牌建设。品牌建设是现代国际市场竞争的重要手段，只有强化品牌意识，注重供给质量，才能在新常态下实现创新发展、持续发展和领先发展。要加快加工贸易转型升级，引导加工贸易企业由单纯的贴牌生产向委托设计、自主品牌转变，积极优化加工贸易的产品结构，提高技术含量和附加值，促进加工贸易向产业链高端发展，培育区域性、行业性自有品牌，延长加工贸易国内增值链。要加快培育以品牌为核心的国际竞争新优势，提高自主品牌出口比重，通过制定国际自主品牌培育和支持政策，鼓励企业创建出口名牌，支持企业开展国际商标注册和国际通行的质量管理体系认证，培育一批具有较强竞争力的国际自主品牌。三是要加快内外贸一体化发展。市场的对内对外开放能够提高产业的整体发展效率，释放新动能。同时，内外贸一体化发展还具有深层内涵，即以外贸的标准办内贸，通过内贸和外贸

“同线同标同质”发展，消费者享受更多的与出口产品相同质量的商品。内外贸一体化发展，还在于本土零售企业要加大与百姓生活密切相关的高品质日用消费品进口，满足高端消费需求，引导和促进消费回流。同时，可利用进口的倒逼机制，促进国内相关产业加快转型升级。国家正在逐步降低部分消费品进口关税，涵盖食品、保健品、药品、日化用品、衣着鞋帽、家用设备、文化娱乐、日杂百货等各类消费品，即体现了提升消费品质、促进国内供给体系转型升级的政策导向。

（四）进一步加快实施“走出去”战略，利用国际市场和资源，助力结构调整和转型升级

“走出去”对于增强企业统筹国际国内两个市场、两种资源能力具有重大意义。通过推动“走出去”和“引进来”协同发展，打通资金、资源、技术回流渠道，促进产业转型升级。秉持“开放活海”理念，突出“走向深蓝”，推进“远洋威海”建设。一是要积极参与“一带一路”建设。“一带一路”是新阶段引领国家发展转型、提高对外开放水平、参与全球经济治理的主要抓手。应当与“一带一路”沿线国家和地区在更宽领域、更高层次上开展交流合作，进一步放大对外开放综合效应。要以浪潮集团“一带一路”国家云服务运营中心为载体，加快大数据、云计算、智慧城市建设的服务输出，打造“数字丝绸之路”。要以海洋优势产业和主要港口为依托，深化和拓展远洋渔业、养殖捕捞、海洋科技创新、国际产能合作等领域的国际交流。扩大与日本、韩国及东南亚、南亚等沿线国家和地区的开放合作，促进商品贸易、海外工程和先进技术（服务）等双向流动。提升参与国际渔业资源分配能力，与西非、东非、西亚、中南美洲等区域建立长期合作关系，面向南太平洋、南大西洋和北印度洋，重点开拓新的远洋渔业市场，加快建设远洋渔业海外基地。要引导企业加强同丝路基金、中非发展基金等基金的对接，解决“走出去”融资难问题。要谋划国际产能转移布局，要积极谋划境外工程市场布局，支持承包工程企业到“一带一路”沿线国家和地区开拓工程市场，推动承包工程企业同装备、物资企业对接，带动设备、材料出口。二是要加快形成“走出去”的产业优势。要加快谋划境外经济园区布局，支持有实力的跨国经营骨干企业建设境外经贸合作园区。组织企业赴“一带一路”沿线国家和地区洽谈投资，支

持其到境外建设产能转移项目、研发中心、营销网络。积极培育本土跨国公司，有效利用全球资源，推进企业国际化。引导符合条件的传统优势产业在境外设立生产加工基地，形成若干产业集聚区或工业集中区。推动新兴优势产业建立境外研发、营销机构，积极参与国际技术标准制定和取得境外知识产权。支持有实力的企业参与境外资源、能源项目合作开发，重点推动煤炭、木材、有色金属、农业、渔业等领域的投资合作，建立海外资源基地，加快形成资源回运。三是要坚持“引进来”和“走出去”有机结合。坚持引进外资与对外投资有机结合、相互配合，推动与各国各地区互利共赢的产业投资合作。鼓励企业将境外投资获得的资源、产品、技术、营销网络、融资渠道等用于促进威海相关产业发展，既注重发挥威海优势和条件促进其他国家和地区共同发展，也要重视通过境外投资、并购等合作，最终形成返程投资。以德国为例，许多家族式中小企业是各自细分领域的隐形冠军，拥有行业领先的技术，现在部分企业处于发展困难期，如能抓住机遇对其进行收购和兼并，可同时拥有其先进和核心技术。

（五）进一步加快推进各类开放试点，为扩大开放打造良好政策环境和平台载体，打造国际化精致城市

坚持从实际出发，加强构建全方位、高水平对外开放新格局的探索，积极争取和推进各类开放试点，使更多的先行先试政策在威海落地实施，进而有效破解带有普遍性的政策问题和体制机制障碍。

一是要积极打造各种先行创新试验平台。要加快推进新旧动能转换重大工程建设，促使各类政策、资源集聚，将新旧动能转换重大工程打造成对外合作的重要切入点。积极争取各类国家试点，深化跨境电子商务综合试验区、服务贸易创新发展综合试验区、服务外包示范城市和特色服务出口基地建设，争取更多的支持性政策在试点园区先行先试，抢占发展先机。二是要积极参与国家自由贸易区战略。深入推进中韩自贸区地方经济合作示范区建设，在国际货物贸易、服务贸易、投资、产业转型升级、高新技术转移、高层次人才交流等领域争取更多先行先试机会，通过一系列机制创新、政策突破、具体实践，来实现先行先试的创新功能。密切跟踪山东自贸试验区建设的最新进展和最新成果，争取列入核心片区，积极复制推广其改革试点经验和创新做法。三是要加快各类开发区体制机制创新。积极贯彻落实国务院关于加快开发区创新发展的

有关文件精神，推动开发区建设由追求速度向追求质量转变、由政府主导向市场主导转变、由同质竞争向差异化发展转变、由硬环境见长向软环境取胜转变。推动各类开发区发挥自身优势，率先复制自贸试验区改革试点经验，加快体制机制创新步伐。研究推动各类开发区在行政管理体制等方面加快创新，形成符合市场化、法治化、国际化要求的管理体制机制。优化开发区机构设置，深化开发区干部人事管理制度改革，支持开发区推行招商体制机制改革，鼓励开发区加大研发投入力度，建立高效的创新创业服务体系，推动开发区不断完善生产生活服务配套功能，推进产城融合。四是要塑造城市国际化新优势。国际化的城市也是精致的城市，推动城市向国际化城市迈进，是威海进一步扩大对外开放的必然选择，要以更加开放包容的心态，以更高的视野和标准来谋划、来推动。要紧紧围绕城市功能国际化，按照国际标准加快基础设施升级改造，积极推动公共服务、社会管理等与国际接轨。加大对铁路、港口、机场、公路以及疏港设施的改造升级力度，增加国际航班数量，整合港口资源，增强口岸功能。加快培育国际海洋合作和竞争新优势，通过海洋经济、文化等领域开放型发展，打造海洋经济改革开放先行区，建设东北亚海上航运中转枢纽，推动威海向国际化海洋城市迈进。争取打造区域性国际文化体育交流中心和旅游目的地，举办和承办铁人三项、帆船、马拉松等精品国际体育赛事，提升本土赛事品牌的国际知名度，推动帆船、游艇等相关产业快速发展。发挥威海旅游的品牌优势，扩大韩国、日本、俄罗斯等国际游客入境规模，大力引进国际高端酒店项目，完善旅游基础设施配套建设，不断提升城市国际化水平。

B.18
东营：以新旧动能转换打造经略海洋增长极

张月锐*

摘　要： 东营作为“黄蓝”两区建设全覆盖的前沿城市，近年来全面探索海洋经济发展新路径、拓展新空间、创造新模式，完善现代海洋产业体系，全市海洋经济动能规模不断扩大，发展质量得到明显提升。但在海洋经济新旧动能转换过程中仍存在诸多制约因素，要不断增强推进海洋经济新旧动能转换的落实能力，把东营市建设成为山东省现代海洋经济强市与沿海生态经济强市。本报告从七个方面提出了对策建议。

关键词： 经略海洋　新旧动能转换　海洋经济　科技创新

党的十九大报告指出，坚持陆海统筹，加快建设海洋强国。习近平总书记在参加十三届全国人大一次会议山东代表团审议时也强调，海洋是高质量发展战略要地。围绕落实党的十九大精神和习近平总书记的指示要求，全省第十一次党代会审时度势，提出了加快建设海洋强省的战略部署。东营市按照省第十一次党代会部署，抓住实施新旧动能转换的重大机遇，切实做好经略海洋这篇大文章，立足优势，全面开发和利用海洋，推动海洋经济转型升级，实现海洋经济的高质量发展。

* 张月锐，硕士，东营市区域发展战略推进办公室副主任，副研究员，研究方向：区域经济。

一　新旧动能转换提升了东营海洋经济发展的基础优势

东营是黄河三角洲的中心城市，又是两大国家战略——黄河三角洲高效生态经济区开发建设和山东半岛蓝色经济区建设全覆盖的前沿城市。全市海岸线长413公里，管辖海域面积6000平方公里，海洋生物种类130余种，素有“百鱼之乡”和“东方对虾故乡”美称。滨海未利用地452万亩，石油储量54.83亿吨，天然气储量415.74亿立方米，地热资源可采量562.61亿立方米。壮丽的黄河三角洲、丰富的海洋资源、广阔的滩涂湿地空间和良好的生态环境，为东营市建设海洋经济强市，实现高质量发展提供了坚实基础。东营市深入贯彻落实新发展理念，以推进供给侧结构性改革为主线，以实施新旧动能转换为抓手，全面探索海洋经济发展新路径、拓展新空间、创造新模式，完善现代海洋产业体系，全市海洋经济动能规模不断扩大，发展质量得到明显提升。

（一）海洋经济实力显著提升，新旧动能转换基础得到夯实

从整体情况看，“十二五”期间，东营市以实施“黄蓝”战略为契机，立足丰富的资源优势，坚持黄蓝融合、海陆统筹、一体发展，大力实施科技兴海、质量强海、生态立海等战略，全方位、深层次综合开发和利用涉海资源，全市海洋经济快速增长，海洋经济实力不断壮大。2018年东营市主要海洋产业总产值突破1000亿元，同比增长6%，海洋生产总值占全市生产总值比重达到20%，海洋经济已成为拉动全市国民经济发展的有力引擎。海洋工业原料、海洋化工、海洋装备制造成为东营市海洋产业的三大支柱产业，尤其是海洋新材料、精深加工等走在了山东省前列，海洋生物制药、滨海旅游、海水综合利用等一批新兴海洋产业发展迅速。海河观光、赶海拾贝、海上垂钓等滨海休闲旅游活动日渐兴盛。2018年滨海旅游业实现营业总收入156亿元。海洋牧场建设实现零的突破，开辟了海洋渔业发展新空间。2018年前三季度，渔业总产值74.50亿元，增长3.9%。

（二）转型升级不断加快，一批海洋新产业、新业态加速形成

海洋三次产业结构不断优化，传统产业领域内的技术密集型、高附加值产

品增多，产业层次逐步提高。新兴产业领域内，新产业、新业态发展速度加快，新的经济增长点不断形成。建成万亩以上渔业园区5个，其中10万亩以上2个。海参养殖面积达到10万亩，成为全国规模最大、标准最高的单片滩涂养殖园区。近年来，在海洋生物技术、海洋工程技术、船舶制造技术、海洋信息技术、海洋化工技术、海洋生态环保技术等方面形成了新的经济增长点，实现了海洋现代服务业的优化升级。海洋灾害监测及预报预警技术、海洋矿产资源开发技术、海洋生物资源综合开发技术等高新海洋技术的研发取得了新的进展。[①] 在东营经济开发区建设了“滨海新材料园”，形成了以烧碱、氯气、盐酸、环氧丙烷、苯胺、甲烷氯化物等为主导产品的盐化工产业链。

（三）创新能力日益增强，一系列新技术、新模式加快应用

从技术研发情况看，投入规模增大，创新能力明显提升，一批制约行业发展的关键核心技术取得突破。东营市涉海企业中90%以上的企业借助信息技术实施了流程改造，开发出在同行业领域占优势的产品。东营市汇集了一大批涉海科研机构和高技术人才，除坐落在东营市内胜利油田外，东营市还与200多家高校、科研院所建立了以发展海洋科学技术为主要目标的科技合作关系，东营市已建成1家国家大学科技园、4家国家创业中心、1家国家级高新区和1家省级创业中心。国家级企业技术中心达到4家、省级70家、市级121家，省级工业设计中心8家、市级34家，省级工程技术研究中心50家，省级工程实验室12家。黄河三角洲可持续发展研究院、大学科技园“生态谷”等科技创新创业平台已初具规模。

（四）改革开放全面深化，新旧动能转换环境不断优化

“放管服”改革进一步深入，行政审批手续进一步简化。调整了市直海洋主管部门的行政审批权项，全面取消了非行政许可审批类别。按照市委、市政府《关于推进个体工商户“两证合一”登记制度改革的意见》，顺利实施了“五证合一、一照一码”改革。“十二五”期间，出台了《东营市海域使用权

① 张绪良、张朝晖：《环渤海三角洲滨海湿地的植被特征及演化》，科学技术文献出版社，2014。

抵押贷款管理办法》，截至 2017 年累计办理海域使用权抵押贷款登记 105 宗，抵押贷款金额 7 亿多元。对外开放力度加大，货物贸易迅速拓展。培育了黄河口特优水产品品牌，黄河口大闸蟹跻身山东省十大渔业品牌。

（五）重视生态保护与修复，海洋环境得到明显改善

“十二五”期间，东营市已累计投入沿海防护林建设资金 28 亿元，完成建设沿海防护林基干林带 1.1 万亩，建设纵深防护林 50 余万亩，抚育柽柳林 30 万亩，构筑了多层次、宽纵深的生态防护体系。面对日益稀缺的海洋水产资源，建成国家级水产种质资源保护区 3 处，选址建立了利津底栖鱼类、河口浅海贝类、黄河口、莱州湾蛏类、广饶沙蚕类等 5 处国家级海洋特别保护区，总面积达 1691 平方公里，占东营市海域面积的 30%。自实施渔业资源修复行动以来，先后放流中国对虾、海蜇、三疣梭子蟹、梭鱼、半滑舌鳎、贝类等水产苗种 31 亿多单位，有效恢复了东营近海渔业资源，为渔民增收 30 亿元。每年组织出海 50 多航次，对陆源入海排污口、江河入海污染物、海水增养殖区开展定期监测，东营市近岸海域水质等级以第二类、第三类水质为主，春季、夏季和秋季符合及优于第三类海水水质标准的海域面积分别占全市海域面积的 93.61%、70.54%、58.62%。

（六）突出基础设施及配套建设，海洋经济新旧动能转换支撑能力明显增强

东营港已是国家一类开放口岸，并被明确为黄河三角洲区域性中心港。东营港采用“政府主导、企业自建”的方式，大力推进东营港基础设施及配套建设，东营港承载能力大幅度提升，东营港主体功能地位进一步强化。目前已建成泊位 55 个，其中液体化工码头 32 个，最大靠泊能力 5 万吨级。建设了 106 万方油库区及 60 万方精细化工灌区，加上其他共计 200 万方灌区。恢复了停运 14 年的东营至旅顺滚装航线，打通了华北地区与东北地区的海上通道，成为环渤海地区最大的油品和液体化工品特色港口。黄河口中心渔港于 2011 年底正式开港通航，水、电、路、讯、导航等基础设施配套完备。广利港组织完成了规划范围内全部海域迁占任务，一次性完成海域迁占面积 82.99 平方公里，7.7 公里长的疏港路顺利实现路基贯通，极大地提升了港口航运基础支撑能力。

二　推进海洋经济新旧动能转换存在的问题与制约因素

（一）海洋意识淡薄

经济发展重陆轻海，海洋建设投入不足，海洋经济地位不够突出，陆海一体化发展的体制机制不健全。顶层规划设计欠缺，协同推进向海发展的理念尚未形成。海洋经济核算体系不完善，海洋开发决策缺乏数据支撑。

（二）海洋产业规模和层次有待进一步扩大和提高，“四新”经济分量轻

东营市经济绝大部分还局限于陆域经济，海洋经济尚未得到有效利用，全市主要海洋产业增加值占 GDP 的比重还很小，与海洋资源大市不相符。海洋经济的主导产业主要是海洋渔业、海洋油气业、临港石化、盐及盐化工等传统海洋产业，附加值较低，产业链条相对较短。海洋第三产业和海洋新兴产业规模小，且产品大多处于产业链低端，代表价值链高端的港口物流、航运服务、海洋旅游等产业发展滞后，海洋生物医药、海洋新能源、海洋生物资源及海底金属矿物资源的综合利用等新兴海洋产业发展缓慢，有的尚未破题，缺少规模大、效益好、带动能力强的产业项目，限制了海洋经济新旧动能转换的快速发展。

（三）海洋经济科技创新能力不强

涉海科研机构数量少，且主要集中在油气开发领域，海洋科技创新平台建设滞后。以企业为主体的技术创新体系尚未建立，海洋科技成果转化率低，企业自主创新能力亟待提高。海洋科技人才缺乏，特别是缺乏海洋生物、海产品养殖、海产品加工技术等方面的高层次海洋科技人员与高素质劳动力队伍。海洋科技平台建设滞后，全市没有高水平的海洋科技研究、教育机构和研究人员队伍，海洋科技装备能力明显不强。海洋科技实力比较薄弱，发明专利少，海洋经济新旧动能转换自主科技创新能力亟待提高。

（四）海洋经济动能转换的基础支撑不健全

港口规模仍然较小，港口吞吐能力低，对外开辟的固定航线少。港口靠泊

能力弱，绝大部分码头装卸设备相对落后，影响了港口的利用效率。规划多年的疏港铁路至今未开工建设，导致港口集疏运体系不完善，集散能力弱。淡水资源匮乏，水利设施配套建设相对滞后。生态系统稳定性差，东营海岸极易受到洪水、风暴潮等自然灾害的侵袭，海岸防护设施不健全等因素极大制约了海洋经济新旧动能转换的发展。

（五）海洋资源开发和利用不合理

海域使用与“严格按照海洋功能区划合理有序开发和利用海洋资源”的理念尚有一定的距离，出现非涉海行业对岸线和海域的不合理占用或涉海行业对海域、岸线资源的过度占用、粗放利用现象。一些用海项目布局缺乏整体规划引导，用海规模小而分散，项目重复建设严重，岸线资源和海域资源利用率低下，海陆资源优化配置进展较慢，区位整体优势难以发挥。

（六）海洋发展的环保压力较大

海洋资源开发和利用方式比较粗放，海水环境质量总体一般，部分河流入海口附近海域水质不能稳定达标，河口湿地功能退化、近海生物多样性减少、渔业资源衰退趋势没有得到有效遏制，陆海一体化污染防治体系尚未建立，海洋生态文明建设亟待加强。

三　提高推进海洋经济新旧动能转换的战略格局

海洋强国战略开启了海洋事业发展的新征程。新旧动能转换为海洋强国战略的实施提供了强大动力。总的思路是，深入贯彻落实党的十九大会议精神，把握国家建设海洋强国和21世纪海上丝绸之路的重大机遇，以五大发展理念为引领，充分发挥东营市海洋资源与土地后备资源丰富、区位条件良好的优势，按照“生态高效、海陆统筹、科技带动、集聚发展、重点突破”的发展思路，着力优化海洋产业结构，实施创新驱动发展战略，加快构建新旧动能转换体制机制。重点聚焦新技术、新产业、新业态、新模式，加快推进产业智慧化、智慧产业化、跨界融合化、品牌高端化，着力在创新前沿、要素集聚、产业升级、市场活力、供给体系、营商环境等方面取得突破，进一步激发市场活力，提高海洋科教支撑能力，加强海洋生态文明建设，推动海陆联动发展，提升海洋综合管理水平，促进发展方式由要素驱动向创新驱动转变，由外延扩张向内涵提升转变，把东营市建设成为山东乃至中国现代海洋经济强市与沿海生态经济强市。

围绕以上战略部署，聚焦实施以下重点工程任务。

（一）加快传统优势产业动能改造提升

1. 以生态增养殖推动海洋渔业动能转换

发挥浅海、滩涂、荒碱地资源比较优势，稳步扩大水产养殖规模，全面提升质量效益，做强水产养殖业。组织实施水产良种工程，建成南美白对虾、海参、鲈鱼等品种良种场，扩建黄河口大闸蟹繁育中心，增强苗种繁育能力。组织实施好国家、省级增殖放流项目。扩大水生生物资源增殖放流规模。推进加工技术的改造升级，提高水产品加工利用率和产品附加值。培植壮大渔业加工流通企业，加大对骨干加工企业的支持力度，重点抓好海参、贝类、对虾、毛虾、海蜇等产品加工业发展，建设一批有特色、档次高、辐射带动能力强的水产品加工集聚区。加强水产品市场体系建设，完善营销网络，提高集散能力。坚持“控制近海、发展远海”的方针，促进海洋捕捞业转型升级。积极稳妥发展外海和远洋捕捞业，有序开发外海渔业资源，推进远洋渔业发展。

2. 提升规模效益推动海洋能源矿产业动能转换

依靠科技进步，加大隐蔽性海洋油气资源勘探力度，到 2019 年，新增探明石油地质储量 1 亿吨，涉海区域油气探明程度达到 44%，年产油规模达 560 万吨，年产气量稳定在 1 亿立方米。加快地热资源开发、利用步伐，编制东营“中国温泉之城”发展建设总体规划，打造东营市地热资源开发、利用的金字招牌。抓好全市盐业调整布局，通过兼并、重组、联合、租赁等多种形式，加快盐田开发。在不断提高食盐产量的同时，加快新技术研发和新产品开发，生产特种盐，增加产品附加值，满足不同消费结构和不同消费需求。

3. 优化产品结构推动现代海洋化工产业动能转换

抓住国家允许地方炼油企业使用进口原油的有利时机，凭借大型液体化工专用码头及临港石化产业园的便利条件，加快调整优化产业布局和结构，形成东营临港石化产业集群。依托华泰化工、金岭集团等大型企业集团，根据国家产业政策要求，努力采用国际先进的烧碱生产技术，加快调整企业规模，重点打造以海水梯级利用为龙头的海洋化工循环经济、氯碱化工循环经济、海水资源综合利用三条产业链。依托石化、盐化产业基础，充分利用丰富的海洋溴素资源，开发引进溴化物及苦卤海水利用技术，加快突破海洋精细化工产业。

4. 扩大规模推动海洋装备制造业及工程建筑业动能转换

增强海洋工程装备制造能力，重点开发海洋钻井平台、水上工作平台等海洋工程装备及其配套设备。优化海洋工程装备产业布局，推进东营港、广利港等海洋工程装备基地建设，形成北部以东营港为依托、南部以广利港为依托的海洋工程装备产业集聚区。① 大力发展海洋工程建筑业，充分发挥其对海洋经济发展的推动作用。东营港开发区围填海适宜区位于东营港经济开发区及邻近海域，滩涂淤积程度高，近海坡度较缓，填海成本低，拟规划建设全国最大的石油战略储备基地，由中海油推进投资建设两个 5 万吨级、两个 5000 吨级液体化工码头以及物流园一期工程，一批石油化工项目已启动预可研编制工作，预计总投资达 450 亿元。近三年，加快推进该项目建设，同时围绕项目建设，积极开展海上城市工程建设研究，提升海洋工程建筑的能力和水平。

5. 提升层次推动海洋交通运输业动能转换

围绕打造黄河三角洲综合性物流中心、全国区域物流枢纽及国际重要物流节点的发展目标，建成以港口为枢纽，水陆畅通、设施完善、内外辐射的临港运输体系，建设一批物流园区、物流基地和物流中心。东营港区，增加高等级泊位数量，提高码头泊位的大型化和专业化水平；建成集引航、拖轮、海事、港航等多项功能于一体的港航运营调度中心和海上交通指挥系统；建设后方港区物流配套项目，进一步完善集疏运系统；增加当前航线密度，有效提高运力，并在政策允许情况下争取开辟新的渤海湾航线，积极开展与东北亚等港口之间的外贸业务往来，力争实现对台直航。广利港区，建设广利港综合客运枢纽，主要为环渤海地区水路旅客运输、环渤海地区海上旅游客运提供公路集疏运服务，为东营经济技术开发区和滨海新城提供公路运输服务。结合小清河复航工程，适时开发沿线内河港口。通过东营市水路交通运输信息化建设，提高各港口运营效率及服务保障能力。

---

① 《上海市海洋发展“十二五”规划》。

（二）积极培育新产业动能增加

1. 稳步发展海水综合利用产业

在东营港开发区、东营经济开发区及东营市沿海各县区，加快实施海水淡化示范工程，积极发展海水淡化产业，建设以海水淡化水作为重要水源的示范工业园区。临海重化工业园区尽快实施海水直接利用和海水淡化，同时采取一定的鼓励政策，采取 PPP 模式，吸引社会资本投资建设海水淡化厂并配套输水管网，充分利用园区内的余电、余热为海水淡化提供能源，降低成本，保障园区自身用水需求，减少沿海重化工业对内陆淡水资源的消耗，在满足自用的基础上逐步实现向城市管网供水，为城市用水提供有益补充。

2. 积极发展海洋生物医药与功能性食品产业

加大投入和扶持力度，建立海洋药物重点实验室和海洋生物资源中心，充分利用黄河入海口及莱州湾丰富的藻、贝、鱼类等生物物种资源，加快海洋生物活性物质的大规模分离、提取、纯化的技术研发，重点开发海洋医药中间体、海洋医用生物材料、海洋生物酶、海洋原料药、海洋成药和海洋疫苗等具有自主知识产权的核心产品，集中培育引进一批具有高成长性的海洋生物医药企业，增加海洋生物医药产业在海洋产业中的比重。

3. 加快发展滨海旅游业

依托滨海生态旅游和黄河口文化资源优势及旅游产业开发基础，按照高效、生态、示范的功能定位，突出资源特色，扬长避短，塑造“黄河入海·龙腾东营”的滨海旅游形象。加快旅游景区开发建设，在沧海桑田海岸线精心编制游线，合理布设大型滨海文化旅游项目，形成覆盖 413 公里海岸线的海域及沿海带的高端海洋旅游区，形成集旅游开发、游客服务、景区管理等软硬件建设于一体的滨海旅游文化产业链，打造精品海洋旅游业和海洋旅游品牌。

4. 突破海洋服务业

以专业化、网络化、品牌化为目标，积极培育海洋信息服务业。加快海洋信息网络体系建设，促进海洋信息服务业与海水养殖、海洋工程装备等产业有机融合。围绕服务“智慧海洋”建设，以加快推进新一代信息技术与制造业深度融合为主线，突破关键技术，发展具有自主知识产权的设备。优化金融生态环境，构建银行业、证券业、保险业支持海洋高技术产业发展的金融体系。

以增强海洋发展意识为重点，普及全民海洋国土知识，大力宣传海洋经济与生态文化发展的战略决策、目标任务、政策举措。深入挖掘海洋生态文化资源，建立科学、规范的海洋生态文化数据库，运用数字化储存手段，建立海洋生态文化的文字、音像、数字化的系统信息化管理平台。

四　增强推进海洋经济新旧动能转换的落实能力

（一）深入实施创新驱动发展战略，打造新旧动能转换强力引擎

构建层次多元、功能完善的创新体系。聚焦研发、创业、成果转化、科技金融四大功能性平台，鼓励企业加大研发投入力度，强化自主创新，建设工程实验室、工程技术研究中心等，提高核心竞争力。政府主导先期建设专业化引智园区，围绕海洋经济支柱产业的关键领域和产业节点，发挥平台集聚高层专家和创新实体的乘数效应，集中突破一批海洋高端技术，研发一批涉海高端产品，打造一批具有国际竞争力的创新集群，以技术领先抢占海洋经济新旧动能转换发展制高点。一是在培育创新型企业上有新突破。强化企业在海洋经济新旧动能转换技术创新中的主体地位，激发技术创新的内生动力，引导企业加大研发投入力度。强化企业研发平台建设激励措施，对企业新创建并被认定的国家级重点实验室、工程（技术）研究中心、生产力促进中心、技术转移示范机构（国家创新驿站），由财政给予专项资金奖励。二是在推进产学研管金合作上有新突破。明确产学研管金各方的责权利，强化知识产权和资金杠杆效应，叠加放大产学研管金合作中的政策效应。各级财政拿出专款设立产学研政合作专项引导资金，用于支持前瞻性技术研究、产业关键共性技术中间试验、科技成果转化和合作共建载体等重点项目和重大平台建设的引导投入。产学研管金合作成果优先转让给参与企业或本市其他企业，转让收益由政府、高校院所、研发人员按一定比例进行分配，其中政府收益仍作为专项引导资金继续使用。三是在造就创新型人才上有新突破。采取“人才 + 项目”的方式，依托国家和省市重点人才计划及重点科研、工程和产业项目，面向产业发展集聚和培养创新人才。制订实施领军型科技创业人才引进计划，重点依托各类孵化器、加速器和中试基地，深化院士与人才结对工作，扶持领军型科技创业人才

在东营承担的科技含量高、产业化前景好的科技创业项目。制订实施科技创业家培养计划，聚焦海洋产业重点，支持开展国际技术交流合作，资助海外专门研修，培育一批具有示范引领作用的科技创业家。推广“创业之初当保姆、成长之中配导师”的创业服务模式，针对科技创业企业，在人才供给方面提供全过程、全天候、全方位的服务。

（二）深化重点领域改革，释放新旧动能转换巨大潜能

继续深化“放管服”改革，全面推行“双随机、一公开”，切实加强事中、事后监管。全面推行“多证合一、一照一码”，取消不必要的行业门槛限制，切实解决“准入不准营”问题。推进工商注册便利化，简化商标注册手续，激发市场主体活力。运用大数据手段，构建全市政务数据资源共享平台，简单事项实施“即办制”，一般事项采取网上预审方式，复杂事项实行代办制、提前介入和并联审批等方式逐步推进，努力实现“最多跑一次”的目标。加大融资体制改革力度，增强对中小海洋企业特别是对“四新”“四化”中小企业给予重点扶持。在市创业投资引导基金中列支科技风险投资基金，吸引创业投资机构向东营市集聚。协调驻东营市银行机构加大对新动能企业的贷款扶持力度，研究出台激励政策，鼓励银行机构优先满足“四新”“四化”企业资金需求。做大做强政府性融资担保机构，加大政府性融资担保机构为“四新”“四化”企业担保力度。扶持新兴金融业态发展，重点发展互联网金融、消费金融期货市场等。加快规模企业规范化公司制改制步伐，创新企业资本运营方式，推动企业上市融资。推进政府科技职能从研发管理向创新服务的根本转变，逐步减少政府科技部门对具体项目的直接管理，建立以科技创新质量、贡献、绩效为导向的分类评价体系，正确评价科技创新成果的科学、经济、社会等价值。制定促进知识产权市场发展的指导意见，完善企业知识产权保护运营机制，提高知识产权侵权代价和违法成本。全面实施“智慧海洋”发展战略，统筹物质资源、信息资源和智力资源，整合建立海洋公共信息平台、公共数据库等，实现信息资源协同共享。

（三）高水平推进对外开放，提升新旧动能转换竞争优势

全方位深化开放，以开放合作为先导，提升区域合作水平。加强与京津冀

等地区对接互动，积极承接优质资源转移。探讨建设环渤海紧密型协作区，促进资源互补和产业整合。积极参与、融入“一带一路”建设，整合海陆要素资源，加快海陆双向衔接，打造双向开放枢纽城市。完善东营参与并推进“一带一路”建设的政策支持，推进全方位的贸易便利化，在投资备案、外汇管理、货物进出口、人员出入境等方面提供便利化支持。把海洋优势与开放优势结合起来，充分利用并发挥海洋资源丰富、对外开放度高的优势，进一步扩大海洋产业对外经贸交流与合作范围，促进与国际、地区间经济、技术、资源优势互补，在国外资金、先进设备及智力等方面重点引进，加速海洋产业科技进步。抓好海水养殖、水产品深加工、滨海旅游、海洋食品和药物、海洋化工、港口航运等行业的招商引资，促进全市海洋产业结构调整和技术水平提高。以中韩自贸区为契机，筹划建设中韩产业园。扶持外向型海洋经济龙头企业，鼓励有比较优势和竞争力的海水养殖业、海洋运输业、远洋渔业等产业实施“走出去”战略，开拓国际市场。

（四）提升产业集群发展能力，建立新旧动能转换品牌优势

进一步优化各类产业园区空间布局，引导海洋经济在园区分类集聚，着力打造“蓝色引擎”。把项目建设作为海洋经济新旧动能转换率先发展的生命线，以大项目和龙头企业为支撑，做大做强核心海洋产业。结合东营市实际，找准切入点，科学论证、编制、筛选、储备一批前景好、科技含量高、符合国家鼓励方向的新项目、大项目，将政策支持转化为项目支持。根据省重点培育的十大产业集群，选择技术先导性强、产业关联度高、能够带动配套项目和相关产业发展的产业，引导各方面重点投入。引进一批引领性强的大型项目。重点围绕集约区域用海、围填海造地以及海洋资源勘探开发、海洋装备制造、现代海洋化工、海洋生物医药、海水综合利用等领域，瞄准世界500强、海洋行业100强等跨国企业集团，分产业精心组织招商团队，吸引跨国公司地区总部和功能性机构落户东营市，着力引进一批具有牵动性和重大影响力的大项目。依托现有产业链条培育一批大项目。以产业链延伸为抓手，突出产业产品关联，鼓励关键节点上的骨干企业发挥作用，在扩大现有产业规模、加快产品升级的基础上，积极开展上下游产品研发，促进海洋经济整体扩规升级。

发挥海洋产业集群优势，着力培育和发展区域品牌。以东营市的优势产业

和拳头产品为对象，依托龙头企业、行业协会，精心打造一批“国字号”的区域品牌，增强市场竞争活力。通过塑造名牌产品，推进产业集群品牌化经营、规模化发展，提升东营海洋经济在国内外的知名度、信誉度和竞争力。加大政策扶持力度，完善品牌创建激励机制。出台扶持政策，提高企业创名牌的积极性，对获得国家、省级各类名牌产品荣誉，驰名、著名商标，地理标志认定产品的企业，加大一次性奖励和补助力度。同时，对品牌企业，在土地、水资源、电力等要素保障方面给予倾斜，在质量管理、环境管理、信息咨询等方面提供优先服务，在技改资金、科研立项、财政贴息、银行贷款方面给予优先安排。在政府采购、公益行为中，优先使用东营品牌产品或技术服务。对品牌企业的进出口业务，海关、商检部门优先办理审批手续，支持自主品牌企业在境外投资建立加工、研发、生产、营销和售后服务体系。

（五）创新海洋生态环境保护模式，营造新旧动能转换基础环境

一是陆海统筹，河海兼顾，严格实施入海排污总量控制制度。以改善海域环境质量、保证海洋生态文明建设为目标，开展海洋环境承载力和海域环境容量研究，严格实施入海排污总量控制制度，从污染源头治理出发，严格控制陆源污染物总量。在陆源污染控制方面，以近岸海域污染防治为重点，在环境容量的基础上，严格控制陆源排污，强化直接排海工业点源控制和管理，加大排污企业尤其是石化企业的监管和处罚力度，对不能稳定达标排放的重点污染企业坚决关停并转。严控农业面源污染，积极推广集约化、循环化、生态化种养模式，实现农业清洁生产。提高生活废弃物综合处置与利用水平，加快城乡污水处理设施建设，实现城乡生活污水达标排放。对重点海域氮、磷、石油烃类主要排海污染物的浓度和总量进行控制，加强对小清河、挑河、广利河等重点入海河流流域进行综合治理，严格控制沿海新上石化项目，强化安全保障措施，确定潮河、神仙沟河口、广利河、挑河、二号排涝站及三号排涝站为主要入海排污口，进行严格审批和监督管理。以黄河口三角洲生态保护为重点，在石化区建设深海排污管道，积极稳妥地推进污水离岸深水排放工程，将经过污水处理厂一级处理的污水通过排海管道进行离岸排放。

二是完善海洋保护区建设与运营管理体系。完善以黄河口国家自然保护区为核心的海洋保护区建设，探索创新海洋保护区管理机制，统筹规划设计全市

海洋保护区建设，构建陆海一体的代表性海洋保护区网络。将海洋特别保护区建设纳入市海洋主管部门管理，统一全市海洋特别保护区管理机构设置、人员配置、资金投入及产业开发管理，推动海洋特别保护区管理规范化和运营标准化体系建设。编制全市海洋保护区建设计划，加大新型海洋保护区建设管理力度，积极探索国家海洋公园建设，提高渔业资源保护区建设与管理水平，严格海洋生态红线保护制度。加大海洋保护区建设政策扶持力度，设立海洋保护区建设管理专项资金，鼓励社会资金参与海洋特别保护区建设。积极探索建立海洋生态保护补偿制度，对海洋保护区建设实施生态补偿，提高海洋保护区运营管理能力。

三是加大海洋生态整治力度。结合沿海滩涂开发和围填海项目建设，科学设计人工岸线改造和自然岸线修复工程，在有效减缓或避免海浪侵蚀和海水入侵的前提下，压缩人工岸线建设。积极筹措资金，构建多元化的海洋生态廊道和生境节点，全面提升近海自然生态系统的稳定性和生态服务功能。建立完善黄河口湿地保护制度，保障重要河湖湿地及河口生态水位，修复沿海湿地与河口湾生态系统。推动海洋牧场建设，编制海洋牧场建设规划，出台海洋牧场建设和运行管理的行业标准，推动海洋牧场体系化建设。统筹增殖放流和人工鱼礁建设的时空安排，提高增殖放流苗种的成活率和人工鱼礁建设的针对性、科学性。注重生境修复、天然饵料增殖、海岸柽柳林再造和沿海生物栖息地的恢复，重点探索河口湾生境恢复技术和河口湿地整治工程，发挥河口湿地自然生态服务潜能。

（六）推进五项重大基础工程建设，强化新旧动能转换支撑

1. 东营港建设工程

港区一突堤及码头建设。采取周边抛石、中间填土的方式，建设长 4.11 公里、宽 1.08 公里，面积约 4.4 平方公里的东营港区一突堤工程，同时沿突堤两侧建设 3 万 ~ 10 万吨级泊位码头。港区南防波堤、二突堤及码头建设。采取抛石方式，建设全长约 8.613 公里的南防波堤，会同已建设的引堤、北防波堤形成东营港区大环抱结构。同时依托南防波堤建设长 5.686 公里、宽 0.8 公里，面积约为 4.5 平方公里的二突堤，并沿二突堤建设 3 万 ~ 10 万吨级以上液化泊位及通用泊位，二突堤西端的 1.08 公里岸线作为海工装备岸线使用，

建设修造船、钻井平台基地。加快建设一突堤及二突堤对应的后方物流及工业用地，该区域面积约为7平方公里，建成后作为一突堤通用泊位的仓储物流用地和海工装备项目的配套用地使用。加快推进三突堤东端海监执法码头的建设、北防波堤沿线码头工程建设，同时北防波堤内侧新建3万~10万吨级液体化工码头。重点加快建设30万吨大型单点系泊码头工程，配套推进液体化工仓储物流区建设。加快推进10万吨级航道建设，从南北防波堤形成的口门继续延伸，建设7公里长的防护潜堤，对全长15公里的航道进行疏浚，航道底宽约470米，航道水深为16.5米。上述工程总投资超过120亿元，到2020年，东营港年吞吐能力将达到亿吨规模，建设成为功能齐全、设备完善、对外开放的现代化港区，黄河三角地区区域性中心港地位更加突出。

2. 广利港建设工程

新建设南北防波挡沙堤和航道疏浚工程，适时启动企业项目建设。建设北防波挡沙堤11295米、南防波挡沙堤11633米，实施航道整治、码头建设、疏港道路及配套设施等工程，快速扩大港口规模，提升运营实力。工程完成后可实现航道长度26.3公里、有效宽度100米、底高程-8.5米、5000吨级散货船乘潮单向通航的航道标准。同时，运用多种模式，合作建设北防波挡沙堤内侧6个5000吨级通用泊位，建设观景亲水平台和游艇码头，实施物流园区、通用堆场和辅建区等3个陆域形成工程等配套项目。广利港建设工程总投资44.26亿元，到2021年，港口总吞吐量将达到2000万吨，逐步实现散货、杂货、集装箱、液体散货和客运旅游等五大功能。

3. 黄河口中心渔港建设工程

黄河口中心渔港规划总面积10平方公里，其中内港池0.8平方公里，主要建设南防沙堤3280米、护岸1000米、港区道路2.5万平方米、综合执法办案中心1000平方米、港池疏浚37.84万立方米、航道疏浚66.55万立方米等工程和配套水电、污水处理设施及通信导航设备等设施，目前二期工程已列入农业农村部国家级中心渔港建设计划，共完成投资2.2亿元。下一步，将完成航道清淤、南北防沙堤工程收尾、疏港道路修建等工程；同时，广泛开展招商引资，推动鱼粉加工、综合服务区、渔民村、加油站、仓储、制冰厂等配套尽早开工。到2021年，黄河口中心渔港可实现一次性容纳避风渔船1500艘、年卸货量10万吨的目标。

4. 沿海防潮堤建设工程

“十三五”期间，集中力量、积极推进沿海防潮堤重要岸线建设，主要有滨海生态城防潮堤工程、北部沿海防潮堤建设工程两处。滨海生态城防潮堤工程是充分利用丰富海域资源，拓展城市发展空间，推动东营新一轮发展的重大基础工程。该工程位于城东防潮大堤以东，北起永丰河防洪南堤，南至广利河防洪北堤，沿 -2 米等深线建设，总规划长度 36 公里，其中主海堤 24 公里，广利河防洪北堤 12 公里，工程设计标准为 100 年一遇，工程级别为Ⅱ等。北部沿海防潮堤建设工程，把河口区北部沿海、东营港桩西、利津县刁口乡三处海岸防潮堤建设工程连成闭合一线，建成后，将绝大部分生产设施环绕在海堤以内，成为全市北部沿海经济隆起带发展的重要生态安全屏障，大大提高区域抵御海潮等自然灾害的能力。该工程自东向西共分 6 个闭合圈，分别为孤北海堤—刁口河段、黄河故道—挑河段、挑河（草桥沟）—沾利河段、沾利河—马新河段、马新河—潮河段、潮河—顺江沟段，主要建设内容包括新建主海堤、回水堤、河堤工程，维修加固海堤工程，新建挡潮闸、引水闸、桥梁、管理站、护堤房、防汛仓库等建筑物工程。工程按照一般岸段 50 年一遇、关键岸段 100 年一遇的防潮标准，统一选址设计、统一环评论证、统一筹措施工。同时，加固和维修全市其他岸线的防潮堤。

5. “智慧海洋”建设工程

积极应用高新信息技术，大力推进海洋管理信息资源的深度开发、利用和全面共享，全面提升东营市海洋与渔业行业管理、服务与科学决策水平。一是打造全市统一的海洋综合管理平台，提高信息化对海洋事业管理的支撑能力，全面提升海洋与渔业公共信息服务能力。建成市、县一体的海洋与渔业监测监控和应急指挥体系，提高自动监测监控能力、应急指挥和决策支持能力。二是提高海洋灾害实时观测和自动预报预警能力，形成稳定的海洋灾害综合观测网，提高预警报的精细度、时效性和准确率。三是提高海洋环境和污染自动监测能力。基本建成有效覆盖全市重要海洋功能区、生态敏感海域，运行较稳定，能实时地或准实时地，长期、连续、准确地提供监测数据的实时监测网，实现海洋环境监测由瞬时监测向过程监测、由定期监测到动态监测的跨越。在水产养殖中大力推广应用物联网技术，将水质监测、自动化控制、现代通信等集成于一体，强化信息化技术对养殖池塘、养殖园区的支撑作用，便于养殖户管理，进一步降低生产成本、提高养殖效益。[①] 四是提升信息化对协同管理的支撑能力。整合现有海洋与渔业办公及业务系统，建成综合管理平台，实现海洋与渔业信息资源的互联互通和实时共享，为海洋与渔业管理一体化提供技术支撑。五是增强应急指挥和决策支持能力，建立分层级的市、县海洋灾害和安全事故应急指挥系统、辅助决策支持系统，增强重要区域的应急响应指挥功能和决策分析功能。六是进一步提高公共信息服务能力。利用先进的信息技术建立覆盖重点区域的海洋灾害预警信息快速分发系统，实现海洋灾害预警报产品1小时内快速分发。建立综合服务平台为海洋事业和渔业产业提供及时的公共服务，实现100%政府可公开信息网上查询，100%申报审批业务网上办理。

（七）谋划和争取政策支持，增强新旧动能转换动力

给予海洋经济新旧动能转换在财政资金、金融创新、用地用海等方面最优惠的政策支持。一是积极争取“黄蓝”两区建设专项资金向东营倾斜，认真落实国家在“黄蓝”两区海洋产业发展等方面的财税优惠政策，积极争取国家海洋资源开发与保护等专项资金和财税优惠政策。二是推进投融资体制改革，构建投融资平台，重点扶持、支持重大科技创新、海洋战略性新兴产业培育、海洋传统产业改造提升和生态环境保护工程等。加强与山东半岛蓝色经济投资基金、蓝色经济区产业投资基金等涉蓝产业投资基金的沟通合作，运用好市级创业投资引导基金，探索与产业投资基金联合投资的有效模式。三是对海洋经济新旧动能转换重大工程建设用地，在编制土地利用总体规划、城市总体规划时给予统筹安排；对重要科研项目和知名科研机构落户东营，在供地政策上给予土地和海域利用优先政策。

---

① 《浙江省海洋与渔业信息化》，百度文库。

B.19

聊城：加快推进新旧动能转换

赵　宇*

摘　要： 2018 年，聊城市以产业集群化、产品高新化、模式新型化、跨界融合化、品牌高端化为主攻方向，完善体制机制，创新工作措施，大力推进新旧动能转换，经济保持中高速增长。本报告在分析聊城市推进新旧动能转换的现实基础上，提出了构建聊城市“一区引领、多园支撑、全域联动”新旧动能转换格局，加快推进新旧动能转换的战略重点，并从优化市域空间开发格局、强化科技创新引领、促进城乡互融互通、着力深化改革开放等六个方面给出了对策建议。

关键词： 新旧动能转换　战略重点　现代产业体系　科技创新

2018 年 1 月 3 日国务院以“国函 1 号文”正式批复《山东新旧动能转换综合试验区建设总体方案》，这是中国第一个以新旧动能转换为主题的试验区，也是十九大之后获批的首个区域性国家战略，标志着山东新旧动能转换综合试验区建设正式启动。2018 年，聊城市以产业集群化、产品高新化、模式新型化、跨界融合化、品牌高端化为主攻方向，完善体制机制，创新工作措施，大力推进新旧动能转换，实现良好开局。2019 年，聊城市应进一步完善配套政策，强化组织实施，高标准建设鲁西新旧动能转换试验区、转型发展新高地，努力在新旧动能转换中实现率先突破。

* 赵宇，博士，山东社会科学院农村发展研究所助理研究员，研究方向：农业经济。

一　推进新旧动能转换的现实基础

（一）经济保持中高速增长

2018 年前三季度，聊城市经济呈现总体平稳、稳中有进的发展态势。规模以上工业增加值增长 6.4%，比第一季度提高 2.1 个百分点。固定资产投资增长 8.4%，增速居全省第 4 位；社会消费品零售总额增长 8.6%，比上半年提高 0.1 个百分点；外贸进出口增长 7.5%，居全省第 8 位。地方一般公共预算收入完成 148.3 亿元，同比增长 8.9%。就业、物价保持平稳，城镇新增就业 5.6 万人，同比增长 34.1%，城镇登记失业率控制在 3.03%。

（二）农业综合生产能力增强

全市耕地面积 859 万亩，基本农田保护面积 724 万亩，乡村从业人口 493 万人，是著名的中国香瓜之乡、中国双孢菇之乡、中国阿胶之乡、中国鸭梨之乡、中国圆铃大枣之乡、中国黄河鲤鱼之乡、中国油用牡丹之乡。全市设施蔬菜播种面积 230 万亩，居全国地级市第一位，被命名为“中国蔬菜第一市”，肉蛋奶产量占到山东省的 12% 左右，经济林总面积 80 多万亩，水产总利用面积 27 万亩。农产品质量品牌建设实现新突破，优质绿色农产品比重持续增加，“三品一标”产品达到 1033 个。全市达到省级农产品质量安全市标准。农业科技创新迈出新步伐，农作物耕种收综合机械化率达到 88%。农村三次产业交叉融合，农业“新六产”的框架布局基本形成，农村电商、定制农业等新兴业态蓬勃发展。

（三）创新能力持续提升

全市共有国家级企业技术中心 9 家，国地联合工程实验室 3 家，省级工程实验室 18 家，省级工程技术研究中心 25 家，省级企业重点实验室 6 家；省级院士工作站 4 家。成立了天津大学聊城技术转移中心、中科（聊城）创新园，设立了 1 亿元的人才创新发展基金，引进外国专家 104 人、国内高层次人才 40 人、泰山产业领军人才 5 人。科技研发投入占 GDP 的比重持续提高，高新技术企业总数达到97家。全年申请国内发明专利1322件。基于物联网、云计算、大数据等新技术的应用和创新日益活跃，孕育了新的经济形态。信息技术服务快速发展，生态旅游、休闲养老、远程医疗、远程教育、数字家庭、智慧社区、智慧城市等新业态、新模式开始涌现。

（四）改革开放全面深化

聊城市推出“最多跑一次”审批服务事项1746项，实行了31证整合的“多证合一”改革。市、县两级行政许可事项全部纳入政务服务平台，“互联网+政务服务”走在全省前列，市公共资源交易中心正式运营。农村土地确权登记颁证工作基本完成，农村集体产权制度改革试点工作扩大到所有乡镇、街道。新型农村合作金融试点实现全省首批全覆盖，创新推出了国内首只市级股权质押增信基金、省内第三只市级直投基金，新成立市财金公司、土地储备开发集团两大融资平台，组建了注册资本10.2亿元的市级大型担保公司，资本规模位居全省前列。农村发展活力持续涌现。全市农村集体土地承包经营权确权登记颁证任务基本完成，农村土地流转面积达到耕地面积的38.21%，土地经营规模化率达到46.30%。农村“两权”抵押贷款试点启动。农产品价格形成机制不断完善。新型农业经营主体发展壮大，全市规模以上龙头企业达到460家，农民合作社12318家，家庭农场1068家，农业社会化服务组织1820个。

二　加快推进新旧动能转换的布局与重点

构建“一区引领、多园支撑、全域联动”的新旧动能转换发展布局，以改革、开放、创新为动力，强化项目、人才、资金、基础设施、新要素、政府服务“六大支撑”，全力推进新兴产业扩增量提质、传统产业改造升级，加快经济社会转型发展。

（一）构建“一区引领、多园支撑、全域联动”的新旧动能转换发展布局

1. 一区引领

全面提升中心城区首位度和宜居度，推进在平县、东阿县撤县设区形成“聊在东都市区”发展格局，发挥经济实力雄厚、创新资源富集等优势，增强

综合承载能力和引领带动功能。在中心城区进一步拉大城市框架，集聚集约创新要素资源，发展高端高效新兴产业，打造开放合作新平台，创新城市管理模式，综合提升基础设施和公共服务水平，建设现代绿色智慧新城。市驻地东昌府区发展新一代信息技术产业，改造提升轴承及保持器、文化旅游产业，打造全国最大的精密轴承及保持器生产基地，建设高铁新城科技创新集聚区。聊城经济技术开发区发展新能源汽车产业，改造提升金属加工产业，打造新能源汽车产业基地。高新技术产业开发区发展化工新材料、高端装备制造、生物医药产业，打造全国重要的化工新材料基地、装配式建筑产业基地。江北水城旅游度假区发展健康养生、精品旅游、现代金融产业，打造城市生活服务中心。在茌平县以茌平经济开发区、信发高新材料产业园为重点，发展新材料产业，改造提升有色金属、食品加工产业，打造全国领先的铝精深加工产业基地、资源综合利用示范基地。在东阿县以东阿经济开发区、东阿阿胶生物科技产业园为重点，发展医养健康新兴产业，改造提升钢球加工、文化旅游产业，打造国家级全域旅游示范区、中医药产业综合改革示范区。

2. 多园支撑

依托聊城市下辖的临清、冠县、莘县、阳谷、高唐省级开发区和特色产业园区，利用现有资源禀赋，发挥园区聚集生产要素、扩大对外开放的平台载体作用，按照产城融合的思路，聚焦主导优势产业，创新园区管理运营机制，积极引进一批关联度高、辐射力大、带动作用强的龙头企业，带动大批与之相配套的中小企业进驻园区，形成多个基础扎实、实力雄厚、特色明显的新增长点，打造新旧动能转换主载体。在临清市通过临清经济开发区、临清轴承产业园，发展高端装备制造产业，改造提升纺织、轴承产业，建设全国最大的轴承产业基地，打造运河文化名城；在冠县主要是依托冠县经济开发区、冠县精品钢板产业园，发展新材料产业，改造提升精品钢板、纺织服装产业，建设全国重要的精品钢板制造基地、区域性大宗商品交易集散中心；在莘县依托山东聊城鲁西经济开发区、国家农业科技园区核心区，发展新材料产业，改造提升化工、农业及农产品加工产业，打造全国重要的精细盐化工产业基地、现代高效农业发展综合试验区；在阳谷县则是依托阳谷祥光经济开发区、祥光生态工业园，发展光电信息产业，改造提升有色金属、塑料化工产业，打造世界领先的铜冶炼及精深加工基地、光电线缆产业集聚示范区；在高唐县主要依托高唐经济开发区、泉林循环经济产业园，发展高端装备制造产业，改造提升农产品加工、纺织产业，打造全国领先的智能装备产业基地、秸秆综合利用产业基地。

3. 全域联动

通过市域内重点开发区域、县市城区、特色小城镇互动融合发展，打破区域、产业和资源配置等要素分割，立足现实基础，发挥比较优势，推进要素配置合理化、产业发展融合化、基础设施网络化、区域环境生态化，实现全市范围内的新旧动能转换全域联动。

（二）加快新旧动能转换的战略重点

1. 加速淘汰落后产能

把去产能作为加快产业结构调整、优化存量资源配置、为新动能腾出发展空间的重要举措，对工艺装备落后，产品质量不合格，能耗、安全、污染物排放不达标的企业，特别是“散乱污”问题突出的钢管、化工、煤电、纺织、机械制造等行业，重点跟踪、加快淘汰，分类施策、多措并举、标本兼治，大力破除低端无效供给，保持产能利用率处于合理水平。创新运用产能等量减量置换、企业兼并重组、优势富余产能梯度转移等方式，引导企业主动压减过剩产能。利用市场倒逼机制，严格执行环保、能耗、质量、安全等法律法规和产业政策，加速淘汰落后产能。严格项目准入条件，加强立项、土地、能评、环评等行业准入管理，严禁新增违规产能和产能盲目扩张。坚持分类处置“僵尸企业”，加快建立“僵尸企业”分类数据库，制定针对性处置工作方案，对严重资不抵债、扭亏无望的企业，依法依规进行破产退出。研究完善信贷、财税、债权债务、职工安置等优惠政策，支持去产能有序进行。推进钢铁产能化解调整，支持鑫华特钢转型开发高品质线材、锚杆钢筋、精轧螺纹等特种钢材，发展符合本地产业需求的钢材深加工产品。严禁电解铝行业违法违规建设及盲目新增产能，采用替代关停方式，留存高端产能和装备，重点发展航空航天用铝材、交通运输用铝材、高端建筑铝型材等产品，继续保持铝精深加工行业优势。

2. 打造现代化产业体系

坚持产业集群化、产品高新化、模式新型化、跨界融合化、品牌高端化的产业发展方向，依托聊城特色产业优势，充分发挥龙头企业的引领带动作用和产业园区的集聚辐射作用，加快应用新技术、使用新装备、研发新产品，拓展延伸产业链条，推进新兴产业增量提质和传统产业转型升级。着力培育壮大新材料、高端装备制造、新能源汽车、医养健康等四大新兴产业，改造提升有色金属及金属深加工、绿色化工、纺织服装、文化旅游、现代高效农业等五大传统产业，打造布局结构优、规模体量大、延伸配套性好、支撑带动力强的九大现代产业集群。各县（市、区）要结合区域产业特点，找准定位，明确发展重点和发展方向。市直有关部门要“一业一策”制定完善支持配套措施，集中优势资源，做优做强九大产业集群。发挥信发集团、祥光铜业、中色奥博特、上达稀土、冠洲集团等企业技术优势，加强国内外先进技术、装备和工艺的引进，重点发展高性能铜合金、铝合金、钛合金、铜箔、铝箔、钕铁硼稀土永磁、高纯氧化铝粉体等高新产品，支持大企业、大集团剥离新材料业务模块，成立独立的经营实体，高水平打造信发高新材料产业园、中色奥博特有色金属产业园等园区。发挥鲁西集团技术优势，深入开展企业关键环节、生产线、车间、工厂智能化和绿色化改造，提升鲁西集团国家级企业技术中心创新能力，重点发展聚碳酸酯、尼龙 66、MDI、TDI、氟材料等高新产品，高水平建设中国化工新材料（聊城）产业园。发挥阳谷电缆集团、茌平国宏中环、冠县恒通晶体等企业技术优势，进一步提高工艺制作水平，提升相关企业技术创新能力，重点发展光纤光缆、光纤预制棒、碳化硅晶体、蓝宝石晶体等高新产品。依托保险补偿机制及国家重大专项，加强产业链的下游拓展和应用，提升上游基础材料自给率。

3. 实施“健康聊城”战略

大力发展生物制药、中药、化学药和医疗器械等产业，培育增强东阿阿胶国家级企业技术中心、国家胶类中药工程技术研究中心等科研实力，加快医药、医疗、养老、养生等多业态融合发展，打造全方位、全周期健康服务产业链和健康服务新模式，构建大健康产业体系，创建国家医养结合示范市。大力培育健康休闲、健康管理、中医药养生保健等康养新业态。依托温泉疗养、阿胶养生、梵呗音乐等资源，改造提升江北水城旅游度假区、天沐温泉旅游度假区、马颊河森林旅游度假村、东阿阿胶养生文化苑等特色休闲度假基地，重点建设聊城市医养中心、盛世千岛山庄等生态养老项目，加快建设东阿中医药健康产业园、宓城医养健康产业园、东昌府区大型医养综合体等项目，培育一批花园式医养综合体，打造“国家健康旅游示范基地”。支持社会力量开办医养结合机构，鼓励有条件的医疗机构向养老、康复、养生等服务延伸。大力发展“互联网＋医疗”和健康大数据，积极开展签约家庭医生在线服务和远程诊疗服务。

4. 大力发展全域旅游

突出全域水城、运河文化、养生度假特色，做优做强精品旅游，加快文化旅游业转型升级与品质提升，培育壮大文化旅游产业集群，打造特色鲜明的生态休闲旅游目的地城市。整合文化、水、休闲养生等优势资源，加快建设一批旅游新业态项目，积极创建山东省全域旅游示范区，全力打响“江北水城·运河古都——生态聊城”旅游品牌。同时，进一步推动旅游与运河文化、水浒文化、黄河文化深度融合，并以大运河文化带建设为契机，加快实施京杭运河（聊城段）沿线生态水系建设，保护利用世界文化遗产，形成“两城七镇”总体格局，打造运河文化传承发展示范区。以景阳冈、狮子楼等水浒故事发生地为载体，开发旅游衍生品，打造水浒文化体验区。整合生态农业、黄河森林公园等资源，打造百里黄河故道生态观光走廊。加快实施“三河三湖”连通工程、全域河湖水系连通工程，打通全域水城交通游览线，开发夜游水城、环湖健身娱乐等旅游产品，争取承办“中华龙舟大赛”“中国全民休闲皮划艇大赛”等体育赛事，举办文化演艺、特色文化节、水上美食节等活动，打造中国江北“威尼斯”。发挥中国温泉之城、省级区域医疗中心、阿胶养生、梵呗音乐等资源优势，开发生态温泉、乡村休闲、森林度假等旅游产品，打造江北休闲度假旅游目的地。实施“乡村记忆”工程，建设运河历史文化长廊。实施“优秀传统艺术传承发展计划”，重点开发剪纸、雕刻葫芦、木版年画、泥塑等非遗产品。实施文化精品工程，设立聊城文艺奖，扶持有聊城地域特色的戏剧、杂技、曲艺等文艺精品生产。

5. 做强做大现代农业

按照区域化、专业化、规模化的要求，坚持走以龙头带基地、以规模增效益的路子，着力调优种养结构、产品结构和区域结构，深化农业供给侧结构性改革，促进三次产业联动，在全市建设现代高效农业粮油、蔬菜、畜牧、水产、林果等五大产业集群。粮油产业集群，在高唐县、东阿县、阳谷县、临清市、茌平县，打造特色小麦产业链；在临清市和东昌府区，打造玉米产业链；

在东阿县和冠县，打造大豆、花生产业链。蔬菜产业集群，推动蔬菜种植由规模型向品质型转变。打造区域无公害蔬菜生产基地，支持莘县争创全国蔬菜质量标准中心。在莘县和茌平，打造一批蔬菜食用菌深加工企业，支持打造农业企业的冷链建设。畜牧产业集群，大力发展生态高效循环畜牧业，加快牛、驴、肉羊、兔等草食畜牧业发展，构建粮草兼顾、农牧结合、生态循环的新型种养模式。加快构建现代畜牧业产业体系，促进畜牧业全面转型升级，实现产业全环节提升、全链条增值、全产业融合。水产产业集群，加快推进水产“13433”工程，提升10个部级水产健康养殖示范场、推进3个现代渔业发展平台县、完善4个省级原（良）种场、培育壮大30个休闲垂钓基地。继续抓好特色水产养殖基地建设，推进基础设施及配套设施的新建、提升，同时做好名优特新品种的引进、繁育，优化品种结构。以东阿县、茌平县、经济技术开发区三个现代渔业发展平台项目县（区）为引领，依托项目建设进一步提高聊城市集约化养殖技术、良种繁育水平及名特优品种的养殖比重。林果产业集群，在各市、县、区打造林果生产基地。加快推进林业新型产业，充分利用林下土地资源，推进林业复合型经营。加大有机林果、森林菌类等森林食品的研发与科技推广力度，在城郊和近城村庄建设果品采摘园、森林人家，发展特色乡村经济。按照“一县一特色”的要求，推进特色农产品优势区创建，建设现代农业产业园、农业科技园区，做大做强特色产业。以引领农业供给侧结构性改革、培育农业农村经济发展新动能为重点，推进现代农业产业园建设。深入实施“净菜进京入沪”工程，把聊城打造成为京津冀和上海等大城市精致农产品供应地。

6. 推进产业融合发展

顺应融合发展趋势，推进产业融合、产城融合、产智融合，不断衍生新产业、新模式、新业态，拓展经济发展新空间。鼓励制造业企业延伸服务链条发展服务型制造，促进服务业向工业渗透发展生产性服务业。加快农林牧渔业与加工、旅游、教育、文化、康养等产业深度融合，打造全产业链条。推动服务业行业交叉渗透，形成多业态、多层次产业协调发展新格局。推进产城融合，促进产业园区向城镇聚拢、产业活动向园区集中、城市功能向园区拓展，加快提升城镇品质和产业园区特色。着力拓展农业产业链，实施农产品加工业提升行动，依托凤祥集团、蓝山集团等龙头企业，打造一批粮油加工、果蔬加工、畜禽加工、水产加工等特色农产品加工产业集群，提升农产品加工转化率；大力推进农业“接二连三”“隔二连三”融合发展，壮大终端型、体验型、循环型、智慧型等农业“新六产”四型业态，支持东阿阿胶、首鲜蔬果等打造农业全产业链模式。大力发展农业生产性服务业，重点扶持培育一批农机作业、农田灌排、统防统治、烘干仓储等经营性服务组织；加快成立蔬菜产业联盟，积极对接开拓北京、上海、天津、雄安新区等高端市场，深化与首农集团等大型涉农集团合作，建设京沪外延蔬菜基地。

三　加快推进新旧动能转换的主要对策

1. 优化市域空间开发格局

合理利用市域空间，规范开发秩序，控制开发强度，引导人口与经济合理布局，形成高效、协调、可持续的空间开发格局。优化重大生产力布局，探索各县（市、区）间重大园区、项目的联动协作机制和利益分成机制，谋划推进一批补齐产业链条、提升产业整体层次、带动区域经济发展的跨区域关键性大项目。坚持区域一体化发展，推进区域间规划政策协同对接、基础设施互联互通、要素市场统一开放、生态环境联防联治、公共服务共建共享；促进城乡在规划布局、要素配置、产业发展、公共服务、生态保护等方面相互融合。

2. 强化科技创新引领

协同推进理论创新、制度创新、科技创新、文化创新，构建创新创业的良好制度环境。搭建科技创新平台，规划建设一批工程技术（研究）中心、重点（工程）实验室、企业技术中心等高水平创新平台。支持九大产业集群加强与国内外知名院所合作，每个产业集群引进 1～2 个高水平配套研发机构。深入推进企业与高校院所开展战略合作，健全完善技术交易市场体系，严格知识产权创造、保护、运用，加速科技成果转移转化。强化企业主体地位，支持骨干龙头企业牵头建设产业技术创新战略联盟和产业共性技术研发基地，大力培育科技型中小微企业，加快构建以企业为主体、市场为导向、“政产学研金服用”相结合的技术创新体系。加快建设创新型城市，支持建设各类国家级、省级创新创业基地，加快发展众创空间，完善促进“大众创业、万众创新”的普惠性政策。大力支持聊城市高新技术产业开发区创建国家级高新区。深入开展农业科技“展翅”行动，加强新品种、新技术的推广应用，打造一批集科技开发、科普教育、技术培训、试验示范、种苗繁育等于一体的示范园区；强化与省农科院、中国农业大学等高校院所对接合作，加快组建种植、畜牧、水产、林业等行业专家顾问团；强化商业化育种、育苗基地建设，依托冠丰、鑫丰等龙头企业，打造2~3家“育繁推一体化”现代种业集团；大力发展智慧农业，推广应用大数据、云计算、物联网技术，建设聊城农业大数据综合平台。

3. 严格环保能耗标准，加强节能减排和环境保护

严格执行环境保护法律法规，对超过大气和水等污染物排放标准排污、违反固体废物管理法律法规，以及超过重点污染物总量控制指标排污的企业，视情节依法采取限制生产、停产整治、责令停业、关闭等措施。推进城镇人口密集区危险化学品生产企业搬迁改造。实施新一轮化工生产企业安全、环保、节能、质量“四评级”和转型升级“一评价”，对危险程度高、能耗高、效益差、安全生产没有保障且手续不齐全的化工企业落实入园、转产、关停、淘汰等措施，倒逼化工企业转型，支持发展精细产品。达不到强制性能耗限额标准要求的产能，限期进行整改，逾期未整改或经整改仍未达标的，依法关停退出。深入开展环境保护和生态修复，建成国家节能减排财政政策综合示范城市和国家循环经济示范城市。深入实施大气、水、土壤污染防治行动计划，严格控制污染物排放量，建立覆盖所有固定污染源的企业排放许可制度，构建以政府为主导、企业为主体、社会组织和公众共同参与的环境治理体系。加快建设山东省装配式建筑示范城市。发展节能环保产业，推进节能减排技术改造。

4. 促进城乡互融互通

打破城乡二元结构，建立健全城乡融合发展的体制机制和政策体系，推动城乡要素双向流动，促进城乡公共服务均等化、要素配置合理化、产业发展融合化。一是促进城乡要素合理流动。充分发挥市场在资源要素配置中的决定性作用，利用市场机制实现取长补短、互通有无、优势互补，做好“人”“钱”“物”等多篇文章，推动城乡要素平等交换，统筹解决城乡发展各自面临的重点问题。二是统筹推进以人为核心的新型城镇化。抓住建设国家新型城镇化试点城市机遇，有序推进智慧城市、海绵城市、综合管廊、水系综合治理建设，加快中心城区扩容提质，积极培育新生中小城市。三是加快农业转移人口市民化。积极为农业转移人口提供城镇基本公共服务，稳步推进城镇基本公共服务

覆盖全部常住人口，坚持自愿、分类、有序，积极稳妥推进农业转移人口市民化。

5. 创建农产品质量安全市

实施质量兴农、品牌强农、绿色富农“三大行动”，大力培育“三品一标”农产品。完善覆盖全市的农产品监管追溯体系。一是加强农业标准化建设，健全食品安全和农产品质量全链条标准体系。健全完善“聊·胜一筹!”品牌管理和运营体系，加快农业领域基础标准制定，积极创建国家蔬菜质量标准中心。开展标准化生产创建活动，打造标准化示范点，建设标准化生产基地。二是狠抓农产品质量安全。健全完善市、县、乡三级监管机构和市、县、乡、村四级监管队伍，进一步强化食安、农安、公安“三安联动”工作机制，继续完善市、县两级监管追溯平台，构建“从农田到餐桌”的全程监管体系，全力创建国家级农产品质量安全市。构建农产品质量网格化监管体系，落实最严格的农产品质量检测标准，健全农产品产地准出和市场准入制度，组建县级以农药、化肥为主的农业投入品集中配送中心，加快建立农产品质量监测预警、安全追溯体系。建立农产品生产企业信用信息系统，对失信市场主体开展联合惩戒。深入开展餐饮质量安全提升工程和农村食品安全提升行动。三是倾力打造聊城农业品牌。建设“聊·胜一筹!”品牌管理、传播和运营三大体系，建立农业品牌建设联席会议制度，成立农业品牌发展协会，组建农业品牌运营公司，建立农产品品牌培育、发展和保护体系，提高涉农地理标志商标及其他商标注册、运用、保护和管理水平，实现聊城农产品品牌建设专业化、市场化运作。通过实施“三品一标”奖补政策，加强认证管理，严格审核监管，推进“三品一标”示范县、镇、村创建。

6. 着力深化改革开放

进一步深化“放管服”改革，优化营商环境，增强要素集聚能力和市场活力。积极对接国家“一带一路”倡议，全面融入京津冀协同发展，重点加强与济南的融合对接，促进交通一体、产业合作、生态共建。优化出口产品结构，提高高新技术产品出口比重。探索海外服务贸易新模式、新机制，规划建设跨境电商集聚区。加快建设“海外聊城”，支持企业建立海外营销网络和产品服务体系。

B.20

济南高新区：生态赋能助推民营经济发展

叶广隶　田　珊*

摘　要： 济南高新区作为山东省高新技术产业聚集地和新旧动能转换主战场，始终关心、重视、支持民营经济发展，在国家高新区三次创业浪潮和新旧动能转换国家战略背景下，济南高新区于2017年起探索生态赋能型发展模式，依托“蓄能、储能、育能、释能”四位一体帮扶机制，助推民营经济呈现强劲发展态势。但在发展过程中仍面临诸多问题。本报告在梳理济南高新区发展现状与问题的基础上，提出了高新区生态赋能助推民营经济发展路径、举措。力争到2020年，济南高新区跻身全国10强、成为世界一流高新区；到2025年，创新创业、自然、社会、政务和政治生态基本建成；到2035年，形成世界级的创新创业生态，社会、政治、生态文明达到新高度。

关键词： 生态赋能　民营经济　三次创业

一　济南高新区新形势下发展面临的挑战

济南高新区是1991年成立的首批国家高新技术开发区，经过近30年的建设发展，已逐步成为济南市乃至山东省高新技术产业龙头、对外开放窗口和科技创新的主阵地，新旧动能转换的主战场。在新形势、新战略要求和新定位

* 叶广隶，硕士，济南高新区发展战略与宣传策划局文化和旅游办公室主任，研究方向：社会环境治理、文化与传播；田珊，硕士，济南高新区发展战略与宣传策划局宣传策划办公室主办，研究方向：区域经济、新闻传播。

下，高新区的经济社会发展面临以下挑战。

一是新常态下经济增长面临挑战。中国经济发展进入增长速度换挡期、结构调整阵痛期、前期政策消化期，“三期”叠加特征明显，不确定风险显性化。济南高新区在新常态下也面临经济增速放缓、产业融合不足、新业态发展不足、民营经济数量和质量有待提升等问题，区域经济辐射带动能力有待增强。二是新经济下创新创业发展面临挑战。济南高新区创新创业效率还不够高，政策创新和“大手笔”投入还不够多，创业氛围和活力不足，创业群体规模不足，创新创业生态有待完善。三是新环境下产业组织方式面临挑战。国家对全面深化改革做出系统部署，传统意义上区域经济发展的老三样“土地、政策、招商”难以为继，平台经济、分享经济、资本运作等成为推进产业发展的有效组织方式。济南高新区产业组织方式相对落后，市场化、专业化资源整合利用不够，大企业平台化深入推进不够，多层级资本市场尚未建立，不利于民营经济发展，亟待探索适应新形势要求的产业组织方式。四是新形势下开放发展水平面临新挑战。国家正着力打造以“一带一路”为总领的全方位开放发展格局，加快构建高效便捷、监管有力的开放型经济新体制。济南高新区开放发展格局尚未形成，国际化发展水平不高，集聚全球创新资源的能力亟待进一步提升。五是新要求下社会发展面临挑战。国家“十三五”规划的核心理念是促进人的全面发展，要“精准”地增进人民群众的获得感。济南高新区还存在产城融合发展不够，公共服务供给不足，公共服务市场化、专业化水平不高等问题，尚未建立新型的社会治理体系，为民营经济发展提供良好的生态环境。

二　济南高新区探索生态赋能发展模式的重要意义

2007 年起，济南高新区开始探索生态赋能发展模式，是准确把握全球新经济发展大势的战略举措。全球新一轮科技革命与产业变革孕育兴起，以技术创新为引领，以“新技术、新产业、新业态、新模式”为核心，以知识、技术、信息、数据等新生产要素为支撑的新动能加速孕育，数字经济、智能经济、绿色经济、共享经济等新经济形态蓬勃发展。硅谷、中关村、深圳等全球新经济高地成功的秘诀在于拥有一流的创新生态，生态是实现新经济繁荣的根本路径。

一是主动顺应中国特色社会主义新时代发展的创新实践。十九大报告中指出：中国经济已由高速增长阶段转向高质量发展阶段，要坚持推动经济发展质量变革、效率变革、动力变革，更好满足人民在经济、政治、文化、社会、生态等方面日益增长的需要，更好促进人的全面发展和社会的全面进步。

二是引领带动全省新旧动能转换的重要探索。2017 年，山东省党代会提出以“四新”促“四化”，实现“四提”，创建泛济青烟新旧动能转换综合试验区。2018 年 1 月，《山东新旧动能转换综合试验区建设总体方案》获国务院批复，标志着山东新旧动能转换综合试验区建设正式上升为国家战略。生态赋能模式将是高新区培育新动能、改造提升传统动能的崭新探索，有利于强化全省新旧动能转换领头雁作用。

三是推动高新区建设世界一流园区的战略选择。济南高新区建区 28 年来，一直践行创新发展之路，主要经济指标保持中高速增长，现已成为全市科技资源最密集、产业最先进、创新创业最活跃、改革开放最领先的地区。但与一流高新区相比，全区新经济能量级弱，发展模式、理念不先进，区域内各板块之间发展不平衡。新时代，高新区要做到理念领先，用新理念、新思想、新战略指导新实践，用生态赋能理念引领全区经济、社会、政务、环境等升级发展，探索形成一套领先全国、可复制推广的高新区特色发展模式，树立国家高新区发展新标杆。

三　济南高新区生态赋能发展模式的战略内涵

（一）战略目标

深入贯彻习近平新时代中国特色社会主义思想和党的十九大精神，贯彻新发展理念，按照高质量发展的要求，以建设新旧动能转换先行区为契机，积极探索“生态赋能”型发展模式，按照“构建生态，赋能发展”的发展主线，着力构建富有活力的创新创业生态、简洁高效的政务生态、彰显魅力的自然生态、诚信法治的社会生态、风清气正的政治生态，争当打造“四个中心”、建设“大强美富通”现代泉城的主力军，加快世界一流园区建设，树立国家高新区生态赋能发展新标杆。

（二）内涵机制

“生态”是指在一定区域范围内，各类主体、要素、环境与影响因子相互联系、互为增长形成的生态网络系统。物种多样、要素偶发、关系复杂、自组织是生态繁荣的关键，要素循环、链接一切、开放共享、跨界融合是生态本质特征。“赋能”是指为谁或某个主体、某个领域赋予某种能力和能量，实现升级发展。赋能区别于直接的激励或管理，赋能更强调为主体提供更高效的环境、制度和服务，从而使主体实现自组织、自成长、自激励。

“生态赋能”型发展模式的核心要义是“构建生态，赋能发展”。这是指用“生态化”的理念和方式，为高新区的创新创业、政务、社会、政治、环境等领域赋能，通过储能、育能、释能三个环节，打造开放融合的动态平衡系统，为高新区发展注入强有力的新动能。打造五大生态，即着力构建富有活力的创新创业生态、简洁高效的政务生态、彰显魅力的自然生态、诚信法治的社会生态、风清气正的政治生态，五大生态相辅相成、有机统一、互为一体。生态赋能过程包括储能、育能、释能三个阶段。储能阶段，重点在聚集要素，是生态赋能的基础。通过人才、资本、技术、数据等生产要素的汇聚、流动、循环，为经济、社会、政务、自然等各领域全面创新发展积蓄能量，为构筑生态提供源源不断的活力物质流。育能阶段，在要素集聚基础上，通过搭建平台组织、创新体制机制、供给集成服务、营造文化氛围，促进要素主体融通共享，持续孕育发展能量，促进形成生态网络。释能阶段，实现各类主体爆发成长，释放新技术、新产业、新业态、新模式，形成新平台、新组织、新机制、新文化，实现全领域、全方位高质量发展。

（三）目标路径

济南高新区构建“生态赋能”型发展模式实施“三步走”战略。到 2020 年，“生态赋能”型发展模式形成雏形，人才、知识、技术、信息、数据等新生产要素高度汇聚，建设一批生态赋能型企业、平台、组织、产业和基地，在创新创业、自然、社会、政务和政治领域探索出一套生态化发展新路径、新模式，济南高新区跻身全国 10 强、成为全国一流高新区。到 2025 年，济南高新区创新创业、自然、社会、政务和政治生态基本建成（见图 1），全面释放生态效应。全区经济实力、科技实力大幅跃升，形成现代化、国际化社会事业体系，人民生活更为宽裕和幸福，成为全国高新区生态化发展标杆。到 2035 年，济南高新区将形成世界级的创新创业生态，达到社会、政治、生态文明新高度。

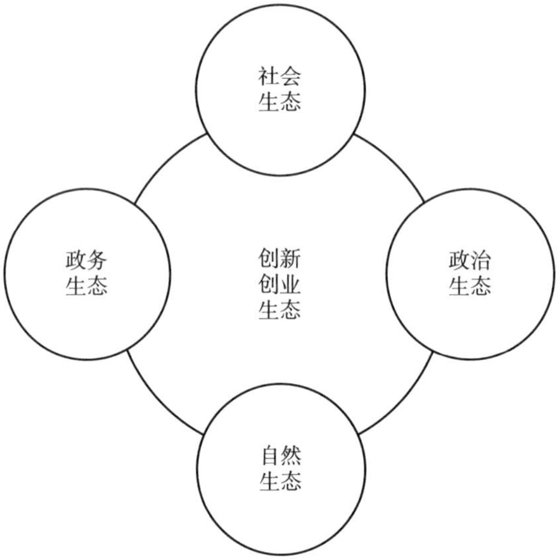

图 1　济南高新区五大生态图景

四　生态赋能型发展模式助推民营经济的举措

（一）优化营商环境抓“蓄能”，增量民营主体

践行生态赋能发展理念，高新区坚持把打造省内一流营商环境作为吸引民营企业、壮大民营经济的“第一环节”，降门槛、优服务、提效能，以优越环境积蓄民营市场主体发展动能。

一是践行“一次办成”，让民营企业“进得来”。制定《济南高新区关于深入推进“一次办成”改革打造全国一流营商环境的实施细则（试行）》，下发《全面深化“零跑腿”“只跑一次”“你不用跑我来跑”改革实施方案》，公布“一次办”“网上办”“自助办”“我来办”事项清单，共涉及 11 个部门的 175 项行政权力和公共服务事项；确定财政局等 16 个部门、街道办事处依申请政务服务“零跑腿”事项63项，“你不用跑我来跑”事项118项，“只跑一次”事项641项。深入推进商事登记便利化，审批业务全部集中在区政务服务中心，全面简化审批环节和流程，推行“一人受理审核制”“一次性告知制”和企业开办“容缺受理”机制，自2018年1月1日以来共容缺办理2000多件。区市场监管局出台促进市场主体快速增长“十条措施”，构建自助商事登记系统，利用16台电脑一体机和5台商事登记自助服务设备，在材料齐全符合法定形式的前提下，实现了所有工商登记审批项目均在10分钟内现场办结。上线试运行“企业开办一次办成”智能政务协同管控系统，实现了电子政务外网与各部门业务专网互联互通、在线协同，真正让“数据多跑路、群众少跑腿”，新开办企业在0.5～1个工作日即可完成营业执照办理、印章备案、刻章、社保登记等业务，创造了“高新速度”。截至2018年12月31日，新开办企业9394户，全部当场办结。自2018年6月设备启用以来，14864家企业通过自助设备打印了企业营业执照。该年自6月实行住所（经营场所）申报承诺制以来，共登记住所申报制企业8000多户。实施工业产品生产许可证“一企一证”，共梳理全区获证企业17家。

二是提升审批效能，让民营企业“留得下”。认真承接全省首批“证照分离”改革试点任务，制定了《济南高新技术产业开发区“证照分离”改革试点工作实施方案》，确定了103项改革事项在高新区落地。积极推进企业全程电子化登记，2017年颁发了省内第一张全程电子化营业执照，2018年5月，又颁发了全省首张微信办理的营业执照。为适应“飞地”管理形势，在“五大片区”的市场监管所全部开通企业注册登记业务的基础上，强化信息化手段在企业登记工作中的应用，全面推行企业名称自主申报服务，不断拓展微信办照覆盖面。承诺“网上预审反馈不超4小时”，推行延时服务，做到当日业务当日受理。突破登记注册属地管辖申请的传统模式，探索“全区通办”审批机制，打造了企业登记“半小时服务圈”。推行“拿地即开工”审批模式，在全市率先实现建设用地规划许可证、不动产权证、建设工程规划许可证、施工许可证“四证齐发”和“拿地即开工”，自6月19日市委、市政府通知（济发〔2018〕23号）印发后已完成6例。将城市建设综合配套费、建筑企业养老保障金由施工许可前收取改为凭承诺事后缴纳，对签订配套费缓交协议的，免收滞纳金。编制《济南高新区建设项目区域化评价评审实施方案》（济高管办字〔2017〕115 号)，推行区域化评价评审。

三是实施“店小二”服务，让民营企业“过得好”。设置专业园区 10 个、窗口单位 2 个和支撑单位 1 个，搭建起更加符合民营企业特色发展需要的专业化平台。推出“服务大使”，为市场主体提供全链条、全过程、全生命周期服务，已在药品零售企业设立等领域实现从接受咨询到业务办结的全流程服务。由专人对接重点企业、政府投融资平台、双创孵化器及重点项目，保证即到即办、顺利落地。继 2016 年推行免费邮寄营业执照后，支持“双向快递”邮寄模式，申请人可通过邮寄方式向注册登记机关提交材料，资料齐全的按照规定时限受理，办结后邮寄送达，做到“零跑腿”“零见面”。探索“托管服务”，推行企业集群登记，无经营场所和创业初期企业，可将住所登记在园区或商务秘书企业内，由园区或商务秘书企业提供托管服务，实现有限资源内的企业密度最大化。济南高新区政务服务中心制定了《优化营商环境深入开展“五个一”活动实施方案》，委托专业机构对窗口工作人员从态度、服务、礼仪、纪律等方面进行培训辅导，成立“空乘”式咨询服务团队，打造“宾至如归、温暖细致”的服务环境。

（二）强化要素支撑抓“储能”，激活民营企业

聚焦民营企业发展面临的突出问题，以强化要素支撑为统领，坚持抓保障、降负担、解难题，助力民营企业“轻装上阵”、凝心发展。

一是强化要素保障。实行工业“标准地”出让，由园区完成区域综合评价事项后，国土规划建设管理局根据园区提报需求，即可按照工业“标准地”出让。同时，以承诺制代替审批制，允许工业用地地上建筑物分割转让。探索成立济南高新（国际）人力资源服务产业园，因地制宜体现高新区产业发展特点，建成人力资源服务和人才服务的一站式产业园，为民营市场主体发展提供人才支撑。加大对中小企业扶持政策力度，市财政与高新区财政按照 7∶3 配比为近 300 家中小微企业拨付融资补助。高新区管委会及时协调供水、供电、供气等单位，压缩流程，为企业降低成本，构建涵盖各专业、贯穿全流程的“强前端、大后台”标准化服务体系，促进水、电、气等生产要素安全、高效保障企业发展。

二是积极减税降负。简化报税程序，在五大片区设置 24 小时智能办税大

厅，方便企业就近办理税务申报、购买发票、缴税、注销等业务。抓好行政事业性收费清理规范工作，梳理制定了《2018 年济南高新区行政事业性收费目录清单》，在门户网站上及时公示并更新，不征收其他涉企收费。全面实施政府采购信用担保，取消了政府采购过程中企业以现金形式缴纳保证金、履约保证金。免费为小微企业代理记账。

三是助力小微“双升”。将实施小微企业“双升”战略作为扶持民营经济做大做强的“关键一环”，制定《济南高新区小微企业治理结构和产业结构“双升”战略实施方案》，建立管委会各部门园区联席会议制度，共促小微“双升”。支持个体工商户“转企”成功后沿用原字号、商标等；并用标准引领推进“企转规”，组织实施小微企业标准化建设。2017 年以来，组织 4 家企业主导制定的 4 项国家标准获得奖励扶持资金 160 万元，1 家企业通过国家服务标准化试点验收，2 家企业获批创建国家级标准化试点（示范项目），3 家企业通过省级标准化试点验收，6 家单位获批创建省级标准化试点，3 家企业获批创建省级节能标准化试点；组织 5 家企业申报标准领跑者，2 家企业获得省工业计量示范标杆单位。推动“两化”融合，以落实《山东省信息化和工业化深度融合专项行动方案（2014—2018 年）》为统领，积极开展辖区内企业信息化与工业化融合，组织积成电子股份有限公司等 30 家企业参加了“2017 年度华为企业上云济南站”活动，为小微企业生产方式转型指明了方向。积极培育区内优质小微企业上市融资，跟踪帮扶并贴身指导。2018 年以来，推动 5 家小微企业在山东省内区域性股权市场挂牌，占全市区域性股权市场挂牌数的 23%；新增“新三板”挂牌企业 2 家，占全市“新三板”挂牌企业的 40%。①

（三）建设一流园区抓“育能”，壮大民营经济

坚持把支持民营经济发展与高新区长期发展战略规划有机结合，围绕高新区“争创世界一流高科技园区”奋斗目标，制定了《济南高新区对标一流园区指标体系》，明确了市场主体增量目标，立足实际为民营经济发展不断挖掘、培育、放大新动能。

一是培育创新创业动能。以新研发、新创业、新服务为核心，以新产业发

① 黄智义：《高新区让创新创业源泉竞相涌流》，《济南日报》2018 年 12 月 18 日。

展为导向，深入推进大数据、量子通信、氢能源、石墨烯、干细胞等领域的原创性技术研发，全国量子计算与测量标准化技术委员会成功落户高新区，为民营经济发展开拓了更具前瞻性的发展领域。指导浪潮集团申报获批大数据应用国家专业化众创空间，成为全国唯一一家大数据领域的国家级专业化众创空间。截至目前，共成功申报各级各类孵化器 25 家、众创空间 64 家、海外研发机构 20 余家，区内科创生态网络进一步完善。

二是培育高新技术动能。优化“一区两城两谷”产业格局，着力打造智能制造与高端装备、大数据与新一代信息技术、量子通信、生物医药等千亿级产业。全力推进数创公社建设，创建浪潮大数据国家产业创新中心。推动国家制造业创新中心创建和中德中小企业合作示范区建设，着力打造以重型汽车、智能输配电、机器人、增材制造、氢能源汽车等为代表的智能制造集群，使民营市场主体充分享受产业升级“红利”，现有高新技术企业 670 家。建设山东半岛自创区争取资金支持 2980 万元，居全省首位。2018 年创新人才推进计划暨国家“万人计划”科技创新领军人才、科技创业领军人才推荐选拔 11 家申报单位入选省厅渠道推荐名额，占全市 100%、全省 25%。

三是培育共享共赢动能。积极引导辖区民营市场主体“抱团发展”，实施生态赋能型平台建设工程，积极建设专业化众创空间、生态赋能型孵化器、开放式实验室等新平台，积极组建孵化器联盟、产业技术创新联盟等新组织，促进资源共享和协同创新。建立高成长企业挖掘和培养机制，出台专项扶持政策，全区拥有火炬中心评定瞪羚企业 38 家，居国家高新区 15 位；山东省评定的 100 家瞪羚企业中，济南市拥有 17 家，其中 14 家来自高新区。

（四）深化综合服务抓“释能”，助力动能转换

把支持民营经济发展与新旧动能转换紧密结合，制定并出台《济南高新区优化市场监管服务推进新旧动能转换 20 条措施》，通过综合服务使民营经济释放新动能。

一是推进商标品牌战略。强化商标国际注册，组织开展专题培训；建立了 5 家商标品牌指导站，在产业聚集区内提供全方位、一站式商标知识产权服务；2017 年以来完成 40 件商标国际注册申报。实施质量强区战略，组织 100

余家企业申报省市质量奖和省市名牌产品，浪潮集团获得山东省省长质量奖，12 家企业获得“山东省名牌”（在济南市 11 个区县中位列第一），38 家企业获得济南市名牌。

二是重点扶持特色产业。开通重点企业“绿色通道”服务，着力在“四新四化”企业、上市企业、重点企业方面培育“新动能”。积极推动发展动能新陈代谢，大力支持新技术、新产业、新业态、新模式企业登记，放宽新兴行业经营范围核准，量子产业、数据公社、卫星导航、可穿戴设备等市场主体已经落地生根。紧扣高新区“科创中心”建设要求，深化“席位注册”，助推众创空间和孵化器建设，培育创业孵化载体 49 家，2000 多家企业办理了“席位注册”营业执照。

三是建设诚信法治环境。加强企业信用监管，实施“双随机、一公开”监管，抽查结果信息通过企业信用信息公示系统和全市监管服务平台向社会公示，并落实好信用联合惩戒、经营异常名录、失信企业黑名单等信用约束机制。进一步强化事中、事后监管服务平台跨部门信息归集的深度、广度和时效性，以此引导企业通过信用信息查询功能，甄别合作伙伴，降低交易风险和合作成本。指导企业运用平台公示荣誉称号等真实信用信息，展示商业信誉，2018 年已为 1000 余家企业提供了信用信息查询服务。

2018 年，济南高新区各项指标发展势头强劲，全年 GDP 实现 1002 亿元，迈上千亿元台阶，占全市的比重达到 12.8%，对全市增长贡献率达 22.8%，龙头带动作用进一步凸显；固定资产投资同比增长 15.3%；全年公共财政预算收入完成 115.1 亿元，同比增长 16.8%，税收比重达到 92.2%；浪潮集团、重汽集团两大产业巨头年产值首次突破千亿元大关。地区生产总值、固定资产投资、一般财政预算收入、规模以上工业增加值四项主要经济指标增速达到或超过全市 1.5 倍。2018 年以来，全区新成立市场主体 13937 户，同比增长 42.95%，增速居全市第 1 位，实有市场主体 55280 户，同比增长 33.89%，是改革前 20 年总数的近两倍。根据科技部火炬中心最新公布的国家级高新区综合评价，短短两年时间，高新区排名从全国第 19 位跃升到第 11 位，成为省内排名第 1 位的国家级高新区。[①]

---

① 周丽燕：《济南高新区：2035 年形成世界级创新创业生态》，《人民政协报》2018 年 8 月 1 日。

五 济南高新区民营经济发展面临的新问题

（一）平台化企业数量较少

高新区深入实施创新驱动发展战略，着力推动“大众创业、万众创新”纵深发展，浪潮、韩都衣舍等大企业纷纷加入“平台化企业”阵营，积极发挥平台效应，提高资源利用效能，但与同期青岛高新区5家平台化企业相比总量仍旧偏少。高企数量保持中高速发展，有效期内高企数量514家，与一流园区相比，仍比末位的杭州高新区少186家。IPO上市企业数量22家，仅领先于苏州工业园，且59%的上市企业于2008年之前上市，近5年仅有3家企业上市，且有1家为国企，抢滩资本市场步伐缓慢，上市企业培育力度稍显不足。高新区瞪羚企业31家，企业数量与一流园区相比仅领先于合肥高新区，据统计已有64%的国家高新区实施了瞪羚企业计划，济南高新区尚未开展瞪羚培育工作。独角兽企业尚未出现，原创新兴产业领域企业爆发式成长弱。

（二）高水平孵化载体不足

目前，高新区拥有创业孵化载体67家，居全国第8位，但国家级孵化器仅4家，孵化面积124万平方米，不及东湖、成都和广州高新区的1/3。已经形成“众创空间－孵化器－加速器”全产业链孵化体系，但创业孵化载体建设整体水平仍有待提升。众创空间多而不精，仅有浪潮大数据创客中心、韩都衣舍大数据互联网品牌专业化众创空间逐渐实现赋能发展，赋能型孵化器数量仍旧偏少，全国影响力仍需提升。孵化器“流动性”缺失，现有孵化器入驻率已高达80%～90%，剩余可利用面积不足，并且缺乏有效的“毕业”退出机制，“孵而不走”现象普遍，“小老头”企业众多。仅有ICT产业园、生命科学城的生物医药产业园、齐鲁软件园3家加速器，与前端孵化载体规模不匹配，不能有效承接孵化企业场地需求。同时，高新区专业化创业服务供给不足，孵化载体在物业服务、企业注册申报、政策解读等基础服务上较为完善，专业培训、资源整合、投融资、技术咨询等增值服务能力较弱。

（三）审批流程烦琐

目前进厅行政审批事项中仍有一部分存在办理程序烦琐，办理时间长的问题。例如医疗机构设置审批需要办理设置和注册登记两个环节，从申请到办结有的需要近一个月的时间，而办理医疗机构注册登记所需要的材料种类繁多，需要开具资信、消防、环保等较多的证明等，给企业、群众办理带来一定不便。

（四）办事效率不高

多个业务系统不匹配、无法实现共享的现象也存在，比如社会组织登记时需要申请人填报两个系统（济南市社会组织管理平台和山东省政务网），其中济南市社会组织管理平台是发证系统，但按照行政审批局要求必须通过山东省政务网系统再次填报，建议实现业务办理链接，实现一次办成。

（五）服务能力不足

随着高新区代管区域的面积增大，人口增加，办理业务的事项也会增多，比如辖区内新建社会组织数量成倍增长，党建业务也逐步规范化，需要专业人员跟踪服务，由于工作人员配备不足，有时出现服务缺位的现象。

六　高新区生态赋能助力民营经济发展的新方向

（一）构建富有活力的“双创”生态

济南高新区按照生态系统演进规律，以新研发、新创业、新服务为核心，以新产业发展为导向，加速人才、技术、资本要素循环，孕育爆发式成长企业，构建充满活力的创新创业生态。汇聚高端双创新要素，大力集聚国际领军人才、京沪人才、企业系人才、高校院所科研人员、海外留学生、华人华侨等双创人才队伍。深入推进量子通信、大数据、氢能源、干细胞、石墨烯等领域的原创性技术研发。加快山东工业技术研究院建设，推进中科院山东产业技术协同创新中心等重大创新平台建设。以国家级检验检测认证公共服务平台示范区、国家科技成果转移转化示范区建设为契机，吸引著名高校、科研院所或

500强企业设立技术研发、转移转化、检验检测等科技服务机构。

构建融合共享生态网络。以共享经济理念，实施生态赋能型平台建设工程，加快建设专业化众创空间、生态赋能型孵化器、开放式实验室等新平台，积极组建孵化器联盟、产业技术创新联盟等新组织。积极探索“众创”“众包”“众筹”“众扶”等新模式，促进资源共享和协同创新。

培育新经济企业主体。围绕大数据与新一代信息技术、智能制造与高端装备、生物医药等产业领域，加大对高端创业、跨区域创业、硬科技创业企业的支持力度。建立高成长企业挖掘和培养机制，出台专项扶持政策，培育一批爆发式增长的“瞪羚企业”“独角兽企业”。

着力发展高精尖新产业。优化区内产业格局，聚力打造智能制造与高端装备、大数据与新一代信息技术、生物医药、量子通信等千亿级产业。全力推进数创公社建设，创建浪潮大数据国家产业创新中心。推动国家制造业创新中心创建和中德中小企业合作示范区建设，打造以重型汽车、智能输配电、机器人、增材制造、氢能源汽车等为代表的智能制造集群。

（二）构建彰显魅力的自然生态

济南高新区要进一步牢固树立“绿水青山就是金山银山”发展理念，大力推进绿色低碳循环经济发展，建立资源高效利用、产城深度融合的空间格局、产业结构、生活方式，打造绿水青山的自然生态。

加快推动经济绿色升级，鼓励装备制造业等传统产业生产工艺绿色化改造，加强节能新技术、新产品、新装备的应用推广。全面改善生态环境，按照“资源集约、产品共生、废物循环”要求，构建企业、产业以及园区三层循环经济系统。支持分享经济发展，提高资源利用效率。强化生态文明制度建设，成立生态文明建设领导小组，统筹推进生态文明建设。优化提升城市功能品质。按照“高端大气、山清水秀”标准，营造宜业、宜居、宜创的一流环境。加快大数据、人工智能、物联网等新技术应用，搭建园区综合管理云平台，推广教育、医疗、政务、交通、生活服务等领域智慧应用，打造互联互通、开放共享的新型智慧城市。

（三）构建简洁高效的政务生态

深化商事制度和行政审批制度改革创新。要以深化“放管服”改革为核心，以创新促精简，让“数据多跑路、群众少跑腿”，围绕企业和群众办事“只进一扇门”目标，各审批阶段“一份办事指南、一张申请表单、一套申请材料”，提前进行材料审核，一次性告知全部材料清单，让企业“来了就能办”，不断提升行政审批服务效能，打造简洁高效的政务生态。

深化简政放权、优化大部制管理，进一步细化岗位职能、责任，重点解决职能交叉、条块分割和多头管理等问题。做好并推广“证照分离”改革经验，推进企业登记全程电子化和电子营业执照制度。完善“多评合一”、容缺受理等机制，全面实施“零跑腿”“只跑一次”清单制度，推广一批“一日办结制”，实现审批事项最少、审批流程最简、审批时间最短。

（四）构建诚信法治的社会生态

加快社会事业高水平发展。进一步加大高新区优质教育、医疗、养老、文体等民生资源供给，完善社会信用体系建设，营造优良的信用环境，加快建设政务诚信、社会诚信、商务诚信、司法公信，打造“诚信高新”。全面建设法治高新，完善立体化的治安防控体系。坚持依法严惩方针，重视重点领域、重点人群，切实保障人民群众和企业单位合法权益。全面推进依法行政，建立健全公众参与、专家论证、风险评估、合法性审查、集体讨论决定等行政决策机制。

（五）构建风清气正的政治生态

树立正确的用人导向。坚持思想建党、组织建党、制度治党紧密结合，营造“层层树新风、人人争先进”的干事创业氛围，对内深化干部人事制度改革，坚持因事设岗、人岗匹配原则，着力形成“人员能进能出、干部能上能下、待遇能高能低”的人力资源制度；对外打造亲清政商关系，营造风清气正的营商环境。为改革者鼓劲、为实干者撑腰、为担当者担当，让党员干部放心大胆地撸起袖子加油干。深入推进党风廉政建设，坚持把纪律和规矩挺在前面，压紧压实“两个责任”，种好“责任田”，打好“主动仗”。发挥先进典型引领示范和反面典型警示教育作用，有效运用监督执纪“四种形态”，让党员干部知敬畏、存戒惧、明底线。

皮书起源

“皮书”起源于十七、十八世纪的英国，主要指官方或社会组织正式发表的重要文件或报告，多以“白皮书”命名。在中国，“皮书”这一概念被社会广泛接受，并被成功运作、发展成为一种全新的出版形态，则源于中国社会科学院社会科学文献出版社。

皮书定义

皮书是对中国与世界发展状况和热点问题进行年度监测，以专业的角度、专家的视野和实证研究方法，针对某一领域或区域现状与发展态势展开分析和预测，具备原创性、实证性、专业性、连续性、前沿性、时效性等特点的公开出版物，由一系列权威研究报告组成。

皮书作者

皮书系列的作者以中国社会科学院、著名高校、地方社会科学院的研究人员为主，多为国内一流研究机构的权威专家学者，他们的看法和观点代表了学界对中国与世界的现实和未来最高水平的解读与分析。

皮书荣誉

皮书系列已成为社会科学文献出版社的著名图书品牌和中国社会科学院的知名学术品牌。2016 年，皮书系列正式列入“十三五”国家重点出版规划项目；2013~2019 年，重点皮书列入中国社会科学院承担的国家哲学社会科学创新工程项目；2019 年，64 种院外皮书使用“中国社会科学院创新工程学术出版项目”标识。

中国皮书网

（网址：www.pishu.cn）

发布皮书研创资讯，传播皮书精彩内容
引领皮书出版潮流，打造皮书服务平台

栏目设置

关于皮书：何谓皮书、皮书分类、皮书大事记、皮书荣誉、
皮书出版第一人、皮书编辑部

最新资讯：通知公告、新闻动态、媒体聚焦、网站专题、视频直播、下载专区

皮书研创：皮书规范、皮书选题、皮书出版、皮书研究、研创团队

皮书评奖评价：指标体系、皮书评价、皮书评奖

互动专区：皮书说、社科数托邦、皮书微博、留言板

所获荣誉

2008 年、2011 年，中国皮书网均在全国新闻出版业网站荣誉评选中获得“最具商业价值网站”称号；

2012 年,获得“出版业网站百强”称号。

网库合一

2014 年，中国皮书网与皮书数据库端口合一，实现资源共享。

S 基本子库
SUB DATABASE

中国社会发展数据库（下设 12 个子库）

全面整合国内外中国社会发展研究成果，汇聚独家统计数据、深度分析报告，涉及社会、人口、政治、教育、法律等 12 个领域，为了解中国社会发展动态、跟踪社会核心热点、分析社会发展趋势提供一站式资源搜索和数据分析与挖掘服务。

中国经济发展数据库（下设 12 个子库）

基于"皮书系列"中涉及中国经济发展的研究资料构建，内容涵盖宏观经济、农业经济、工业经济、产业经济等 12 个重点经济领域，为实时掌控经济运行态势、把握经济发展规律、洞察经济形势、进行经济决策提供参考和依据。

中国行业发展数据库（下设 17 个子库）

以中国国民经济行业分类为依据，覆盖金融业、旅游、医疗卫生、交通运输、能源矿产等 100 多个行业，跟踪分析国民经济相关行业市场运行状况和政策导向，汇集行业发展前沿资讯，为投资、从业及各种经济决策提供理论基础和实践指导。

中国区域发展数据库（下设 6 个子库）

对中国特定区域内的经济、社会、文化等领域现状与发展情况进行深度分析和预测，研究层级至县及县以下行政区，涉及地区、区域经济体、城市、农村等不同维度。为地方经济社会宏观态势研究、发展经验研究、案例分析提供数据服务。

中国文化传媒数据库（下设 18 个子库）

汇聚文化传媒领域专家观点、热点资讯，梳理国内外中国文化发展相关学术研究成果、一手统计数据，涵盖文化产业、新闻传播、电影娱乐、文学艺术、群众文化等 18 个重点研究领域。为文化传媒研究提供相关数据、研究报告和综合分析服务。

世界经济与国际关系数据库（下设 6 个子库）

立足"皮书系列"世界经济、国际关系相关学术资源，整合世界经济、国际政治、世界文化与科技、全球性问题、国际组织与国际法、区域研究 6 大领域研究成果，为世界经济与国际关系研究提供全方位数据分析，为决策和形势研判提供参考。

法律声明